J. B. Daulnoy

Neue französische Sprachlehre

J. B. Daulnoy

Neue französische Sprachlehre

ISBN/EAN: 9783743315594

Hergestellt in Europa, USA, Kanada, Australien, Japan

Cover: Foto ©Paul-Georg Meister /pixelio.de

Manufactured and distributed by brebook publishing software
(www.brebook.com)

J. B. Daulnoy

Neue französische Sprachlehre

Neue französische Sprachlehre

von

J. B. Daulnoy

franz. Geistlichen.

Il faut que la Grammaire soit conduite par le génie de la langue qu'elle traite: que la méthode en soit nette et facile: qu'elle n'omette aucune des loix de l'usage: et que tout y soit exactement défini ainsi qu'éclairé par des exemples; afin que les ignorans la puissent apprendre, et que les doctes lui donnent leur approbation. (*Girard, vrais principes de la langue françoise, VI. Discours.*)

Dortmund und Leipzig,
gedruckt und verlegt
bey Heinrich Blothe und Compagnie.

Michaelismesse 1797.

Dem

Hochwohlgebornen

Freyherrn von Grüter

zu Altendorf,

Königlich Preussischen Landrathe

des

Hördischen Kreises.

mehr in seiner Gewalt hat. Von allem entblößt, habe ich nichts, als diejenigen Wohlthaten, die Ew. Hochwohlgebornen mir gütigst zufliessen lassen, nebst dem geringen Antheile der Geistesgaben, die der Schöpfer mir verliehen hat. Diese sind noch die einzige mir übrig gebliebene Quelle, wozu ich meine Zuflucht nehmen kann, um in Ansehung jener Wohlthaten, meine Verbindlichkeit zu erfüllen.

In dieser Hinsicht nehme ich mir also die Freyheit, Ew. Hochwohlgebornen die Früchte meiner Arbeit darzubringen. Von der Zeit an, da Hochdieselben mir die Erziehung Ihrer lieben Kinder aufzutragen geruheten, habe ich mir alle nur ersinnliche Mühe gegeben, den franz. Sprachunterricht zweckmässig einzurichten, und dies veranlaßte mich zur Abfassung dieser französischen Sprachlehre. Das Vergnügen für Hoch Dero Kinder arbeiten, und dem Herrn Vater derselben, durch diese Arbeit meine schuldigste Ehrfurcht bezeigen zu können, hat meinen Eifer von neuem belebt, und die mit einem so verdrießlichen Unternehmen verbundene Beschwerde, in Freude verwandelt.

Ew. Hochwohlgebornen werden durch die gütige Aufnahme dieser Sprachlehre, meine Verbindlichkeiten gegen Sie verdoppeln, und meine Wünsche vollkommen befriedigen. Auch seyen Sie versichert, daß, wenn mehrere großmüthige Deutsche, nach Ihrem Beyspiele, es sich in Ansehung unserer zur Pflicht machen, die in Händen habenden Hülfsquellen der Freygebigkeit zu öffnen,

wir

wir von unserer Seite vor Begierde brennen, ihnen zu beweisen, daß wir in unserm Unglücke, bey dem Mangel alles Uebrigen, noch Herzen voller Dankbarkeit haben.

Ich habe die Ehre mit der schuldigsten Ehrfurcht und dem lebhaftesten Dankgefühl zu seyn,

Ew. Hochwohlgebornen

Altendorf, bey Unna
den 13 April 1797.

unterthänigster Diener
Daulnoy
franz. verwies. Priester.

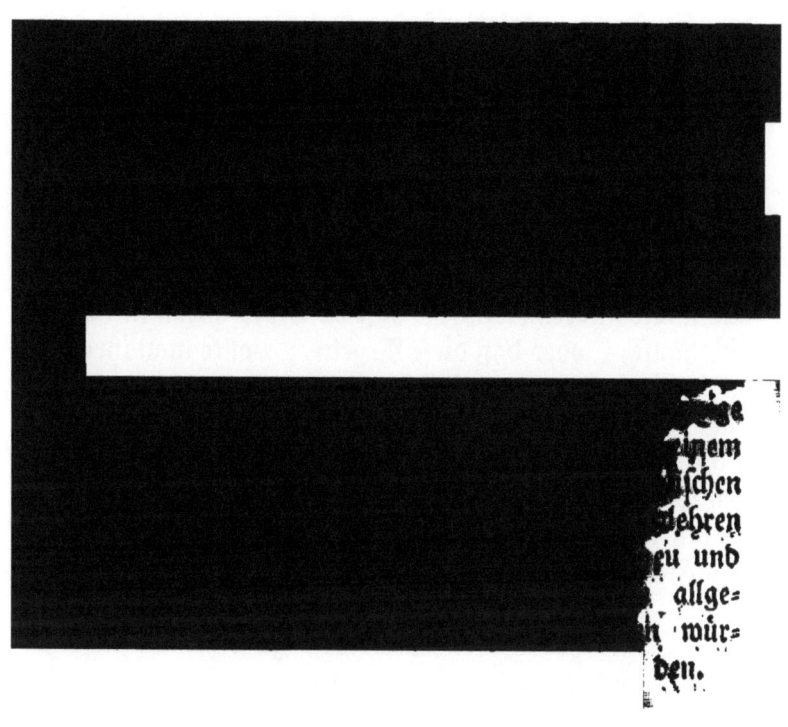

den. Ich gestehe es, ich kann nicht an ihre zahllosen Bemühungen, und an die häufigen Schwierigkeiten, die ihnen bey ihrer Arbeit haben aufstossen müssen, denken, ohne zugleich anzuerkennen, daß sie auf die Dankbarkeit ihrer Landsleute gegründeten, Anspruch haben. Indessen habe ich bemerket, daß sie im Allgemeinen genommen, den größten Theil unserer Regeln, sich unter einem zu eingeschränkten Gesichtspunkte vorstelleten, und nichts desto weniger solche für allgemeine angaben: ausser dem habe ich in denselben wahrgenommen, daß sie ihre Regeln vervielfältigen mußten, weil sie solche von wenigen Beyspielen abzogen, anstatt daß sie diese von jenen hätten herleiten sollen. Daraus folgte unvermeidlich, daß entweder alles mit Regeln überhäuft, oder daß diese Regeln, wollte man ihre Anzahl mindern, mangelhaft werden mußten; und endlich habe ich mich daraus überzeugt, daß sie, ihr Augenmerk nicht auf das Ganze unserer Sprache gerichtet haben, um den Mechanismus und die besondern Wendungen derselben zu fassen, und diejenigen damit bekannt zu machen, denen das Französische fremd ist.

Daher haben ihre Werke den zu einer Sprachlehre erforderlichen Grad der Vollkommenheit nicht, daher rührt die unaufhörliche und fruchtlose Anstrengung derjenigen, die nach Anleitung solcher Grammatiken studiren, wenn sie auf eine befriedigende Art die Auflösung einiger derjenigen Schwierigkeiten suchen, die unsre Mundart, einem jeden entgegenstellet, der sich ernstlich darauf leget, und eben dadurch wurden auch die Betrachtungen veranlaßt, die ich über das Französische und seine Regeln machte, Betrachtungen zu denen sich bald die Begierde gesellte, sie der Deutschen Nation mitzutheilen.

Ich will nichts von den Mühseligkeiten sagen, womit dieses Unternehmen für mich nothwendig verbunden

war.

war. Ich vergesse sie auf immer, wenn nur mein Ziel erreicht wird. Auch verschweige ich die unzählbaren Schwierigkeiten, die mir dabey aufgestossen sind: Schwierigkeiten von Seiten der deutschen Sprache, wovon ich nicht das mindeste Wörtchen verstand, als ich nach unsrer Vertreibung in Deutschland anlangte: Schwierigkeiten, mir unsre guten Französischen Sprachlehrer zu verschaffen, um mich bey ihnen Raths zu erholen, und daraus die Regeln zu schöpfen, die ich dem Publikum vorlege: Schwierigkeiten der Untersuchung, um das Verhältniß beyder Sprachen, der Französischen und der Deutschen, so wohl in ihren Abweichungen, als in ihren Annäherungen und Uebereinstimmungen anzugeben: endlich Schwierigkeiten, die von dem Unternehmen eine Sprachlehre zu schreiben unzertrennlich sind. Ein gewisser deutscher Sprachlehrer, drücket sich über diesen Gegenstand folgender maßen aus: „Man müßte die eiserne Gedult so wenig, als die lang„wierige Zeit kennen, welche zu grammatikalischen Unter„suchungen gleich nöthig sind, wenn man ihn (den Sprach„lehrer) in den Verdacht gewinnsüchtiger Absichten nehmen „wollte. — Man muß in der That, etwas Patriotismus „haben, und den trockenen grammatikalischen Untersuchun„gen selbst Geschmack abgewinnen können, wenn man „sich durch alle damit verbundene Schwierigkeiten hin„durch arbeiten will." u. s. w.

(Stutz gramm. Vorrede.)

Uebrigens, hoffe ich, man werde in Hinsicht des mich belebenden Beweggrundes, mit meiner unzierlichen Schreibart in einer mir fremden Sprache, schonende Nachsicht haben; genug wird es seyn, dafern ich mich nur verständlich ausdrücke mehr wird man von einem, in der Kenntniß der Deutschen Sprache noch unerfahrnen Franzosen nicht fordern dürfen, ohne ungerecht zu handeln. Ich gehe itzt zu der Zergliederung meines Werks über.

Ich

Ich habe meine Absicht in Verfassung dieser Sprachlehre, nicht blos auf den Begriff der Kinder beschränken, und alles, was ausser deren Fassungskreise liegt, weglassen wollen. Man sieht leicht, in welche enge Schranken ich in diesem Falle mich einzuschliessen genöthigt gewesen wäre; und alsdann, hätte ich gewiß meinen Zweck verfehlt. Mein Bestreben geht also dahin, mich dem Jünglinge nützlich zu machen. Diesen hatte ich, bey den Entwickelungen, die ich zuweilen gewagt habe, im Gesichte; solche, älteren Personen geben zu wollen, hiesse ihnen keine Einsicht, selbst nicht einmal gesunde Vernunft zutrauen.

Der Gelehrte wird Erklärungen finden, welche ich ganz genau und richtig zu geben mich bemüht habe, und die so geeignet sind, daß sie ihm die Kennzeichen eines jeden Theils der Rede richtig angeben. Dem Mindergelehrten wird es nicht unangenehm seyn, bey einer ordnungsmässigen Erlernung der Sprache, die Bedeutung jener fremden Wörter kennen zu lernen, die ihm unaufhörlich vorkommen, und von deren Begriffe, die mehrere oder mindere Leichtigkeit in der Erlernung der grammatikalischen Regeln abhängt. Es ist wahr, ein ziemlich unangenehmes Geschäft ist es, Wörter zu zerlegen, um durch die Wiederzusammenfügung derselben, daraus in einer fremden Sprache eben das Ganze, das sie in unsrer Muttersprache darstellten, wieder hervortreten zu lassen. Um nun das Unangenehme dieses Werks zu mildern, habe ich mich bemühet, vermittelst kurzer und deutlicher Regeln auf wohl gewählte Beyspiele zu führen, welche fast immer, wenigstens für einige Augenblicke, eine Entschädigung für die trockene und langweilige Lektüre eines von Sprachgrundsätzen handelnden Buchs, seyn werden. Aus der Geschichte und Moral habe ich solche Beyspiele entlehnt, die selten verfehlen werden, bey einem kurzen und angenemen Unterrichte für den Geist, zu gleich auch dem Herzen

einige

einige Nahrung zu verschaffen. Uebrigens gewöhnt man sich leichter an das Genie und die Schönheit der Sprache, wenn man darin vielbedeutende Stellen antrift, die einen Augenblick unsre Aufmerksamkeit fesseln, als wenn man drey oder vier einzelne Wörter liest, die an einem interessanten Sinne eben so arm sind, als die vorhergegangene Regel von jedem Reize entblößt war. Soviel über dieses Werk im Allgemeinen. In Ansehung des Besondern, habe ich nur zu sagen, daß selbiges aus drey Theilen bestehet: der erste stellt die Bestandtheile der Rede, jeden in seiner Art, ganz einfach dar; der zweite verbindet diese einzelne Theile mit einander; und der dritte endlich lehrt wie man diesen kleinen Gemeinstaat der Wörter unter sich anordnen müsse.

Die Verdienste eines guten Erfolgs, die sich dieses Werk vielleicht erwerben möchte, habe ich unsern besten französischen Sprachlehrern zu verdanken, unter andern habe ich eine vortrefliche Sprachlehre benützt, welche aber noch nicht im Drucke erschienen ist: und ich fürchte daher, der Bescheidenheit des Verfassers, durch die Bekanntmachung seines Namens, zu nahe zu treten; er möchte mich so gar für einen Schmeichler ansehen, wenn ich durch meine unbedeutende Stimme dem Beyfalle, welchen ihm das Publikum, ohne Zweifel, bald schenken wird, vorgreifen wollte. Diese Sprachlehre ist für Franzosen geschrieben, um dieselbe mit ihrer eignen Sprache gründlich bekannt zu machen, und ich habe mich bemüht, den Deutschen, die reinen und bewährten Grundregeln dieses scharfsinnigen Grammatikers mitzutheilen.

Ich schmeichle mir, daß man meine Abhandlung über die Aussprache gut heissen werde, um so mehr, da alle Wörter mit deutschen Buchstaben ausgedruckt, und nach der deutschen Art, wie sie meinen Lesern bekannt ist,

aus-

auszusprechen sind. Nach einigen Bemerkungen über den französischen Accent der Wörter, habe ich eine kleine Abhandlung über das französische Sylbenmaß beygefügt und es läßt sich ohne langes Nachsinnen leicht begreifen, wieviel daran gelegen sey, den Werth und Ton der Sylben zu wissen, ohne welches eine Sprache nicht mehr die nämliche bleibt.

Ich gestehe es, lange habe ich darüber in Zweifel gestanden, ehe ich mich habe entschliessen können, vier Arten von Geschlechtswörtern oder Artikeln in unserer Sprache anzunehmen. Ich bin mit den Sprachkundigen, die mir den Weg gezeigt haben, der Meinung, daß es nur einen Artikel gebe, den ich den bestimmten nenne, da die andern als bloße Vorwörter angesehen werden können, die vor einem Nennworte hergehen. Da ich aber erwogen hatte, daß in der That wenig daran liege, ob ich sage, à Paris ist der Dativ des eigenen Namens Paris, welcher mit dem unbestimmten Artikel abgeändert wird, oder es ist das nämliche Wort Paris, mit dem Vorworte à; so habe ich mir nicht den Schein der Neuerung durch Abschaffung eines Gebrauchs zuziehen wollen, der ohnerachtet er der Wahrheit nicht ganz gemäß ist, dennoch keinen Nachtheil mit sich führet.

Die Nennwörter sind mit der möglichsten Genauigkeit, bis auf die geringsten Ausnahmen angeführt; alles erscheint da in seiner gehörigen Stelle.

Im Betreff der Fürwörter, wird man über den rechtmässigen Gebrauch derselben, einige wesentliche Erläuterungen finden. Ich habe diese Sprachlehre lieber um einige Blätter höher anschwellen, als Bemerkungen unerwähnt lassen wollen, welche hoffentlich keinem misfallen werden, der unsere Sprache gründlich beurtheilen will. Zum

Beyspiele, um meine Bemerkungen über die Fürwörter zu rechtfertigen, lasse man mich zu einem Ausländer sagen: voila l'arbre *qui* me donne les fruits que vous avez trouvés si bons: warum sollte sich der nicht eben so gut berechtiget glauben zu sagen: voila un arbre *dequi* je reçois de bon fruits? wenn er nicht weiß, daß das Fürwort qui, nur in dem Nominativ gebraucht wird, wenn das vorhergehende Nennwort, worauf es sich beziehet, eine Sache und nicht eine Person ist.

Bey den Zeitwörtern bin ich weniger bedenklich gewesen, als bey den Artikeln, die alte Lehrart in der Behandlung derselben abzuändern. Die Beziehungen derselben gründlich zu verstehen, ist so wichtig, daß ich es für rathsam gehalten habe, schon durch die Benennungen, deren man sich bedient, die eine von der andern zu unterscheiden, meinen Lesern einen vorläufigen Begriff über den Gebrauch der Zeiten zu geben. Ich bin nicht selbst der Erfinder dieser Benennungen; ich habe sie nur aus andern vortreflichen Sprachlehren in die meinige aufgenommen. Ich schätze mich glücklich, mich in diesem Punkte von der Macht der Gewohnheit losgewunden zu haben, die ihre gewaltsame Herrschaft sogar bis über die Wissenschaften verbreitet hat, und mir vielleicht mehr Tadler, als die Stärke der Gründe, die ich dafür habe, Anhänger zuziehen wird. Mag es auch seyn; der Werth der einen, wird mich für die Menge der andern entschädigen; und die gute Lehrart wird in den Augen der Vernünftigen immer mehr gelten, als der Schlendrian. Nie habe ich mich entschliessen können, mich des Worts Gerondif, (ein für meine Leser ganz sinnloses Wort) zu bedienen, da ich durch das Wort Circonstanciel begreiflich machen kann, daß die mit diesem Namen bezeichnete Zeit, im Französischen allezeit zur Bemerkung eines Umstandes gebraucht wird. Eben so werde ich die Zeit, welche von einer Bedingniß abhängt

Con-

Conditionnel, und nicht premier imparfait, oder premier plusque parfait du Subjonctif (die erste kaum vergangene, die erste längst vergangene Zeit der verbindenden Art) nennen, weil diese beyden Zeiten eben so wenig zu der verbindenden Art gehören, als sie für kaum- oder längst verflossen angesehen werden können. Denn erstlich hat diese noch nie angefangen da zu seyn, und hat also weder kaum vergangen bleiben, noch eine längst vergangene Zeit werden können; und dann jene, da sie von einer Bedingniß abhänget, wird entweder gegenwärtig da, oder schon völlig vergangen seyn, oder in ihrem Nichts bleiben. Ich hoffe, diese kurze Darstellung wird hinreichend seyn, meine Zuversicht zu rechtfertigen, daß diese Neuerungen in der alten Ordnung, keinen allgemeinen Tadel verdienen werden.

Man hat bis jetzt nicht genug darauf gedacht, einen ächten Begriff von einem Nebenworte (adverbe) zu geben. Das Beleg zu dieser Behauptung ziehe ich aus mehreren Sprachlehrern, besonders aber aus einem in Deutschland wohl bekannten, der in seiner Abhandlung von den Nebenwörtern, in die Reihe von den Nebenwörtern der Verneinung hinsetzt: je dis que non, ni vous ni moi, en aucune façon. Er wolle es nicht als eine Beleidigung ansehen, wenn ich ihm sage, daß unter allen diesen Wörtern nicht ein einziges ein Nebenwort sey. Ich beweise es: je dis ist ein Zeitwort, welchem sein persönliches Fürwort vorstehet: que ein Bindwort, welches die Bejahung des Vorhergehenden auf die Verneinung der folgenden Verneinungs-Partikel non führet: ni ist ein Bindewort, vous und moi sind zwey persönliche Fürwörter, en ist ein Vorwort, aucune ein unbestimmtes Fürwort, façon ein Hauptwort.

Ich

Ich habe mich begnüget von dem Nebenworte eine deutliche Erklärung zu geben, und die verschiedenen Arten desselben zu bemerken, ohne dieses Buch mit unnöthigen Verzeichnissen anzufüllen: denn ohnehin giebt es zwischen einer Sprachlehre und einem Wörterbuche einen Unterschied.

Was ich von den Nebenwörtern sage, gilt gleichfalls von den Vorwörtern; weil diese alle in unsrer Sprache einfache Wörter sind, so habe ich die Zusammensetzung von zwey oder drey dieser Wörtchen sorgfältig vermieden; ich habe nach einer richtigen Abtheilung derselben, eins nach dem andern, in die Klasse gebracht, wohin sie gehören. —

Vorzüglich habe ich es mir angelegen seyn lassen, die wahre Bedeutung aller unsrer Bindwörter festzusetzen, so daß ich keines übergangen habe, ohne es mit seinem eigenthümlichen Merkmale zu bezeichnen; man sieht da seine Gestalt, seinen Werth, seinen Platz, und seine Ansprüche in Beziehung auf das, womit es verbindet.

Nachdem ich endlich kurz beschrieben habe, was wir durch Zwischenwörter und Partikeln verstehen, habe ich meinen Lesern den Gegenstand meines dritten Theils, das wohlgeordnete Gefolge eines französischen Redesatzes in allen Hauptfällen, worin man denselben gebrauchet, vor Augen gelegt.

Das Genie unsrer Sprache ist von dem Genie der deutschen so verschieden, daß es fast unmöglich ist in beyden, ohne ordnungsmässige Hülfe, Fortschritte zu machen. Meine Abhandlung über die Construction wird hoffentlich den Anfängern, die nöthige Hülfsleistung dazu darbieten, wenigstens habe ich nichts unversucht gelassen, um alles zu sammeln, was zur Vollständigkeit dieses Theils beytragen kann. Hieraus sieht man nun Stückweise, wie ich mein Vorhaben ausgeführt habe. Ueber die Art, sich dieser Sprachlehre zu bedienen, werde ich mich weiter unten erklären. Ich verheisse denjenigen nichts, als das Schicksal des Ikarus, welche mit diesem fliegen wollen, da sie nur künstliche, mit Wachs angeheftete Flügel haben. Sollen die Fortschritte gründlich und fest werden, so dürfen sie nicht so sehr übereilt werden.

Die Aussprache zu kennen, und die Anwendung von dieser Kenntniß machen zu können, die Unterscheidung der Worte nach ihren verschiedenen Arten machen zu wissen, und die ein jedes insbesondere betreffenden Regeln inne zu haben, das Gepräge, womit sie als ächt in unsrer Sprache bezeichnet sind; von ihrem Geschlechte und Werthe im Deutschen zu unterscheiden, sich die Zeitwörter nach ihren verschiedenen Zeiten geläufig zu machen; einen deutschen Gedanken erst im Französischen zu geben zu suchen, um sich in den Strand zu setzen, ihn demnächst nach der eigenen Art unsrer Sprache zu modeln, und endlich zum Schluß, das Deutsche, so zu sagen, vergessen zu können, wenn es darauf ankömmt Französisch zu schreiben: nein, dies ist nicht das Werk eines Tages, und doch ist es der Endzweck, worauf einer hinarbeiten muß, wenn er die französische Sprache lernen will, wie man in den Schulen die lateinische lernt. Uebrigens, stehe ich denen, für die Belohnung ihres Fleißes, die sich mit Ernst auf unsre Sprache legen wollen. Auch wir besitzen in unsrer Sprache Meisterstücke, deren Werth der Gelehrte, nur in so weit, als er das Genie und das

Eigenthümliche der Sprache kennt, wird zu schätzen wissen; besonders wenn es Werke sind, worin der Witz die Hauptrolle spielt.

Ich nehme mir also die Freyheit zu bemerken, daß es unüberlegt seyn würde, wenn man sogleich übersetzen wollte, sobald man eine Sprachlehre aufgeschlagen hat; besonders wenn man ohne einen wohlunterrichteten Führer arbeitet. Indessen, wenn man in den Abänderungen der Nenn- und Abwandlungen der Zeitwörter, durch anhaltende Uebung, eine gewisse Stärke und Fertigkeit erlangt hat, dann kann man suchen die am Ende dieses Werks angebrachten Aufgaben, aus dem Französischen ins Deutsche zu übersetzen.

Aufgaben zur Uebung? wird man sagen; so giebt es denn auch Aufgaben in dieser Sprachlehre? Ja, ich habe deren einige ausgesucht, welche für den Schüler, ausser der Beschäftigung, zugleich einen kleinen Unterricht enthalten. Und damit über diesen Gegenstand keine Lücke bleibe, findet man das Französische in's Deutsche, und das Deutsche in's Französische übersetzt, damit man nach vollendeter Arbeit sich überzeugen könne, ob das Deutsche, welches man in's Französische übersetzt hat, richtig, und das aus dem Französischen in's Deutsche Uebersetzte, getroffen sey. Ist der Schüler hierin einmal etwas stärker geworden, so mag er es wagen, seine, einige Zeit vorher gemachte, deutsche Uebersetzung, wieder in's Französische zu bringen; und in diesem Falle, muß er sich gewöhnen, es so zu machen, wie ich selbst nach den zehn ersten Aufgaben gethan habe. Alsdann erst wird man den Vortheil der Lehrart, womit ich meine Regeln vorgetragen habe, erkennen; dann erst wird man sich gewöhnen nicht in's Blinde, sondern nach

Grundsätzen zu arbeiten; alsdann endlich, wird man auf die mit dem Sprachlernen verbundene Mühe das Vergnügen kosten, welches der Gebrauch einer ordnungsmässig gelernten fremden Sprache gewährt.

Ein gewisser Verfasser einer französischen Sprachlehre hat unter jede Regel Aufgaben gesetzt, um sie sogleich anwenden zu können. Leicht wäre mir es gewesen, dieses auch zu thun. Ich hatte aber meine guten Gründe es zu unterlassen. Denn um die kleinste Aufgabe zu übersetzen wird schon einige Kenntniß der Sprache erfodert, die einem solchen Anfänger noch ganz fehlet. Wird nun, wie es bemeldeter Verf. in seiner Sprachlehre gethan hat, der deutschen Aufgabe die französische Uebersetzung beygefüget, was gewinnt der Anfänger damit? Er lernt gedankenlos abschreiben. Die Erfahrung bestätigt meine Behauptung.

Um die Regeln in meiner Sprachlehre besser einzuschärfen und sie leichter und verständlicher zu machen, habe ich jeder eine hinlängliche Anzahl nützlicher und angenehmer Beyspiele beygefüget. Hiedurch denke ich meinen Zweck besser zu erreichen.

Den Aufgaben habe ich in meiner Sprachlehre ihren Platz hinten angewiesen. Es sind ihrer vierzig. Bey ihrer Auswahl habe ich immer mit darauf gesehen, daß sie für Kopf und Herz nützlich wären. Sie enthalten alle Fälle, wo die in meiner Sprachlehre gegebenen Regeln ihre Anwendung finden. In den ersten zwanzig Aufgaben habe ich die Anfänger immer bey jedem Falle auf die Regeln aufmerksam gemacht, die eben angewendet werden müßen. Indem sie nun nach solcher Anleitung bey ihrer Ausarbeitung die jedesmal angezeigten

Regeln

Regeln nachschlagen und überdenken, so kann es nicht fehlen, sie müssen ihnen auf diese Weise geläufig werden.

Sollte man fragen, warum ich keines von den langen Wörter-Registern, welche in so vielen andern Sprachlehren gefunden werden, eingerückt habe? so würde ich darauf antworten, daß ich den Platz für viel zu kostbar halte, als daß ich ihn dazu anwenden sollte, um meine Sprachlehre die Rolle eines verstümmelten Wörterbuchs spielen zu lassen; zu dem habe ich genug andre Sachen, als eine Umgangsweise geordnete Reihe von Wörtern vorzutragen. Aber wir erwarten doch wenigstens Gespräche, wird man vielleicht sagen; und ich werde erwiedern, daß ich mir vorläufig den Beweis darüber ausbitte, daß dergleichen Nebensachen einen so nützlichen Endzweck haben können, um sie dem Publikum mitzutheilen. Man vernehme kürzlich, wie ich diesen Punkt ansehe.

Ich gebe zu, daß sich zwo Personen folgendes Gesprächs bedienen können, wenn sie sich die Mühe geben wollen, jede Partie desselben, als eine Schauspielrolle zu studiren; aber, diesen Fall bey Seite gesetzt, so sehe ich nicht, wozu sie weiter dienen können. Ich erläutere dies in nachstehendem Beyspiele, dem ich die Form eines Gesprächs gebe.

Bonjour M.	Antwort	Bon jour M.
Comment vous portez vous?		Fort bien.
Voila un beau temps, voulons nous aller nous promener?		Volontiers.
Mais où irons nous?		Où vous voudrez. etc.

 Wenn

Wenn meine Antworten auf diese Fragen passen, ja, dann geht es freilich gut; aber wenn anstatt des fort bien, die Antwort wäre: j'ai un mal de tête affreux, wird man da nicht mit mir der Meinung seyn, daß es eine sehr unschickliche Sorglosigkeit wäre, den Zusatz zu machen: voila un bien beau temps? Ferner, wenn ich auf die Frage voulons-nous aller nous promener, statt der Antwort volontiers, diese gäbe: Je ne puis profiter de vôtre offre, parce que j'attends du monde à la maison: so wird das Gespräch abermals zerrüttet werden, und der Schüler mit seinem Gedächtnisse in große Verlegenheit kommen. Man giebt zwar vor, man erlerne durch dieses Mittel die Eigenheiten der französischen Mundart; diese sind aber zum Theil durch das ganze Werk zerstreut anzutreffen, auch werden meine Leser aus den französischen Büchern, die sie lesen, solche sich eigen machen können.

Neue

Neue französische Sprachlehre.

Die Sprachlehre beschäftiget sich damit, daß sie die Regeln angiebt, welche zeigen, wie man gut sprechen und schreiben müße. Wir theilen also dieselbe in drey Theile. In dem ersten werden wir von der Aussprache und den Theilen der Rede, in dem zweyten von der Wortfügung, und endlich in dem dritten von der Construction handeln.

Erster Theil.

Von der Aussprache und den Theilen der Rede.

Erstes Hauptstück.

Von der Aussprache.

Erste Abtheilung.

Von den Buchstaben und Sylben.

Um unsre Gedanken durch Sprechen auszudrücken, bedienen wir uns gewisser Töne der Stimme, die wir Worte heissen.

Worte bestehen aus Sylben, und Sylben aus Buchstaben. Eine Sylbe ist ein einfacher Ton der Stimme. Es giebt Wörter, die aus einer Sylbe, als roi König, andre die aus mehreren bestehen, als rei-ne Königinn, cap-ti-vi-té Gefangenschaft. Jene heissen einsylbige, diese vielsylbige Wörter. Buchstaben sind erfundene Zeichen, durch welche die verschiedenen Töne der Stimme schriftlich vorgestellt werden.

Es giebt im Französischen 25 Buchstaben.

A,	B,	C,	D,	E,	F,	G,	H,	I,	J,	K,	L,	M,
a,	beh,	sseh,	deh,	e,	eff,	*)	asch,	i,	*)	ka,	ell,	emm,
N,	O,	P,	Q,	R,	S,	T,	U,	V,	X,	Y,	Z.	
enn,	o,	peh,	kü,	err,	ess,	teh,	ü,	weh,	ichs,	igrek,	säd.	

*) Es giebt im Deutschen gar kein Buchstabe, mit welchem im Französischen, die Aussprache des G und J auszudrücken ist. Die bisherigen französischen Sprachlehrer für die Deutschen lehren, daß G vor *a*, *o*, *u*, wie ein gelindes *K*, und vor *e* und *i*, so wohl als J vor *a*, *e*, *i*, *o*, *u*, wie ein gelindes SCH sollen ausgesprochen werden. Keine bessere Aussprache können wir angeben: wer aber einen gebohrnen Franzosen sprechen gehört hat, wird sich von selbst überzeugen, daß zwischen dieser und der französischen Aussprache noch ein Unterschied ist. Könnte man aber das G von der Sylbe Ge, und gi in den im Deutschen angenommenen Wörtern Genie und logiren gut aussprechen, so hätte man die ächte Aussprache von G vor *e* und *i*; und von J, vor *a*, *e*, *i*, *o*, *u*, und würde man von dem deutschen G vor *a*, *o*, *u*, die harte, und aus der Kehle herkommende Aussprache wegnehmen; so würde auch das Deutsche mit dem Französischen bey diesem Falle übereinkommen.

Weiter wollen wir nichts mehr darüber bemerken, ausser daß wir das G und J mit besondern Lettern haben abdrucken lassen, damit sich der Leser daran erinnere, daß dieselben nach der französischen Mundart sollen ausgesprochen werden.

Zwote

Zwote Abtheilung.

Von den Selbstlautern, und ihrer Aussprache.

Anmerkung. Wir werden sehr oft genöthigt, bey der Erklärung der Aussprache, die deutschen Buchstaben ö, und ü zu gebrauchen; allein man muß ö nicht wie e, und ü nicht wie i aussprechen, z. B. König nicht wie Kenig, früh nicht wie fri.

Ein Selbstlauter ist ein Buchstabe, welcher für sich und ohne Beyhülfe andrer einen Laut hat. Die Selbstlauter sind a, e, i, o, u, welchen man noch y zusetzen kann, das wie i lautet.

Die Selbstlauter oder Vokalen (Voyelles) sind entweder einfach, oder zusammengesetzt, oder nasal, das ist, welche durch die Nase ausgesprochen werden (Nasales). Die einfachen sind die schon oben benannten, und von denselben wollen wir zuerst handeln.

§. I. Von den einfachen Selbstlautern.

Diese heissen einfach, weil sie nur mit einem einzigen Buchstaben geschrieben werden.

A, wird wie im Deutschen ausgesprochen, z. B. ame Seele, sprich aus ahm, animal Thier, annimall, abyme *) Abgrund, abbim.

E. Es giebt im Französischen fünferley *e*. Sie heissen das stumme (L'e muet), das sehr offene (L'e très ouvert), das offene (L'e ouvert), das scharfe (L'e fermé) und das mitstimmende e (L'e consonnant).

Von einem jeden handeln wir ausführlich.

Das stumme wird bald wie ein kurzes ö, bald gar nicht ausgesprochen. Also:

Stehen mehrere sich mit einem stummen *e* endigende Sylben nach einander, so lautet das erste, oder die zwey ersten, wie ein deutsches aber kurz ausgesprochenes ö, und das lezte gar nicht. Z. B. Je ne peux, ich kann nicht, spr. aus *Jönpö*, redevenir wieder werden, rödödöwwnir.

Stehet

*) Das französische Dictionnaire académique schreibt abyme mit einem y.

Stehet aber nur eins da, so lautet es gar nicht, es sey denn daß solches sich in einer Sylbe, wovor eine andre und sich mit dem Buchstaben r endigende Sylbe befindet, z. B. appeler rufen, appleh, recevoir empfangen, rössuar, il a jeté er hat geworfen, ill a schteh, allein Département, Departement, Depparrtömmang. Parlement Parlement, Parrlömmang. Gouvernement Regierung, Guwwerrnömmang u. d. Es giebt wenige Ausnahmen von diesen beyden Regeln. —

Die Sylbe, welche ein stummes *e* enthält, heißt weiblich, und solches *e* steht immer am Ende derselben. Ausgenommen:

1. In der vielfachen Zahl der sich in der einfachen Zahl mit einem stummen e endigenden Hauptwörter. Denn in diesem Falle folget ein s darauf. Z. B. Homme Mensch, hommes Menschen, table Tisch, tables Tische, sprich aus omm, Tablö (ö aber stumm).

2. In den zwoten Personen der Zeitwörter, welche ein stummes e zu ihren lezten Selbstlauter haben, (Hier sprechen wir gar nicht von dem Imperatif) wird auch ein s nachdem e gesetzt. Z. B. Tu aimes du liebest, tu appelles du rufst, vous êtes ihr seyd, vous faites ihr macht; sprich aus tü ähm, tü appål, wusäht, wusäht.

3. Das stumme e, welches der letzte Selbstlauter einer dritten vielfachen Person in den Zeitwörtern ist, hat immer nt nach sich. Z. B. ils aiment sie lieben, ils aimoient sie liebten, ils lürent sie lasen; sprich aus isähm, isähmä; ilür.

4. In den Wörtern, cresson Kresse, dessus darauf, dessous darunter, und in denen, die mit *ress* anfangen, die beyden ressuyer und ressusciter ausgenommen, von welchen wir bald sprechen.

Anmerkung.

In den beyden ersten Fällen hört man das s, vor einem Mitlauter gar nicht; vor einem darauf folgenden Worte aber das mit einem Selbstlauter oder stummen h anfängt, lautet das s wie ein sanftes deutsches s. Z. B. ces hommes lisent diese Menschen lesen, wird ausgesprochen ssäsomm ließ, und ces hommes aimables, diese liebenswürdigen Menschen, ssäsomm sämablö. Vous êtes ihr seyd, lautet wusät, und vous êtes ici ihr seyd hier, wusät sissi.

In

In dem dritten Falle werden auch die Buchstaben nt verschwiegen, wenn kein Selbstlauter oder stummes h darauf folgt; sonst hört man das t auf dieselben z. B. ils aiment la plaisanterie sie scherzen gern, isåm lapplåsangtrie, aber ils aiment à boire sie trinken gern, isåmtabbuar u. s. w.

Das stumme e wird nie mit einem Accent bezeichnet, und sobald man die andern noch folgenden Regeln hat kennen lernen, macht das stumme e keine Schwierigkeit mehr.

Das sehr offene e lautet wie åh. Z. B. mulet Maulesel, forêt Wald, succès Fortgang. Sprich aus mullåh, forråh, ssükssåh. Bald wird das sehr offene e mit einem entweder gedehnten oder doppelten Accent bezeichnet, bald nicht, bald ist dasselbe der lezte Selbstlauter eines Worts, bald steht es mitten in dem Worte. Folgende Regeln geben die gehörige Auskunft, sich in allen Fällen bey dem Gebrauche dieses e hinlänglich zu helfen, und solches von den andern unterscheiden zu können. Also

Stehet mitten in einem Worte ein E, worauf zwey mit ihm verbundene rr folgen, von welchen das erste nicht muß ausgesprochen werden, alsdann ist dieses E sehr offen, und bekommt keinen Accent (In den Wörtern aber wo die beyden rr gehört werden, ist das E mitstimmend, als erreur Irrthum, terreur Schrecken). Z. B. tonnerre Donner, terre Erde, serré gedrängt, serrure Schloß, sprich aus tonnåhr, tåhr, ssåhreh, ssåhrür.

Ist ein E der lezte Buchstab einer Sylbe, auf welche eine weibliche, und mit einem Mitlauter anfangende Sylbe folget, so ist dieses E sehr offen, Z. B. pere Vater, même nämlich, ere Zeitrechnung, sprichs aus påhr, måhm, åhr.

1ste Ausnahme. Das sich mitten in einem Worte befindende E, worauf eine weibliche, und mit einem Mitlauter anfangende Sylbe folget, ist nur stumm: 1. in den 5 Wörtern Genevieve Genoveva, Genevois Genfer, derechef wieder, devenir werden, ensevelir begraben, und in den von den zwey lezten herkommenden Wörtern, als redevenir, ensevelissement u. d. g. 2. in der Sylbe che, auf welche mehrere Sylben, wovon die erste weiblich ist, folgen, Z. B. *Chenevis* Hanfsaamen, j'acheverai ich werde vollenden, échevelé mit unordentlichen Haaren; chevelure Haupthaar, u. s. w.

3. in den zusammengesetzten Wörtern, welche die Sylben re, oder contre, oder entre enthalten, Z. B. *re*cevoir empfangen, (ein aus dem lateinischen Worte recipere welches von *re* und *capere* zusammengesezt ist, herkommendes Wort) *re*semer wieder säen; *re*venir wieder kommen, *contre*venir übertreten, *entre*tenir unterhalten, u. d. g. 4. in dem Futur und Conditionnel présent der Zeitwörter der I. Klasse, welche von einem Infinitif abstammen, von welchem das vorlezte E stumm ist. Z. B. je leverai ich werde aufheben, je sevrerois ich würde entziehen, die von lever und sevrer abstammen.

2te Ausnahme. Das sich mitten in einem Worte befindende E, worauf eine weibliche, und mit einem Mitlauter anfangende Sylbe folget, ist nur scharf, und wird mit dem scharfen Accent bezeichnet: 1stens in dem Worte déréglement Unordnung: 2tens wenn dieses E am Ende der ersten Sylbe eines mehr als zweysylbigen Worts stehet, Z. B. réglement Verordnung, démesuré übermäßig, écrevisse Krebs, éperon Sporn, u. s. w. (Man nehme einige Wörter, welche zu der ersten Ausnahme gehören, von dieser aus). 3tens in denen Wörtern, wo die darauf folgende weibliche Sylbe, mit keinem Mitlauter anfängt Z. B. je supplée ich ersetze, tu supplées du ersetzest, ils supléent sie ersetzen, armée Heer, les choses créées die erschaffenen Dinge. 4tens in dem Futur und Conditionnel présent eines Zeitworts der I. Klasse, wovon das vorlezte E im Infinitif scharf ist, Z. B. je répéterai ich werde wiederholen, je réitérerois ich würde öfters thun, welche von répéter und réitérer abstammen.

Wäre das sehr offene E der lezte Selbstlauter eines Worts, so bekommt es den gedehnten Accent: 1stens wenn solches vermittelst eines Vereinigungszeichens mit dem darauf folgenden Fürworte je ich, verbunden ist, Z. B. dussè-je wenn ich auch sollte; puissè-je möchte ich, u. d. g. 2tens wenn ein s demselben unmittelbar nachstehet, Z. B. succès Fortgang, dès que sobald, procès Prozeß, u. d. g: Man nimmt doch von dieser Regel, die offenen E der Artikel les, des, und der Fürwörter mes, tes, ses, les, und ces, aus.

Der doppelte Accent wird anstatt des offenen nur auf diejenigen E, gebraucht, welche ehemals ein jetzt abgeschafftes s nach sich hatten. Z. B. in conquête Eroberung, forêt Wald,

Wald, tempête Sturm, die man ehemals conqueste, forest, tempeste schrieb.

Das e, welches der lezte Selbstlauter eines Worts ist, und worauf t oder ts, ct oder cts folget, ist offen, und bekommt doch keinen Accent (der Fall, wovon wir so eben gesprochen haben, ausgenommen) z. B. boulet Kanonkugel, boulets Kanonkugeln, respect Ehrerbietung, respects, suspect, suspects verdächtig. Spr. aus bulâh, respâh, ssüsspâh. Man nimmt von dieser Regel aus die drey Wörter et und, fouet Peitsche, und Japhet Japhet, welche e, fua, Jafett ausgesprochen werden.

Wenn auf ein, sich in der lezten Sylbe eines Worts befindendes, sehr offenes e, s, t, ts, ct, cts, st folget, so werden diese Buchstaben vor einem Mitlauter verschwiegen, und vor einem Selbstlauter oder stummen h; lautet s am Ende wie ein deutsches S. z. B. succès inouis unerhörte Fortgänge, ssükkssâh sinnui, abjects et vils verächtlich und schlecht, abbJâh sâwwil; T behält seinen Laut z. B. cornet à bouquin Zinke, il est honnête er ist höflich, korrnâh tabbukkâng illâh tonnâht, und endlich ct wenn kein s darauf folget, lautet wie k. z. B. respect humain menschliche Vortheilsucht, aspect odieux, verhaßter Anblick, ressPâh kümmâng, Aspâhkoddiö.

Das offene e lautet wie â. Es stehet immer vor den Mitlautern ll, mm, nn, ss, tt, sc. z. B. ChancEllerie Kanzley; dilEmme, Schlußrede von zwey Sätzen; mEsséance Unhöflichkeit, mEttre setzen, ils prEnnent sie nehmen, condEscendance Willfährigkeit, welche ausgesprochen werden: Schangssâllri, Dillâm, mâsseans, mâttrö, i prân, Kongdâsssangdans. Nun soll davon ausführlich und mit den Ausnahmen gehandelt werden.

Das vor ll und tt stehende e, ist immer ein wenig offen z. B. appelle ruf, jette wirf, vous prommettez ihr versprechet. Spr. aus: appâl, Jât, wu prommâtteh.

Das e vor ss auch, als cesser aufhören, presser dringen. Spr. aus ssâsseh, prâsseh, (ressusciter wieder auferstehen, und ressuyer wiedertrocknen, sind die zwey einzigen Wörter, worinn das nach einem r und vor einem doppelten ss, im

Anfan-

Anfange eines Worts stehende e, ein wenig offen ist). In den drey folgenden cresson, dessus, dessous, ist aber das e stumm: siehe oben.

Das sich vor mm oder nn befindende e ist ein wenig offen, wenn nur einer von diesen Buchstaben ausgesprochen wird, wäre aber das erste m oder n nasal, dann ist auch das e nasal. Also spricht man zwar: ennemi Feind, ånnmi, ils viennent sie kommen, i wiånn u. d. g.; aber emmener weg nehmen, angmneh; ennuyer, lange Weile verursachen, angnü=ieh, aus.

Vor sc ist das e ein wenig offen, wenn auf das c ein e oder i folget, sonst aber nicht. Z. B. descendre herunter gehen, rescision Vernichtung, welche man dåssangdrö, råssisiong ausspricht.

Das E welches einem doppelten cc oder FF vorstehet, ist auch ein wenig offen, wenn nur eins davon ausgesprochen werden muß, Z. B. ecclésiastique geistlich, effacé ausgestrichen: man spreche aus åkklessiastikk, åffasseh.

Die ein wenig offenen e bekommen keinen Accent.

Das scharfe e hat den Laut des Deutschen e in dem Alphabet. Folget auf dasselbe kein s, wie in bontés Gütigkeiten, kein d, wie in pied Fuß, kein r, wie in collier Halsband, und kein z, wie in aimez, liebet, dann stehet immer das scharfe e am Ende der Sylbe; in diesem Falle sowohl, als vor einem s, welches verschwiegen werden muß, bekommt es den scharfen Accent. Z. B. bonté Gütigkeit; fidélité Treu; les étés die Sommer. Spr. aus: bonteh, fidellitch, låh setteh.

Man rechne auch mit unter die scharfen e, das von dem Bindworte et, welches in denselben, so wohl vor einem Selbst= als Mitlauter, ganz allein gehört wird. Z. B. Pierre et Antoine Peter und Anton; Piåhr e Angtuan.

Das mitstimmende e ist dasjenige, von welchem der Laut von dem darauf folgenden, und die Sylbe endigenden Mitlauter modificirt wird Z. B. In vertu Tugend, reddition Ueber=

Uebergabe, errant und d. g. welche werrtä, reddissiong, err-rang ausgesprochen werden, ist das e mitstimmend. Der Unterschied zwischen dem mitstimmenden, und den andern e bestehet darinn, daß jenes niemals die Sylbe endigen kann, welches doch die übrigen thun können; und wenn sie noch einen Mitlauter nach sich haben, so wird derselbe nicht ausgesprochen. Das mitstimmende e bekommt keinen Accent.

I heißt und wird wie im Deutschen ausgesprochen, wenn keine besondere Regel es anders erfordert, z. B. imiter nachahmen, idiot dumm. Spr. aus: immiteh, iddio, u. s. w.

O auch wie im Deutschen, und fast immer helle und kurz, wenn es mit keinem doppelten Accent bezeichnet ist, z. B. olive Olive, odorat Geruch, omelette Eyerkuchen. Spr. aus: olliww, oddorra, ommlett.

U lautet wie ü. Z. B. usuel gebräuchlich, usufructuaire so die Nutznießung giebt, usure Wucher. Spr. aus: üsüell, üsüffrükktüär, üsür u. s. w.

Y heißt igrekk. (Hier muß man die Aufmerksamkeit verdoppeln). Y tritt an die Stelle eines doppelten *ii*, wenn es sich am Ende einer Sylbe, entweder nach einem a, oder o, oder u, befindet; und alsdann wird das erste mit dem davor stehenden Selbstlauter vereiniget und nach den Regeln dieses zusammengesetzten Selbstlauters ausgesprochen; und das andre vereiniget sich mit dem darauf folgenden Buchstaben, wenn er ein Selbstlauter, oder wird ganz allein gelesen, wenn solcher ein Mitlauter ist. Diesen Fall ausgenommen, lautet y, sowohl im Anfange, als mitten in einem Worte, wie ein bloßes i. Z. B. payer bezahlen, (pai-ier) pä-ieh, rayon Strahl, (rai-ion) Rä-iong, royaume Königreich, (roi-iaume) Rua-iohm; appuyer lehnen, (appui-ier) appüi-ieh, pays Land, (pai-is) pä-i, paysan Bauer, (pai-i-san) Pä-isang u. s. w. mystere Geheimniß, mißtär, asyle Zufluchtsort, asil, yeux Augen, iö, york iork. Man spreche aber nicht: Mayence Mainz, mä-ians, sondern ma-jans; payen der Heide, nicht pä-iäng, sondern pa-jeng, ayeux Eltern, nicht ä-jö sondern a-jö aus, weil hier das a mit dem y gar nicht verbunden ist.

§. II.

§. II. Von den zusammengesetzten Selbstlautern.

Dieselben bestehen aus zwey, bisweilen auch drey Selbstlautern, welche nur einen einfachen und anhaltenden Ton von sich hören lassen. Z. B. In eau Wasser, und aimer lieben, *eau* und *ai* sind zusammengesetzte Vokalen, von welchen man aber nur einen Ton, nämlich o, und å höret.

Ai und eai werden gewöhnlich wie å gelesen. Z. B.
aide, Hülfe, — — — Spr. aus: Aed.
lait, Milch, — — — = = = = Lå.
mais, aber, — — — = = = = må.
geai, Heher, — — — = = = = Gå.

Ausnahme. In den Zeitwörtern lauten alle Endungen in ai, und eai, wie ein scharfes é, (im Deutschen eh). Z. B.
J'ai, ich habe, — — — Spr. aus: Jeh.
J'aimai, ich liebte, — — = = = = Jämeh.
j'arriverai, ich werde ankommen, = = = = Jarriwwreh.
je mangeai, ich aß, — — = = = = Jömangeh.
je jugeai, ich beurtheilte, — = = = = JöJüggeh.

Au und eau lauten wie oh. Z. B.
Auteur, Verfasser, — — Spr. aus: ohtör.
autruche, Straus, — — = = = = ohtrüsch.
beau, schön, — — — = = = = boh.
tableau, Gemälde, — — = = = = tabbloh.

Aou spricht man wie u aus. Z. B.
Août, Augustmonat, — — Spr. aus: u.
saoul, satt, — — — = = = = ssu.

Ea lautet nach einem g wie ein a, und das g wie ein französisches J. Z. B.
il mangea, er aß, — — Spr. aus: ill mangJa.
il jugea, er beurtheilte, — = = = = ill Jüjja.
nous songeames, es träumte uns. = = = = nussong Jahm.

Eo wird in folgenden Wörtern wie o ausgesprochen:
Geole, Gefängniß, — — — Spr. aus: Joll.
geolier, Kerkermeister, — — — = = = = Jollieh.
George, Georg, — — — = = = = Jorsch.
geolage, Schließgeld, — — = = = = Jollaasch.
pigeon, Taube, — — — — = = = = PiJong.
(und in den von denselben herstammenden Wörtern);

jugeons

Jugeons, laßt uns beurtheilen, — spr. aus: JüJong.
mangeons, laßt uns essen; — = = = = mangJong.
(und in den Zeitwörtern, von welchen der Circonstanciel sich auf eant endiget).

Eu und oeu spricht man wie ö aus, z. B.
Heureux, glücklich, — — spr. aus: öhrö.
neuf, neu, — — = = = = nöh.
boeuf, Ochs, — — = = = = Böf.
oeuf, Ey, — — = = = = öf.

Ausnahme. Man spreche eu wie ü aus, in Gageure Wette, j'eus ich hatte, (und diese ganze Zeit durch) j'eusse ich hätte (auch hier die ganze Zeit durch): also GaJühr, Jü, Jüss, u. s. w.

Oe hat in folgenden Wörtern den Laut des scharfen é, oecuménique, allgemein, Spr. aus: ekkümmenikk.
oecuménicité, Allgemeinheit, = = = = ekkümmenissitteh.
Oedipe, Oedipus, — = = = = Eddipp.
oesophage, Speisröhre, = = = = esofasch.

Oi in den Endsylben des Imparfait der anzeigenden Art und des Conditionnel der Zeitwörter, und in vielen Nationen=Namen ist ein zusammengesetzter Selbstlauter, und wird wie å ausgesprochen, z. B.
tu aimois, du liebtest, — spr. aus: tü åmå.
ils aimoient, sie liebten, — = = = = isåmå.
tu aurois, du würdest haben, — = = = = tü ohrå.
ils auroient eu, sie würden gehabt haben, = = = = isohråtü.
u. s. w. Anglois, Engländer, Eccossois, Schottländer, François, Franzose, Hollandois, Holländer, Hongrois, Ungar, Irlandois, Irländer, Milanois, Mailänder, Polonnois, Polack, spr. aus: Anglå, Ekkossä, u. s. w.

In folgenden Wörtern ist auch oi ein zusammengesetzter Selbstlauter, und wird wie ein å ausgesprochen:
connoître, kennen, — Spr. aus: konnåtre.
foible, schwach, — = = = = fåble.
foiblesse, Schwachheit, — = = = = fåbblåß.
monnoie, Münze, — = = = = monnå.
paroître, scheinen, — = = = = parråtre.
roide, starr, — = = = = råd.
(Das e der Wörter enjouement Munterkeit, und monnoie und d. g. lässet sich gar nicht hören, weil es ganz stumm ist).

Es giebt nur wenige Schriftsteller von Bedeutung, die, wie Voltaire, überall da ai für oi setzen, wo diese letzte Zusammensetzung den Ton des offenen e ausdrückt. Hier ist das Urtheil eines geschickten Academikers, des Hrn. Abt Olivet über diesen Punkt:

„Verschiedene von unsern jungen Scribenten suchen, seit „einiger Zeit etwas darin, ils chantaient, je chantais zu „schreiben, und es ist gar nicht schwer die Ursache davon „zu errathen. So hielten sich die Hofleute Alexanders für „große Helden, wenn sie, nach dem Beyspiele ihres Herrn „den Kopf schief trugen." *)

Sonst ist oi ein einfacher Doppellauter.

Ou lautet wie u. Z. B.

nouveau, neu, — — — spr. aus: nuwwoh.
pour, für, — — — — : : : : pur.
nous, wir, — — — — : : : : nu.

Ui wird wie ein bloses i gelesen, in

vuidange, Ausleerung, — spr. aus: widdange.
vuide, leer, — — — : : : : wied.
vuider, leeren, — — : : : : wiedeh.

(und in den von vuide zusammengesetzten Wörtern).

§. III. Von den nasalen Selbstlautern.

Die nasalen Vokalen sind entweder einfache, oder zusammengesetzte Selbstlauter, welche, wenn sie vor einem m oder n stehen, mit einem besondern und zur Nase gehörigen Tone müssen ausgesprochen werden. Dieselben sind aber nur nasal, wenn auf das m oder n kein Selbstlauter folget; sonst behalten sie ihren natürlichen Ton, und das m oder n wird wie im Deutschen ausgesprochen. Z. B.

iniquitè, Sünde, — — spr. aus: innikitteh.
unitè, Einheit, — — : : : : ünnitteh.
ami, Freund, — — : : : : ammi.
ennemi, Feind, — — : : : : ännmi.

Die

*) Il est peu d'écrivains, qui méritent d'être cités parmi ceux, qui, comme Voltaire, substituent ai à oi, partout, où cette derrière combinaison rend le son de l'e ouvert. Voici à ce sujet ce qu'a écrit un habile Académicien (Mr. l'Abbé d' Olivet): „Plusieurs de nos jeunes auteurs se plaisent depuis un certain temps à écrire, *ils* „*chantaient, je chantais*; et il n'est pas difficile d'en deviner la raison. „Ainsi les courtisans d'Alexandre se croyoient grands héros. lorsqu'à „l'exemple de leur maitre ils penchoient la tête d'un côté.

Die nasalen Vokalen sind:

1.) Aen, am, an, aon, ean, em, en.
2.) Aim, ain, ein, im, in.
3.) Eon, om, on.
4.) Eun, um, un.

Anmerkung. Das deutsche G welches nach dem n in folgenden Erklärungen stehet, darf sich nicht hören laßen.

Die 1ste Klasse wird wie ang ausgesprochen. Z. B.

Caen, (Stadt in Frankreich) Caen, spr. aus: kang.
ambigu, vieldeutig, — — — : : : : angbiggü.
antiquité, Alterthum, — — : : : : angtikkitteh.
faon, Hirschkalb, — — — : : : : fang.
Laon, (Stadt in Frankreich) Laon, : : : : lang.
paon, Pfau, — — — — : : : : pang.
Jean, Johan, — — — — : : : : Jang.
empire, Reich, — — — : : : : angpir.
entendement, Beurtheilungskraft, : : : : angtangdmang.

Die 2te Klasse lautet wie äng. Z. B.

faim, Hunger, — — — spr. aus: fäng.
main, Hand, — — — : : : : mäng.
dessein, Absicht, — — : : : : dessäng.
impie, gottlos, — — : : : : ängpi.
intension, Vorhaben, — : : : : äntangssiong.

Die 3te wie ong. Z. B.

pigeon, Taube, — — — spr. aus: piJJong.
ombre, Schatten, — — : : : : ongbrö.
bon, gut, — — — — : : : : bong.

Die 4te wie öng. Z. B.

commun, gemein, — — spr. aus: kommöng.
humble, demüthig, — — : : : : öngblö.
à Jeun, nüchternd, — — : : : : aJJöng.

Das Zahlwort un, ein, wird vor einem Mitlauter wie öng, aber ganz kurz und helle, vor einem Selbstlauter aber, oder stummen h, wie ünn ausgesprochen.

Dritte Abtheilung.

Von den Doppellautern (Diphtongues).

Ein Doppellauter ist die Zusammenfügung zweyer oder dreyer Vokalen, welche, zwar nur eine Sylbe, doch aber einen doppelten Ton geben. Darin bestehet der Unterschied zwischen den zusammengesetzten Selbst = und Doppellautern. Denn diese müßen mit einem doppelten, jene aber mit einem einfachen Tone ausgesprochen werden. Z. B. oi in roide ist ein zusammengesetzter Selbstlauter, und in moi ein Doppellauter, indem man råd und mua aussprechen muß.

Die Doppellauter entstehen aus mehreren Vokalen, und diese Vokalen sind: ia, ie, ieu, io, oe, oi, eoi, oui, ue, und ui.

Ia kommt mit dem deutschen Wörtchen Ja ganz überein. Z. B.
diable, Teufel, — — — spr. aus: djablö.
liard, Heller, (Münze) — = = = = ljar.

Ie mitten in einem Worte lautet wie jå, und in einer Endsylbe wie jeh. Z. B.
lumiere, Licht, — — spr. aus: lümmjåhr.
piece, Stück, — — = = = = pjåhß.
fermier, Pachter, — — = = = = fermmjeh.
métier, Handwerk, — = = = = mettjeh.

Ieu wie Jö. Z. B.
dieu, Gott, — — — — spr. aus: djö.
milieu, Mitte, — — — = = = = milljö.
pieu, Pfahl, — — — — = = = = pjö.

Io wird wie jo allein das o ganz kurz und helle ausgesprochen. Z. B.
fiole, gläsernes Fläschchen, — spr. aus: fjoll.
violon, Geige, — — — = = = = wjollong.

OE wie ua (zusammen ausgesprochen). Z. B.
coeffe, (oder coiffe) Haube, spr. aus: kuaff.
boëtte, Schachtel, — — — = = = = buatt.
moëlle, Mark, — — — = = = = mual.

Oi

Oi und eoi auch wie ua. Z. B.

roi, König, — — spr. aus: rua.
foi, Glaube, — — = = = = fua.
boire, trinken, — — = = = = buar.
s'asseoir, sich setzen, — = = = = ssassuar.
surseoir, aufschieben, — = = = = ssürrssuar.

Oui ist ein Doppellauter nur in dem Wörtchen oui Ja, und lautet wie u=i, in einer Sylbe ausgesprochen.

Ui wird üi gelesen, z. B.

fuite, Flucht, — — spr. aus: füitt.
lui, er, — — = = = = lüi.

Auf einige Doppellauter folget bisweilen ein N, und alsdann bekommen sie einen besondern Laut, welchen wir angeben wollen.

Diese Doppellauter sind:
Ian, ien, ion, oin, ouin, uin. Sie lauten im Französischen:
Ian wie iang (aber das g stumm). Z. B.

viande, Fleisch, — spr. aus: wiand.
étudiant, Student, — = = = = Ettüddiang.

Ien hat zweyerley Aussprache, bald lautet es wie iang, bald auch wie iång.

Es wird wie iang ausgesprochen, in den Haupt = und Beywörtern, wenn ein Mitlauter darauf folget. Z. B.

patience, Geduld, — spr. aus: passiangß.
patient, geduldig, — = = = = passiang.

Und wie iång in den Haupt = Für = und Nebenwörtern wenn nichts darauf folget; ferner, in den Endsylben der Zeitwörter, wenn auch noch ein t dahinter stehet, z. B.

soutien, Stütze, — spr. aus: suttiång.
mien, mein, — = = = = miång.
rien, nichts, — = = = = riång.
il convient, es gezient sich, = = = = ill kongwiång.

Ion wie iong, z. B.

nous aimions, wir liebten, spr. aus: nu sämiong.
nous lisions, wir lasen, — = = = = nu lisiong.

Oin wie uäng (aber zusammen und kurz ausgesprochen), z. B.

loin, weit, — — — — spr. aus: luäng.

besoin, Noth, — — — = = = = bsuäng.

moins, weniger, — — — = = = = muäng.

Ouin auch wie uäng. Z. B.

marsouin, Meerschwein, spr. aus: marrssuäng.

baragouin, Kauderwelsch, = = = = barragguäng.

Uin wie üeng (aber so kurz ausgesprochen, als es nur möglich ist), Z. B.

quinquagénaire, funfzigjährig, spr. aus: küengkuagennär, quinquagesime, küengkuagesimm, u. s. w.

Vierte Abtheilung.

Von den Mitlautern und ihrer Aussprache.

Ein Mitlauter oder Konsonant (Consonne) ist ein Buchstabe, der nur vermittelst der Selbstlauter, kann gehört werden.

Es giebt im Französischen 19 Mitlauter.

b, c, d, f, g, h, j, k, l, m, n, p, q, r, s, t, v, x, z.

B wird im Französischen, wie im Deutschen gelesen, und immer ausgesprochen (ausgenommen in Plomb Bley, das Plong lautet, und in den von plomb zusammengesetzten Wörtern), z. B.

bierre, Bier, — — — spr. aus: biähr.
badiner, scherzen, — — = = = = baddinneh.
bêler, blöcken, — — — = = = = bähleh.

Ob man gleich abbé, Abt, abbaye, Abtey, abbatiale, der Abtey gehörig, abbesse, Aebtissinn, mit zwey B schreibt, so wird doch nur eins davon ausgesprochen.

Anmerkung. Man hüte sich das B wie ein P auszusprechen, der Sinn könnte dadurch ganz verkehrt werden, z. B. bêche heißt Grabscheit, und mit einem P anstatt das B

würde

würde es Fischerey bedeuten. Ein großer Unterschied! Was wir von dem B und dem P sagen, das sagen wir auch vom D und T, vom F und V, vom J und CH, vom S und Z.

C vor a, o, u, lautet wie ein k; vor e und i wie ss *) und wenn das ç geschwänzt ist, so wird es vor einem jeden Selbstlauter, wie ein ss ausgesprochen. Z. B.

cabane, Hütte,	— —	spr. aus:	kabban.
ça et là, hin und her,	—	: : : :	ssaella.
cécité, Blindheit,	—	: : : :	ssessitteh.
colosse, Riesenbild,	—	: : : :	koloss.
françois, Franzose,	—	: : : :	frangssâ.
curé, Pfarrer,	— —	: : : :	kürreh.
conçu, empfangen,	—	: : : :	kongssü.

Regeln über C.

I.) C wird am Ende der Wörter nicht ausgesprochen, wenn N davor stehet, z. B.

banc, Bank,	— — —	spr. aus:	bang.
franc, frey,	— — —	: : : :	frang.

Ausgenommen in

franc-arbitre, Willkühr, spr. aus: frangkarrbittrŏ.
du blanc-au noir, von einem
Aeussersten auf das andre, : : : : dübblangkohnuar.

Ferner wird c verschwiegen, in: broc Weinkrug, clerc Geistlicher oder Schreiber, croc Hacken, marc Mark, almanac Kalender, estomac Magen, tabac Tobak.

II.) C wird mitten in einem Worte verschwiegen, wenn entweder ein q, oder eine von den Sylben ca, co, cu oder cl, oder cr darauf folgt, z. B.

acquérir, erwerben, —	spr. aus:	akkerrir.
accabler, unterdrücken,	: : : :	akkableh.
accomplir, erfüllen, —	: : : :	akkongplir.
accuser, anklagen, —	: : : :	akküseh.
acclamation, Zurufen,	: : : :	akklamassiong.
accréditer, in guten Ruf bringen,	: : :	akkredditeh.

*) Die Ursache, weswegen wir ein doppeltes Deutsches ss gebrauchen, wird sich bey den Erklärungen über s finden.

III.) In donc also, wenn dasselbe sich im Anfange eines Satzes befindet, oder vor einem Vokal stehet, wird das C ausgesprochen; sonst aber niemals, z. B. Dieu est bon, donc nous devons l'aimer, Gott ist gut; also sollen wir ihn lieben.

Man lese: donnk nu, u. s. w.

IV.) Ch vor einem Selbstlanter lautet wie sch, und vor einem Mitlauter wie k. Z. B.

cher, lieb,	—	spr. aus: scher.
charme, Hagbuche,	—	= = = = scharrm.
Christ, Christus,	—	= = = = Krist.
Chrétien, Christ,	—	= = = = Krettiång.

Auch in einigen aus dem Griechischen und Lateinischen herkommenden Wörtern, lautet ch wie ein k. Z. B.

Cham, Ham,	—	Spr. aus: Kamm.
chaos, Chaos,	—	= = = = kao.
écho, Echo,	—	= = = = ekko.
Bachus, Bachus,	—	= = = = Bakküß.
Malchus, Malchus,	—	= = = = Mallküß.
archiépiscopal, erzbischöflich		= = = = arrki=eppisskopall.
eucharistie, das heilige Abendmahl		= = öhkaristie.

V.) Im contract, Vertrag, und respect, Ehrfurcht, wird das c verschwiegen; spr. ich also: kongtra, respå; aus, aber in den Zeitwörtern contracter und respecter ausgesprochen: resspekkteh, kongtrakkteh. —

VI.) Das c in second zweyter, seconder beystehen, secondement zweytens, spreche man aus wie ein gelindes Franz. g. Z. B. ssögong, ssögongdeh, ssögongdmang, u. d. g.

D wird immer im Anfange und mitten in einem Worte ausgesprochen, am Ende aber verschwiegen; (die eigenthümlichen Namen ausgenommen, als David, Abiud, u. s. w.) Z. B.

dame, Frauenzimmer,	—	spr. aus: damm.
dedans, in	—	= = = = döddang.

Wenn nach einem sich mit d endigendem Worte, ein anderes darauf folget, das mit einem Selbstlauter oder stummen h anfängt, so lautet dieses d wie ein t. Z. B. grand homme, großer Mann, grang tomm, u. s. w.

F lau=

F lautet im Französischen eben wie im Deutschen, z. B.
finir, endigen, — — spr. aus: finnir.
famine, Hungersnoth, — : : : : famminn.

Regeln über F.

I) In den folgenden, einfach gebrauchten Wörtern, wird F ausgesprochen; stehen solche in der vielfachen Zahl, so wird F verschwiegen:

le cerf, der Hirsch, spr. aus: lösserf.
le nerf, der Nerve, : : lönnerf.
le boeuf, der Ochs, : : löbböf.
l'oeuf, das Ey, : : löf.

Aber les cerfs, les nerfs, les boeufs, les oeufs, lauten lässehr, länehr, läbö, läsö.

II) Man verschweige das F, in

apprentif, Lehrjung, — spr. aus apprangti.
baillif, Amtmann, — : : baalli-i.
clef, Schlüssel, — — : : kleh.
cerf-volant, Schröter, : : sserrwollang.
chefdoeuvre, Meisterstück, : : scheddöwrö.
nerf de boeuf, Ochsenziemer : : nerdöböf.

III) Folget auf das Wort neuf neun, ein Vokal oder stummes h, so wird das f wie ein w ausgesprochen; vor einem Mitlauter aber, und in neuf, wenn es neu heißt, verschwiegen, z. B.

neuf ans, neun Jahre, — spr. aus: nöwang.
dix-neuf hommes, neunzehn Mann, : disnöwwomm.
le chapeau neuf, der neue Hut, : löschappoh nö.
und les bas neuf, die neuen Strümpfe, : läbanö.

Regeln über das G.

I.) Gn. ist für die Deutschen sehr schwer auszusprechen: es muß beinahe wie nje lauten, doch muß das e kaum gehört werden, z. B.

Cologne, Köln, — spr. aus: Kollon-je.
digne, würdig, — : : din-je.
campagne, Feld, : : kangpan-je.
compagnie, Gesellschaft, : : kongpann-je.
pignon, Pinnchen, : : pin-jong. u. s. w.

 II.)

II.) Gu vor *a*, wie die deutsche Sylbe ga; allein ganz gelinde, z. B. il distingua, er unterschied, spr. aus: ill dissstånga.

Vor e wie ge, aber sehr gelind, z. B. guérir heilen, sp. aus gerrir.

Vor i etwas gelinder als gi, z. B. guise Laune, spr. aus: gieß.

Ausnahme. In dem Worte aiguille Nähnadel, und den mit aigui zusammengesetzten Wörtern, als aiguiser schleifen, aiguisement das Schleifen, wird das *u* ausgesprochen, allein kurz, z. B. ågüill=jö, ågüiseh, ågüismang u. s. w.

Vor o wie go, das g aber gelind, z. B. voguons, laßt uns rudern; spr. aus wogong.

III.) G am Ende wird verschwiegen, es sey denn, daß das darauf folgende Wort mit einem Vokal oder stummen h anfinge; denn alsdann lautet es wie ein k. Z. B.

sang pur, reines Blut, — spr aus: ssangpür.
sang innocent, unschuldiges Blut, = = ssangkinnossang.
joug pesant, schweres Joch. = = Jupesang.
joug insupportable, unerträgliches Joch, Jukking ssüpporrtablö.

IV) G wird in folgenden Wörtern ganz verschwiegen:

doigt, Finger, — spr. aus: dua.
doigtier, Fingerling, = = duatti-eh.
étang, Fischteich, — = = ettang.
hareng, Hering, — = = harrang.
legs, Vermächtniß, — = = lå.
poingt, Faust, — = = puång.
rang, Reihe, — = = rang.
sang-sue, Blutigel, = = sangssü.
vingt, zwanzig, — = = wångt.

Ferner am Ende der deutschen Wörter, z. B.
Cobourg, spr. aus: Kobur.
Luxembourg, = = Lürangbur.

H. Es giebt im Französischen zweyerley H, das stumme (l'H muette), das zu nichts, in Rücksicht der Aussprache, dienet, und das scharfe (l'H aspirée), welches, dem darauf folgenden Vokal einen scharfen Laut giebt.

Das französische H ist stumm, ausgenommen in folgenden Wörtern:

ha! ach!
habler prahlen.
hableur Prahler.
hache Beil.
hacher hakken.
hachis gehaktes Fleisch.
hachoir Hackbrett, Hackmesser.
hachure Kreuzschattirung.
hagard störrisch.
haie Gehäge.
haillon Lumpen.
Hainaut Hennegau.
haine Haß.
haïr hassen.
haire Härenhemd.
hallage das Ziehen eines Schiffs gegen den Strom.
halbran junge wilde Aente.
hâle Sonnenhitze.
halener ausspüren.
haleter schnauben.
heleur Schiffszieher.
halle bedeckter Platz.
hallebarde Hellebarde.
hallier Hallenvogt.
halte halt.
hameau Dörfchen.
hampe Stiel.
hanche Hüfte.
hangar Schirmdach.
hanneton Maykäfer.
hanter umgehen.
happer erhaschen.
haquenée Zelterpferd.
haquet kleiner Karren.
harangue öffentliche Rede.
harras Stutterey.
haraſser ermüden.
harceler oft anfallen.
hardes Geräthe.
hardi kühn.
hareng Hering.
hargneux mürrisch.
haricot kleine Bohne.
haridelle Schindmähre.
harnacher ein Pferd anschirren.
harnois Harnisch.
haro Zetergeschrey.
harpe Harfe.
harpie eine Art Raubvogel.
harpon Wurfpfeil.
hart Bindgerte.
hazard Ungefähr.
haſe Weibchen eines Hases.
hâte Eil.
hauſse-col Ringkragen.
hauſser erheben.
haut hoch.
hautbois Hoboë.
haute contre der Alt.
hauteur Höhe.
havage gewisses Recht des Scharfrichters zu Paris.
hâve mager.
havre Seehafen.
havreſac Habersaack.
hé! eh!
hem! eh!
hennir wiehern.
héraut Herold.
haire Schlucker.
hergne Darmbruch.
hériſser sträuben.
hériſson Igel.
hernie Bruch.
héron Reiger.
héros Held.
herſe Egge.
hêtre Buche.
heurter stoßen.
hibou Uhu.
hideux scheußlich.

hiérarchie Kirchenregiment.
ho! ho!
hoche Kerbe.
hocher schütteln.
holà! hola!
Hollande Holland.
hommard Hummer.
hongre Wallach.
Hongrie Ungarn.
honni beschimpfet.
honte Scham.
hoquet Schluchzen,
hoqueton gewisse Art Kleids.
horde Horde.
hormis ausgenommen.
hors aus.
hotte Reff.
houblon Hopfen.
houe Hakke.
houlette Schäferstock.
houppe Quaste.
hourvari (Geschrey des Jägers, die Hunde zurük zu rufen.)
houspiller zerknüppelte.
housard oder houlsard, oder hulsard Husar.
houlse Schabracke.
houlser abkehren.
houlsine Spiessruthe.
houx Stechpalme.
houyau Radhaue.
huche Backtrog.
huée Spottgelächter.
huer einen auslachen.
huguenot, huguenotte Hugenotte.
hune Mastkorb.
huppe Wiedehopf.
hure (Kopf eines wilden Schweins.)
hurler heulen.
hutte Hütte.

Wie auch in den mit denselben zusammengesetzten Wörtern: ausgenommen: exhaulsement, Erhöhung, exhaulser, erhöhen, héroïne Heldinn, héroïque, heldenmäßig, heroisme, Heldenthat.

J. Lautet überall, wie wir es S. 2 angezeigt haben.

K. Dieser Mitlauter wird im Französischen nur gebraucht in den Wörtern, welche wir aus den nördlichen und östlichen Sprachen angenommen haben, z. B. Kirmés, Kirmesse, Kam, Titel eines tartarischen Prinzen, Kyrielle, Litaney u. d. g.

L. Wir haben im Französischen zweyerley L; das harte und das weiche oder nach unserm Ausdruck, sogenannte das nasse L. Das erste wird wie im Deutschen ausgesprochen, aber in folgenden Wörtern verschwiegen:

avril, April. cul, der Hintere. fusil, Flinte.
baril, Fäßchen. fenil, Heuboden. gentil, Heide oder artig. *)
chenil, Hundstall. fils, Sohn. ils, sie.
coutil, Zwillich. fournil, Backstube. nombril, Nabel.

outil

*) Das L in diesem Wort wird vor einem Vokal oder stummen *h* naß ausgesprochen.

outil, Handwerkszeug.	pouls, Puls.	Spr. aus: awwri, barri, schni, kutti, kû, fenni, fi, u. s. w.
persil, Petersilien.	saoul, satt.	
	sourcils, Augenbraunen.	

Wenn zwey LL sich bey einander in einem Worte befinden, so wird das letzte nur ausgesprochen, ausgenommen in: allégorie, Gleichniß, allusion, Anspielung, appellatif, (nom), Gattungshauptwort, belliqueux, kriegerisch, collation, Vergebung einer Pfründe, collusion, heimliches Verständniß, constellation, Himmelszeichen, gallican, französisch, millénaire, tausendjährig, vaciller, wanken, und in allen sich mit *ill* anfangenden Wörtern. Spr. aus: allegorri, all-lûsiong, appell-lattif, bell-likkö, Koll-lassiong, u. s. w.

Das weiche, oder nasse L ist immer mit einem vorherstehenden i verbunden, und ihm folget bisweilen ein anderes l, welches aber mit dem darauf folgenden Vokal vereiniget ist. Es giebt fünferley Arten, das nasse L auszusprechen, nämlich in: il, ail, eil, ouil, euil, oder ueil. Sie lauten:

Il am Ende lautet wie illje, und mitten in dem Worte illj, allein das je darf sich kaum hören lassen, und es ist vielmehr ein kleines und im Munde ersterbendes Zischen dieses Lauts, als der Laut selbst, z. B. in fille Mädchen spricht man ordentlicher weise fil aus, und sogleich mit einem ersterbenden Tone, lje, also fillje, fusiller, mit Flinten erschiessen, spr. aus: fûsilljeh, péril, Gefahr, spr. aus: perrill-je.

famille, Familie, = = fammill-je.

quille, Kegel, = = qûill-je, u. s. w.

Anmerkung. Diese Aussprache deucht mir die ächte zu seyn, weil wir Franzosen, wenn wir, ein Lied singen, worin sich ein Vers mit einem nassen l endiget, ganz deutlich ljö hören lassen; aber in der gemeinen Rede hört man nichts, als ein gelindes und fast stummes je.

Ail am Ende wie allje, und mitten in dem Worte, wie allj. Z. B.

émail, Schmeltz,	— — spr. aus:	emmall-je.
émailler, Schmelzwerk arbeiten,	= =	emmall-jeh.
bataille, Schlacht,	— — = =	batall-je.
batailler, fechten,	— — = =	batall-jeh.

Eil wie ell-i, mitten in einem Worte, und wie ell-je am Ende. Z. B.

pareil, gleich, — spr. aus: parrell-je.
vieillir, alt werden, = = wi-ell-jr.
bouteille, Flasche, = = buttell-je.
appareiller, zubereiten, = = apparrell-jeh.

Ouil wie ull-j in den sich mit ir endigenden Zeitwörtern, und wie ull-je in andern Wörtern, z. B.

bouillir, sieden, — spr. aus: bull-je.
fouiller, graben, — = = full-jeh.
rouille, Rost, — = = rull-je.

Euil und ueil, wie öll-je am Ende, und öll-j mitten in den Wörtern, z. B.

deuil, Trauer, — spr. aus: döll-je.
feuillage, Laube, = = föll-jasch.
feuille, Blatt, — = = föll-je.
recueil, Sammlung, = = rökföll-je.
cueillir, pflükken, = = köll-jr, u. s. w.

Ausnahme.

Es giebt im Französischen einige Wörter, in welchen ein *i* vor einem einfachen oder doppelten L stehet, ohne daß dasselbe dem *l* die nasse Aussprache giebt. Darüber sind folgende Regeln zu beobachten:

L wird nie in der ersten Sylbe eines Worts naß ausgesprochen, z. B.

illumination, Erleuchtung, spr. aus: ill-lümminnassiong.
illustre, berühmt, — = = ill-lüsstrŏ.
il, er, — — = = ill. Ferner:

Man spreche L wie im Deutschen aus: 1stens, wenn das i mit einem vorhergehenden o, einen Doppellauter ausmacht, wie in poil Haar, spr. aus: puall. 2tens, in der Mitte eines Worts, wenn nur ein l da ist; denn nur ein doppeltes L kann mitten in einem Worte naß seyn, z. B. filer spinnen; spr. aus: filleh. 3tens, in folgenden Wörtern: Achilles, Achilles, camomille, Kamille, campanelle, Glokenthurn, distiller, abtropfen lassen, Gilles, Egidius, imbécille, einfältig, mille, tausend, myrtille, Myrtenbeer, Nil, Nilus, pupille, Mündel, subtille, fein, tranquille, ruhig, ville, Stadt, und in den mit ville zusammengesetzten Wörtern.

M.

M. Wenn dieser Buchstabe nicht mit dem nasalen Laute ausgesprochen werden muß; so behält er den deutschen Ton. Z. B,

mere, Mutter, spr. aus: mår.
mari, Mann, = = marri, u. s. w.

Regeln über das M.

I.) M am Ende folgender Wörter, wird ausgesprochen:

Jérusalem, Jerusalem, spr. aus: Jerrůsallemm.
Sélim, Selim, — = = Sselimm.
Ephraim, Ephraim, = = Effraimm.
hem! ei! — = = hemm!
Abraham, Abraham, = = Abbrahamm.
Cham, Ham, — = = Kamm.
item, ingleichen, — = = itemm.

II.) Vor einem P oder N lautet M wie ein N, z. B,

compter, rechnen, spr. aus: kongteh.
prompt, geschwind, = = prong.
automne, Herbst, = = ottohn, u. s. w.

Ausgenommen in:

amnistie, Vergebung, spr. aus: ammnisti.
automnal, herbstlich, — = = ohtommnall.
calomnie, Verläumdung, = = kallommni.
hymne, Kirchengesang, = = immne.
indemniser, schadlos halten, = = ångdammnisch.
indemnité, Entschädigung, = = ångdammnitteh.

Das M lautet auch wie ein N, in

comté Grafschaft, spr. aus: kongteh,
comte Graf, — = = kongt.
comtesse Gräfinn = = kongtess.

Ferner, wird m wie ein nasales n ausgesprochen, wenn auf die Sylbe em noch ein m folget, z. B.

emmener, mit sich wegnehmen, spr. aus: angmneh.
emmaillotter, einwickeln, — = = angmall-jotteh.

Ausnahme. In den eigenthümlichen Namen, und in denen, die mit im anfangen, wird das erste m nicht nasal ausgesprochen. Z. B. Ammon, Emmanuel, immortel, unsterblich. Spr. aus: Amm-mong, Emm-mannůell, imm-morrtell, u. s. w.

III.) Wenn zwey m m bey einander stehen, so wird das zweyte nur ausgesprochen; es sey denn, daß die schon gegebenen Regeln es anders haben wollen, z. B.

commis, Faktor, spr. aus: kommi.
commode, bequem, = = kommod, u. s. w.

N. Muß n nicht nasal ausgesprochen werden, alsdann behält es eben den Laut, als im Deutschen, z. B.

nous wir, spr. aus: nu.
Ninive Ninive, = = Ninniw, u. s. w.

Regeln über das N.

I.) N wird am Ende folgender Wörter ausgesprochen: amen, hymen, examen, Untersuchung; spr. aus: amenn, egsammenn, himmenn. Wie auch, am Ende eines seinem Hauptworte vorstehenden Beyworts, wenn das Hauptwort entweder mit einem Vokal oder stummen h anfängt. Z. B.

divin amour, göttliche Liebe, spr. aus: diwwinnammur.
mon ame, meine Seele, = = monnahm.
bon historien, guter Geschichtschreiber, — — = = bonnistorr-jäng,

u. s. w. Stünde aber das Beywort seinem Hauptworte nach, so muß sich das (wenn eins da ist) am Ende des Hauptworts befindende n, nicht in dem darauf folgenden, und mit einem Vokal oder stummen h anfangenden Beyworte ausgesprochen werden, weil das n am Ende eines Hauptworts immer seinen nasalen Laut behalten muß, z. B.

vin agréable, angenehmer Wein. spr. aus: wäng aggreablö.
chaudron étammé, verzinnter Kessel, = = schohdrong etammeh, u. s. w.

Anmerkung. Nach dem unbestimmten Fürworte on, und dem Fürworte en, den Nebenwörtern bien gut und rien nichts, wird das n bald ausgesprochen, bald verschwiegen. Man spricht das *n* in on und en aus, wenn dieselben mit dem darauf folgenden, und mit einem Vokal anfangenden Worte vereiniget werden, z. B.

on aime, man liebet, spr. aus: ohnnähm.
en avril, im Aprilmonat, = = angnawwri.
on en envoie, man schikket davon, = = ohnnang nangwua, u. s. w.

Ste=

Stehet aber on, seinem Zeitworte, und en, einem Impératif nach, so wird das n in dem darauf folgenden Vokal nicht ausgesprochen, z. B.
va-t-on à la ville? geht man nach der Stadt? donnez-en un autre, gieb davon ein anders. Spr. aus: waatong allawwill? donch sang ünnohtrö.

Ist bien und rien, mit dem darauf folgenden, und mit einem Vokal oder stummen h anfangenden Worte, unmittelbar verbunden, so wird das n vor diesem Vokal, sonst aber nie, ausgesprochen, z. B. bien écrit, gut geschrieben, rien autre chose, nichts anders. Spr. aus: biennekkri, ri-ennohtröschose; aber in je sais bien où vous allez, ich weis wohl, wo ihr hingehet, il ne fait rien, ou peu de chose, spricht man biängn, riängn, aus, da hier ou weder von bien, noch von rien abhänge.

III.) Von zweyen sich in dem nämlichen Worte befindenden n, wird das letzte nur ausgesprochen, z. B.

anneau, Ring, spr. aus: annoh.
année, Jahr, = = anneh.

Ausgenommen in: annal, jährig, annuel, jährlich, annexe, Anhang, annotation, Anmerkung, annuler, vernichten, inné, angeboren, innover, Neuerung aufbringen, und in den mit denselben zusammen gesetzten Wörtern. Man spricht also: ann-nall, ann-nüell, u. s. w. aus.

IV) In Monsieur, mein Herr, werden weder n noch r ausgesprochen, sondern Mossiö.

P. Lautet im Französischen, wie im Deutschen; folget ein h darauf, so haben sie zusammen den Ton eines f, z. B.

pere, Vater, — spr. aus: pähr.
papal, päbstlich, — = = pappall.
philosophe, Weltweiser, = = fillosoff.

Regeln über das P.

I) P wird am Ende der Wörter verschwiegen, z. B.

champ, Feld, spr. aus: schang.
drap, Tuch, = = dra.

Die drey folgenden Wörter machen von der Regel eine Ausnahme:

cap, Vorgebürge, spr. aus: kapp.
sep, Weinstock, = = sepp.
jalep, Kühltrank, = = Jalepp.)

In trop zuviel, beaucoup viel, vor einem Vokal oder stummen h, wird p ausgesprochen, z. B.

trop avare, zu geizig, spr. aus: troppawwar.
il a beaucoup étudié, er hat viel studiret, = = illabbohkuppettüddieh.

II) P mitten in einem Worte wird verschwiegen, wenn vorher ein m stehet, welches nasal ausgesprochen werden muß, z. B.

compter, rechnen, spr. aus: kongteh.
temps, Zeit, *) = = tang, u. s. w.

Ausgenommen in:

ademption, Entziehung eines Legats, spr. aus: addänpssiong.
exemption, Freyheit, — = = egsampssiong.
rédempteur, Erlöser, — = = reddamptör.
rédemption, Erlösung, — = = reddampssiong.
contempteur, Verächter, = = kongtamptör.

In folgenden Wörtern wird auch das P verschwiegen: baptême, Taufe, baptiser, taufen, baptistere, Taufstein, sept, sieben, septieme, siebent, septiemement, siebentens, corps, Leib. Sp. aus: battähm, u. s. w. ssett, u. s. w. Kor.

III) P wird auch in der einfachen Zahl des Présent der anzeigenden Art, und der Impératifs, die sich mit romps endigen, nicht ausgesprochen, z. B.

tu romps, du brichst, spr. aus: türrong.
corromps, verdirb, = = korrong, u. s. w.

Q. Im Anfange eines Worts, samt den angehängten ua, ue. ui, uo, uu, lautet wie k, z. B.

quarré, viereckigt, spr. aus: kareh.
quel, was für ein, = = kell.
qui, wer, — — = = ki.
quoi, was, — = = kua.
quel qu'un, jemand, = = kellkông.

Aus=

*) Die Herleitung der Wörter temporel, temporellement, temporiser, temporiseur, tempête, u. d. gl. (worinn das P durchaus nothwendig ist) aus ihrem Stammworte Temps, veranlasset uns, unsern Lesern zu rathen, temps und nicht tems zu schreiben. Jenes ist überall richtig, dieses aber möchte, in gegenwärtigem Falle, fehlerhaft seyn.

Ausnahme. In folgenden Wörtern, wird es wie kua ausgesprochen: aquatille, und aquatique, zum Wasser gehörig, équateur, Aequator, équation, Gleichmachung, quadragénaire, vierzigjährig, quadragésime, Fastenzeit, quadrangle, Viereck, quadrangulaire, vierekkig, quadrature, Vierung, quadriennal, vierjährig, quadrilaterre, Viereck, quadrupede, vierfüßig, quadruple, vierfach, in quarto, Buch im Quart, quaterne, Quaterne, quaternaire, geviert, liquation Scheidung des Silbers von dem Kupfer. Spr. aus: akkuatill-je, akkuattikk, ekkuattör, u. s. w.

In folgenden aber wird es wie küe, in einer Sylbe ausgesprochen: Questeur, Rentmeister bey den Römern, questure, Amt desselben, équestre, ritterlich, liquéfaction, Zerschmelzung. Spr. aus: küestör, küestür, u. s. w.

Endlich wie küi in: quinquagénaire, funfzigjährig, quinquagésime, Sonntag Quinquagesimä, quintuple, fünffach, équiangle, gleichwinkelicht, équidistant, gleichweit, équilatéral, gleichseitig. Spr. aus: küingkuagennär, küingkuagesimm, u. s. w.

Q wird in: coq-à-l'ane, ungereimte Rede, ausgesprochen, und in coq-d'inde, welscher Hahn, verschwiegen. Spr. also aus: kokkallahn, koddänd.

In cinq, fünf, lautet das Q, wenn ein Vokal oder stummes h darauf folget, oder wenn es ganz allein oder ohne Folge steht, sonst aber nie, z. B.

cinq écus, fünf Thaler, spr. aus: ssängkekkü.
cinq heures, fünf Stunden oder Uhr, — — = = ssängköhr.
le cinq, das Fünf, — = = lössänk.
vingt-cinq, fünf und zwanzig, = = wängtssänk.
cinq fois cinq, fünf mal fünf, = = ssängfuassänk.
cinq soldats, fünf Soldaten, = = ssängssollda.

R Lautet immer im Französischen, wie im Deutschen, z. B.
rareté, Seltenheit, spr. aus: rarteh.
rire, lachen, — = = rir.

Regeln über das R.

I.) R wird immer in den einsylbigen Wörtern, und in denjenigen, die damit zusammen gesetzt sind, ausgesprochen, z. B.

fer, Eisen, — spr. aus: ferr.
ferblanc, Blech, = = ferrblang.
hier, gestern, — = = ier.
avant-hier, vorgestern, = = awwangti-er.

u. s. w.

II.) Man spricht das r am Ende der sich mit ar, air, eur, oir, our und ur endigenden Wörter aus, z. B.

César, Cäsar, spr. aus: Sesar.
éclair, Blitz, = = ekklär.
douleur, Schmerz, = = dullör.
pouvoir, Macht, = = puwwuar.
amour, Liebe, = = ammur.
dur, hart, — = = dür.

Am Ende der Infinitiven der ersten Klasse, lautet das r vor einem darauf folgenden Vokal oder stummen h; vor einem Mitlauter, und wenn solche ganz allein stehen, wird das r verschwiegen, und das vorher gehende e scharf ausgesprochen, z. B.

aimer, lieben, — spr. aus: ähmeh.
aimer à rire, gern lachen, = = ähmerrarrir.
aimer Dieu, Gott lieben, = = ähmeh Diö.

In andern vielsylbigen Wörtern wird das r am Ende derselben verschwiegen. Ausgenommen in den eigenthümlichen Namen, als Jupiter, Lucifer, und in den folgenden: cancer, fressender Krebs, desir, Verlangen, soupir, Seufzen, martyr, Martyrer, amer, bitter, fier, stolz, enfer, Hölle, hyver, Winter, belvéder, erhabener Platz, da man eine schöne Aussicht hat, frater, Barbiergeselle, gaster, Magen, magister, Lehrer. Spr. aus: Jüppitterr, Lüssifferr, kangsserr, dösir, ssupir, u. s. w.

III.) Wenn zwey rr bey einander in einem Worte stehen, so wird das erste verschwiegen, z. B.

arroser, begiessen, spr. aus: aroseh.
arriver, ankommen, = = ariweh.

Ausgenommen:

1stens, In den Wörtern: aberration, Abweichung, abhorrer, verabscheuen, errer, irren, erreur, Irrthum, hor-

reur,

reur, Abscheu, terreur Schrekken, und in den mit denselben zusammengesetzten. Spr. aus: abberr-rassiong, abborr-reh, err-reh, err-rör, u. s. w.

2tens. In den mit irr anfangenden Wörtern, als irriter, erbittern, spr. aus: irr-ritteh.

3tens. In dem Futur und Conditionnel présent der folgenden, und der mit ihnen zusammengesetzten Zeitwörter: acquérir, erlangen, courir, laufen, mourir, sterben, z. B. j'acquerrai, tumourras, il courroit. Spr. aus; jakkerr-reh, tümmurr-ra, illkurr-rä, u. s. w.

S. Lautet im Anfange der Wörter, und mitten in denselben, wenn es sich nicht zwischen zween Vokalen befindet, wie ein doppeltes scharfes ss, z. B.

séverité, Strenge, — spr. aus: ssewwerritteh.
salut, Gruß, — = = ssallü.
distiller, abtropfen lassen, = = dißtilleh.

Ausnahmen. 1. In der Mitte der Wörter, wenn ein b oder d darauf folget, und in denjenigen, welche mit der Sylbe trans, auf welche ein Vokal folget, zusammen gesetzt sind, wird s wie ein sanftes s ausgesprochen. Z. B. presbitere, Pfarrhaus, Asdrubal, transitoire, vergänglich, spr. aus: Presbittär, Asdrübball, trangsittuar, u. s. w.

Von den mit trans zusammen gesetzten Wörtern nimmt man, Transylvanie, Siebenbürgen, transir, erstarren, transissement, Erstarrung, aus, welche trangssillwanni, trangssir, trangssissmang ausgesprochen werden.

2. In den drey folgenden Wörtern wird S sanft ausgesprochen, ob gleich ein Mitlauter vorher gehet.

Alsace, Elsaß, — spr. aus: Allsaß.
balsamine, Balsamkraut, = = ballsamminn.
balsamique, balsamisch, = = ballsammikk.

II.) S lautet, mitten in einem Worte, wenn es zwischen zwey Vokalen stehet, oder am Ende desselben, wenn ein mit einem Selbstlauter oder stummen h anfangendes Wort darauf folget, wie ein sanftes deutsches s, z. B.

embraser, anzünden, spr. aus: angbraseh.
oser, dürfen, — = = oseh.
vis-à-vis, gegen über, = = wisawwi.
vous avez, ihr habt, = = wusawweh, u. s. w.

Ausnahme. Es giebt einige Wörter, in welchen das zwischen zwey Vokalen gesetzte S scharf ausgesprochen werden muß.

Dieselben sind: monosyllabe, einsylbig, parasol, Sonnenschirm, préséance, Vorsitz, présupposer, voraussetzen, resacrer, wieder einweihen, resaisir, sich wieder bemächtigen, resaluer, noch einmal grüssen, désicatif, austrocknend, désudation, Ausschlag, désuétude, das Abkommen. Spr. aus: monnossyllab, parrassoll, pressëangß, pressüpposeh, rössakkreh, rössäsir, rössallüeh, dessikkattif, u. s. w.

III.) Wird S am Ende der fremden Wörter, und in den durch die vorige Regel bestimmten Fälle immer ausgesprochen, sonst aber verschwiegen, z. B. Périclès, Cyrus, Bacchus, Paris, Paris. (der Trojaner) Paris n'est pas etc. Paris ist nicht u. s. w. Pâris est beau Paris ist schön. Spr. aus: Perrikklås, Ssyrüs, Bakküs, Parri, Paris n'åpa, u. s. w. Parri, så boh, u. s. w.

Ausgenommen in: la vis, die Schraube, l'as, das Es, (im Kartenspiel), lys, Lilienblume (aber nicht in fleur de lys), wird das s am Ende immer ausgesprochen.

IV.) Wenn zwey SS in einem Worte bey einander stehen, so wird das zweyte nur ausgesprochen, z. B.

assurer, versichern, spr. aus: assürreh.
assassiner, ermorden = = assassinneh, u. s. w.

V.) Sc lautet vor E oder I wie ss. und s vor ca, co, cu, cl, cr, wie ska, sko, skü, skl, skr, z. B.

scene, Auftritt, — spr. aus: ssähn.
scier, sägen, — = = ssi-eh.
scapulaire, Schulterrock, = = skappüllär.
scolatistique, scholastisch, = = skollaßtikk.
sculpter, graben, — = = sküllteh.
esclavage, Sklaverey, = = esklawwasch.
scrupule, Gewissensskrupel, = = skrüppüll, u. s. w.

VI.) Sch im Anfange eines Worts, wie sch, z. B.

schéling, Schilling, spr. aus: schellång.
schismatique, abtrünnig, = = schissmattikk. u. s. w.

VII.) SP und ST wie ssp, und sst, doch so, daß man dabey kein sch hören könne, z. B.

spécial, besonder, spr. aus: sspessiall.
stance, Strophe, = = sstans, u. s. w.

VIII.)

VIII.) SPH wie Sf, z. B.
sphere, Kugel, — spr. aus: ssär.
sphérique, kugelrund, = = sserrikk.

T, das im Französischen eben so wie im Deutschen lautet, wird am Ende der Wörter, wenn ein Vokal oder ein stummes h darauf folget, ausgesprochen, sonst aber verschwiegen. z. B.
trone, Thron, — — spr. aus: trohn.
Toul, Tull, (Stadt in Frankreich) = = Tull.
vertu, Tugend, — — = = werrtü.
il est, er ist, — — = = ill ä.
il est là, er ist da, — — = = ill älla.
il est ici, er ist hier, — = = ill ättissi.
u. s. w.

Regeln über das T.

I.) Wenn die Sylbe ti vor a, e, o stehet, so lautet sie wie ssi, z. B.
abbatial, abteylich, spr. aus: abbassiall.
patience, Geduld, = = passiangß.
ambition, Ehrgeiz, = = angbissiong. u. d. gl.

II.) Die Sylbe ti, wird wie im Deutschen gelesen: 1stens in den einsylbigen, und mit derselben anfangenden Wörtern; 2tens in den Sylben tie, tié, tienne, tien, tier, tiere und tions, bey dem Imparfait der anzeigenden Art der Zeitwörter, z. B. tiers, dritte, tic, Krippenbeissen, bastion, Bollwerk, mixtion, Mischung, partie, Theil, amitié, Freundschaft, vingtieme, zwanzigst, chrétien, Christ, métier, Handwerk, matiere, Materie, nous portions, wir trugen. Spr. aus: tiär, tikk, baßtiong, mikßtiong, und s. w.

Ausgenommen in: primatie, Primatwürde, aristocratie, Aristokratie, démocratie, Volksregierung, prophétie, Prophezeihung, ineptie, Albernheit, égyptien, Aegyptier, worinn ti wie ssi gelesen wird, z. B. primmassi, arißtokkrassi, u. s. w.

III.) Wenn zwey tt mitten in einem Worte stehen, so wird nur das lezte ausgesprochen, z. B.
attirer, anziehen, spr. aus: attirreh.
frotter, reiben, = = frotteh, u. s. w.

Man nehme aus: attique, athéniensisch, atticisme, der feine Geschmack in Reden, so den Atheniensern eigen war,

 gut-

guttural, aus der Kehle ausgesprochen, pittoresque, malerisch; welche att-tississm, att-tikk, u. s. w. gelesen werden.

V wird im Französischen eben so, wie w im Deutschen ausgesprochen, z. B.

vivacité, Lebhaftigkeit, — spr. aus: wiwwassiteh.
velu, rauh, — — = = wlü.
vivoter, kümmerlich leben, = = wiwwotteh,
u. s. w.

X heißt ichs.

Regeln über dasselbe.

I. Regel. Die ordentliche Aussprache dieses Buchstaben ist kss, oder chs, wenn ein Vokal davor stehet. Also wird dasselbe immer so ausgesprochen, es sey denn daß die folgenden Ausnahmen es anders haben wollen, z. B.

Xavier, Xaverius, spr. aus: Kssawwi-eh.
Méxique, Mexiko, — = = Mechsick.
exquis, auserlesen, — = = echski.
Paradoxe, sonderbare Meinung, = = parraddochs.
laxe, Luxus, — — = = lüchs, u. s. w.

Ausnahmen.

I. In den Wörtern, die mit exh, exa, exe, exi, exo, exu, hex anfangen, lautet x wie gs, und das s behält den sanften deutschen Laut, z. B.

exhaler, einen Dunst von sich geben, — — spr. aus: eggsalleh.
exhéréder, enterben, — = = eggserreddeh.
exhiber, darlegen, — = = eggsibbeh.
exhorter, ermahnen, — = = eggsorrteh.
exhumer, eine Leiche wieder ausgraben, — — = = eggsümmeh.
exaucer, erhören, — = = eggsohsseh.
exemple, Beyspiel, — = = eggsangplö.
exil, Verbannung, — = = eggsil.
exorde, Eingang einer Rede, = = eggsorrd.
exulcérer, Geschwüre verursachen, — — = = eggsüllsserreh.

II.

II. Befindet sich in einem Zahlworte ein x zwischen zwey Vokalen, so lautet es wie ein sanftes ſ (ausgenommen in soixante und den von demselben zusammen gesetzten Wörtern, welche zu der IV Ausnahme gehören, z. B.

deuxieme, zweit, spr. aus: döſiähm.
dixieme, zehnt, = = dieſiähm.
sixieme, sechst, = = ſſiſiähm.

III. Steht X vor einem c, worauf e oder i folget, alsdann wird es wie ein k ausgesprochen, z. B.

excès, was zu viel ist, spr. aus: ekſſäh.
exciter, aufmuntern, = = ekſſitteh.

IV. Das X hat den Laut eines doppelten ſſ in den folgenden Wörtern:

dix, zehn, six, sechs, wenn kein anderes Wort darauf folgt, oder dieselben als Hauptwörter betrachtet werden, als in: le dix du mois de etc. am zehnten des Monats, u. s. w. le six de coeur, (im Kartenspiele) Herzen sechs.

spr. aus: dieß.
= = ſiß.

dix-sept, siebenzehn, — = = diſſſett.
dix-neuf, neunzehn, — = = dißnöf.
soixante, sechzig, — = = ſſuaſſſaut.
Bruxelles, Brüssel, — = = Brüſſell.
Aix-la-chapelle, Aachen, = = Aeß la ſchappähl.
Aix, Stadt in Frankreich, = = Aeß.

II. Regel. X am Ende der Wörter wird verschwiegen, wenn das darauf folgende Wort mit keinem Vokal oder stummen *h* anfängt; würde aber ein Vokal oder stummes *h* darauf folgen, so lautet x wie ein sanftes deutsches ſ, z. B.

dix mille, zehn tausend, spr. aus: dimill.
six femmes, sechs Frauen, = = ßiffamm.
deux sous, zwey Stüber, = = döſſu.
voix, Stimme, — = = wua.
paix, Friede, — = = päh

Allein in

dix hommes, zehn Mann, spr. aus: diſomm.
six alouettes, sechs Lerchen, = = ſſiſalluäht.
deux oeufs, zwey Eyer, — = = döſö.
voix agréable, angenehme Stim̃e, = = wuaſaggreablö.
paix honorable, ehrenvoller Friede, = = pähſonnorrablö.

Ausnahme.

In den fremden Wörtern behält x seinen ordentlichen Laut am Ende derselben, z. B.

Pollux, Pollux — spr. aus: Pollüchs.
Ajax, Ajax, — = = AJachs.
Index, Verzeichniß, = = Aengdechs.

Anmerkung. Einige gute Schriftsteller schreiben, je peus, ich kann, tu peus, du kannst, je veus, ich will, tu veus, du willst, les lois, die Gesetze, mit s anstatt x am Ende. Dieß scheint auch den allgemeinen Regeln gemäßer zu seyn, ob gleich die andre Art nicht fehlerhaft ist.

Z im Anfange und in der Mitte eines Worts, lautet wie ein sanftes deutsches s; am Ende aber wird es verschwiegen, wenn kein Vokal darauf folget; würde einer folgen, dann wird es auch wie s ausgesprochen, z. B.

Zizanie, Unkraut, — spr. aus: Sisanni.
zele, Eifer, — — = = säh l.
nez, Nase, — — = = neh.
nez pointu, spitze Nase, = = neh puängtü.
nez allongé, lange Nase, = = nehsallonggeh,
u. s. w.

Es ist zu bemerken: 1stens, daß das vor einem z stehende e immer scharf ausgesprochen werden muß: 2tens, daß alle zwote vielfache Personen der Zeitwörter, (einige unregelmäßige ausgenommen) sich mit einem z, und nie mit einem s endigen müssen. Denn in jenem Falle, könnte man z. B. aimés, als die zwote vielfache Person des présent der anzeigenden und befehlenden Art, von aimés, vielfachem männlichen Mittelworte eben des Zeitworts nicht unterscheiden.

Fünfte Abtheilung.

Anhang der Aussprache,

oder

einige kurze Bemerkungen über den Accent der französischen Wörter, und das Sylbenmaß.

Es giebt im Französischen so wohl, als im Deutschen, einen oratorischen Accent, das heißt, eine Veränderung der Stimme, welche viel weniger von der Sylbe selbst, welche wir aussprechen, als von dem Sinne, welcher aus derselben in der Rede entstehet, herkommet. Man fragt, antwortet, erzählt, macht Vorwürfe, zanket, beklaget sich: dazu werden verschiedene Töne der Stimme erfodert. Die Biegsamkeit der menschlichen Stimme ist so groß, daß sie natürlich und ungezwungen, alle diese Laute hervorbringt, die zum Unterschiede der Gedanken und Empfindungen dienen. Die Stimme kann sich nicht nur erheben, und fallen; sondern auch stärker oder schwächer, hart oder weich, sogar auch heftig werden. Eine jede Leidenschaft giebt unseren Worten eine besondere Abänderung, und da sich die Leidenschaften auf tausenderley Arten bestimmen lassen; so folget daraus, daß der Accent der Wörter auch tausenderley Schattirungen (nuances) annehmen kann. Dieselben kosten zwar der Natur nichts, das Ohr ist im Stande solche zu verstehen, und sie von einander zu unterscheiden; die Kunst darf es aber nicht unternehmen, so viele, und so verschiedene Gegenstände in sichere Klassen zu ordnen, noch weniger die Regeln über eine jede schriftlich anzugeben. Was wir also darüber sagen werden, ist bey weitem nicht für alle Fälle hinlänglich; es gilt blos für die Vorlesung, weil alsdann die Stimme eine ziemliche Gleichheit behalten muß.

Jede Sylbe, die derjenigen vorgehet, auf welche die Stimme fallen soll, wird ein wenig höher, als die andere ausgesprochen, und diese Sylbe hat den Accent auf sich, z. B. in race, Geschlecht, grace, Gnade, rebattre, noch einmal schlagen, rebâtir, wieder erbauen, steht der Accent auf den Sylben worinn sich a befindet.

Der

Der Ton fällt demnach durchgehends auf die lezte Sylbe, besonders aber 1tens, wenn sie auf s (und kein stummes e vor dem s hergehet) x oder z ausgehet, z. B. souris, perdrix, parlez.

2tens, wenn sie auf einen Mitlauter ausgeht, wovor ein langer Selbstlauter stehet, als dégât, ragoût, u. d. g.

3tens, wenn der vorlezte Buchstab des Worts ein n ist und ein t ihm nachstehet (der Fall ausgenommen, wo ein stummes e vor dem n stünde) z. B. constant, patient.

4tens, wenn sie entweder auf einem doppelten Selbstlauter, oder einem Mitlauter ausgeht, z. B. balai, effroi, parla, animé, parti, zero, vertu, u. d. g.

Der Ton fällt allezeit auf die vorlezte Sylbe, wenn in der lezten sich ein stummes e befindet, z. B. aime, prospere, taire.

Ueber das Sylbenmaß.

Die Länge oder Kürze einer Sylbe bestehet in der Länge oder Kürze des sich darin befindenden Vokals. Ein langer Vokal ist derjenige, der mit einem anhaltenden Ton, und ein kurzer ist derjenige, der mit einem kurzen Tone ausgesprochen werden muß, z. B. in bătir, bauen, ist a lang; und in băttre, schlagen, kurz.

Die langen Vokalen stehen gewöhnlich, entweder nur in der vorlezten oder lezten Sylbe eines Worts, die vorhergehenden sind kurz. Stünde aber der lange Vokal in der dritten vom Ende, so spricht man die zwo lezten eben so kurz, als wenn nur eine da wäre, z. B. in entêtement, Eigensinn, muß man ĕn-tē-t'mĕnt aussprechen, u. s. w.

§. I.

Regeln über die lezten Sylben, welche lang sind.

I.) Die lezten Sylben, welche sich mit einem s, oder x, oder z endigen, sind lang, so oft diese Buchstaben nicht ausgesprochen werden sollen, z. B. Jĕ plaīns lĕs jălōux, ich beklage die Eifersüchtigen, lĕ nēz poīntŭ, die spitze Nase; aber

aber in je plains un homme jaloux et fidelle, ich beklage einen eifersüchtigen und treuen Mann.

Da man je plain zun homme jalou zet fidelle ausspricht, so sind die Sylben *plains* und *loux*, nicht mehr lang. Man sagt auch un né zaquilin.

II.) Alle mit einem doppelten Accent (^) bezeichnete Sylben sind lang, z. B. Dégât, Verwüstung, dégoût, Eckel, goûter, kosten.

III.) Die einsylbigen Wörter, in welchen auf e ein s folget, sind auch lang, les, die, mes, meine, ses, seine, u. d. g.

IV.) Man darf nicht lange auf der lezten Sylbe eines Worts verweilen (sie mag von Natur lang oder kurz seyn), wenn dieselbe mit der folgenden ununterbrochenerweise ausgesprochen werden soll; und hingegen muß man länger auf dieser Sylbe halten, wenn kein anderes, und mit ihr in dem Satze verbundenes Wort darauf folget, z. B. in besoin, Noth, und devoir, Schuldigkeit, ist die lezte Sylbe soin, und voir lang, und wird doch kurz ausgesprochen in il a besoin de repos, er hat Ruhe nöthig, le devoir assujettissant, die unterwerfende Schuldigkeit; man spreche aber diese Sylben länger in cet homme est dans le besoin, dieser Mensch leidet Noth, faites votre devoir, erfüllet eure Pflicht.

§. 2.

Regeln über die vorlezten Sylben.

I.) Ein vorlezter Vokal oder ein dritter von hinten ist immer lang, wenn ein stummes e darauf folget, z. B. la pensée, der Gedanke, la plaie, die Wunde, il priera, er wird bitten, u. s. w.

II.) In den Zeitwörtern, welche sich mit ier, ayer, oyer, uer, uyer endigen, sind die vorlezten Sylben lang, in den

zween

zwoen ersten vielfachen Personen des Imparfait der anzeigenden, und des Présent der verbindenden Art, z. B. nous priions, wir baten, vous priiez, ihr batet, que nous priions, daß wir bitten, que vous priiez, daß ihr bittet, und s. f. in nous payions, wir bezahlten, vous envoyiez, ihr schicktet, que nous continuïons, daß wir fortfahren, que vous essuyiez, daß ihr abtrocknet, u. s. w.

III.) Die vorlezten nasalen Sylben sind lang, wenn eine weibliche Sylbe, wovon der erste Mitlauter weder m noch n ist, darauf folget, z. B. simple, einfach, exemple, Beyspiel, prendre, nehmen.

IV.) Die vorlezten Sylben in der vielfachen Zahl des Parfait défini, sind lang, z. B. nous donnâmes, vous donnâtes, ils donnerent, wir gaben u. s. w. nous finimes, vous finites, ils finirent, wir endigten, u. s. w. nous dûmes, vous dûtes, ils dûrent, wir sollten, u. s. w. nous plûmes, vous plûtes, ils plûrent, wir gefielen, u. s. w.

V.) Die vorlezten Sylben des Imparfait der verbindenden Art (die dritte einfache ausgenommen) sind lang, z. B. que je donnasse, que tu donnasses, que nous donnassions, que vous donnassiez, qu'ils donnassent, daß ich gäbe, u. s. f., que je bâtisse, que tu bâtisse, que nous bâtissions, que vous bâtissiez, qu'ils bâtissent, daß ich bauete, u. s. f., que je dusse, que tu dusses, que nous dussions, que vous dussiez, qu'ils dussent, daß ich sollte, u. s. f., que je disse, que tu disses, que nous dissions, que vous dissiez, qu'ils dissent, daß ich sagte, u. s. f.

VI.) Ein vorlezter Vokal, wenn auf ihn rre folget, ist lang, z. B. la barre, die Stange, la terre, die Erde, u. d. g.

VII.)

VII.) Ein vorlezter Vokal, wenn er entweder mit einem S (das wie ein gelindes ſ ausgeſprochen werden muß), oder einem z begleitet iſt, iſt auch lang, z. B. la gaze, der Flor, le dioceſe, das Bisthum.

VIII.) Ein vorlezter Vokal, worauf TTE folget, iſt kurz (das E ausgenommen, ſ. S. 7.) z. B. patte, Pfote, botte, Stiefel, brutte, unvernünftiges Thier, u. ſ. w.

IX.) Die Endungen in ac, ade, afe, aphe, afre, ague, aigne, ail, asque ſind kurz ohne Ausnahme, z. B. tabac, Tobak, façade, Vorderſeite, carafe, gläſerne Flaſche, epitaphe, Grabſchrift, balafre, Schmarre, dague, Dolch, chataigne, Kaſtanie, eventail, Fächer, casque, Helm u. d. gl.

§. 3.

Regeln über einige einfache und zuſammengeſezte Vokalen.

A, als ein Buchſtabe des Alphabets genommen, iſt stets lang, z. B. un grand A, un petit a, ein groſſes, ein kleines a, in allen den übrigen Fällen, wo es allein ſteht, iſt es kurz, il a, er hat, à Rome, zu Rom.

AI lang in den Endſylben der vielfachen Zahlen den Nennwörter, als les eſſais, die Verſuche, les palais, die Palläſte; und kurz in den Endſylben der Zeiten der Zeitwörter. (ſ. S. 10.)

Au lang, doch nicht ſehr lang, in den lezten Sylben, und nur kurz in Paul, Paulus, z. B. autre, ander, aune, Elle, couteau, Meſſer, u. ſ. w.

E vor einer weiblichen Sylbe iſt immer lang; (ſ. was wir darüber geſagt haben).

Wichtige Anmerkung. Aus dieſer Regel folget, daß wenn ſich im Infinitif eines Zeitworts der erſten Klaſſe, entweder ein ſcharfes oder ſtummes e, in der vorlezten Sylbe befindet, ſol-

solches e in den Personen dieser Zeitwörter, welche eine weibliche Sylbe am Ende haben, offen wird, z. B. achever, endigen, j'achève, ich endige, révéler, offenbaren, je révèlle, ich offenbare, régner, regieren, je règne, mener führen, je mène (wir setzen hier einen offenen Accent auf das vorlezte e, blos um die Regel deutlicher zu machen, denn dieselben werden mit keinem bezeichnet).

Es ist zu bemerken, daß die französische Academie immer die Mitlauter *l* und *t* verdoppelt, wenn vor denselben ein offenes e stehet. Deswegen schreibt solche im Infinitif, appeler, rufen, jeter, werfen, weil das e in pe, und je stumm ist; allein j'appelle, je jette, weil alsdann das e offen ist.

I. Ist vor einem Vokal, der kein stummes e ist, immer kurz, z. B. miel, Honig, amitié, Freundschaft, Dieu, Gott.

O Im Anfange eines Worts ist immer kurz, wenn es mit keinem doppelten Accent bezeichnet ist, z. B. olive, Olive, obéir, gehorchen, oreille, Ohr u. d. g.

Ue ist lang, wenn das e stumm ist, z. B. la vue, das Gesicht, la tortue, die Schildkröte, u. s. w.

Zweytes Hauptstück.

Von der Orthographie.

Die Orthographie (l'ortographe) ist die Kunst, die Wörter einer Sprache richtig zu schreiben.

Die bey dem Schreiben zu gebrauchenden Figuren, sind die Buchstaben (Lettres), die Tonzeichen (les Accents), das Sonderungszeichen (le Tréma), das Auslassungszeichen (l'Apostrophe), das Verbindungszeichen (le Trait d'union), die grossen Buchstaben (les Lettres capitales, oder majuscules)

cules), und die Unterscheidungszeichen (les Marques de ponctuation).

Von den Buchstaben sagen wir weiter nichts, als daß wir zur französischen Schrift, lateinische Buchstaben gebrauchen.

Erste Abtheilung.

Von den Tonzeichen. (Accents.)

Es giebt im Französischen dreyerley Tonzeichen, oder Accente; das scharfe, das offene und das doppelte.

Das scharfe Tonzeichen (Accent aigu) wird durch einen von der rechten zur linken Hand gezogenen Strich ausgedrückt (´).

Das offene (Accent grave) geht von der linken nach der rechten Hand (`).

Das doppelte (Accent circonflexe), ist oben spitz, und breitet sich unten zu beyden Seiten aus (^).

Wir haben schon weitläuftig genug von den Tonzeichen, welche auf das E gesetzt werden müssen, gehandelt; deswegen wollen wir hier nichts mehr darüber sagen.

Das offene wird gebraucht auf den Nebenwörtern là, da, où, wo, dem Vorworte à, nach, in, zu, damit man das erste von la, die, dem Artikel, das zweyte von ou, oder, dem Bindworte, und das lezte von il a, er hat, unterscheiden könne. Ferner auf den unveränderlichen Wörtchen déjà, schon, voilà, da ist, çà, nun.

Das doppelte Tonzeichen wird auf diejenigen Vokalen gesetzt, welche sehr lang ausgesprochen werden müssen, und auf die dritte einfache, und die drey vielfachen Personen des Imparfait der verbindenden Art, als âge, Alter, forêt, Wald, gîte, Nachtlager, apôtre, Apostel, goût, Geschmack, qu'il fût, daß er wäre, que nous fûmes, que vous fûtes, qu'ils fûrent u. s. w., daß wir wären, daß ihr wäret, daß sie wären u. s. w. Diese Wörter waren vor Zeiten mit einem auf den Vokal folgenden S, oder mit einem doppelten Vokal geschrieben, z. B. aage, forest, giste, apostre, u. s. w.

Man setzt auch das doppelte Tonzeichen auf das männliche Mittelwort dû, gesollt, auf crû, Boden worauf etwas wächst, crû, crûe, gewachsen, sûr, sûre, gewiß, mûr, mûre, reif, damit man das erste von dem männlichen Artikel du, des, das zwente von cru, crue, roh, das dritte auch von demselben, das vierte von dem Vorworte sur, auf, und endlich das lezte von je mure, ich umgebe mit Mauern, unterscheiden könne.

Zwote Abtheilung.

Von dem Sonderungszeichen (le Tréma).

Das Sonderungszeichen (¨), wird im Französischen nur auf die Vokalen ë (stumm) ï, ü, gesetzt, und das geschieht darum, damit diese Vokalen mit dem vorstehenden nicht eine Sylbe ausmachen, z. B. in haïr, hassen, laïc, weltlich, héroïque, heldenmässig, jouïr, geniessen, welche ha-ir, la-ic, héro-ique, jou-ir ausgesprochen werden.

In nous argüions, wir tadeln, j'argüai, ich tadelte, u. s. w. muß man das Sonderungszeichen auf das ü, und nicht auf das o oder a setzen, weil diese niemals mit dem Sonderungszeichen bezeichnet werden dürfen. Man schreibe nie royaume, Königreich, *roïaume*, pays, Land, *païs*, essayer, versuchen, *essaïer*: weil man sonst *ro-iaume*, *pa-is*, *essa-ier* aussprechen müßte, welche Aussprache aber ganz verkehrt wäre.

Dritte Abtheilung.

Von dem Auslassungszeichen (Apostrophe).

Das Auslassungszeichen (') bezeichnet, daß man bey dem Schreiben etwas ausgelassen hat, und das kann nur ein *a*, ein *e*, oder *i* seyn.

Man

Man braucht dasselbe, anstatt des sich am Ende der folgenden Wörter befindenden Vokals, wenn das darauf folgende Wort auch mit einem Vokal oder stummen *h* anfängt.

Je, ich, *me*, mich, *te*, dich, *se*, sich, *ce*, es, *de*, von, *le*, der, *la*, die, *que*, daß, *jusque*, bis, *quoique*, obgleich, *lorsque*, als, *puisque*, weil, *entre*, zwischen, z. B. *J'aime l'enfant qui s' applique à l'étude*, ich habe das Kind lieb, welches fleissig studirt; anstatt *Je aime le enfant qui se applique à la étude. Qu'il est agréable d'être utile*, wie angenehm ist es, nützlich zu werden; anstatt *que il est agréable de être utile*.

1ste Ausnahme. In den einsylbigen Wörtchen *le*, *la*, ihn, sie, wird das *e* oder *a* nur vor einem Zeitworte, oder vor *y* und *en* ausgelassen, z. B. *Je l'aime*, ich liebe ihn. *Je l'ai vue*, ich habe sie gesehen. *Je l'y conduirai*, ich werde sie dahin führen. *Je l'en ai délivré*, ich habe ihn davon befreyet; aber *Donnez le à votre frere*, gebet ihn eurem Bruder. *Amenez la ici*, bringet sie hieher mit.

Man bemerke, daß das Nebenwort *là*, da, nicht unter die Zahl der Wörter, wovon wir so eben sprachen, gerechnet werden muß.

2te Ausnahme. *a* und *e* werden vor *huit*, acht, *onze*, eilf, und *oui*, als Hauptwort, nicht ausgelassen. Z. B. *Il est le huitieme de huit qu'ils sont*, er ist der Achte von ihrer Achten. *La onzieme année*, das eilfte Jahr. *Le oui et le non*, das Ja und das Nein.

Wenn das Wort *grand*, groß, vor einem Hauptworte stehet, das mit einem Consonant anfängt; so läßt man zuweilen, so wohl im Reden, als Schreiben, das *e* weg, und setzt anstatt desselben ein Auslassungszeichen, z. B. *La grand' Messe*, die hohe Messe; *la grand' mere*, die Großmutter; *la grand' chambre*, die erste Kammer im Parlement zu Paris; *la grand' salle*, der große Saal; *grand' chere*, herrliches Gastmahl; *la grand' rue*, die breite Straße; *grand' chose*, nicht viel, z. B. *Ce n'est pas grand' chose*, das ist der Mühe nicht werth; *à grand' peine*, mit vieler Mühe, *grand' peur*, große Furcht; *grand' garde*, die Feldwache, und vielleicht noch andere. Man sagt aber nicht mehr *une grand' salle*, *une très grand' messe*, *une fort grand' rue;* sondern *grande* (*grand'mere* ausgenommen), wenn *un*, oder *une*, oder *très*, oder *bien*, oder *fort*, (sehr) davor stehet. Nur in dem Wörtchen *si* ob, wenn, wird das i ausgelassen, wenn *il*, er, es, oder *ils*, sie, darauf folget. Z. B. *S'il arrive*, wenn es geschieht; *s'ils viennent*, wenn sie kommen.

Vierte Abtheilung.

Von dem Verbindungszeichen (trait d'union, oder tiret).

Dasselbe (-) dienet zur Verbindung zweyer Wörter, welche alsdann nur als eins betrachtet werden.

Es wird gebraucht:

1stens zwischen einem Zeitworte und seinem ihm als ein Regimen nachstehenden Fürworte, *je*, ich, *moi*, ich, *tu*, du, *toi*, du, *il*, er, *nous*, wir, *vous*, ihr; *ils*, *elles*, *elle*, sie, *le*, der, *la*, die, *les*, sie, *lui*, ihm; *leur*, ihnen, *y*, dahin u. s. w. *en*, davon u. s. w., *ce*, es, *on*, man. Z. B. *Vais-je?* gehe ich? *dussè-je*, wenn ich auch sollte; *aimes-tu*, liebest du? *vend-il?* verkauft er? *donnez-moi*, gebt mir; *bats-toi*, schlage dich *vient-on?* kommt man? *va-t-en*, gehe weg, *en-est-ce*, ist es davon? u. s. w.

2tens. Vor oder nach *ci*, hier, *là*, da, *çà*, nun, und nach *moi*, *toi*, *soi*, *lui*, *nous*, *eux*, *cela*, *là*, (da), wenn *même* oder *mêmes* darauf folget, und mit ihnen verbunden seyn soll, z. B. *celle-ci*, diese hier, *ci-devant*, zuvor, *celui-là*, dieser da, *venez-çà*, nun, kommet her, *là haut*, droben, *moi-même*, ich selbst, *toi-même*, dich selbst u. s. w.; *c'est cela-même*, das ist es, *c'est par là-même*, dadurch, u. s. w.

3tens. Zwischen einigen Wörtern, welche so zusammen vereiniget werden, daß sie nur ein einziges Wort ausmachen, als *avant-coureur*, Vorbothe, *tout-à-fait*, ganz und noch viele andere, welche sich in den Wörterbüchern befinden.

4tens. Wenn ein in einer Zeile angefangenes Wort, nicht ganz in derselben geschrieben werden kann, u. s. w.

Fünfte Abtheilung.

Von den großen Buchstaben (Lettres capitales).

Dieselben werden im Französischen nur gebraucht:

1tens, bey dem Titel eines Buchs, im Anfange der Sätze, und eines jeden Verses in einem Gedichte.

2tens, im Anfange der Namen der Menschen, Feyertage, und Orte, z. B. *David*, *Pâques*, Ostern, *la Souabe*, Schwaben, u. s. w.

3tens, die Namen der Künste, Wissenschaften und Würden, haben auch einen großen Anfangsbuchstaben, wenn davon besonders die Rede ist, sonst aber keinen. Z. B. *L'Agriculture a toujours été en honneur dans les états bien gouvernés.* Der Ackerbau ist in gut eingerichteten Staaten immer in Ehren gehalten worden. *Le Roi aime la paix*, der König liebt den Frieden. Allein man schreibt: *La mort n'épargne ni les rois, ni les empereurs*, der Tod schonet weder Könige, noch Kaiser; *il est roi, empereur*, er ist König, Kaiser; weil hier *roi, empereur* kein Wesen, sondern eine bloße Eigenschaft anzeigen.

Sechste Abtheilung.

Von den Unterscheidungszeichen (Ponctuation).

Diese sind besondere Zeichen, welche beym Schreiben dazu dienen, die verschiedenen Glieder einer Rede zu unterscheiden, und

und anzuweisen, wo der Leser oder Redner inne halten soll; um so wohl seiner Rede Deutlichkeit zu geben, als seiner Gemächlichkeit wegen, Athem schöpfen zu können.

Es giebt ihrer sechs: das Komma (,) (*la Virgule*), das Semikolon (;) (*le Point et la virgule*), das Kolon (:) (*Les deux points*), der Punkt (.) (*le Point*), das Fragezeichen (?) (*le Point interrogatif*), das Ausrufungszeichen (!) (*le point admiratif*).

§. 1.

Das Komma dienet zur Unterscheidung der Haupt= Bey= Zeit= und Nebenwörter, welche sich nicht auf einander beziehen, z. B. *Pour devenir savant, il faut étudier constamment, méthodiquement, avec goût et avec application.* Um gelehrt zu werden, muß man beständig, nach Ordnung, mit Geschmack und Fleiße studiren.

§. 2.

Das Semikolon zeiget ein längeres Innehalten, als das Komma an. Es wird gebraucht, um die Glieder einer Periode zu unterscheiden, davon ein jedes zwar einen Sinn enthält, welche aber mit einander eine nothwendige Verbindung haben, z. B. *Les Bramines ne mangent d'aucune chose qui ait eu vie, pas même des herbes rouges; parcequ' ils croient qu'il y a du sang.* Die Braminen essen nichts, was gelebt hat, sogar keine rothen Kräuter; weil sie glauben, daß Blut darin sey.

§. 3.

Das Kolon stimmt mit dem Semikolon überein, doch mit dem Unterschiede, daß das ihm folgende Glied keine nothwendige Verbindung mit dem vorher stehenden Gliede haben muß, z. B. *On compte dans Paris vingt-trois mille maisons: quatre superbes palais: neuf jardins et promenades publiques: etc.* Man zählt in Paris 23000 Häuser: vier vorzüglich schöne Schlösser: neun öffentliche Gärten und Spaziergänge.

§. 4.

§. 4.

Den Punkt setzt man, wo sich ein vollkommner Sinn endiget. z. B. *On est blamable, quand on conserve son argent, sans vouloir jamais en faire un bon usage; et c'est là ce qui s'appelle avarice. On est louable, quand on ne le conserve dans un temps que pour s'en servir à propos dans un autre; et c' est ce qui s' appelle économie.* Man ist tadelnswürdig, wenn man sein Geld aufbewahrt, ohne einen nützlichen Gebrauch davon machen zu wollen; und dies ist, was man Geiz nennet. Man ist aber lobenswürdig, wenn man es nur zu einer Zeit aufbewahrt, um bey rechter Gelegenheit, zu einer andern Zeit, davon Gebrauch zu machen; und dieß nennt man Sparsamkeit.

§. 5.

Das Fragzeichen wird nach einem fragenden Satze gesetzt. Z. B. *Qui peut connoître la vertu sans l' aimer?* Wer kann die Tugend kennen, ohne sie zu lieben?

§. 6.

Das Ausrufungszeichen wird entweder nach den eine Bewunderung oder eine Empfindung ausdrückenden Sätzen gebraucht. Z. B. *Qu'il est difficile d'être victorieux et d'être humble tout ensemble!* Wie schwer ist es siegreich und doch zugleich herablassend zu seyn! *Surtout, ô peuples! aimez et observez la Religion; le reste meurt, elle ne meurt jamais.* Vor allem aber, o ihr Völker! liebet und beobachtet die Religion; alles andre ist sterblich, nur sie stirbt nimmermehr.

Anmerkung. Man braucht auch noch im Schreiben das Einschliessungszeichen ( ) *(la Parenthèse)*, und das unter dem c gesezte Häckchen *(la Cédille) (ç)*. Jenes enthält etwas, das zu dem Hauptsinne nicht gehört, und blos zur Erklärung da stehet; dieses zeiget an, daß das c, wie ss ausgesprochen werden muß.

Drittes Hauptstück.

Von den Geschlechtswörtern (Articles).

Einleitung.

Bisher haben wir von den Wörtern in Ansehung ihrer Aussprache geredet. Unsre Absicht hiebey, war nicht, ihre eigentliche Bedeutung, oder wie sie heissen, zu untersuchen. Jetzt aber wollen wir die Wörter als Zeichen unsrer Gedanken betrachten: das heißt, als das Mittel, wodurch wir andern entweder mündlich, oder schriftlich, dasjenige zu erkennen geben, was in unsrer Seele vorgeht, Diese Zeichen theilt man in neun Klassen ein, welche sowohl im Französischen, als im Deutschen die neun Theile der Rede genannt werden *(les neuf Parties d'oraison)*. Sie heissen: das Geschlechtswort *(l'Article)*, das Nennwort *(le Nom)*, das Fürwort *(le Pronom)*, das Zeitwort *(le Verbe)*, das Nebenwort *(l' Adverbe)*, das Vorwort *(la Préposition)*, das Bindewort *(la Conjonction)*, das Zwischenwort *(l' Interjection)*, und die Partikel *(la Particule)*.

Ehe wir aber von denselben ausführlich handeln, wollen wir zuerst von dem Geschlechte, von der Zahl, und von dem Beugfalle etwas voraus anmerken.

Das Geschlecht *(le Genre)* ist (in der Sprachlehre) die Art, das männliche von dem weiblichen Geschlechte, und alles was männlich oder weiblich ist, von einander zu unterscheiden. Unter dem Namen männlich, versteht man, was dem Manne, und unter dem Namen weiblich, was dem Weibe zugehört. Doch ist hier zu bemerken, daß nicht alles dasjenige, was wir männlich oder weiblich nennen werden, seiner Natur nach, männlich oder weiblich sey, z. B. der Tisch,

Tisch, die Gabel, das Glas, u. s. w. Denn diese Wörter haben, ihrer Natur nach, weder eine Beziehung auf den Mann, noch auf das Weib: allein der Gebrauch hat es so mit sich gebracht, den Tisch dem männlichen, die Gabel dem weiblichen, und das Glas dem neutralen Geschlechte zu zueignen.

Wir haben im Französischen nur zweyerley Geschlechter, das männliche *(le Masculin)*, und das weibliche Geschlecht *(le Féminin)*.

Durch die Zahl *(le Nombre)* verstehet man (in der Sprachlehre) die Art zu erklären, ob die Sache, wovon die Rede ist, entweder ein= oder vielfach sey.

Da man nun entweder nur von einer, oder mehreren Sachen sprechen kann, so giebt es auch nur zweyerley Zahlen, nämlich: die einfache *(le Singulier)*, wenn man von einer einzigen Sache, und die vielfache Zahl *(le Pluriel)*, wenn man von mehr als einer spricht, z. B. *un homme*, ein Mann; *deux*, oder *trois*, oder *les hommes*, zwey oder drey, u. s. w. oder die Männer.

Der Beugfall *(le Cas)*, ist die Art, den Zusammenhang, welchen die Sachen mit einander haben können, anzuzeigen. Dies geschieht durch die Zusammenfügung der Geschlechtswörter mit einem Nennworte.

Es giebt sechs Beugfälle; solche heissen:

Le Nominatif,	der nennende,	Beugfall.
Le Génitif,	der zeugende,	
Le Datif,	der gebende,	
L' Accusatif,	der anklagende,	
Le Vocatif,	der rufende,	
L' Ablatif,	der nehmende,	

Von den Geschlechtswörtern.

Es giebt in der französischen Sprache viererley Geschlechtswörter, oder Artikel *). Der bestimmte *(l' Article défini)*, der unbestimmte= *(l' Article indéfini)*, der Theilungs= *(l' Article partitif)*, und der Einheits=Artikel *(l' Article un, une)*.

*) Siehe in der Vorrede was wir darüber sagen.

Erste Abtheilung.

Von dem bestimmten Artikel (Article défini).

Der bestimmte Artikel ist ein Wörtchen, welches zur Vorstellung einer gewissen und bestimmten Sache dienet. Er steht vor den Gattungs- und Sammel- *) Hauptwörtern, um das Geschlecht, die Zahl und den Beugfall derselben anzuzeigen. Wenn das deutsche Geschlechtswort der, die, das, vor keinem eigenthümlichen Hauptworte stehet, so stimmt es mit unserm bestimmten Artikel meistentheils überein, z. B. le Pere, der Vater, la Mere, die Mutter, l'Enfant, das Kind, u. s. w.

Es giebt im Französischen zwey bestimmte Artikel: *Le*, der oder das, und *La*, die. Beyde haben in der vielfachen Zahl *Les*, die. *Le* zeiget das männliche, und *la* das weibliche Geschlecht an.

Die Regeln über diesen Artikel finden sich in dem zweiten Theile dieser Sprachlehre, worin wir von einem jeden Theile der Sprachkunst, nach der Ordnung handeln.

Mit der Abänderung **) des bestimmten Artikels gehet es folgendermaßen zu.

Das Nennwort muß anstatt der Punkte stehen.

Wir stellen hier das Deutsche vor das Französische, um den Anfängern desto mehr zu helfen.

Einfache Zahl.		Singulier.	
Vor einem Mitlauter oder scharfen h.		Vor einem Selbstlauter oder stummen h.	
Männlich.		*Masculin.*	
Nom. der oder das ...	le ...	Nom. der oder das ...	l' ...
Gen. des ...	du ...	Gen. des ...	de l' ...
Dat. dem ...	au ...	Dat. dem ...	à l' ...
Acc. den oder das ...	le ...	Acc. den oder das ...	l' ...
Voc. o du ...	ô ...	Voc. o du ...	ô ...
Abl. von dem ...	du ...	Abl. von dem ...	de l' ...

Weib-

*) Siehe das 4. Hauptstück.
**) Siehe was abändern ist, in dem 4ten Hauptstücke.

Weiblich.		Féminin.	
Nom. die ...	la ...	Nom. die ...	l' ...
Gen. der ...	de la ...	Gen. der ...	de l' ...
Dat. der ...	à la ...	Dat. der ...	à l' ...
Acc. die ...	la ...	Acc. die ...	l' ...
Voc. o du ...	ô ...	Voc. o du ...	ô ...
Abl. von der ...	de la ...	Abl. von der ...	de l' ...

Vielfache Zahl. Pluriel.

Für die beyden Geschlechter; vor einem Selbst- oder Mitlauter.

Nom. die ...	les ...	Acc. die ...	les ...
Gen. der ...	des ...	Voc. o ihr ...	ô ...
Dat. den ...	aux ...	Abl. von den ...	des ...

Zwote Abtheilung.

Von dem unbestimmten Artikel (Article indéfini).

So heissen die vor dem Génitif, Datif und Ablatif gewisser Namen, gesetzten Vorwörter de und à.

Das sind solche Namen, welche nicht brauchen mit dem bestimmten Artikel versehen zu werden, da sie eine von sich selbst genau bestimmte Sache ausdrücken. Dergleichen sind: die Namen Gottes, der Abgötter, Engel, Menschen, Städte, Flecken, Dörfer, Tage, u. d. g. als welche sich von selbst bestimmen, da sie eigene Namen, oder Sachen bedeuten, und sich nicht zu andern Gegenständen schicken.

Es fällt also in die Augen, daß diese Art Artikel zu nichts anders dienet, als die verschiedenen Beziehungen des darauf folgenden Hauptworts anzuzeigen.

Dieses Geschlechtswort wird auf folgende Weise abgeändert; anstatt des Wortes, welches mit abgeändert werden soll, stehen die Punkte.

Männ-

Männl. und Weiblich. Masculin et féminin.

Solche sind nur in der einfachen Zahl gebräuchlich.

Vor einem Mitlauter.		Vor einem Selbstlauter.	
Nom. der, die, das ...	...	Nom. der, die, das ...	...
wenn im Deutschen ein Artikel davor stehen soll.		wenn im Deutschen ein Artikel davor stehen soll.	
Gen. des, der ...	de ...	Gen. des, der ...	d' ...
Dat. dem, der, zu, nach, in ...	à ...	Dat. dem, der, zu, nach, in ...	à ...
Acc. den, die, das ...	...	Acc. den, die, das ...	...
Voc. ...	...	Voc. ...	...
Abl. von dem, der ...	de ...	Abl. von dem, der ...	d' ...

Dritte Abtheilung.

Von dem Theilungsartikel. (Article partitif).

Der Theilungsartikel, den man so zu nennen pflegt, weil er nur einen Theil des Gegenstands bedeutet, ist nichts anders, als der bloße Génitif des bestimmten und unbestimmten Artikels, welchen man vor gewissen Hauptwörtern setzet, wie man es am Ende dieser Abtheilung sehen wird.

Dieser Artikel wird vor den Gattungs- und Sammel-Hauptwörtern gesetzt, wovon man nur einen ganz unbestimmten Theil anzeigen will, ohne die Vielheit davon zu bestimmen. Er steht im Französischen gewöhnlich, wo sich vor den deutschen Hauptwörtern kein Artikel befindet. Z. B. *Donnez moi du pain,* gebet mir Brod. *Je voudrois un morceau de viande,* ich möchte gern ein Stück Fleisch haben, u.s.w.

Um sich aber den Gebrauch dieses Artikels ganz deutlich vorzustellen, so ist es nöthig, daß so oft man ein ohne Artikel stehendes Hauptwort antrifft, man sich selbst frage, kann ich vor diesem Hauptworte in der einfachen Zahl, das Wörtchen etwas, und so es in der vielfachen Zahl gebraucht wird, etliche setzen? und dann wird im Französischen der Theilungsartikel unfehlbar nothwendig. Z. B. Ich trinke gerne

Wein

Wein. Ich habe mein ganzes Geld verthan, um Kaffe zu kaufen. Nun stehen Wein und Kaffe ohne Artikel. Ich frage also: trinke ich gern allen Wein, der auf der Welt ist, oder nur etwas davon? Hab' ich allen Kaffe, der zu verkaufen gewesen, gekauft, oder nur etwas davon? und hier muß ich gewiß antworten: etwas davon. Folglich muß ich auch Wein mit *du vin*, Kaffe mit *du caffé* übersetzen. Es heißt also: *J'aime à boire du vin. J'ai dépensé tout mon argent à acheter du caffé.* Jetzt in Ansehung der vielfachen Zahl: Ich habe Bücher gekauft. Es giebt Gelehrte, welche meiner Meinung sind. Habe ich alle Bücher gekauft? Sind alle Gelehrten meiner Meinung? Das will der deutsche Sinn nicht sagen; sondern, nur etliche Bücher hab' ich gekauft; nur etliche Gelehrten sind meiner Meinung. Also mit dem Theilungsartikel: *J'ai acheté des livres. Il y a des savants qui pensent comme moi*, u. s. w.

Dieser Artikel leidet folgende Abänderung, wenn das Hauptwort entweder alleine, oder seinem Beyworte vorstehet.

Männlich.		Masculin.	
Vor einem Mitlauter.		Vor einem Selbstlauter.	
Einfache Zahl.		*Singulier.*	
Nom. . . .	du . . .	Nom. . . .	de l' . . .
Gen. . . .	de . . .	Gen. . . .	d' . . .
Dat. . . .	à du . . .	Dat. . . .	à de l' . . .
Acc. . . .	du . . .	Acc. . . .	de l' . . .
Abl. . . .	de . . .	Abl. . . .	d' . . .

Weiblich.		Féminin.	
Einfache Zahl.		*Singulier.*	
Nom. . . .	de la . . .	Nom. . . .	de l' . . .
Gen. . . .	de . . .	Gen. . . .	d' . . .
Dat. . . .	à de la . . .	Dat. . . .	à de l' . . .
Acc. . . .	de la . . .	Acc. . . .	de l' . . .
Abl. . . .	de . . .	Abl. . . .	d' . . .

Viel=

Vielfache Zahl.		Pluriel.	
Für die beyden Geschlechter.			
Nom. . . .	des . . .	Nom. . . .	des . . .
Gen. . . .	de . . .	Gen. . . .	d' . . .
Dat. . . .	à des . . .	Dat. . . .	à des . . .
Acc. . . .	des . . .	Acc. . . .	des . . .
Abl. . . .	de . . .	Abl. . . .	d' . . .

Wenn aber das Beywort vor seinem Hauptworte stehet, so geht es mit ihm auf folgende Art, und das gilt sowohl für das männliche, als weibliche Geschlecht.

Der Buchstabe B bedeutet Beywort, und H Hauptwort.

Ein- und vielfache Zahl.	B.	H.	Singulier et pluriel.	B.	H.
Nom. . . .	de . . .	. . .	Nom. . . .	d' . . .	. . .
Gen. . . .	de . . .	. . .	Gen. . . .	d' . . .	. . .
Dat. . . .	à de . . .	. . .	Dat. . . .	à d' . . .	. . .
Acc. . . .	de . . .	. . .	Acc. . . .	d' . . .	. . .
Abl. . . .	de . . .	. . .	Abl. . . .	d' . . .	. . .

Vierte Abtheilung.

Von dem Einheitsartikel (l' Article un, une).

Der Einheitsartikel ist blos die Hauptzahl *un*, ein, *une*, eine, welche vor einem Hauptworte, oder dem Beyworte desselben stehet.

Man muß aber das *un* als eine Hauptzahl mit *un* als ein Geschlechtswort nicht verwechseln: dieses wird immer in einem unbestimmten Sinn gebraucht; jenes hingegen, um eine Einheit anzuzeigen.

Die Abänderung des Einheitsartikels gehet folgendermaßen:

Männ-

Männlich.	Masculin.

Einfache Zahl. *Singulier.*

Vor einem Mitlauter.		Vor einem Selbstlauter.
Nom. ein ...	un ...	Vor einem Selbstlauter spricht man ünn aus.
Gen. eines ...	d'un ...	
Dat. einem ...	à un ...	
Acc. einen oder ein ...	un ...	
Abl. von einem ...	d' un ...	

Weiblich.	*Féminin.*
Nom. eine ...	une ...
Gen. einer ...	d'une ...
Dat. einer ...	à une ...
Acc. eine ...	une ...
Abl. von einer ...	d'une ...

Viertes Hauptstück.

Von den Nennwörtern (Noms.)

Erste Abtheilung.

Von den Nennwörtern überhaupt.

Das Nennwort ist ein Theil der Rede, der dazu dienet, die Dinge zu benennen. Die Dinge sind entweder Wesen, oder Eigenschaften. Man versteht unter dem Namen Wesen alles, was für sich selbst bestehet, und unter Eigenschaft alles, was sich an den Wesen befindet, ohne ein besonderes Daseyn zu haben.

Das

Das Wort, welches ein Wesen bezeichnet, heißt ein Hauptwort (*Substantif*), ein Wort aber, welches die einem Wesen zugeeignete Eigenschaft andeutet, heißt ein Beywort (*Adjectif*). Z. B. das weiße Brod, *le pain blanc*, der rothe Wein, *le vin rouge*, die grüne Wiese, *la prairie verte*. Hier sind das Brod, *le pain*, der Wein, *le vin*, die Wiese, *la prairie*, Hauptwörter, weil dieselben lauter für sich bestehende Dinge bezeichnen, und weiß, roth, und grün, sind Beywörter, weil sie nur etwas anzeigen, was an den für sich bestehenden Dingen befindlich ist.

Weil die Zahlwörter entweder Haupt- oder Beywörter sind, so sprechen wir hier von denselben nicht besonders.

Zwote Abtheilung.

Von den Hauptwörtern.

Ein Hauptwort ist, (wie schon oben gesagt) ein Wort, welches eine für sich selbst bestehende Sache andeutet, und also nicht braucht mit einem andern Worte vereiniget zu werden, damit man es verstehen könne. Also wenn ich Gott, *Dieu*, Mensch, *homme*, Pferd, *cheval*, Tisch, *table*, sage; so gebe ich deutlich genug zu verstehen, wovon ich sprechen will.

Es giebt dreyerley Hauptwörter: das Gattungs- das Sammmel- und das eigenthümliche- Hauptwort.

Das Gattungshauptwort (*le Substantif appellatif* oder *commun*) ist dasjenige welches von vielen Personen oder Sachen verstanden werden kann. Z. B. *soldat*, Soldat, *maison*, Haus, *royaume*, Königreich; weil der Soldat ein preußischer, östreichischer, französischer Soldat, u. s. w.; das Haus meines Bruders, meines Nachbarn Haus rc.; das Königreich, das Spanische, Englische, Böhmische Königreich, und so weiter, seyn kann.

Das Sammelhauptwort (*le Substantif collectif*). bedeutet eine Menge, ob es gleich in der einfachen Zahl stehet. Z. B. *peuple*, Volk, *armée*, Heer, *forêt*, Wald, u. s. w.

Dem

Denn ein Volk bestehet aus mehreren Menschen, ein Heer aus mehreren Soldaten, ein Wald aus mehreren Bäumen.

Das eigenthümliche Hauptwort (*le Substantif propre*), zeiget nur eine einzige Person oder Sache an. Z. B. *Pierre*, Peter, *Vienne*, Wien, *le Danube*, die Donau, *le Vesuve*, der Vesuvius.

Die französischen Hauptwörter haben wie die deutschen auch nur ein Geschlecht. Ausgenommen:

Amour, Liebe, ist in der einfachen Zahl männlich, und kann in der vielfachen Zahl als weiblich gebraucht werden, wenn die Rede von einer unordentlichen Leidenschaft ist. Z. B. *de folles amours*, eine närrische Leidenschaft, u. s. w.

Automne, Herbst, männlich und weiblich; aber öfter weiblich.

Délice, das Vergnügen, männlich in der einfachen Zahl, und les Délices, die Wonne, weiblich in der vielfachen Zahl. Gens, Leute, weiblich, wenn sein Beywort ihm vorsteht, und männlich wenn dasselbe ihm nachstehet. Z. B. *de bonnes gens*, gute Leute, *ces gens sont bons*, diese Leute sind gut.

Horoscope, die Nativitätstellung, männlich und weiblich.

Orgue, Orgel, männlich in der einfachen und weiblich in der vielfachen Zahl.

Die Wörter *Comté*, Grafschaft, *Duché*, Herzogthum, sind zwar männlich; aber weiblich in: *la Comté-pairie*, Grafpairschaft, *la Duché-pairie*, die zum Herzogthum erhobene Herrschaft, *la Franche-Comté*, Fransche Comte.

Einige französische Hauptwörter, die mit einerley Buchstaben geschrieben werden, sind bald männliches, bald weibliches Geschlechts, unter verschiedener Bedeutung. Das Verzeichniß derselben befindet sich am Ende dieser Sprachlehre.

Man schreibe immer den französischen Hauptwörtern das nämliche Geschlecht zu, welches sie im Deutschen haben: das heißt, das männliche dem männlichen und neutralen; das weibliche den weiblichen deutschen Hauptwörtern, die folgenden ausgenommen.

Deutsche weibliche Hauptwörter, welche im Französischen mänlich sind.

Die Achse, l'essieu.
Amsel, le merle.
Arbeit, le travail.
Beere, le grain.
Begierde, le désir.
Beute, le butin.
Augenbraune, le sourcil.
Brücke, le pont.
Brühe, le bouillon, le jus.
Bremse, le taon.
Bürde, le fardeau.
Burg, le bourg.
Butter, le beurre.
Deichsel, le timon.
Distel, le chardon.
Dole, choucas.
Ecke, le coin.
Ehe, le mariage.
Ehre, l' honneur.
Eidexe, le lézard.
Erbse, le pois.
Eule, le hibou.
Fackel, le flambeau.
Fahne, le drapeau.
Falte, le pli.
Faust, le poing.
Ferse, le talon.
Feuersbrunst, l'incendie.
Flasche, le flacon.
Frist, le délai.
Furche, le sillon.
Furt, le gué.
Gabe, le don.
Galle, le fiel.
Gemse, le chamois.
Geige, le violon.
Geißel, le fouet de chartier.

Die Grille, le grillon.
Gurgel, le gosier.
Halfter, le licou.
Heerde, le troupeau.
Heirath, le mariage.
Hölle, l'enfer.
Hülfe, le secours.
Hummel, le bourdon.
Kachel, le pot de terre.
Kälte, le froid.
Kelter, pressoir.
Kiste, le coffre.
Kleie, le son (de farine.)
Klippe, l'écueil.
Kluft, l'abyme.
Kohle, le charbon.
Kröte, le crapaud.
Kugel, le globe, le boulet.
Kunst, l'art.
Kutsche, le carosse, le coche.
Lade, le coffre.
Laus, le pou.
Leber, le foie.
Liebe, l'amour.
Luft, l'air.
Lüge, le mensonge.
Lunge, le poumon.
Lust, le plaisir.
Made, le ver.
Marter, le martyre.
Melone, le melon.
Milch, le lait.
Mücke, le cousin.
Muße, le loisir.
Nachtigall, le rossignol.
Nase, le nez.
Otter, l'aspic.

Die

Die Peitsche, le fouet.
Petersilie, le persil.
Pflicht, le devoir.
Pfütze, le bourbier.
Plage, le fléau.
Qual, le tourment.
Rast, le repos.
Ratte, oder Ratze, le rat.
Rede, le discours.
Reihe, le tour, le rang.
Reise, le voyage.
Rinne, le conduit d'eau.
Rübe, le navet.
Ruhe, le repos.
Salbe, l' onguent.
Schanze, le fort.
Scharwache, le guet.
Schau, le spectacle.
Scheibe, le blanc, le but.
Scheide, le fourreau, l'étui.
Schenke, le buffet, le cabaret.
Schindel, l' aisselau, le bardeau.
Schlange, le serpent.
Schlinge, le nœud coulant.
Schmach, l'outrage.
Schminke, le fard.
Schnauze, le museau.
Schnecke, le limaçon.
Schneide, le tranchant.
Schublade, le tiroir.
Schüssel, le plat.
Schwelle, le seuil.
Seife, le savon.

Die Seite, le côté.
Semmel, le pain mollet.
Sonne, le soleil.
Spanne, l'empan.
Sprosse, l'échélon.
Staffel, le dégré.
Staude, l'arbrisseau.
Stirn, le front.
Straße, le chemin.
Stütze, l'appui, le soutien.
Sünde, le péché.
Taube, le pigeon.
Taufe, le baptême.
That, le fait, l'exploit.
Tracht, le service.
Treppe, l' escalier.
Traube, le raisin.
Trauer, le deuil.
Trommel, le tambour.
Wahl, le choix.
Wanne, le van.
Wäsche, le linge.
Weile, le loisir.
Welle, le fagot, le flot de la mer.
Welt, le monde.
Wiege, le berceau.
Wiese, le pré.
Wurst, le boudin.
Würze, l' assaisonnement.
Zahl, le nombre.
Zeche, l' écot.
Zehe, le doigt du pied.
Zeit, le temps.
Ziffer, le chiffre.
Zwiebel, l' oignon.

Es giebt vielleicht noch einige andere, die man diesem Verzeichniße hinzufügen könnte; allein dieses sind doch die meisten und vornehmsten.

Deutsche männliche oder neutrale Hauptwörter, welche im Französischen weiblich sind.

Der Aal, l'anguille.
Ampfer oder Sauerampfer, l'oseille.
Anker, l'ancre.
Apfel, la pomme.
Athem, l'haleine.
Backen, la joue.
Balg, la peau.
Balken, la poutre.
Bart, la barbe.
Begriff, l'idée, la conception.
Das Bein, la jambe.
Der Berg, la montagne.
Beutel, la bourse.
Das Bier, la bierre.
Bild, l'image.
Blatt, la feuille.
Der Bolzen, la flêche.
Das Brett, la planche.
Der Brief, la lettre.
Das Buch, la main (de papier.)
Der Bug, l'épaule.
Das Camin, la cheminée.
Der Damm, la digue.
Dampf, la fumée.
Degen, l'epée.
Das Ding, la chose.
Der Dorn, l'épine.
Dreck, la boue.
Druck, la pression, l'impression.
Dunst, l'exhalaison.
Durst, la soif.

Der Egel, oder Igel, la sangsue.
Das Eis, la glace.
Elend, la misere.
End, la fin.
Der Ernst, la sévérité.
Euter, la tétine.
Das Fach, la case.
Der Fang, la capture.
Das Fieber, la fievre.
Fell, la peau.
Fenster, la fenêtre.
Fest, la fête.
Der Fittig, l'aile.
Flecken, la tache.
Das Fleisch, la viande, la chair.
Der Floh, la puce.
Fluß, la riviere.
Friede, la paix.
Frost, la gelée.
Frosch, la grenouille.
Funken, l'étincelle.
Das Futter, la doublure.
Der Gang, l'allée, l'allure.
Gedanke, la pensée.
Geifer, la bave.
Geiz, l'avarice.
Glimpf, la douceur.
Das Glück, la fortune.
Gras, l'herbe.
Der Grind, la gale.
Groll, la rancune.
Hafer, l'avoine.
Hagel, la grêle.

Harn,

Der Harn, l'urine.
Das Heer, l'armée.
Hemd, la chemiſe.
Hirn, la cervelle.
Der Hof, la cour.
Hocker, la boſſe.
Hohn, la moquerie.
Das Horn, la corne.
Der Huf, la corne du pied.
Hügel, la colline.
Hunger, la faim.
Das Jahr, l'année.
Der Jammer, l'affliction.
Kalk, la chaux.
Karren, la charette.
Kefig, la cage.
Kegel, la quille.
Keller, la cave.
Kerker, la priſon.
Keſſel, la chaudiere.
Kloß, la motte.
Kolben, la maſſue, l'alembic.
Kopf, la tête.
Korb, la corbeille.
Kranich, la grue.
Kranz, la guirlande.
Krebs, l'écreviſſe.
Kreiſel, la toupie.
Das Kreuz, la croix.
Der Krieg, la guerre.
Krug, la cruche.
Laden, la boutique.
Das Laken, la toile.
Leben, la vie.
Licht, la lumiere.
Lied, la chanſon.
Lob, la louange.
Der Löffel, la cuiller.
Leim, la colle forte.
Das Loth, la demi-once.

Das Maal, la marque.
Mal, la fois.
Mehl, la farine.
Mark, la moëlle.
Maaß, la meſure.
Meer, la mer.
Der Mond, la lune.
Das Moos, la mouſſe.
Der Mund, la bouche.
Nachen, la nacelle.
Neid, l'envie, la jalouſie.
Das Neſt, la bicoque.
Oel, l'huile.
Opfer, la victime.
Das Paar, la paire.
Pech, la poix.
Der Pfeil, la flêche.
Pflug, la charrue.
Das Pulver, la poudre à canon.
Der Rachen, la gueule.
Das Rad, la roue.
Der Regen, la pluie.
Reif, la gelée blanche.
Reim, la rime.
Das Reis, la petite branche.
Der Raam, la crême.
Rank, la fineſſe.
Das Rennen, la courſe.
Der Riemen, courroie.
Ring, la bague.
Ritz, la fente.
Ritt, la courſe à cheval.
Rocken, la quenouille.
Rock, la robe.
Das Rohr, la canne.
Der Roſt, rouille.
Das Ruder, la rame.
Der Rotz, la morve.

Der Ruf, la renommée, la vocation.
Ruß, la suie.
Sack, la poche.
Salat, la salade.
Samen, la semence.
Sattel, la selle.
Schacht, la mine.
Das Schaf, la brebis.
Scheit, la bûche.
Schild, l'enseigne.
Schloß, la serrure.
Schmalz, la graisse.
Der Schrank, l'armoire.
Schatten, l'ombre.
Schaum, l'écume.
Schein, la lueur.
Scherz, la plaisanterie.
Schimpf, l'injure.
Schirm, la defense, la protection.
Schlamm, la bourbe.
Schleck, la friandise.
Schlich, l'allure, la finesse.
Schlupf, l'issue secrette.
Schmerz, la douleur.
Schnee, la neige.
Schnitt, la coupure.
Schnitz, la tranche.
Schollen, la motte de terre.
Schoß, la taille.
Schrecken, la terreur.
Schutz, la protection.
Schwadem, l'exhalaison.
Schwamm, l'éponge.
Schwanz, la queue.
Schweif, la queue trainante.
Das Segel, la voile.
Das Seil, la corde.
Der Segen, la bénédiction.
Senf, la moutarde.
Sieg, la victoire.
Sitz, la séance, la résidence.
Stank oder Gestank, la puanteur.
Spargel, l'asperge.
Spaß, la plaisanterie.
Speer, la lance.
Spieß, la pique, la broche.
Spott, la risée.
Stall, l'écurie.
Stamm, la souche.
Ständer, la cuvette de bois.
Staub, la poussiere.
Stich, la piquure.
Stein, la pierre.
Stengel, la tige.
Stern, l'étoile.
Sterz, la queue.
Striefel, la botte.
Stiel, la queue.
Stolz, la fierté.
Storch, la cigogne.
Strang, la corde.
Strauß, l'autruche.
Streif, l'incursion.
Strich, la ligne.
Das Stroh, la paille.
Der Strom, la riviere.
Das Stück, la pièce.
Der Stuhl, la chaise.
Sudel, la souillure.
Tact, la mesure.
Das Thal, la vallée.
Der Teig, la pâte.
Teller, l'assiette.

Der

Der Theil, la partie.
Thon, l'argile.
Das Thor, la porte cochere.
Der Thurm, la tour, la prison.
Tisch, la table.
Tod, la mort.
Das Treffen, la bataille.
Der Tropfen, la goutte.
Trug oder Betrug, la fraude, la tromperie.
Trog, l'auge.
Trotz, la bravade.
Das Ufer, la rive.
Der Umschlag, l'enveloppe.
Das Verderben, la perte.
Der Verlust, la perte.
Das Vieh, la bête.
Der Wadel, la queue.
Wahn, l'opinion, l'idée, la fantaisie.
Wald, la forêt.
Wandel, la vie qu'on mene.
Das Wachs, la cire.
Wasser, l' eau.
Weib, la femme.
Wesen, l'essence.
Wort, la parole.
Wust, l'ordure.
Zahn, la dent.
Zank, la querelle.
Zaum, la bride.
Zaun, la haie.
Das Wunder, la merveille.
Zelt, la tente.
Der Zeug, l'étoffe, la matiere.
Ziegel, la tuile.
Das Zimmer, la chambre.
Der Zimmet, la canelle.
Zins, la rente.
Zobel, la zibeline.
Zopf, la touffe de cheveux.
Zorn, la colere.
Zwang, la gêne, la contrainte.

Die französischen Hauptwörter behalten unveränderlich in allen Beyfällen der einfachen Zahl, die Endung des Nominatif.

§. 1.

Von der vielfachen Zahl der Hauptwörter.

Allgemeine Regel. Ein jedes französisches Nennwort muß in der vielfachen Zahl entweder ein *S*. oder *X*. oder *Z* am Ende haben: hat es aber einen von diesen Buchstaben in der einfachen Zahl, so bleibt das Wort in beyden Zahlen unveränderlich. Z. B.

le fils, der Sohn,	vielfach.	les fils, die Söhne.
la voix, die Stimme,	—	les voix, die Stimmen.
le nez, die Nase,	—	les nez, die Nasen.

Die

Die Hauptwörter aber, so sich im Singulier nicht auf ein *S*, noch *X*, noch *Z* endigen, bekommen ein *S* im Pluriel. Z. B.

le pere, der Vater,	vielf. Zahl.	les peres, die Väter.
la maison, das Haus,	— —	les maisons, die Häuser.
le roi, der König,	— —	les rois, die Könige.
l'enfant, das Kind,	— —	les enfants, oder les enfans. *)

Ausnahme.

1. Die sich auf *AU*, *EAU*, *EU*, *OEU*, *IEU* und *OU*, endigenden Hauptwörter, bekommen im Pluriel ein *X*. Z. B.

le bâteau, das Schiff,	vielf. Zahl.	les bâteaux.
le feu, das Feuer,	— —	les feux.
le voeu, das Gelübde,	— —	les voeux.
le lieu, der Ort,	— —	les lieux.
le caillou, der Kieselstein,	— —	les cailloux.

Bleu, blau, *clou*, Nagel, *trou*, Loch, *matou*, Kater ausgenommen, welche im Pluriel ein *S* bekommen.

2. Die sich im Singulier auf *AL* und *AIL* endigenden Hauptwörter, verwandeln diese Endung in *AUX*. Z. B.

le cheval, das Pferd,	vielf. Zahl.	les chevaux.
l'animal, das Thier,	— —	les animaux.
le travail, die Arbeit,	— —	les travaux.
le bail, die Verpachtung,	— —	les baux.

Ausgenommen in:

le bal, der Ball.
le cal, die Schwiele.
le pal, der Pfahl.
le régal, die Gasterey.
le carnaval, die Fastnacht.
le local, die Gegend.
l'attirail, die Zurüstung.
le camail, das Prälatenmäntelchen.
le détail, die umständliche Erzählung.

l'éventail, der Fächer.
l'épouvantail, das Schreckbild.
le gouvernail, das Steuerruder.
le mail, das Mailspiel.
le poitrail, die Brust.
le portail, die Hauptthüre.
le serrail, der türkische Pallast.
le travail, der Nothstall.

wel=

*) Die Meinung unsrer besten Sprachlehrer über die Auslassung des T in der vielfachen Zahl, der sich in der einfachen auf nt endigenden vielsylbigen Hauptwörter, kommt nicht ganz überein; was aber die einsylbigen angeht, so muß das T in der vielfachen Zahl stehen bleiben.

welche nur ein *x* nach der Endung der einfachen Zahl haben.

3. Folgende Hauptwörter sind wohl in acht zu nehmen:

le ciel, der Himmel,	vielf. Zahl	les cieux, die Himmel.
l'oeil, das Aug,	— —	les yeux, die Augen.
l'ayeul, der Großvater,	— —	les ayeux, die Voreltern.
le bétail, das Vieh,	— —	les bestiaux.

Doch saget man *des ciels de lit*, die Himmel über Betten; *des ciels de tableau*, Luft in Gemälden; *des arcs-en-ciel*, Regenbogen; *des oeils de boeuf* (in der Baukunst) Ochsenaugen.

§. 2.

Von den Hauptwörtern, die nur entweder in der ein- oder vielfachen Zahl gebräuchlich sind.

Die Hauptwörter, welche man nur in der einfachen Zahl im Französischen brauchen kann, sind auch fast allemal im Deutschen nur in dieser Zahl gebräuchlich. Also wollen wir blos bemerken:

1.) Daß die Infinitiven der Zeitwörter, welche wir bisweilen als Hauptwörter gebrauchen, nur in der vielfachen Zahl gesetzt werden, wenn man ihnen ein Beywort zufügen kann. Also muß man nicht *le lever*, das Aufstehen, *le boire*, das Trinken, *le dormir*, das Schlafen, in der vielfachen Zahl gebrauchen, weil man nicht *le grand lever*, das große Aufstehen; *le petit boire*, das kleine Trinken, *le long dormir*, das lange Schlafen, auf Französisch sagen kann u. d. g.; sondern wohl *les diners*, die Mittagsmahlzeiten, *les rires*, das Lächeln, *les soupers*, die Abendmahlzeiten, weil man, *le grand diner*, *le rire agréable*, *le long souper*, richtig sagt, u. s. w.

2.) Das nämliche gilt von den Bey- und Vorwörtern, die als Hauptwörter gebraucht werden, z. B. *Le beau*, das Schöne; *le vrai*, das Wahre; *le devant*, der Vordertheil; *le derriere*, der Hintertheil; u. s. w. Man sagt doch *les différents noirs*, die verschiedenen schwarzen (Farben), *les divers blancs*, die unterschiedenen weißen (Farben), weil man hier den *blanc*, und *noir*, ein Beywort zufügen kann.

Den

Den folgenden Hauptwörtern fehlt die einfache Zahl:

les accordailles, das Eheverlöbniß.
les ancêtres, die Ahnen.
les armoiries, die Wappen.
les bonnes graces, die Wohlgewogenheit.
les broſſailles, oder brouſſailles, das Geſträuch.
les cartes, ein Spiel Karten.
les ciſeaux, die Scheere.
les décrotoires, die Schuhbürſte.
les entrailles, die Eingeweide,
les environs, die Gegend.
les epouſailles, die Vermählung.
les fers, die Ketten u. Banden.
les frais, die Koſten.
les funérailles, das Leichenbegängniß.
les gages, der Lohn.
les gens, die Leute.
les lunettes, die Brille.
les matines, die Frühmette.
les mours, die Sitten.
les mouchettes, die Lichtputze.
les roues, die Veſpergebete.
les ocuvres, die Sammlung der Werke eines Schriftſtellers.
les papier, die Schriften.
les parents, die Eltern.
les pincettes, die Kneipzange,
les pleurs, die Thränen.
les tablettes, die Schreibtafel.
les ténêbres, die Finſterniß.
les vêpres, die Veſper.
les viandes, die Speiſen.

§. 3.

Anmerkungen.

Ueber die vielfache Zahl der zuſammengeſetzten Hauptwörter.

1. Iſt ein Hauptwort mit einem Beyworte zuſammengeſetzt, ſo bekommen beyde im Pluriel ein *S*, am Ende. Z. B. *un arc-boutant*, Gewölb-Pfeiler, *des arcs-boutants; un bout-rimé*, eine Reim-Sylbe, *des bouts-rimés*. u. ſ. w.

2. Enthält das zuſammengeſetzte Hauptwort, ein Zeit- oder Vorwort, ſo bekommt das Hauptwort allein das Zeichen der vielfachen Zahl. Z. B. *un avant-coureur*, ein Vorbothe, *des avant-coureurs; un entre-ſol*, ein Halbgeſchoß, *des entre-ſols; un abat-vent*, das Wetterdach, *des abat-vents; le garde-ſou*, das Geländer, *des garde-ſous*. u. ſ. w.

3. In

3. In denjenigen Wörtern, welche zwey vermittelst eines Vorworts mit einander verbundene Hauptwörter enthalten, bekommt das erste nur das Zeichen der vielfachen Zahl. Z. B. *un arc-en-ciel*, ein Regenbogen, *des arcs-en-ciel*; *un chef-d'-oeuvre*, ein Meisterstück, *des chefs-d'-oeuvres*; *un coq-à-l'ane*, ungereimte Rede, *des coqs-à-l'ane*. u. s. w.

Es ist zu merken, daß die blos hebräischen und lateinischen, in der französischen Sprache angenommenen Hauptwörter, kein Zeichen der vielfachen Zahl bekommen, es sey denn, daß dieselben nicht mehr nach ihrer natürlichen Aussprache ausgesprochen werden. Also schreibt man *un* und *des Alléluia*, Alleluja; *un* und *des ave*, englischer Gruß; *un* und *des duo*, Duette; *un* und *des alinéa*, Anfang einer frischen Zeile; *un* und *des aparte*, Reden (in der Comödie) an die Zuschauer, welche die Mitagirenden nicht hören sollen; *un* und *des numero*, Nummern; *un* und *des qui-pro-quo*, Verkehrung der Wörter; *un* und *des ut*, *ré*, *mi*, *fa*, *sol*, *la*, *si*, (Namen) der Noten in der Musik; u. s. w. Aber in *les debets d'un compte*, der Rest, so nach abgelegter Rechnung, noch zu bezahlen ist; *des placets*, Bittschriften, wird das *S* im Pluriel gesetzt, weil man nicht mehr nach der lateinischen Aussprache *debet*, *placet*, sondern nach der französischen debå, plasså, aussprechen muß.

§. 4.

Von den Verkleinerungswörtern (Diminutifs).

Die Franzosen können nicht, wie die Deutschen, alle ihre Hauptwörter verkleinern. Es giebt bey ihnen sehr wenige, die durch sich selbst, und ohne Zuthun andrer Wörter, verringert werden können. Sie setzen vor diejenigen, welche sie verkleinern wollen, das Beywort *petit*, klein, vor ein männliches und *petite*, kleine, vor ein weibliches Hauptwort, wenn sie damit eine Sache vorstellen wollen, welche geringer ist, als eine andere von der nämlichen Gattung. Z. B. *un petit homme*, ein Männchen, *une petite femme*, ein Weibchen, *un petit*

en-

enfant, ein Kindchen, *un petit chien*, ein Hündchen, u. s. w. Vor diejenigen aber, die ihrer Jugend wegen, noch klein sind, setzt man *jeune*, jung. Z. B. *un jeune poulain*, ein Füllchen; *un jeune veau*, ein Kälbchen: u. s. w.

Die folgenden Hauptwörter sind ohne Zusatz eines andern Wortes verkleinert.

Aiglon, ein junger Adler.
Anon, Eselchen.
Arbrisseau, Bäumchen.
Barbillon, kleine Barbe.
Bouvillon, junger Ochs.
Brochette, Spießchen.
Brocheton, Hechtchen.
Cassette, Kästchen.
Chambrette, Kämmerchen.
Chaponneau, Kapäunchen.
Chatton, Kätzchen.
Couchette, Bettchen.
Couleuvreau, Schlängchen.
Diablottin, kleiner Teufel.
Femmelette, Weibchen.
Fillette, kleines Mädchen.
Herbette, Gräschen.
Jardinet, Gärtchen.
Lapereau, junges Kaninchen.
Levreau, junger Hase.
Lionceau, junger Löwe.
Logette, Hüttchen.
Louveteau, Wölfchen.
Maisonnette, Häuschen.
Oiselet, Vögelchen.
Oison, Gänzchen.
Pierrette, Steinchen.
Pigeonneau, Täubchen.
Pincette, Kneipzängelchen.
Planchette, Brettchen.
Porcelet, halbjähriges Ferklein.
Raton, Rätzchen.
Renardeau, Füchschen.
Roitelet, kleiner König.
Ruelle, Gäßchen.
Tablette, Täfelchen.
Tartelette, Törtchen.
Tourelle, Thürmchen.
Vermisseau, Würmchen.
Vipéreau, junge Otter.

(und vielleicht noch einige andere).

§. 5.

Von der Abänderung der französischen Nennwörter.

Ein Nennwort abändern, heißt, dasselbe seinen verschiedenen ein- oder vielfachen Beugfällen nach, vorstellen:

Die Griechen, Lateiner und Deutschen ändern würklich ihre Nennwörter ab, in dem sich die griechischen, lateinischen und (mehrentheils) deutschen Nennwörter, auf verschiedene Weise, so wohl in der einfachen, als vielfachen Zahl endigen. Im

Fran-

Französischen aber behält ein jedes Nennwort bey allen einfachen Beugfällen, die Endung des einfachen Nominatif, und bey allen vielfachen die Endigung des vielfachen Nominatif.

In dem ersten Hauptstück der Wortfügung stellen wir die Regeln über den richtigen Gebrauch der Artikel vor. Hat man sich dieselben bekannt gemacht, so kann man das Nennwort nach dem ihm gehörigen Artikel, anstatt der Punkte setzen, und dann wird dasselbe abgeändert, wenn man zugleich die über die vielfache Zahl so eben gegebenen Regeln beobachtet hat. Z. B. für die 4 Gattungen des Artikels.

Mit dem bestimmten Artikel.

Vor einem Mitlauter.

	Singulier.		*Pluriel.*	
Nom.	le livre,	das Buch.	les livres,	die Bücher.
Gen.	du livre,	des Buches.	des livres,	der Bücher.
Dat.	au livre,	dem Buche.	aux livres,	den Büchern.
Acc.	le livre,	das Buch.	les livres,	die Bücher.
Voc.	ô livre,	o Buch.	ô livres,	o ihr Bücher.
Abl.	du livre,	von dem Buche.	des livres,	von den Büchern.

Vor einem Selbstlauter oder stummen h.

N.	l'esprit,	der Geist.	les esprits, die Geister,
G.	de l'esprit,	des Geistes.	
D.	à l'esprit,	dem Geiste.	u. s. w. wie oben les livres.
Ac.	l'esprit,	den Geist.	
V.	ô esprit,	o du Geist.	
A.	de l'esprit,	von dem Geiste.	

Mit dem unbestimmten Artikel.

Vor einem Mitlauter.		Vor einem Selbstl. oder st. h.	
Nom. Dieu,	Gott.	Nom. Ovide,	Ovid.
Gen. de Dieu,	Gottes.	Gen. d' Ovide,	Ovid.
Dat. à Dieu,	Gott.	Dat. à Ovide,	Ovid.
Acc. Dieu,	Gott.	Acc. Ovide,	Ovid.
Voc. ô Dieu,	Gott.	Voc. Ovide,	Ovid.
Abl. de Dieu,	von Gott.	Abl. d'Ovide,	von Ovid.

Mit

Mit dem Theilungsartikel.

Vor einem Mitlauter.

	Singulier.		*Pluriel.*	
N.	du papier,	Papier.	des papiers,	Papiere.
G.	de papier,	Papieres.	de papiers,	Papiere.
D.	à du papier,	Papiere.	à des papiers,	Papieren.
Ac.	du papier,	Papier.	des papiers,	Papiere.
A.	de papier,	von Papiere.	de papiers,	von Papieren.

Vor einem Selbstlauter oder stummen h.

Nom.	de l'huile,	Oel.	des huiles,	Oele.
Gen.	d' huile,	Oels.	d' huiles,	Oele.
Dat.	à de l'huile,	Oele.	à des huiles,	Oelen.
Ac.	de l' huile,	Oel.	des huiles,	Oele.
Abl.	d' huile,	von Oele.	d' huiles,	von Oelen.

Mit dem Einheitsartikel.

	Männlich.		Weiblich.	
N.	un savant,	ein Gelehrter.	une femme,	eine Frau.
G.	d'un savant,	eines Gelehrten.	d'une femme,	einer Frau.
D.	à un savant,	einem Gelehrten.	à une femme,	einer Frau.
A.	un savant,	einen Gelehrten.	une femme,	eine Frau.
V.	fehlt.			
A.	d'un savant,	von einem Gelehrten.	d'une femme,	von einer Frau.

Drit=

Dritte Abtheilung.

Von dem Beyworte (Adjectif).

Ein Beywort ist ein Wort, welches die Eigenschaft einer Sache anzeigt, und das, wenn es ganz allein steht, keinen völligen Sinn ausmachen kann. Z. B. Sage ich: gut, groß, roth, wer kann errathen, woran ich denke, wovon ich spreche? Gewiß niemand. Füge ich aber denselben ein Hauptwort bey; so wird ein jeder bald wissen, wovon die Rede ist, z. B. ein guter Christ, *un bon Chrétien*, ein großer König, *un grand roi*; ein rothes Kleid, *un habit rouge*; weil hier die Hauptwörter Christ, König, Kleid, das bestimmen, wovon ich sage, daß es gut, groß, und roth ist.

Die Haupt- und Beywörter helfen sich also beyderseits einander; indem das Hauptwort den Namen der Personen oder Sachen, das Beywort die Eigenschaften derselben vorstellet.

Das Hauptwort ist nur von einem Geschlechte, das Beywort aber hat beyde; und darin bestehet der Unterschied zwischen denselben. Also sagt man nur: der Vater, *le* pere, die Mutter, *la* mere; allein gleich richtig, der gute Vater, *le bon* pere; die gute Mutter, *la bonne* mere, u. s. w.

Es ist im Französischen nicht eben so leicht, das männliche Geschlecht der Beywörter in das weibliche zu verwandlen, als im Deutschen. Deswegen wollen wir erst davon ausführlich handeln.

§. 1.

Von dem Verfahren, männliche Beywörter in weibliche zu verwandeln.

1ste Regel. Alle sich im männlichen Geschlechte mit einem stummen *E* endigenden Beywörter, bleiben männ- und weiblich unveränderlich. Z. B.

männlich,	weiblich.
jeune, jung,	jeune.
triste, traurig,	triste.
docile, gehorsam,	docile.

2te

2te Regel. Die sich auf einen Mitlauter, oder auf É, AI, I, (favori, Liebling, ausgenommen, welches im weiblichen Geschlechte favorite hat) und auf U, im männlichen Geschlechte endigen, bekommen im weiblichen, ein stummes E am Ende. Z. B.

sensé,	verständig,	sensée.	grand,	groß,	grande.
vrai,	wahr,	vraie.	seul,	allein,	seule.
poli,	höflich,	polie.	petit,	klein,	petite.
ingenu,	offenherzig,	ingenue.	u. s. w.		

Ausnahme.

Man hat im Französischen nur 7 sich auf C endigende Beywörter, dieselben sind:

männl.		weibl.	männl.		weibl.
blanc,	weiß,	blanche.	grec,	griechisch,	grecque,
sec,	trocken,	seche.			oder greque.
franc,	aufrichtig,	franche.	public,	öffentlich,	publique.
caduc,	hinfällig,	caduque.	turc,	türkisch,	turque.

Die folgenden sich auf D endigenden:

männl.				weibl.
nud,	aber besser,	nu,	nackend,	nue.
crud,		cru,	roh,	crue.
verd,		vert,	grün,	verte.

Die sich auf F endigenden Beywörter, verwandeln im weiblichen Geschlechte das F in VE. Z. B.

männl.		weibl.	männl.		weibl.	
bref,	kurz,	breve.	neuf,	neu,	neuve.	
naïf,	offenherzig,	naïve.	juif,	Jud,	juive,	Jüdinn.

Long, lang, ist das einzige, das sich auf G endiget, es hat im weiblichen Geschlechte longue.

Die Beywörter welche sich auf EL, EIL, UL, AN, IEN, ON, AS, AIS, ES, OS, ET, OT endigen, verdoppeln den lezten Konsonant, und fügen demselben ein stummes E bey. Z. B.

cruel.

cruel,	grausam,	cruelle.	gras,	fett,	grasse.
vermeil,	leibfarb,	vermeille.	épais,	dicht,	épaisse.
nul,	keiner,	nulle.	exprès,	ausdrücklich,	expresse.
paysan,	bäuerisch,	paysanne.	gros,	dick,	grosse.
ancien,	alt,	ancienne.	net,	rein,	nette,
bon,	gut,	bonne.	sot,	dumm,	sotte.
				u. s. w.	

Ausnahme.

mauvais,	bös,	mauvaise.	réplét,	fleischicht,	réplete.
niais,	einfältig,	niaise.	secret,	geheim,	secrete.
ras,	kurzhärig,	rase.	dévot,	fromm,	dévote.
complet,	vollständig,	complete.	frais,	kühl,	fraiche.
discret,	bescheiden,	discrette.	*tiers*, eine dritte Person hat im weiblichen, *tierce*.		
inquiet,	unruhig,	inquiete.			

Die folgenden Beywörter, welche ein doppeltes männliches Geschlecht haben, davon das erste vor einem Consonant, und das andere vor einem Vokal oder stummen *h* gebraucht wird, fügen im weiblichen ihrer zweyten männlichen Endung, die Sylbe *LE* bey. Z. B:

Männlich.		Weiblich.	Männlich.		Weiblich.
beau, bel,	schön,	belle.	nouveau, nouvel,	neu,	nouvelle.
fou, fol,	närrisch,	folle.	vieux, viel,	alt,	vielle. *)
mou, mol,	weich,	molle.			

Die drey Beywörter *benin*, gütig; *gentil*, artig; und *malin*, boshaft, haben im Weiblichen, *benigne*, *gentille*, *maligne*.

Die sich auf *EUR* endigenden französischen Beywörter, verwandeln im weiblichen Geschlechte, diese männliche Endung bald

*) Das Wort *Viel*, wird selten männlich gebraucht, ausser in den folgenden zwey Phrasen: *dépouiller le viel homme*, den alten Menschen ausziehen; *dépouiller le viel Adam*; die alten Sünden ablegen.

bald in EUSE, bald in ESSE, und bald brauchen sie auch nur ein stummes E nach sich zu haben.

1. Regel. Die folgenden Beywörter bekommen im weiblichen Geschlechte nur ein stummes E, nach der männlichen Endung EUR.

antérieur, vorig, antérieure.	meilleur, besser, meilleure.
citérieur, diesseitig, citérieure.	mineur, minderjährig, mineure.
extérieur, äußerlich, extérieure.	postérieur, nachherig, postérieure.
inférieur, unterst, inférieure.	prieur, Prior, prieure.
intérieur, innerlich, intérieure.	supérieur, Ober, supérieure.
majeur, mündig, majeure.	ultérieur, jenseitig, ultérieure.

2. Regel. Die sich in EUR endigenden, und von einem französischen Zeitworte herstammenden Beywörter verwandeln EUR in EUSE.

Anmerkung. Die Deutschen können leicht erkennen, ob ein Beywort, von einem französischen Zeitworte herstammet oder nicht. Sie dürfen nur versuchen, ob sie das Beywort durch Verwandlung der Endsylbe des damit verwandten Zeitworts in EUR machen können. Z. B. laßt uns *Chanteur*, Sänger, *Danseur*, Tänzer, *Revendeur*, Aufkäufer nehmen: nun was thut der Sänger, Tänzer, Aufkäufer? der Sänger singt, der Tänzer tanzt, der Aufkäufer kauft auf. Wie heissen aber im Französischen, singen, tanzen, aufkaufen? *chanter*, *danser*, *revendre*. Verwandele ich nun die Endsylben in *eur*, so habe ich *chanteur*, *danseur*, *revendeur*, also sind solche von einem Zeitworte abstammende Beywörter, und haben für das weibliche Geschlecht, chanteuse, danseuse, revendeuse, u. s. w.

Man nehme doch die sechs folgenden aus:

enchanteur,	Zauberer,	enchanteresse.	
pécheur,	Sünder,	pécheresse.	
vengeur,	Rächer,	vengeresse.	
bailleur,	Verpachter,	bailleresse.	Diese drey sind nur in Gerichtssachen gebräuchlich.
défendeur,	Beklagter,	défenderesse.	
demandeur,	Kläger,	demanderesse.	

3. Re=

3. Regel. Die französischen Beywörter, welche sich auf TEUR endigen, und der vorigen Regel nicht folgen, haben fast immer im Weiblichen TRICE anstatt TEUR. Z. B.

Acteur, Schauspieler, Actrice.
Bienfaiteur, Wohlthäter, Bienfaitrice.
Électeur, Kurfürst, Électrice.

Auteur ausgenommen, das für die beyden Geschlechter auteur, Verfasser, und Verfasserinn, heißt.

4. Regel. Die sich auf X endigenden Beywörter verwandeln im Weiblichen X in SE. Z. B.
heureux, glücklich, heureuse; glorieux, rühmlich, glorieuse.

Die fünf folgenden ausgenommen: doux, süß, douce; faux, falsch, fausse, roux, rothgelb, rousse; perplex, bestürzt, perplexe; préfixe, bestimmt, préfixe.

Unregelmäßige Beywörter.

Abbé, Abt, Abesse.
Berger, Schäfer, Bergere.
Borgne, einäugig, Borgnesse.
Comte, Graf, Comtesse.
Duc, Herzog, Duchesse.
Dieu, Gott, Déesse.
Ivrogne, Trunkenbold, Ivrognesse.
Larron, Dieb, Laronesse.
Maître, Herr, Maîtresse.
Prince, Fürst, Princesse.
Prophête, Prophet, Prophêtesse.
Roi, König, Reine.
Traitre, Verräther, Traitresse.
Empereur, Kaiser, Impératrice.

Mehrere dieser Beywörter, kann man bisweilen, als Hauptwörter betrachten.

§. 2.

Von der vielfachen Zahl der Beywörter.

Erste Regel. Alle männliche Beywörter, so sich im Singulier nicht auf *EAU, AL,* und *OU* endigen, und am Ende kein *S* oder *X* haben, bekommen im Pluriel ein *S*. Z. B. sot, dumm, vielfache Zahl, sots.

Inquiet, unruhig, inquiets; usité, gebräuchlich, *usités.*

Zwote Regel. Diejenigen, die sich auf AL endigen, verwandeln im Pluriel das AL des Singulier in AUX (das Beywort paschal, Ostern, ausgenommen, denn man sagt des cierges paschals und nicht paschaux). Z. B.

égal, gleich, vielf. Z. égaux.
central, im Mittelpunct, vielf Z. centraux.
capital, hauptsächlich, vielf. Z. capitaux. u. s. w.

Anmerkung. Die folgenden Beywörter haben keine männliche vielfache Zahl.

austral, südlich.
boréal, nördlich.
canonial, zum canonischen Rechte gehörig.
conjugal, ehelich.
fatal, unglücklich.
filial, kindlich.
final, endlich.
frugal, mäßig.
jovial, lustig.
naval, zur Schiffarth gehörig.
pastoral, hirtenmäßig.
pectoral, zur Brust gehörig.
vénal, verkäuflich.

Dritte Regel. Die sich auf *EAU*, und *OU*, endigenden Beywörter bekommen im Pluriel ein *X* am Ende. Z. B.

fou, närrisch, foux.
nouveau, neu, nouveaux.
beau, schön, beaux.
mou, weich, moux.

Vierte Regel. Ein jedes weibliches Beywort bekommt im Pluriel ein *S* am Ende. Z. B.

la mauvaise, die böse, vielf. Z. les mauvaises.
l'heureuse, die glückliche, vielf. Z. les heureuses.
filiale, kindlich, vielf. Z. filiales. u. s. w.

Das Wort *universel*, so ein logisches Wort ist, hat im Pluriel, *les universaux*; wird es aber als ein gemeines Beywort, und nicht mehr in einem logischen Sinne gebraucht, so folget es den allgemeinen Regeln.

§. 3.

Von den Vergleichungsstuffen (Dégrés de comparaison).

Die Beywörter zeigen, wie wir oben gesagt, die Eigenschaften der Personen und Sachen an. Nun kann eine Person oder

oder eine Sache mit Eigenschaften in verschiedenen Graden begabet seyn; und diese Grade, stellen die Vergleichungsstuffen vor. Z. B.

Mein Bruder ist liebenswürdig, *mon frere est aimable.* Ich bejahe nur hier, daß mein Bruder mit einer Eigenschaft (Liebenswürdigkeit) begabet ist, und das ist die erste Stuffe. *Mon frere est plus aimable que le vôtre*; mein Bruder ist liebenswürdiger, als der eurige. Alsdann vergleiche ich zwey Personen mit einander, und nach dieser Vergleichung, bejahe ich eine größere Eigenschaft in meinem Bruder, als in dem eurigen; und das ist die zwote Stuffe. Ferner in: *Mon frere est très*, (oder *fort*, oder *bien*) *aimable*, mein Bruder ist sehr liebenswürdig, erkenne ich, daß mein Bruder die Eigenschaft liebenswürdig in einem sehr hohen Grade besitzet; allein ohne denselben mit andern zu vergleichen. Endlich sage ich: *Mon frere est le plus aimable des hommes*, mein Bruder ist unter allen Menschen der liebenswürdigste; so schliesse ich alle Menschen von dem Grade der Liebenswürdigkeit aus, womit mein Bruder begabet ist. Weiter kann man nichts sagen; und das stellet die dritte Stuffe vor.

Man hat also drey Vergleichungsstuffen. Sie heissen: die erste *(le Positif)*, die zwote *(le Comparatif)*, und die dritte Vergleichungsstuffe *(le Superlatif)*. Laßt uns solche nach einander betrachten.

I.

Von der ersten Vergleichungsstuffe (le Positif).

Die erste Vergleichungsstuffe stellet eine Eigenschaft an sich und ohne Vergleichung mit etwas anderm vor. Z. B.

L'aimable enfant, das liebenswürdige Kind; la bonne femme, das gute Weib.

II.

Von der zwoten Vergleichungsstuffe (Comparatif).

Das Beywort steht in der zwoten Stuffe, wenn außer der von ihm angezeigten Eigenschaft, es auch, eine Vergleichung mit

mit andern Sachen ausdrücket. Da aber, die mit einer andern verglichene Sache, derselben entweder vorgehen oder nachstehen, oder gleich seyn muß, so haben wir auch dreyerley Arten diese Stuffe zu gebrauchen. Also:

Uebertrift die mit andern verglichene Sache, dieselben, so setzt man *plus*, mehr, vor das erste Glied der Vergleichung, und *que*, als, vor das zweite (aber nie *comme*, welches doch den Anfängern sehr gewöhnlich ist); z. B. *l'Asie est plus grande que l'Europe*, Asia ist größer als Europa.

Steht hingegen die, mit andern verglichene Sache, ihnen nach, so setzt man vor das erste Glied der Vergleichung *moins*, oder *ne—pas si—* (das Beywort anstatt des 2ten Strichs, und sein Zeitwort anstatt des 1sten Strichs, wenn dieses in einer einfachen Zeit gebraucht werden soll; in den zusammengesetzten Zeiten aber, *ne*, und das Hülfszeitwort; *pas*, und darauf das Mittelwort; und endlich *si*, welchem das Beywort folget) und vor das zweite Glied *que*. Z. B. *L'Afrique est moins peuplée que l'Europe*, oder *n'est pas si peuplée que l'Europe*. Afrika ist nicht so volkreich als Europa; *mon frere n' a pas été si heureux que moi*, mein Bruder ist nicht so glücklich gewesen, als ich.

Anmerkung. Nicht so, wie man es im vorigen Beyspiele gesehen hat, heißt *ne--pas si*, lange nicht so, bey weitem nicht so, *de beaucoup moins*; und endlich, nicht halb so, *de moitié moins*; worauf immer *que*, und nicht *comme* folgen muß. N. 27. 28. 31. u. s. w. *)

Stellet man aber zwey Sachen als mit einander gleich vor, so steht vor dem ersten Gliede der Vergleichung, wenn sich im Deutschen so, eben so, befindet, *autant*, oder *aussi*; wenn im Deutschen gerade so: stehet: *tout autant* oder *tout aussi*; just so, heißt: *justement aussi* oder *autant*; bey nahe so, fast so, *presque aussi*, oder *presque autant*; kaum so, *à peine autant* oder *à peine aussi*; worauf *que*, als, und nie *comme* folgen muß. Z. B. *le menteur est autant méprisé, que l'homme vrai est esti-*

*) Diese Nummern weisen auf die Aufgaben, worin man die Anwendung dieser Bemerkungen findet. Eben so ist es mit den Nummern, welche man in der Folge findet.

estimé. Der Lügner wird eben so verachtet, als der wahrheitliebende Mensch hochgeachtet wird. *L' histoire est aussi agréable qu' utile.* Die Geschichte ist eben so angenehm als nützlich.

Anmerkung. *Comme*, mit einem Beyworte wird nur gebraucht, wenn dasselbe im *Positif* stehet. Z. B. *Il est beau come l' amour*, er ist schön wie die Liebe; *Il est sage comme un ange;* er ist weise, wie ein Engel. u. s. w.

III.

Von der dritten Vergleichungsstuffe (Superlatif).

Zeigt das Beywort die Eigenschaft einer Person oder Sache in einem sehr hohen, oder in dem höchsten Grade an, so ist dasselbe in der dritten Vergleichungsstuffe.

Es giebt zweyerley Superlatifs: der alleinstehende (le Superlatif absolu), und der sich beziehende (le Superlatif relatif).

Jener (absolu) stellet den höchsten Grad der Eigenschaften, ohne dieselben zu vergleichen, vor; als *Amsterdam est une ville très grande, fort marchande, et bien peuplée.* Die Stadt Amsterdam ist sehr groß, hat einen äusserst blühenden Handel, und ist sehr volkreich.

Dieser aber (relatif) zeiget zwar auch den höchsten Grad einer Eigenschaft an, aber mit Beziehung auf andre Sachen oder Personen. Z. B. *Le plus bel ornement d'un grand Roi, est l' amour de ses peuples.* Die schönste Zierde eines großen Königs ist die Liebe seiner Unterthanen. *Le plus savant des hommes*, der gelehrteste unter allen Menschen. u. s. w.

Anmerkung. Die dritte alleinstehende Stuffe ist nichts anders als das Beywort im Positif, vor welchem eins von den Nebenwörtern *très, fort, bien*, sehr, stehet. Die sich beziehende dritte Vergleichungsstuffe aber hat vor dem *Positif* des Beyworts, *plus*, vor welchem entweder der bestimmte Artikel, oder eins von den verbindenden zueignenden Fürwörtern stehet, als *mon*

plus

pluscher ami, mein allerliebster Freund; *la plus vertueuse des femmes*, die tugendhafteste von allen Weibern. u. s. w.

Die Franzosen brauchen bisweilen andre Nebenwörter, als très, fort, bien, um eine Eigenschaft im höchsten Grad vorzustellen. Z. B.

cruellement douloureux, grausam schmerzhaft.
douloureusement affligé, schmerzlich betrübt.
épouvantablement profond, entsetzlich tief.
extraordinairement avare, ausserordentlich geizig.
extremement chaud, äusserst heiß.
horriblement malicieux, abscheulich boshaft.
infiniment bon, unendlich gut.
merveilleusement doux, trefflich süß.
singulierement beau, besonders schön.
terriblement obscur, schrecklich dunkel.
tout-à-fait juste, höchst gerecht. u. s. w.

Beyworts.

Superlatif.

schön { très oder fort / oder bien } M. beau. / W. belle.

nmerkung. Die Person oder Sache, welcher man le moins beau, oder la ns belle sagt, soll doch schön seyn.

Vorstellung

des Gebrauchs eines regelmäßigen französischen Beyworts.

M. heißt männlich, und W. weiblich.

Positif.

schön	M. beau.
	M. bel.
	W. belle.

Comparatif.

schöner	M. plus beau.		Que
	W. plus belle.		
nicht so schön	M. moins beau.		
	W. moins belle.		
	M. ne . . . pas si beau.		
	W. ne . . . pas si belle.		
viel schöner	M. bien plus beau.		
	W. bien plus belle.		
lange nicht so schön.	de beaucoup moins	M. beau.	
		W. belle.	
bey weitem nicht so schön	à beaucoup près moins	M. beau.	
		W. belle.	
nicht halb so schön	moins (M.) beau (W.) belle.	de moitié.	Que
eben so schön	M. aussi beau.		
	W. aussi belle.		
gerade so schön	tout aussi	M. beau.	
		W. belle.	
just so schön	justement aussi	M. beau.	
		W. belle.	
fast so schön	presque aussi	M. beau.	
		W. belle.	
beynahe so schön	approchant aussi	M. beau.	Que
		W. belle.	
kaum so schön	à peine aussi	M. beau.	
		W. belle.	

Superlatif.

sehr schön	très oder fort oder bien	M. beau.	
		W. belle.	
der schönste	von oder unter	le plus beau de oder des.	
die schönste	von oder unter	la plus belle de oder des.	
am schönsten	M. le plus beau	de oder des.	
	W. la plus belle		

oder

M. le plus beau	possible.
W. la plus belle	
derjenige der am wenigsten schön ist	le moins beau de oder des.
diejenige die am wenigsten schön ist	la moins belle de oder des.

Anmerkung. Die Person oder Sache, von welcher man le moins beau, oder la moins belle sagt, soll doch schön seyn.

Unregelmäßige Beywörter.

Positif.	*Comparatif.*	*Superlatif.*
bon, bonne: gut.	meilleur, meilleure: besser.	très bon, sehr gut.
mauvais, mauvaise: schlimm.	pire: ärger.	très mauvais, sehr schlimm.
petit, petite: gering.	moindre: geringer,	très petit oder petite: sehr gering.

Diese folgen übrigens der von uns so eben angeführten Vorstellung. Allein es ist zu bemerken, daß da, *meilleur, pire,* und *moindre,* an sich selbst, eine zwote Stuffe anzeigen, so muß nie *plus,* vor denselben stehen. Also sagt man nicht *le plus meilleur,* der beste; *le plus pire,* der schlimmste; *le plus petit,* der geringste; sondern blos *le meilleur, le pire, le moindre,* und so weiter in allen Fällen, wo vor andere Beywörter *plus* gesetzt werden muß.

Ausnahme. Man kann bisweilen *plus bon* sagen, aber nur wenn *bon* einfältig heißt. Z. B. *Vous vous étonnez qu'il ait été assez bon pour croire toutes ces choses; et moi je vous trouve encore bien plus bon de vous imaginer qu'il les ait crues.* Es nimmt euch Wunder, daß er so einfältig gewesen, dies alles zu glauben; und ich halte euch für noch einfältiger, weil ihr euch einbildet, daß er es geglaubt hat.

Anmerkung. Wenn sich im Deutschen ein Beywort befindet, vor welchem ein anderes Wort, womit man es vergleicht, stehet, so muß man im Französischen (wenn der Sinn es erlaubt), das Beywort vor seinem Hauptworte; und zwischen beyden *comme du,* oder *comme de la,* oder *comme le,* oder *comme la,* oder *comme un,* oder *comme une,* nach Erforderniß des Geschlechtes setzen. Z. B. Kohlschwarz: schwarz, *noir,* (*comme du*) Kohle, *charbon: noir comme du charbon.* Eiskalt: kalt, *froid* (*comme de la*) Eis, *glace; froid comme de la glace;* u. s. w.

Man muß aber nicht sagen blutjung, *jeune comme le sang;* fasennakt, *nud comme un fil;* stockblind, *aveugle comme un bâton;* u. d. g. weil es nicht dem

Blu=

Blute eigen ist jung; dem Faden nackend; und dem Stocke, blind zu seyn; sondern *très jeune; nu à n'avoir pas un fil sur le corps; aveugle à se servir de bâton.* u. s. w. Der Verstand muß dabey helfen.

Vierte Abtheilung.

Von den Zahlwörtern (Noms de nombre).

So heissen die Wörter, welche die Vielheit und die Ordnung der Sachen anzeigen. Einige davon sind Hauptwörter, und können, ganz allein gebraucht, verstanden werden; die andern aber, machen ohne Hülfe eines Hauptworts, keinen deutlichen Sinn aus. Wir wollen von beyden handeln.

§. 1.

Von den Zahlwörtern, die Beywörter sind.

Solche sind entweder Haupt= (nombres Cardinaux) oder Ordnungszahlen (nombres ordinaux).

I. Die Hauptzahlen stellen blos die verschiedenen Zahlen vor, welche die Frage wieviel? beantworten.

Dieselbe sind:

1. un, ein.	11. onze, eilf.
2. deux, zwey.	12. d'ouze, zwölf.
3. trois, drey.	13. treize, dreyzehn.
4. quatre, vier.	14. quatorze, vierzehn.
5. cinq, fünf.	15. quinze, fünfzehn.
6. six, sechs.	16. seize, sechzehn.
7. sept, sieben.	17. dix-sept, siebenzehn.
8. huit, acht.	18. dix-huit, achtzehn.
9. neuf, neun.	19. dix-neuf, neunzehn.
10. dix, zehn.	20. vingt, zwanzig.

21.

21. vingt-et-un, oder vingt-un, ein und zwanzig.
22. vingt-deux, zwey und zwanzig.
23. vingt-trois, drey und zwanzig.
24. vingt-quatre, vier und zwanzig.
25. vingt-cinq, fünf und zwanzig.
26. vingt-six, sechs u. zwanzig.
27. vingt-sept, sieben und zwanzig.
28. vingt-huit, acht u. zwanzig.
29. vingt-neuf, neun und zwanzig.
30. trente, dreißig u. s. w.
40. quarante, vierzig u. s. w.
50. cinquante, funfzig.
60. soixante, sechsig.
70. soixante-dix, siebenzig.
80. quatre-vingt, achtzig.
81. quatre-vingt-un, ein und achtzig, und nicht et un.
90. quatre-vingt-dix, neunzig.
100. cent, hundert.
101. cent-un, hundert und eins u. s. w.
200. deux-cent, zwey hundert, und immer fort, bis
1000. mille, tausend.
2000. deux mille, zwey tausend u. s. w.
3001. trois mille et un, drey tausend und eins u. s. w.

L'an mil sept-cent quatrevingt dix sept: das Jahr tausend, sieben hundert sieben und neunzig, 1797.
10000. dix mille, zehn tausend.
100 000. cent mille, hundert tausend.
1000 000. un million, tausend mal tausend, oder zehn hundert tausend, oder eine Million.
1000 000 000. un milliard, tausend Millionen.
1000 000 000 000. un billion, tausend mal tausend Millionen, u. s. w.

Anmerkungen. I.) Das Zahlwort *cent*, hundert, wenn es mehr, als ein hundert bedeutet, wie auch *vingt* in *quatrevingt*, achtzig, und *six vingt*, hundert und zwanzig bekommen ein *S* am Ende, wenn solche sich vor einem Hauptworte befinden; folget aber ein anders Zahlwort darauf, so bleiben sie ohne *S*. z. B. *deux cents hommes*; zwey hundert Mann; *deux cent trente hommes*, zwey hundert und dreyßig Mann; *quatre vingts soldats*, achtzig Soldaten; *quatrevingt mille écus*, achtzig tausend Reichsthaler u. s. w.

II.) Bedeutet mille eine Meile, so ist solches ein Hauptwort, und bekommt auch in der vielfachen Zahl ein *S*; heißt es

aber

aber tausend, so bleibt es immer ohne S; und will man damit das Datum eines Jahrs bestimmen, so schreibt man nicht mehr *mille*, sondern *mil.* z. B. *les milles d' Allemagne*, die deutschen Meilen; *je l'ai vu l'an mil sept cent soixante six, je lui ai fait mille amities, et lui ai prété dix mille écus*, ich habe ihn im Jahre 1766 gesehen, ihm viel Freundschaft erwiesen, und zehn tausend Reichsthaler geliehen.

III.) Die deutschen Wörter;

Ein einziger,	eine einzige,	ein einziges,
nur ein,	nur eine,	nur ein,
einer allein,	eine allein,	eines allein.

heissen Französisch:
un seul, oder *qu' un*; *une seule*, oder *qu' une*; *un seul*, oder *qu' un*.

IV.) Eins heist bald *une chose*, bald *une fois*.

Es heißt *une chose*, wenn man im Deutschen, anstatt desselben eine Sache setzen kann. z. B. Eins ist noch zu merken, *il y a encore une chose à remarquer*. Eins bitte ich von dem Herrn; *je demande une chose au seigneur*. Es heißt aber *une fois*, wenn es eben so viel bedeutet als einmal; z. B. geht noch eins (oder einmal zu ihm, und saget; *allez encore une fois chez lui, et dites* etc. Steht eins im Anfange einer Erzählung; dann ist nicht viel daran gelegen, ob man solches mit *un jour*, oder *une fois*, übersetzt. z. B. Es war eins, oder einst, oder einmal ein König u. s. w. *il y avoit un jour*, (oder *une fois*) *un Roi etc.* Es muß aber ein Deutscher wohl bemerken, daß im Französischen diese Wörter eins, einmal, nur in dem so eben angeführten Verstande; und nicht so häufig, als im Deutschen, wo solche so oft überflüßig stehen, gebraucht werden.

Die Zahlwörter, wovon wir so eben gehandelt haben, heissen Hauptzahlen, weil die andern meistens von ihnen herkommen. In der That, werden die Ordnungszahlen von den Hauptzahlen gemacht, wenn man denjenigen, die sich auf einen Konsonant endigen (ausgenommen in *un*, ein, welches *premier*, und *deux*, zwey, das *second* hat, es sey denn, daß

solche

solche vor sich eine andere, und mit ihnen verbundene Zahl haben; als *vingt-et unieme, trent deuxieme* u. s. w.) *ieme* zufüget: von denjenigen aber, die am Ende ein stummes *e* haben, nimmt man *e* weg, und setzt an dessen Stelle *ieme*, und endigen sie sich auf *F*, so verwandelt man *F* in *vieme* z. B. *troisieme*, dritte von *trois*; *quatrieme*, vierte von *quatre*, *neuvieme*, neunte von *neuf*. u. s. w.

II.) Die Ordnungszahlen zeigen die Ordnung der Sachen in Ansehung ihrer Zahl an, und beantworten die Frage der wievielste ist er? *le quantieme est-il?* solche sind:

le premier, der erste.
le second, der zweyte.
le troisieme, der dritte u. s. w.
le neuvieme, der neunte.
le dixieme, der zehnte u. s. w.
le dix neuvieme, der neunzehnte.
le vingtieme, der zwanzigste.
le vingt-unieme, der ein und zwanzigste u. s. w.
le trentieme, der dreyßigste u. s. w.
le centieme, der hunderteste u. s. w.
le cent deuxieme, der hundert und zweite u. s. w.
le millieme, der tausendste.
le cent millieme, der hundert tausendste u. s. w.
le dernier, der lezte u. s. w.

Folgen von diesen Zahlen mehrere nach einander, so bekommt nur die lezte, die den Ordnungszahlen eigene Endigung, z. B. *la mil sept-cent quatrevingt dix-septieme année après la naissance de Jesus Christ*, das tausend, sieben hundert, sieben und neunzigste Jahr nach Christi Geburt, und nicht *la millieme, septieme, centieme* u. s. w.

§. 2.

Von den Zahlwörtern, die Hauptwörter sind.

Solche sind entweder Versammlungs- (*Collectifs*), oder Eintheilungs- (*Distributifs*), oder Vergleichungs- (*Proportionnels*) oder Wiederholungs-Zahlen (*de Répétition*).

I. Die

I.

Die Versammlungszahlen braucht man, wenn es darauf ankömmt, eine gewisse Vielheit mit einander vereinigter Sachen anzudeuten, z. B.

une paire, un couple, une couple, ein Paar.
une demi douzaine, ein halbes Dutzend.
une huitaine, eine Zeit von 8 Tagen.
une neuvaine, neuntägiges Gebet.
la docte neuvaine, die neun Musen.
une dixaine, das Zehend oder Dechend.
une douzaine, eine Dutzend.
une quinzaine, ein Mandel.
une trentaine, ein Schilling.
une quarantaine, eine Anzahl von 40.
la ſainte quarantaine, die vierzigtägige Fastenzeit: und (im Seewesen) la quarantaine sind die 40 Tage, wo diejenigen vor einem Hafen müssen liegen bleiben, die aus einer mit der Pest angesteckten Gegend kommen.
une ſoixantaine, ein Schock.
une centaine, eine Anzahl von hundert.
un millier, das Tausend.
un million, billon, trillon etc. eine Million, Billion, Trillion, u. s. w.

II.

Die Theilungszahlen zeigen die Theile eines Ganzen an, z. B.

le demi, oder la demi oder la moitié, das Halbe, oder die Hälfte.
le tiers, das Drittheil oder Drittel.
le quart, oder le quarteron, das Viertheil oder Viertel.
le cinquieme, das Fünftheil oder Fünftel.
le ſixieme, das Sechstheil oder Sechstel, und so immer fort mit *ieme*, wie bey den Ordnungszahlen.

Die folgenden sind bey der Musik, und im Picket (Kartenspiel) am meisten gebräuchlich:

la ſeconde, die Sekunde.
la tierce, die Terze.
la quarte, oder la quatrieme, die Quarte.
la quinte, die Quinte.

la

la sexte, oder la sixieme, die Sechste.
la septieme, die Septime.
l'octave, oder la huitieme, die Octave, u. s. w.

III.

Die Vergleichungszahlen geben zu verstehen, ob die Sache, wovon man redet, ein= oder vielfach ist. Die folgenden sind nur gebräuchlich.

simple, einfach, oder einfältig.
double, zweyfach, oder zweyfältig.
triple, dreyfach, oder dreyfältig.
quadruple, vierfach, oder vierfältig.
quintuple, fünffach, oder fünffältig.
sextuple, sechsfach, oder sechsfältig.
décuple, zehnfach, oder zehnfältig.
centuple, hundertfach, oder hundertfältig.

IV.

Die Wiederholungszahlen zeigen an, wie vielmal eine Sache geschehen ist. Sie werden entweder von den Haupt= oder Ordnungszahlen gemacht, wenn man denselben das Wort *fois*, mal zufüget. z. B.

une fois, ein mal, deux fois, zwey mal, trois fois, drey mal u. s. w. La premiere fois, das erste mal, la seconde fois, das zweyte mal, la troisieme fois, das dritte mal, u. s. w.

Folgende Redensarten sind wohl zu bemerken:

qui arrive une fois, einmalig.
qui arrive deux fois, ou à deux reprises, trois fois, ou à trois reprises; quatre fois, ou à quatre reprises u. s. w. zwey=, drey=, viermalig u. s. w. Z. B. *un attaque à deux, à quatre, à cinq reprises*, ein zwey= vier= fünfmaliger Angriff.

pour la premiere, la seconde fois u. s. w. zum ersten= zweyten mal u. s. w.

cette fois-là, ce jour-là, jenes mal.
cette fois-ci, ce jour-ci, dieses mal.

plu-

plusieurs fois, oder souvent (und nie souvent de fois) vielmal, oder mehrmal, oder oft mal.
pas une seule fois, kein einziges mal. u. s. w.

Anmerkungen.

Man sagt nicht im Französischen, wie im Deutschen anderthalb, *la moitié du second* oder *de la seconde*; drittehalb, *trois moins une demie*, oder *la demi troisieme* u. s. w., sondern man setzet die ganze Zahl, und füget derselben noch ein halbes bey. z. B. drittehalb Stunde, *deux lieues et demie*, anderthalb Maas, *un pot et demi*. u. s. w. Hier ist zu bemerken: *demi* vor einem Hauptworte bleibt ganz unveränderlich, wird aber mit einem *e* am Ende geschrieben, wenn es auf das Hauptwort folget und das Hauptwort weiblich ist. z. B. *une demi-lieue*; *une lieue et demie*, eine halbe Stunde, anderthalb Stunde.

Im Deutschen sagt man, wenn von den auf der Uhr geschlagenen Stunden, die Rede ist, halb zwey, halb drey u. s. w.; im Französischen aber muß man *une heure et demie* (ein Uhr und ein halb), *deux heures et demie* (zwey Uhr und ein halb) u. s. w. sagen: Bisweilen betrachtet man die Hauptzahlen als Hauptwörter, und alsdann bekommen sie einen Artikel. z. B. *le deux*, die zwey, *le trois*, die drey, *le neuf*, die neun. u. s. w.
Die Nulle heißt *le zéro*.

Fünf=

Fünftes Hauptstück.

Von den Fürwörtern (Pronoms.)

Fürwörter sind solche Wörter, welche gemeiniglich an die Stelle der Hauptwörter gesetzt werden.

Man vermeidet damit die langweilige Wiederholung der Hauptwörter, z. B. anstatt zu sagen *mon frere je viens d' aller chez mon tailleur, et je lui ai dit de me faire mon habit comme il a fait le tien,* Bruder, ich bin so eben bey dem Schneider gewesen, und habe ihn gesagt, er sollte mir mein Kleid eben so machen, wie er das deinige gemacht hat; so müßte man, ohne Fürwörter, diesen Satz auf folgende langweilige Art ausdrücken: *Frere (de Jean,* z. B.) *Jean vient d'aller chez le tailleur de Jean, et Jean a dit au tailleur de Jean, de faire à Jean l'habit de Jean comme le tailleur a fait l'habit du frere de Jean.*

Es giebt siebenerley Fürwörter; diese sind:

	Fürwörter	
1. die persönlichen,		les pronoms personnels.
2. die verbindenden,		les pronoms conjontifs.
3. die zueignenden,		les pronoms possessifs.
4. die anzeigenden,		les pronoms démonstratifs.
5. die sich beziehenden,		les pronoms relatifs.
6. die fragenden,		les pronoms interrogatifs.
7. die unbestimmten,		les pronoms indéfinis.

Erste Abtheilung.

Von den persönlichen Fürwörtern.

Die persönlichen Fürwörter zeigen die Personen, und auch bisweilen die Sachen an, oder werden an ihre Stelle gesetzt.

Weil es dreyerley Personen giebt, nämlich die erste, die zwote, und die dritte, so giebt es auch dreyerley persönliche Fürwörter.

Die erste Person ist, die redet: die zwote, zu der man redet: und die dritte, von der man redet.

Die persönlichen Fürwörter der ersten Person sind: *Je*, ich, unveränderlich, und *moi*, ich, *nous*, wir.

Die der zwoten, *tu*, du, unveränderlich, und *toi*, du, *vous*, ihr.

Die der dritten sind: *il*, er, *ils*, sie, unveränderlich, und *lui*, er, *eux*, sie, für das männliche; und *elle*, sie, *elles*, sie, für das weibliche Geschlecht: und *soi*, sich.

Abänderung der persönlichen Fürwörter.

Einfache Zahl. Singulier.

	Erste Person,	Zwote Person,	Dritte Person.	
	Männ- und Weiblich.	Männ- und Weiblich.	Männlich.	Weiblich.
Nom.	moi, ich.	toi, du.	.. lui, er.	elle, sie.
Gen.	de moi, meiner.	de toi, deiner.	de lui, seiner.	d'elle, ihrer.
Dat.	à moi, mir.	à toi. dir.	à lui, ihm.	à elle. ihr.
Acc.	moi, mich.	toi, dich.	lui, ihn.	elle, sie.
Voc.	. . . .	ô toi, o du.	. . .	. . .
Abl.	de moi, von mir.	de toi, von dir.	de lui, von ihm.	d'elle, von ihr.

Viel-

Vielfache Zahl. Pluriel.

Nom.	nous, wir.	vous, ihr.	eux, sie.	elles, sie.
Gen.	de nous, unser.	de vous, euer.	d'eux, ihrer.	d'elles, ihrer.
Dat.	à nous, uns.	à vous, euch.	à eux, ihnen.	a elles, ihnen
Acc.	nous, uns.	vous, euch.	eux, sie.	elles, sie.
Voc.	. . . . . .	ô vous, o ihr.	. . . . . .	. . . . . .
Abl.	de nous, von uns.	de vous, von euch.	d'eux, von ihnen.	d'elles, von ihnen.

Abänderung des persönlichen Fürworts Soi.

Einfache Zahl. Vielfache Zahl.

	Männ- und Weiblich.	Männlich.	Weiblich.
Nom.	soi-même, selbst.	eux-mêmes,	- elles mêmes, selbst.
Gen.	de soi, seiner.	d'eux mêmes,	- d'elles mêmes, ihrer selbst.
Dat.	à soi, sich.	à eux mêmes,	- à elles mêmes, sich selbst.
Acc.	soi, sich.	eux mêmes,	- elles mêmes, sich selbst.
Abl.	de soi, von sich.	d'eux mêmes,	- d'elles mêmes, von sich selbst.

Dies letzte heißt zurückkehrendes Fürwort, weil es immer die Beziehung einer Person oder Sache auf sich selbst bedeutet.

Diese Beziehung der Personen oder Sachen auf sich selbst kann man auch mit den andern persönlichen Fürwörtern ausdrücken, nachdem man denselben, in der einfachen Zahl, *même*, und in der vielfachen, *mêmes*, zufüget. Z. B. *Je rapporte tout à moi-même*, ich beziehe alles auf mich. *Nous nous sommes iustifiés nous-mêmes*, wir haben uns selbst gerechtfertiget. *Tu ne parles que de toi-même*, du sprichst nur von dir selbst. *Vous ne vous connoissez pas vous-mêmes*, ihr kennet euch selbst nicht. *Le sage se suffit à lui-même*, der Weise ist sich selbst genug. *La vertu est aimable par elle-même*, die Tugend ist an sich selbst liebenswürdig. *Les indiscrets se trahissent souvent eux-mêmes*, die Unbesonnenen verrathen sich sehr oft selbst. *Les amazones gouvernoient et défendoient leurs états par elles-mêmes;* die Amazonen regierten, und vertheidigten ihre Staaten durch sich selbst.

Zwote Abtheilung.

Von den verbindenden Fürwörtern.

Diese sind solche Wörter, welche an der Stelle der Beugfälle der persönlichen Fürwörter (den Nominatif ausgenommen) stehen. Sie heissen verbindend, weil sie immer mit einem Zeitworte, als Regimen desselben, verbunden sind:

Die verbindenden Fürwörter der ersten Person sind:
me, mir oder mich; *nous*, uns.

Die von der zwoten: *te*, dir oder dich; und *vous*, euch.

Die von der dritten: *lui*, ihm; *le*, ihn; *la*, sie; *leur*, ihnen; *les*, sie; *se*, sich: von *en* und *y* sprechen wir bald.

Die verbindenden Fürwörter bleiben unveränderlich. *Me, te, se, nous* und *vous*, stehen anstatt der Dativen und Accusativen *à moi, moi, à toi, toi, à soi, soi, à nous, nous, à vous, vous*. Z. B. *vous me donnez un livre* (anstatt *vous donnez à moi*), ihr gebet mir ein Buch. *Vous me regardez* (anstatt *vous regardez moi*), ihr sehet mich an. *Ton maître te donnera une récompense, ou te punira*), (anstatt *donnera à toi, punira toi*), dein Lehrer wird entweder dich belohnen, oder bestrafen. *L'homme se donne volontiers des louanges* (anstatt *donne à soi*), der Mensch lobet sich gern. *Les femmes doivent s'instruire dans l'art de conduire leur ménage* (anstatt *instruire elles*), die Frauenzimmer müssen sich die Kunst erwerben, ihre Haushaltung zuführen. *Le Roi nous favorise* (anstatt *favorise nous*), der König ist uns günstig.

Dieu

Dieu nous commande (anstatt *commande à nous*), Gott befiehlt uns. *Je vous dirai que* etc. ich will euch sagen, daß u. s. w. (anstatt *je dirai á vous*). *Je vous estime* (anstatt *j'estime vous*), ich achte euch hoch, u. s. w.

Lui, wird anstatt der einfachen Dativen *à lui*, und *à elle* gesetzt. Z. B. *Je lui dois du respect*, ich bin ihm, oder ihr Ehrerbietung schuldig (anstatt *je dois à lui*, oder *à elle*).

Leur, anstatt der vielfachen Dativen *à eux* und *à elles*. *Je leur pardonne leurs fautes*, ich verzeihe ihnen ihre Fehler, (anstatt je *pardonne à eux*, oder *à elles*).

Le, la, les, zeigen immer einen Accusatif an, und stehen anstatt *lui*, oder *elle*, oder *eux*, oder *elles*. Z. B. *Je le connois*, ich kenne ihn (für *je connois lui*); *Je la protege*, ich schütze sie, (für *je protege elle*). *Je les loue*, ich lobe sie, (für *je loue eux*, oder *elles*).

Die deutschen Redensarten meinet= deinet= seinetwegen, werden im Französischen mit *à cause de*, . . . *pour l'amour de* . . . *par rapport à* . . . und das persönliche Fürwort nach gesetzt. Z. B. er hat das meinet, und deinetwegen gemacht, *il l'a fait par rapport à* . . *pour l'amour de* . . . *à cause de moi, et de toi, etc.*

Dritte Abtheilung.

Von den zueignenden Fürwörtern.

Die zueignenden Fürwörter zeigen die Besitzung und das Eigenthum einer Sache an. Als wenn ich sage: *mon habit*, mein Kleid; *votre chapeau*, euer Huth; *son livre*, sein Buch, u. s. w.

Es giebt ihrer zweyerley: die verbindenden und die alleinstehenden zueignenden Fürwörter. Jene heissen verbindende zu-

eig=

eignende Fürwörter, weil sie immer mit einem Hauptworte verbunden werden müssen, diese aber alleinstehende, weil sie ohne mit einem Hauptworte verbunden zu seyn, gebraucht werden können, und es, als vorher ausgedrückt, voraussetzen.

Diese Fürwörter werden auch, nach den dreyen Personen, eingetheilt.

§. 1.

Von den verbindenden zueignenden Fürwörtern (Pronoms possessifs conjonctifs).

Abänderung derselben.

Wir wollen nur die von der ersten Person ausführlich abändern, welches für die übrigen zur Regel dienen wird.

Einfach. *Singulier.*

	Männlich (und Weiblich, wenn das darauf folgende weibliche Hauptwort mit einem Vokal oder stummen *h* anfängt.)	Weiblich.	Männlich und Weiblich.
Nom.	mon, .. mein ..	ma, .. meine, ..	notre, unser, e.
Gen.	de mon, meines,	de ma, .. meiner, .	de notre, unsres, er.
Dat.	à mon, meinem,	à ma, .. meiner, ..	à notre, unserm, er
Acc.	mon, meinen oder mein,	ma, .. meine ..	notre, unsern, er.
Voc.	ô mon, . o mein,	ô ma, .. o meine ..	ô notre, o unser, e.
Abl.	de mon, .. von meinem, ..	de ma, .. von meiner, ..	de notre, von unserm, er.

Vielfach. *Pluriel.*

	Männ- und Weiblich.	Männ- und Weiblich.
Nom.	mes, ... meine, ...	nos, ... unsere, ...
Gen.	de mes, ... meiner, ...	de nos, ... unserer, ...
Dat.	à mes, ... meinen, ...	à nos, ... unsern, ...

Acc.

Acc.	mes, ... meine, ...	nos, ... unsere, ...
Voc.	ô mes, ... o meine, ...	ô nos, ... o unsere, ...
Abl.	de mes, ... von meinen, ..	de nos, ... von unsern, ...

Die zueignenden Fürwörter der zwoten Person, sind für die einfache Zahl: *ton*, dein, *ta*, deine, *votre*, euer; für die vielfache aber: *tes*, deine, = = = *vos*, eure. Die von der dritten: *son*, sein, *sa*, seine, oder ihre *leur*, ihr, ihre; für die vielfache Zahl *ses*, seine oder ihre, *leurs*, ihre.

Sie werden eben so abgeändert, als *mon*, *ma*, *notre*.

Anmerkung. Man kann hier bemerken, daß das Wort, *leur*, bald als ein verbindendes, bald als ein zueignendes Fürwort gebraucht wird. Doch giebt es unter ihnen einen großen Unterschied. *Leur*, als ein verbindendes Fürwort, steht immer ohne Artikel vor einem Zeitworte, und man kann immer an seine Stelle *à eux*, oder *à elles*, ihnen, nach dem Zeitworte setzen. *Leur*, aber, ist immer ein zueignendes Fürwort, wenn vor ihm ein Artikel stehet, oder wenn es mit einem Hauptworte verbunden ist. Es heißt auf Deutsch: ihr, ihre, oder der, die, das ihrige. Also in diesem Satze: *les maitres auxquels on confie des enfants doivent leur donner toute leur attention*, die Lehrer, welchen man Kinder anvertrauet, müssen alle ihre Aufmerksamkeit auf sie wenden; ist das erste *leur* ein verbindendes Fürwort; weil man anstatt *leur donner*, *donner à eux* setzen kann: das zweyte hingegen ein zueignendes Fürwort, indem es mit dem Hauptworte *attention*, worauf es sich beziehet, verbunden ist.

Dans l'éducation des jeunes gens, on doit avoir pour but de cultiver leur esprit et de former leur coeur; afin de les disposer par-là, à remplir dignement les différentes places qui leur sont destinées; mais surtout on doit leur apprendre le culte religieux que Dieu exige d'eux. Bey der Erziehung junger Leute, muß man zu seinem Hauptwerk machen, ihren Verstand anzubauen, und ihr Herz zu bilden; damit sie, dadurch fähig gemacht werden, die ihnen

nen bestimmten verschiedenen Stellen würdig zu verwalten: hauptsächlich aber muß man sie zu der religiösen Verehrung anführen, welche sie Gott schuldig sind. u. s. w.

Wenn die weiblichen verbindenden zueignenden Fürwörter, sich im Französischen vor den mit einem Selbstlauter oder stummen *h* anfangenden Hauptwörtern befinden, so braucht man anstatt *ma, ta, sa,* (wie es, Geschlechtshalber, seyn sollte,) *mon, ton, son.* Z. B. man sagt nicht: *ma ame, ta exactitude, sa incertitude,* meine Seele, deine Genauigkeit, seine Ungewißheit; sondern *mon ame, ton exactitude, son incertitude.* u. s. w.

§. 2.

Von den alleinstehenden zueignenden Fürwörtern (Pronoms Possessifs absolus).

Abänderung derselben.

Der bestimmte Artikel steht ihnen immer vor.

	Männlich.	Weiblich.
	Einfach *(Singulier)*.	
Nom.	le mien, der oder das meinige.	la mienne, die meinige.
Gen.	du mien, des meinigen.	de la mienne, der meinigen.
Dat.	au mien, dem meinigen.	à la mienne, der meinigen.
Acc.	le mien, den meinigen, das meinige.	la mienne, die meinige.
Abl.	du mien, von dem meinigen.	de la mienne, von der meinigen.

Plu-

Vielfach. *Pluriel.*

Nom.	les miens, die meinigen.	les miennes, die meinigen.
Gen.	des miens, der meinigen.	des miennes, der meinigen.
Dat.	aux miens, den meinigen.	aux miennes, den meinigen.
Acc.	les miens, die meinigen.	les miennes, die meinigen.
Abl.	des miens, von den meinigen.	des miennes, von den meinigen.

Einfach.

Nom.	le nôtre, der, das unsrige.	la nôtre, die unsrige.
Gen.	du nôtre, des unsrigen.	de la nôtre, der unsrigen.
Dat.	au nôtre, dem unsrigen.	à la nôtre, der unsrigen.
Acc.	le nòtre, den unsrigen, das unsrige.	la nôtre, die unsrige.
Abl.	du nôtre, von dem unsrigen.	de la nôtre, von der unsrigen.

Vielfach.

Nom.	les nôtres, die unsrigen.
Gen.	des nôtres, der unsrigen.
Dat.	aux nôtres, den unsrigen.
Acc.	les nôtres, die unsrigen.
Abl.	des nôtres, von den unsrigen.

Also geht es mit der Abänderung der alleinstehenden zueignenden Fürwörter der ersten Person. Die von der zwoten und dritten, gehen gerade eben so. Die von der zwoten sind, für die einfache Zahl: *le tien*, der deinige, oder das deinige; *la tienne*, die deinige; *le vôtre*, der oder das eurige; *la vôtre*, die eurige. Für die vielfache Zahl *les tiens*, *les tiennes*, die deinigen; *les vôtres*, die eurigen.

Und endlich für die dritte Person:

In der einf. Zahl *le sien*, { der, das seinige. / der, das ihrige. }

la sienne, { die seinige. / die ihrige. } | *le* oder *la leur*, der, die, das ihrige.

In

In der vielf. Zahl *les siens*, { die seinigen. / die ihrigen. |

les siennes, { die seinigen. / die ihrigen. | *les leurs*, die ihrigen.

Anmerkung. *Nótre, vótre*, wenn sie allein stehend sind, werden immer mit einem doppelten Accent bezeichnet; sind aber dieselben verbindend, so brauchen sie keinen.

Vierte Abtheilung.

Von den anzeigenden Fürwörtern (Pronoms Démonstratifs).

Solche zeigen gemeiniglich den Gegenstand an, wovon die Rede ist. Z. B. spreche ich von Büchern, und sage: dieses Buch, *ce livre*, so zeige ich mit dem anzeigenden Fürworte *ce*, dieses, das Buch an, wovon ich sprechen will. u. s. w.

Die anzeigenden Fürwörter sind:

	Männlich.	Weiblich.
Einfache Zahl.	Ce vor einem Consonant, oder cet vor einem Vokal; der, das; dieser, dieses; jener, jenes.	Cette, die; oder diese; oder jene.
Vielfache Zahl.	Ces, die; diese; jene.	Ces, die; diese; jene.
Einfache Zahl.	Celui, der, das; oder selbiger, selbiges; oder derselbe, dasselbe; oder derjenige, dasjenige; oder solcher, solches; oder ein solcher, ein solches.	Celle, die; oder selbige; oder dieselbe; oder dieselbige; oder diejenige; oder solche; oder eine solche.
Viel. Zahl	Ceux, die; selbige; u.s.w.	Celles, die, selbige, u.s.w.

Ein=

Einf. 3.	Celui-ci, dieser, dieses.	Celle-ci, diese.
Vielf. 3.	Ceux-ci, diese.	Celles-ci, diese.
Einf. 3.	Celui-là, jener, jenes.	Celle-là, jene.
Vielf. 3.	Ceux-là, jene.	Celles-là, jene.
	Ceci, der, die, das; oder dieser, diese, dieses.	
	Celà, der, die, das; oder jener, jene, jenes.	

Diese Fürwörter werden mit dem unbestimmten Artikel abgeändert und gehen wie ce.

Einfach.

Männlich.	Weiblich.
Nom. Ce, oder cet ... der oder das 2c.	cette, ... die u. s. w.
Gen. de ce - de cet ... des u. s. w.	de cette, ... der.
Dat. à ce - à cet ... dem u. s. w.	a cette, ... der.
Acc. ce - cet ... den, das u. s. w.	cette, ... die.
Abl. de ce - de cet ... von dem u. s. w.	de cette, ... von der.

Vielfach.

Nom. ces, ... die, u. s. w.
Gen. de ces, ... der.
Dat. à ces, ... den.
Acc. ces, ... die.
Abl. de ces, ... von den.

Fünfte Abtheilung.

Von den sich beziehenden Fürwörtern.

Solche sind Fürwörter, welche in der Rede dazu dienen, uns an die Vorstellung der Personen oder Sachen, wovon man schon gesprochen hat, zu erinnern, um die Bedeutung dersel-

ben

ben entweder zu erklären oder zu bestimmen. Sie heissen beziehend, weil sie sich immer auf ein vorherstehendes Nenn- oder Fürwort beziehen, welches der Vordersatz *(Antécédent)* des Fürworts genannt wird. Z. B. *La doctrine qui met le souverain bien dans la volupté du corps est indigne d'un philosophe.* Die Lehre, welche behauptet daß die vorzügliche Glückseligkeit in dem sinnlichen Vergnügen bestehe, ist eines Weltweisen unwürdig. Hier ist *qui* ein beziehendes Fürwort, das *doctrine* zum Vordersatz hat, und die Lehre bestimmt, welche eines Weltweisen unwürdig ist.

Die sich beziehenden Fürwörter sind folgende:

qui, que, welcher, welche, welches; der, die, das.

lequel. welcher, welches, der, das. } lesquels und lesquelles, welche, die.
laquelle, welche, die.

quoi, was.

dont, dessen deren (wie auch alle Genitiven der sich beziehenden Fürwörter).

le, ihn; es; la, sie; les, sie: (und andre dergl. Wörter.)

En { dessen, dessenthalben, damit, darum, davon, dafür, daran, daraus, derselben, deren, daher, dabey, deswegen, darüber, von ihm, ihr, ihnen u. s. w.

Y { da, daran, dahin, darauf, dabey, dadurch, darin, darüber, darzu, hin, hinein, hinauf, u. s. w.

où, d'où, par-où { welche, aus, wo, oder woher, oder wodurch, wie auch mit denselben zusammengesetzten Wörtern entstehen; und anstatt der beziehenden Fürwörter gebraucht werden.

Von denselben werden quï, und quoi mit dem unbestimmten; lequel, laquelle, lesquel, und lesquels, mit dem bestimmten Artikel abgeändert; die übrigen bleiben ganz unverändert.

Abänderung der abänderlichen sich beziehenden Fürwörter.

Männ- und Weiblich; ein- und vielfache Zahl.

Nom. qui — (quoi, hat keinen Nominatif.)

Gen. de qui — de quoi.		Acc. qui — quoi.	
Dat. à qui — à quoi.		Abl. de qui — de quoi.	

Ein-

Einfach.

	Männlich.	Weiblich.
Nom.	lequel,	laquelle,
Gen.	duquel,	de laquelle,
Dat.	auquel,	à laquelle,
Acc.	lequel,	laquelle,
Abl.	duquel,	de laquelle.

Vielfach.

Nom.	lesquels,	lesquelles,
Gen.	desque's,	desquelles,
Dat.	auxquels,	auxquelles,
Acc.	lesquels,	lesquelles,
Abl.	desquels,	desquelles,

Sechste Abtheilung.

Von den fragenden Fürwörtern.

Würden solche nur, dem Ausdrucke nach, betrachtet; so kämen sie mehrentheils mit denjenigen überein, welche wir in dem vorigen Hauptstücke beziehende genennet haben: die Bedeutung derselben bestimmt, ganz allein, den Unterschied zwischen beyden.

Anmerkung. Wir nennen diese Art Fürwörter Fragend, weil sie am meisten zum Fragen dienen: aber da solche nicht immer fragweise gebraucht werden; so wäre es unstreitig besser, eine andere Benennung zu wählen, welche die Fragweise nicht ausschlösse und doch zu verstehen gäbe, daß dieselben, nicht nur zum Fragen dienen, sondern auch einen Zweifel, oder eine Ungewißheit anzeigen können. Sie heissen im Französischen (Abso-

Solus), welches eben so viel bedeutet als die von nichts regieret werden. Allein diese Benennung ist nicht gebräuchlich; deswegen wollen wir der gewöhnlichen Lehrart folgen.

Man nennet fragende Fürwörter diejenigen, die sich auf kein vorherstehendes Hauptwort beziehen, oder mit welchen man eine Frage oder einen Zweifel, eine Ungewißheit anzeigen kann. Z. B. *Quel est le plus estimable des hommes? c' est sans contredit le plus vertueux.* Wer ist derjenige unter allen Menschen, den man am meisten hochachten soll? es ist ohne Zweifel der Tugendhafteste. *Quand on ne s' applique pas dans sa jeunesse, on ne sait à quoi s' appliquer dans l'âge viril.* Wenn man sich in der Jugend auf nichts leg t, so weiß man auch nicht, worauf man sich, in dem männlichen Alter legen soll. u. s. w.

Die fragenden Fürwörter sind:

qui, männlich und weiblich. Wer?
que, oder quoi, was; (quoi als ein fragendes Fürwort ist im Nominatif gebräuchlich.
quel, welcher, welches, was für ein.
quelle, welche, was für eine.
lequel, welcher, welches, was für ein, lesquels welche.
laquelle, welche, was für eine. lesquelles, welche.
qui, quoi, quel, quelle, und *quelles* werden mit dem unbestimmten; und *lequel* und *laquelle* mit dem bestimmten Artikel abgeändert.

Siebente Abtheilung.

Von den unbestimmten Fürwörtern.

Man nennet unbestimmte Fürwörter, ein oder mehrere Wörter, welche anstatt der Nennwörter gesetzt werden, und die die Gegenstände nur auf eine unbestimmte Art andeuten.

Sol=

Solche heissen auch **uneigentliche Fürwörter**, weil es deren einige giebt, welche man eben so wie Bey- und Fürwörter betrachten kann.

Die unbestimmten Fürwörter sind folgende:

Männlich.	Weiblich.	
aucun, ...	aucune,	kein, keine; keiner-e-es; niemand.
autrui, ...		ein anderer.
ce, ...		es.
chacun, . .	chacune	jedermann, jed-er-e-es; ein jed-er-e-es.
chaque, ...		jedweder, jeglicher.
l'un, l'autre,	l'une l'autre, . . .	der, die, das eine, der, die das andre, einander.
les uns, les autres,	les unes, les autres,	beyde, beydes, u. d. g.
même, ...		selbst, sogar, ebenderselbe, dieselbe, dasselbe, einerley.
nul, . . .	nulle,	keiner, e, es, kein, keine.
on, ...		man.
pas un, . .	pas une,	kein, e; keiner, e; es.
personne, ...		niemand; jemand.
plusieurs, ...		verschiedene.
quelques, ...		einige, etliche, irgend ein.
quelque-que, . . .		so . . . auch; wie . . . auch.
quelqu'un,	quelqu'une,	jemand; ein, eine, ein; einer, e, es; einiger; etlicher; mancher; irgend einer.
quiconque		wer . . . nur; wer auch.
qui que ce soit . . .		er mag seyn wer er will.
quoi que, oder quelque chose que,		alles was; u. s. w.
quoi que ce soit, ...		es mag seyn was es will.
rien, ...		nichts.
tout, (vielf. Zahl tous)	toute,	alles und jedes; ganz.

Alle diese Fürwörter werden mit dem unbestimmten Artikel abgeändert, *l'un et l'autre*, welche schon vor sich den bestimmten haben, und *on* unabänderlich, ausgenommen. Tout wird bisweilen mit dem bestimmten Artikel vereiniget, und alsdann stehet derselbe ihm nach: z. B. tout *le* monde, tous les hommes, anstatt tout homme. ein jeder. (S. die Erklärung über die gleichbedeutenden Wörter, am Ende der Sprachlehre.)

Sech-

Sechstes Hauptstück.

Von den Zeitwörtern (Verbes).

Erste Abtheilung.

Von den Zeitwörtern insgemein.

Das Zeitwort ist ein Theil der Rede, welcher das Daseyn einer Person oder Sache, entweder blos bejahet, oder bejahet und modificirt, mit Beziehung auf die Zeit. Wir wollen von dieser Erklärung Beyspiele geben. Sage ich: ich liebe, *j'aime;* ich bin geliebt worden, *j'ai été aimé;* ich werde schlafen, *je dormirai;* es regnet, *il pleut;* so bestimmt ein jeder von diesen Ausdrücken, was die Beschreibung sagt: indem ein jeder von solchen, ein Daseyn bejahet. Denn ich kann weder lieben, noch geliebt werden, noch schlafen, ohne daß ich (eine Person) da sey; es kann nicht regnen, ohne daß der Regen, (eine Sache) da seye. Ein jeder davon bejahet blos, oder modifizirt dies Daseyn. Die drey ersten modifiziren, indem sie bejahen, daß mein Daseyn, das Daseyn eines liebenden oder geliebt werdenden, oder schlafenden ist, und das letzte bejahet blos, daß der Regen da ist. Endlich haben wir gesagt mit Beziehung auf die Zeit: weil es dem Zeitworte ganz allein gehört, zu bestimmen, ob die behandelte Sache gegenwärtig, vergangen, oder zukünftig ist.

Aus dieser Beschreibung fließen zweyerley Zeitwörter her: das wesentliche *(le Verbe substantif)*, und das eigenschaftliche Zeitwort *(le Verbe adjectif)*.

Da

Da es nur ein Zeitwort giebt, welches bejahet, daß eine Sache entweder blos ist, oder nicht ist; so ist das einzige Zeitwort *étre*, seyn, ein wesentliches Zeitwort.

Unter dem Namen, eigenschaftliche Zeitwörter, verstehet man diejenigen, die nebst der Bejahung des Daseyns, auch die Idee einer Eigenschaft mit andeuten. Z. B. *Je loue*, ich lobe, welches dem Satze: ich bin (Daseyn) lobend (Modification des Daseyns) gleich ist: weiter, ich schlafe, *je dors*, ich bin schlafend; ich werde gehaßt, *je suis haï*, ich bin mit der Eigenschaft gehaßt begabet, u. s. w.

Die eigenschaftlichen Zeitwörter theilen sich in drey Klassen. Das thuende *(le Verbe actif)*, das leidende Zeitwort *(le Verbe passif)*, und das Zeitwort der Mittelgattung *(le Verbe neutre)*.

Das thuende Zeitwort ist dasjenige, welches die That seines Subjects auf ein gerades Regimen *) bezeichnet. Das Regimen mag nun ausgedrückt oder darunter verstanden werden. Es giebt ein unfehlbares Mittel, solche Zeitwörter zu erkennen.

Kann man nach einem Zeitworte, einen, *quelqu'un*, oder etwas *quelque chose* setzen, ohne die rechte Bedeutung desselben zu verletzen, so ist es ein thuendes Zeitwort. Z. B. *Dieu récompense les bons et punit les méchants*, Gott belohnet die Guten und bestrafet die Bösen. In diesem Satze sind belohnet, *récompense*, und bestrafet, *punit*; thuende Zeitwörter: denn sie bezeichnen die Wirkung des Subjects, Gott, auf ein grades Regimen, nämlich *les bons*, die Guten; *les méchants*, die Bösen. Und überdies sagt man ganz recht einen belohnen, einen bestrafen, *récompenser quelqu'un, punir quelqu'un*. Es ist auch zu bemerken, daß man immer aus einem thuenden Zeitworte ein leidendes machen kann.

Das leidende Zeitwort bezeichnet die That, welche auf das Subject ein Regimen übet, wovor das Vorwort *de*, von, oder *par*, von

*) Man sehe in der Einleitung zur Wortfügung, was ein Subject, was ein Regimen ist.

von, gesetzt wird; das Regimen mag darunter verstanden, oder ausgedrückt werden. Den leidenden Zeitwörtern kann man immer von einem oder von etwas, *de quelqu'un, par quelqu'un: de quelque chose, par quelque chose*, nachsetzen, ohne daß die wahre Bedeutung derselben dadurch verändert wird. Z. B. in *Les bons sont récompensés de Dieu, et les méchants en sont punis*. Die Guten werden von Gott belohnet, und die Bösen bestrafet: bezeichnet *sont récompensés*, werden belohnt, und *sont punis*, werden bestrafet, eine That, welche auf das Subject (*les bons, et les mauvais,*) ein Regimen übet, wovor *de* stehet, nämlich *de Dieu*, von Gott, und überdies sagt man ganz richtig, *être récompensé, être puni de quelqu'un*. Es ist hier auch zu bemerken, daß wenn das leidende Zeitwort eine Handlung ausdrücket, welche meistentheils geistig ist, so folget *de*, darauf; und wenn solche, eben so wohl körperlich als geistig ist, so wird *par* und nicht *de* gebraucht. Nie wird *par* gesetzt, wenn man von Gott spricht. Drücket das leidende Zeitwort keine Handlung aus, dann wird *de* gesetzt.

Das Zeitwort der Mittelgattung bedeutet, entweder den blossen Zustand des Subjects, oder eine Handlung, welche sich auf nichts anders beziehen kann, als auf das Subject selbst. Mann kann denselben weder *quelqu'un* oder *quelque chose*, noch *de*, oder *par quelqu'un* oder *de*, oder *par quelque chose* nachsetzen. Z. B. *Dieu est assis au plus haut des cieux*. Gott thronet in dem allerhöchsten Himmel. Hier bedeutet thronen *est assi* nur den Zustand Gottes; es beziehet sich auf nichts anders, als auf Gott selbst; und man kann gewiß, in diesem Sinne, weder *asseoir quelqu'un*, oder *quelque chose* einen oder etwas thronen, noch *être assis de* oder *par quelqu'un* oder *par quelque chose*, von einem, von etwas gethronet werden, sagen u. s. w. (Doch ist zu bemerken, daß ein Zeitwort, dem Sinne nach, bald thuend, bald von der Mittelgattung seyn kann, darüber unten).

Werden diese Zeitwörter mit zweyen Fürwörtern der nämlichen Person abgewandelt, so heissen sie fürwörtliche Zeitwörter *(Verbes pronominaux)* und es giebt von denselben vier Klassen: das sich beziehende *(le Verbe reciproque)*, das auf sich kehrende (*le Verbe réfléchi*), das leidende fürwörtliche (*le Verbe pronominal passif*), das blos fürwörtliche Zeitwort, (*le Verbe purement pronominal*).

Mit dem sich beziehenden drückt man eine Handlung aus, welche mehrere Subjecte gemein haben, und die sich auf einander beziehen; diese haben immer eins von den folgenden Worten bey sich: *l'un l'autre* einander; aber nie (*l'un et l'autre, les uns et les autres*), *l'un de l'autre* von einander; *l'un à l'autre*, mit einander; *les uns les autres, des uns des autres, les uns aux autres, mutuellement, réciproquement*, einander, entweder ausgedruckt oder darunter verstanden. Z. B. *Mes freres qui se haïssoient l'un l'autre se sont parlé aujourd' hui, l'un à l'autre, d'une reconciliation sincere.* Meine Brüder, die sich einander haßten, haben heute von einer aufrichtigen Versöhnung mit einander gesprochen.

Anmerkung. *Vos amis se sont tués l-un l'autre*, heißt: Eure Freunde haben sich einander todt geschlagen; und *vos amis se sont tués l'un et l'autre*, heißt: Eure Freunde haben sich selbst alle beyde todt geschossen. u. sw.

Das auf sich kehrende Zeitwort bezeichnet eine Handlung, die sich auf das Subject beziehet, welches solche bestimmt. Z. B. *Je me blesse*, ich verwunde mich; *tu te loues*, du lobest dich; *il se vante*, er prahlet von sich, u. s. w. Bey diesen Zeitwörtern ist das Subject auch das Regimen.

Das leidende fürwörtliche Zeitwort ist ein solches, dessen Subject sich leidend verhält.

Da das Subject solcher Zeitwörter gar nicht auf sich selbst wirket, so verschwindet das Fürwort, wenn man aus dem leidenden, ein thuendes Zeitwort macht. Z. B. *Le temple se bâtit*, der Tempel wird gebauet, und unter einer thuenden Gestalt: *on bâtit le temple*: ferner *elle s' est trouvée innocente*, sie ist unschuldig befunden worden; *le bruit se répand*, es verbreitet sich das Gerücht;

le vin se corrompt, der Wein verdirbt; und unter einer thuenden Gestalt: *on l'a trouvée innocente; on répand le bruit; différentes causes corrompent le vin*, verschiedene Ursachen verderben den Wein.

Das blos fürwörtliche Zeitwort, ist dasjenige, welches, seiner Natur nach, ein Fürwort bey sich haben muß, damit die eigentliche Bedeutung desselben verstanden werde, z. B. *se repentir*, bereuen, *s'ennuyer*, Langeweile haben, u. d. gl. Denn hier bedeutet *se* vor *repentir*, und *ennuyer*, nicht *repentir soi*, sich reuen, welches kein Französisch ist; *ennuyer soi*, sich Langeweile verursachen, welches im Französischen *s'ennuyer soiméme* heißt; sondern blos was die deutschen Wörter bereuen und Langeweile haben vorstellen, ohne daß das Fürwort etwas besonders bezeichnet.

Ist ein Zeitwort nur in der dritten einfachen Person gebräuchlich, so heißt solches ein unpersönliches Zeitwort (*Verbe impersonnel*). Z. B. *Il faut*, man muß; *on doit*, man soll; *il pleut*, es regnet; *il convient*, es geziemt sich, u. s. w.

Anmerkung. Es kann geschehen, daß ein persönliches Zeitwort bisweilen unpersönlicherweise gebraucht wird, und dieser Fall tritt ein, wenn man kein Hauptwort anstatt des Fürworts *il* setzen kann. z. B. *Nous tenons tout de Dieu, il convient, il est juste que nous lui rapportions toutes nos actions.* Wir empfangen alles von Gott; es geziemt sich also, es ist billig, daß wir bey allen unsern Handlungen auf ihn sehen. Hier sind, *il convient, il est juste*, unpersönlich gebraucht, weil man anstatt *il* kein Hauptwort setzen kann: aber in *Pardonnez à cet enfant, il convient de son tort*, verzeihet diesem Kinde, es gestehet, daß es unrecht gehabt hat. *Je me fie à cet homme, il est juste.* Ich vertraue mich diesem Menschen an, er ist gerecht, sind *il convient, il est juste*, keine unpersönliche Zeitwörter mehr, weil ich anstatt *il convient*, *cet enfant convient;* und anstatt, *il est juste*, *cet homme est juste*, setzen kann.

Zwo-

Zwote Abtheilung.

Von der Abwandlung der Zeitwörter (Conjugaiſon).

Ein Zeitwort abwandeln (conjuguer), iſt alle Veränderungen, die es in ſeiner Geſtalt erleiden kann, mündlich oder ſchriftlich angeben.

Alle franzöſiſche Zeitwörter theilen ſich in vier Klaſſen. Sie werden mit der Endung des Préſent von der unumſchränkten Art, von einander unterſchieden. Die erſte Klaſſe enthält die Zeitwörter, die ſich auf *er* in dieſer Zeit endigen, wie *aimer*, lieben; die zwote, die auf *ir*, wie *bannir*, verbannen, die dritte, die auf *oir*, wie *recevoir*, empfangen, und die vierte, die auf *re*, wie *rendre*, wiedergeben, *plaindre*, bedauren; *plaire*, gefalllen; *paroître*, ſcheinen, ausgehen.

Die Zeitwörter, welche den Regeln folgen, welche wir über die Abwandlung derſelben geben werden; heiſſen regelmäſſige; diejenigen aber, welche von dieſen Regeln abweichen, heiſſen unregelmäßige Zeitwörter.

Die franzöſiſchen Zeitwörter ſtellen, wie die deutſchen, verſchiedene Arten (*Modes*), Zeiten (*Temps*), Zahlen (*Nombres*), und Perſonen (*Perſonnes*) vor. Von einer jeden handeln wir nach der Reihe; und zwar zuerſt:

§. 1.

Von den Arten (Modes).

Die Abwandlung eines Zeitworts, enthält ſechs Arten. Die Arten aber (in den Zeitwörtern), zeigen die Weiſe an, wie die Bedeutung des Zeitworts verſtanden werden ſoll. Es giebt deren drey unbeſtimmte (indéfinis), und drey ganz beſtimmte (finis). Jene ſind ſo genannt worden, weil ſie kein Subject bey ſich haben, womit ſie eine erſte, oder zwote, oder dritte

Per-

Person bezeichnen können: diese aber bestimmt, weil sie mit Ausdrücken zusammengesetzt sind, von denen ein jeder mit einem Subjekte zum Bedeuten einer ersten, oder zwoten, oder dritten Person bestimmt wird. Die unbestimmten Arten heissen: die unumschränkte: *(l' Infinitif)*, die umständliche Art *(le Circonstanciel)*, und das Mittelwort *(le Participe)*; die bestimmten aber: die anzeigende: *(l' Indicatif)*, die befehlende: *(l' Impératif)*, und die verbindende Art *(le Subjonctif)*.

Die weiteren Erklärungen über die Arten gehören zu der Wortfügung, und man wird solche in dem zweyten Theil dieser Sprachlehre finden.

§. 2.

Von den Zeiten (Temps), Zahlen (Nombres), und Personen (Personnes).

Die Zeiten (in den Zeitwörtern) sind Endungen, welche zu erkennen geben, ob dasjenige, was das Zeitwort bejahet, sich auf das Gegenwärtige, oder Vergangene, oder Zukünftige beziehen soll. Solche sind und heissen:

Für die unumschränkte Art *(l' Infinitif)*.

Le Présent, (das Gegenwärtige.) aimer, lieben.
Le Parfait, (das Vergangene.) avoir aimé, geliebt haben.

Für die umständliche Art *(le Circonstanciel)*.

Le Présent, (das Gegenwärtige). aimant, liebend.
Le Passé, (das Vergangene). ayant aimé, nachdem man geliebt hat.

Für das Mittelwort *(le Participe)*.
aimé, ée, és, ées, geliebt.

Für die anzeigende Art *(l' Indicatif)*.

Le Présent, (das Gegenwärtige.) j' aime, ich liebe.
L'Imparfait, (das Unvollkommene.) j' aimois, ich liebte.
Le Parfait défini, (das bestimmte Vergangene.) j' aimai, ich liebte.

Le

le Parfait indéfini, (das unbestimmte Vergangene.) j' ai aimé, ich habe geliebt.
le Parfait antérieur, (das Vordervergangene.) j' eus aimé, ich hatte geliebt.
le Plusque-Parfait, (das Völligvergangene.) j' avois aimé, ich hatte geliebt.
le Futur simple, (das blos Zukünftige.) j' aimerai, ich werde lieben.
le Futur antérieur, (das Vorderzukünftige.) j' aurai aimé, ich werde geliebt haben.
le Conditionnel Présent, (das gegenwärtige Bedingliche.) j' aimerois, ich würde lieben.
le Conditionnel Passé, (das vergangene Bedingliche.) j' aurois aimé, ich würde geliebt haben.

Für die befehlende Art (*l' Impératif*).

le Présent, oder Futur, (das Gegenwärtige oder Zukünftige.) aime, liebe.

Für die verbindende Art (*le Subjonctif*).

le Présent, (das Gegenwärtige.) que j' aime, daß ich liebe.
l' Imparfait, (das Unvollkommene.) que j' aimasse, daß ich liebte.
le Parfait, (das Vergangene.) que j' aie aimé, daß ich habe geliebt.
le Plusque-Parfait, (das Völligvergangene.) que j' eusse aimé, daß ich hätte geliebt.

Die Erklärungen über solche Benennungen der Zeiten befinden sich, nebst dem Gebrauche derselben, in der Wortfügung.

Es giebt in den Zeiten zwey Zahlen; und in einer jeden Zahl, drey Personen. Man hat schon gesehen in dem 3. Hauptstücke, was die Zahlen; und in dem 3ten, was die Personen waren.

§. 3.

Von der Ausbildung der Zeiten.

Die Zeiten in den Zeitwörtern sind entweder einfach, oder usammengesetzt. Z. B. ich bin, *je suis;* ich bin gewesen, *j'ai été,* u. s. w.

Die einfachen Zeiten sind entweder Stammzeiten, oder abstammende Zeiten. Jene heissen also, weil sie zur Ausbildung der andern Zeiten dienen. Es giebt deren fünf: *les Présents de l' Indicatif, du Circonstanciel et de l' Infinitif; le Participe,* und *le parfait défini.* Wir werden von denselben im Anfange einer jeden Klasse der Zeitwörter handeln.

Die abstammenden Zeiten sind diejenigen, die vermittelst der Stammzeiten ausgebildet werden. Bestehen sie nur aus einem Worte, so heissen sie einfache, bestehen sie aber aus mehreren, zusammengesetzte Zeiten.

Die folgenden Regeln betreffen die regelmäßigen Zeitwörter.

Das Imparfait von der anzeigenden Art,

stammt von dem *Circonstanciel présent* ab, wo man *ant* in *ois* verwandelt. Z. B. *Parlant, je parlois,* ich sprach; *finissant, je finissois,* ich endigte; *devant, je devois,* ich sollte; *rendant, je rendois,* ich gab wieder; *plaignant, je plaignois,* ich bedauerte; *plaisant, je plaisois,* ich gefiel; *paroissant, je paroissois,* ich schien, u. s. w.

		1.	2.	3. Pers.
Die Endungen dieser Zeit sind.	für die einfache Zahl	ois,	ois,	oit.
	für die vielfache Z.	ions,	iez,	oient.

Das Futur simple,

stammt von dem Présent der unumschränkten Art ab, welchem man *ai,* für die zwo ersten Klassen hinzufüget: *Parler, je parlerai,* ich werde sprechen; *finir, je finirai,* ich werde endigen: für die dritte Klasse, verwandelt man *oir* in *rai; devoir, je devrai,* ich werde sollen; für die

vier=

Die Sprachlehre sollte eben abgedruckt werden, als ich durch Erfahrungen belehrt, inne wurde, daß ein Punkt in derselben nicht hinlänglich vorgetragen sey, dessen deutliche und ausführliche Auseinandersetzung für die Anfänger doch wesentlich ist. Ich eile diese Lücke auszufüllen, und will lieber gestehen einen Fehler begangen zu haben und ihn gleich wieder gut zu machen suchen, als ihn stehen lassen. Also anstatt S. 114. Zeile 9. zu lesen: Wir werden von denselben im Anfange einer jeden Classe der Zeitwörter handeln, lese man: ob wir gleich zu Anfange jeder Classe besonders davon handeln werden, so wollen wir doch alle Veränderungen zeigen, welche die beyden letzten Personen der einfachen Zahl leiden können, nebst der Art und Weise, wie die drey Personen der Vielfachen, des Präsens Indicativ aller franz. Zeitwörter gemacht werden, nur einige unregelmäßige ausgenommen, welche von diesen Regeln abweichen, und deren Unregelmäßigkeit wir in der Abhandlung von ihrer besondern Abwandlung, angezeigt haben.

Wenn sich die erste Person endigt auf	so endigt sich die zwote auf	und die dritte auf
e	es	e
j'ouvr-*e*	tu ouvr-*es*	il ouvr-*e*.
s	s	t
je fini-*s*	tu fini-*s*	il fini-*t*.
je doi-*s*	tu doi-*s*	il doi-*t*.
as	as	a
je v-*as*	tu v-*as*	il v-*a*.
cs	cs	c
je convain-*cs*	tu convain-*cs*	il convain-*c*
ds	ds	d
je ren-*ds*	tu ren-*ds*	il ren-*d*.
ts	ts	t
je me-*ts*	tu me-*ts*	il me-*t*.
x	x	t
je peu-*x*	tu peu-*x*	il peu-*t*.

Der Plural wird gemacht von dem Circonstanciel, wo man *ant* verwandelt in ons für die Iste, in ez für die IIte und in ent für die IIIte Person. Z. B. aus dem Circonstanciel

		I.	II.	III. Perf.
ouvr-*ant*	hat man	nous ouvr-*ons*	vous ouvr-*ez*	ils ouvr-*ent*.
écriv-*ant*		nous écriv-*ons*	vous écriv-*ez*	ils écriv-*ent*.

Endigt sich der Circonstanciel wie	so ist die erste Person des Plural I.	die zwote auf II.	und die dritte auf III.
man-*geant*	geons	gez	gent.
vo-*gant*	gons	guez	guent.
per-*çant*	çons	cez	cent.
d-*evant*	evons	evez	oivent.
re-*cevant*	cevons	cevez	çoivent.
ſous-*trayant*	trayons	trayez	traient.
env-*oyant*	oyons	oyez	oient.
enn-*uyant*	uyons	uyez	uient.
app-*elant*	elons	elez	ellent.
j-*etant*	etons	etez	ettent.
entre-*prenant*	prenons	prenez	prennent.
ſou-*tenant*	tenons	tenez	tiennent.
re-*venant*	venons	venez	viennent.

vierte Klasse, läßt man das *e* weg, und an dessen Stelle, setzt man *ai*: *dire*, *je dirai*, ich werde sagen, u. s. w.

Ausnahme. Die Zeitwörter der zwoten Klasse, deren Présent von der unumschränkten Art, sich auf *enir* endiget, verwandeln *enir* in *iendrai*. Z. B. *Tenir*, *je tiendrai*, ich werde halten; *venir*, *je viendrai*, ich werde kommen, u. s. w.

		1.	2.	3. Person.
Die Endungen des Futur sind.	Einf.	ai,	as,	a.
	Vielf.	ons,	ez,	ont.

Das Conditionnel Présent,

wird gemacht wie das Futur, mit dem Unterschiede, daß *ois* anstatt *ai* gesetzt wird. Z. B. *Parler*, *je parlerois*, ich würde sprechen; *finir*, *je finirois*, ich würde endigen; *recevoir*, *je recevrois*, ich würde empfangen: *dire*, *je dirois*, ich würde sagen; *tenir*, *je tiendrois*, ich würde halten, u. s. w.

		1.	2.	3. Person.
Die Endungen sind:	Einf.	ois,	ois,	oit.
	Vielf.	ions,	iez,	oient.

Der Impératif,

ist der ersten einfachen Person des Présent der anzeigenden Art gleich; er hat nie ein Fürwort als einen Nominatif bey; aber wohl als ein Regimen in den fürwörtlichen Zeitwörtern nach sich (als in frappe-toi, schlage dich). Z. B. *Je parle*, ich spreche, *parle*, sprich; *je finis*, ich endige, *finis*, endige; *je reçois*, ich empfange, *reçois*, empfange; *je dis*, ich sage u. s. w. Die zwey dritten Personen des Impératif, sind den zwey dritten Personen des Présent der verbindenden Art ganz gleich. Die erste und zwote vielfache Person des Impératifs, kommen mit der ersten und zwoten Person des Présent der anzeigenden Art überein, wenn man von diesen die Fürwörter wegläßet. Z. B.

Pre-

Présent der verbind. Art.	Einf. 3. Person. qu'il parle.	Imp. qu'il parle. er soll reden.
	Vielf. 3 Pers. qu'ils parlent.	Imp. qu'ils parlent, sie sollen reden.

ferner:		
qu'il finisse,	Imper.	qu'il finisse, er soll endigen.
qu'ils finissent,	. . .	qu'ils finissent, sie sollen endigen.
qu'il reçoive,	. . .	qu'il reçoive, er soll empfangen.
qu'ils reçoivent,	. . .	qu'ils reçoivent, sie sollen empfangen.
qu'il dise,	. . .	qu'il dise, er soll sagen.
qu'ils disent,	. . .	qu'ils disent, sie sollen sagen.

Présent der anzeigenden Art.	1. und 2. vielfache Person.	nous parlons,	Impératif, 1 und 2. vielfache Person.	parlons, laßt uns sprechen.
		vous parlez,		parlez, ihr sollt sprechen.
		nous finissons.		finissons, laßt uns endigen.
		vous finissez,		finissez, ihr sollt endigen.
		nous recevons,		recevons, laßt uns empfangen.
		vous recevez,		recevez, ihr sollt empfangen.
		nous disons,		disons, laßt uns sagen.
		vous dites,		dites, ihr sollt sagen.

Anmerkung.

Die zwote einfache Person des *Impératif*, bey allen Zeitwörtern der ersten Klasse, und denjenigen der zwoten, welche sich in der ersten einfachen Person des Présent der anzeigenden Art auf ein stummes *e* endigen (als *ouvrir*, öffnen, *j' ouvre*, ich öffne), bekommt nur ein *S* am Ende, wenn die beziehenden Fürwörter *en* oder *y* darauf folgen, und mit dem im *Impératif* stehenden Zeitworte verbunden sind. z. B. sagt man: *donne moi de l'argent*, gieb mir Geld; *donne en cette occasion une preuve de ta bravoure*, zeige bey dieser Gelegenheit deine Tapferkeit; aber *de l'argent que tu as, donnes en à ton frere;* von dem Gelde,

das

das du besitzest, gieb deinem Bruder etwas. Bey dem zweiten Beyspiele bleibt *S* weg, weil *en* mit *donne* nicht verbunden ist. *Espere y parvenir*, hoffe, daß du dazu gelangen wirst; *va y donner tes soins*, geh dahin, und sorge dafür; *donnes-y tous tes soins*, richte alle deine Sorge darauf. Hier können wir auch bemerken, daß wenn nach dem Impératif *va*, gehe, *en* oder *y* folget, und sie mit *va* verbunden sind, man am Ende desselben ein *S* setzt. Z. B. *vas-en chercher*, gehe und hole etwas davon; sonst aber nicht, wie oben zu sehen ist.

Das Présent der verbindenden Art,

stammt für die einfache Zahl, von dem Circonstanciel présent ab, indem man *ant* in ein stummes *e* verwandelt: z. B. *aimant, que j' aime*, daß ich liebe; *finissant, que je finisse*; daß ich endige; *disant, que je dise*, daß ich sage.

Ausnahme.

Die Zeitwörter der zwoten Klasse, so sich auf *enir* im Présent der ununschränkten Art endigen, verwandeln *enant* in *ienne*; und die von der dritten Klasse nehmen *oive* anstatt *evant*. Z. B. *tenant, que je tienne*, daß ich halte; *recevant, que je reçoive*, daß ich empfange.

Für die vielfache Zahl aber kommt *ions* anstatt *ant* für die erste, *iez* für die zwote Person; die dritte kommt mit der dritten vielfachen des Présent der anzeigenden Art überein.

Die Endungen also sind:		1.	2.	3. Person.
	Einf.	e,	es,	e.
	Vielf.	ions,	iez,	ent.

Das Imparfait,

stammt von dem Parfait défini ab, wenn man *ai* in *asse*, für die erste Klasse verwandelt, und für die andere *se*, demselben beyfügt. Z. B. *j' aimai, que j' aimasse*, daß ich liebte; *je finis, que je finisse*, daß ich endigte; *je reçus, que je reçusse*, daß ich empfinge; *je dis, que je disse*, daß ich sagte. u. s. w.

Die

		1.	2.	3. Person.
Die Endungen desselben sind für die erste Klasse	Einf.	asse,	asses,	ât.
	Vielf.	assions,	assiez,	assent.
und für die anderen.	Einf.	sse,	sses,	t.
	Vielf.	ssions,	ssiez,	ssent.

Die zusammengesetzten Zeiten entstehen aus einer Zeit der Hülfszeitwörter, mit dem Mittelworte des Zeitworts verbunden, welches man abwandeln will.

Dies geschicht auf folgende Weise:

Das Parfait der unumschränkten Art, wird mit dem Hülfszeitworte im Présent eben derselben Art mit dem Mittelworte zusammen gesetzt; *avoir aimé*, geliebt haben; *être tombé*, gefallen seyn.

Das Circonstanciel passé von dem Présent Circonstanciel des Hülfszeitworts, und dem Mittelworte, z. B. *ayant aimé*, einer der geliebt hat; *étant tombé*, einer der gefallen ist.

Das Parfait indéfini, mit dem Hülfszeitworte im Présent der anzeigenden Art, und dem Mittelworte. Z. B. *j' ai aimé*, ich habe geliebt; *je suis tombé*, ich bin gefallen.

Das Parfait antérieur, mit dem Hülfszeitworte im Parfait défini, und dem Mittelworte. Z. B. *j' eus aimé*, ich hatte geliebt; *je fus tombé*, ich war gefallen.

Das Plusque-parfait, der anzeigenden Art, mit dem Hülfsworte im Imparfait dieser Art, und dem Mittelworte. Z. B. *j' avois aimé*, ich hatte geliebt, *j' étois tombé*, ich war gefallen.

Das Futur antérieur, mit dem Hülfszeitworte im Futur und dem Mittelworte. Z. B. *j' aurai aimé*, ich werde geliebt haben; *je serai tombé*, ich werde gefallen seyn.

Das

Das Conditionnel passé, mit dem Hülfszeitworte im Conditionnel présent, und dem Mittelworte. Z. B. *j' aurois aimé*, ich würde geliebt haben, *je serois tombé*, ich würde gefallen seyn.

Das Parfait, der verbindenden Art, mit dem Hülfszeitworte im Présent dieser Art, und dem Mittelworte. Z. B. *que j' aie aimé*, daß ich habe geliebt; *que je sois tombé*, daß ich gefallen sey.

Das Plusque-parfait, der verbindenden Art, mit dem Hülfszeitworte im Imparfait dieser Art, und dem Mittelworte. z. B. *que j' eusse aimé*, daß ich hätte geliebt; *que je fusse tombé*, daß ich gefallen sey. u. s. w.

Dritte Abtheilung.

Von den Hülfszeitwörtern (Verbes auxiliaires).

Man verstehet unter dem Namen Hülfszeitwörter, diejenigen, welche zur Abwandlung der zusammengesetzten Zeiten der Zeitwörter, und einer jeden Zeit der leidenden Zeitwörter dienen.

Es giebt im Französischen derselben nur zwey: das Zeitwort *Avoir*, haben; welches sich selbst bey seinen zusammengesetzten Zeiten hilft; und das wesentliche Zeitwort *Être*, seyn, welchem bey den zusammengesetzten Zeiten von Avoir geholfen wird. Solche werden auf folgende Art abgewandelt.

Anmerkung. Wir wollen die Hülfszeitwörter ausführlich abwandeln, und die viererley Arten angeben, in welchen man ein Zeitwort gebrauchen kann. Denn es ist rathsamer ein wenig weitläuftig davon zu handeln, als etwas nöthiges zu übergehen; und überdies werden auch dadurch diese beyden Zeitwörter ein.

ein Beyspiel der viererley Arten, nach welchen man die französischen Zeitwörter abwandeln kann.

Es ist auch zu bemerken, daß man nicht immer nach der Verneinungs- und Frag- und Verneinungsweise *Pas*, setzen, sondern auch bisweilen eine von den Verneinungen gebrauchen müße, welche wir in der 2ten Abtheilung der Construction angeben; alsdann steht diese Verneinung meistentheils, wo wir *Pas* in folgender Abwandlung gesetzt haben.

Abwandlung der französischen Hülfszeitwörter.

Bejahet man von einer Sache blos, daß sie so oder so ist, alsdann ist die erste; daß sie so oder so nicht ist, die zwote; fragt man blos, ohne zu verneinen, so ist die dritte; ist außer der Frage noch etwas, das eine Art Verneinung andeutet, dann ist die vierte Weise gebräuchlich.

Nun zur Sache selbst!

Abwandlung des

Infinitif

	Bejahungs=	Verneinungs=
Présent.	Avoir, haben.	n' avoir pas, nicht haben.
Parfait.	Avoir eu, gehabt haben.	n' avoir pas eu, nicht gehabt haben.

Circonstanciel

Présent.	ayant, habend	n' ayant pas, nicht habend
Passé.	ayant eu, einer der gehabt hat.	n' ayant pas eu, einer der nicht gehabt hat.

Participe.

männ= weiblich männ= weiblich.
Einf. eu, eue, Vielf. eus, eues, gehabt.

Indicatif.

Présent.

Ein=	1. Person. j'ai, ich habe.	je n'ai pas, ich habe nicht.
	2. tu as, du hast.	tu n'as pas, du hast nicht.
	3. il a: er hat.	il n'a pas: er hat nicht.
Vielfach.	1. nous avons, wir haben.	nous n' avons pas, wir haben nicht.
	2. vous avez, ihr habt.	vous n'avez pas, ihr habet nicht.
	3. ils ont. sie haben.	ils n'ont pas. sie haben nicht.

Imparfait.

Ein=	1. j' avois, ich hatte.	je n'avois pas, ich hatte nicht.
	2. tu avois, du hattest.	tu n'avois pas, du hattest nicht.
	3. il avoit: er hatte.	il n'avoit pas: er hatte nicht.
Vielfach.	1. nous avions, wir hatten.	nous n'avions pas, wir hatten nicht.
	2. vous aviez, ihr hattet.	vous n'aviez pas, ihr hattet nicht
	3. ils avoient. sie hatten.	ils n'avoient pas. sie hatten nicht.

Par-

Hülfszeitworts AVOIR haben.

unumschränkte Art.

Frag-	Frag- und Verneinungs-weise.
. . . . .	. . . . .
. . . . .	. . . . .

Umständliche Art.

. . . . .	. . . . .
. . . . .	. . . . .

Mittelwort.

. . . . .	. . . . .

Anzeigende Art.

Ein-	1. est-ce que j'ai? habe ich?	est-ce que je n'ai pas, habe ich nicht?
	2. as-tu? hast du?	n'as-tu pas? hast du nicht?
	3. a-t-il? hat er?	n'a-t-il pas? hat er nicht?
Vielfach.	1. avons-nous? haben wir?	n' avons-nous pas? haben wir nicht?
	2. avez-vous? habet ihr?	n' avez-vous pas? habet ihr nicht?
	3. ont-ils? haben sie?	n' ont-ils pas? haben sie nicht?

Ein-	1. est-ce que j'avois, hatte ich?	est-ce que je n'avois pas? hatte ich nicht?
	2. avois-tu? hattest du?	n' avois-tu pas? hattest du nicht?
	3. avoit-il, hatte er?	n'avoit-il pas? hatte er nicht?
Vielfach.	1. avions-nous? hatten wir?	n' avions-nous pas, hatten wir nicht?
	2. aviez-vous? hattet ihr?	n' aviez-vous pas? hattet ihr nicht?
	3. avoient-ils, hatten sie?	n' avoient-ils pas? hatten sie nicht?

	Bejahungsweise.	Verneinungsweise.
	Parfait défini.	
Einfach.	1. Pers. j'eus, ich hatte.	je n'eus pas, ich hatte nicht.
	2. tu eus, du hattest.	tu n'eus pas, du hattest nicht.
	3. il eut: er hatte.	il n'eut pas: er hatte nicht.
Vielfach.	1. nous eûmes, wir hatten.	nous n'eûmes pas, wir hatten nicht.
	2. vous eûtes, ihr hattet.	vous n'eûtes pas, ich hattet nicht.
	3. ils eûrent, sie hatten.	ils n'eûrent pas. sie hatten nicht.
	Parfait indéfini.	
Einfach.	1. jai eu, ich habe gehabt.	je n'ai pas eu, ich habe nicht gehabt.
	2. tu as eu, du hast gehabt.	tu n'as pas eu, du hast nicht gehabt.
	3. il a eu: er hat gehabt.	il n'a pas eu: er hat nicht gehabt.
Vielfach.	1. nous avons eu, wir haben gehabt.	nous n'avons pas eu, wir haben nicht gehabt.
	2. vous avez eu, ihr habt gehabt.	vous n'avez pas eu, ihr habt nicht gehabt.
	3. ils ont eu. sie haben gehabt.	ils n'ont pas eu. sie haben nicht gehabt.
	Parfait antérieur.	
Einfach.	1. j'eus eu, ich hatte gehabt.	je n'eus pas eu, ich hatte nicht gehabt.
	2. tu eus eu, du hattest gehabt.	tu n'eus pas eu, du hattest nicht gehabt.
	3. il eut eu: er hatte gehabt.	il n'eut pas eu. er hatte nicht gehabt.
Vielfach.	1. nous eûmes eu, wir hatten gehabt.	nous n'eûmes pas eu, wir hatten nicht gehabt.
	2. vous eûtes eu, ihr hattet gehabt.	vous n'eûtes pas eu, ihr hattet nicht gehabt.
	3. ils eûrent eu. sie hatten gehabt.	ils n'eûrent pas eu. sie hatten nicht gehabt.

Frag=

	Fragweise.	Frag- und Verneinungsweise.
Ein-	1. est-ce que j' eus, hatte ich?	est-ce que je n'eus pas? hatte ich nicht?
	2. eus-tu? hattest du?	n'eus-tu pas? hattest du nicht?
	3. eut-il? hatte er?	n'eut-il pas? hatte er nicht?
Vielfach.	1. eûmes-nous? hatten wir?	n' eûmes-nous pas? hatten wir nicht?
	2. eûtes-vous? hattet ihr?	n'eûtes-vous pas? hattet ihr nicht?
	3. eûrent-ils? hatten sie?	n'eûrent-ils pas, hatteu sie nicht?

Ein-	1. est-ce que j' ai eu? habe ich gehabt?	est-ce que je n'ai pas eu? habe ich nicht gehabt?
	2. as-tu eu? hast du gehabt?	n' as-tu pas eu? hast du nicht gehabt?
	3. a-t-il eu? hat er gehabt?	n' a-t-il pas eu? hat er nicht gehabt?
Vielfach.	1. avons-nous eu? haben wir gehabt?	n'avons-nous pas eu? haben wir nicht gehabt?
	2. avez-vous eu? habet ihr gehabt?	n'avez-vous pas eu? habt ihr nicht gehabt?
	3. ont-ils eu? haben sie gehabt?	n' ont-ils pas eu? haben sie nicht gehabt?

Ein-	1. est-ce que jeus eu? hatte ich gehabt?	est-ce que je n'eus pas eu? hatte ich nicht gehabt?
	2. eus-tu eu? hattest du gehabt?	n' eus-tu pas eu? hattest du nicht gehabt?
	3. eut-il eu? hatte er gehabt?	n'eut-il pas eu? hatte er nicht gehabt?
Vielfach.	1. eûmes-nous eu? hatten wir gehabt?	n'eûmes nous pas eu? hatten wir nicht gehabt?
	2. eûtes-vous eu? hattet ihr gehabt?	n' eûtes-vous pas eu? hattet ihr nicht gehabt?
	3. eûrent-ils eu? hatten sie gehabt?	n'eûrent-ils pas eu? hatten sie nicht gehabt?

	Bejahungsweise.	Verneinungsweise.
	Plusque-parfait.	
Ein=	1. j'avois eu, ich hatte gehabt.	je n'avois pas eu, ich hatte nicht gehabt.
	2. tu avois eu, du hattest gehabt.	tu n'avois pas eu, du hattest nicht gehabt.
	3. il avoit eu: er hatte gehabt.	il n'avoit pas eu: er hatte nicht gehabt.
Vielfach.	1. nous avions eu, wir hatten gehabt.	nous n'avions pas eu, wir hätten nicht gehabt.
	2. vous aviez eu, ihr hattet gehabt.	vous n'aviez pas eu, ihr hättet nicht gehabt.
	3. ils avoient eu. sie hatten gehabt.	ils n'avoient pas eu. sie hatten nicht gehabt.
	Futur.	
Ein=	1. j'aurai, ich werde haben.	je n'aurai pas, ich werde nicht haben.
	2. tu auras, du wirst haben.	tu n'auras pas, du wirst nicht haben.
	3. il aura: er wird haben.	il n'aura pas: er wird nicht haben.
Vielfach.	1. nous aurons, wir werden haben.	nous n'aurons pas, wir werden nicht haben.
	2. vous aurez, ihr werdet haben.	vous n'aurez pas, ihr werdet nicht haben.
	3. ils auront, sie werden haben.	ils n'auront pas. sie werden nicht haben.
	Futur antérieur.	
Ein=	1. j'aurai eu, ich werde gehabt haben.	je n'aurai pas eu, ich werde nicht gehabt haben.
	2. tu auras eu, du wirst gehabt haben.	tu n'auras pas eu, du wirst nicht gehabt haben.
	3. il aura eu: er wird gehabt haben.	il n'aura pas eu: er wird nicht gehabt haben.
Vielfach.	1. nous aurons eu, wir werden gehabt haben.	nous n'aurons pas eu, wir werden nicht gehabt haben.
	2. vous aurez eu, ihr werdet gehabt haben.	vous n'aurez pas eu, ihr werdet nicht gehabt haben.
	3. ils auront eu. sie werden gehabt haben.	ils n'auront pas eu. sie werden nicht gehabt haben.

	Fragweise.	Frag- und Verneinungsweise.
Ein-	1. est-ce que j'avois eu? hatte ich gehabt?	est-ce que je n'avois pas eu? hatte ich nicht gehabt?
	2. avois-tu eu? hattest du gehabt?	n'avois-tu pas eu? hattest du nicht gehabt?
	3. avoit-il eu? hatte er gehabt?	n'avoit-il pas eu? hatte er nicht gehabt?
Vielfach.	1. avions-nous eu? hatten wir gehabt?	n'avions-nous pas eu? hatten wir nicht gehabt?
	2. aviez-vous eu? hattet ihr gehabt?	n'aviez-vous pas eu? hattet ihr nicht gehabt?
	3. avoient-ils eu? hatten sie gehabt?	n'avoient-ils pas eu? hatten sie nicht gehabt?

Ein-	1. est-ce que j'aurai? werde ich haben?	est-ce que je n'aurai pas, werde ich nicht haben?
	2. auras-tu? wirst du haben?	n'auras-tu pas? wirst du nicht haben?
	3. aura-t-il? wird er haben?	n'aura-t-il pas? wird er nicht haben?
Vielfach.	1. aurons-nous? werden wir haben?	n'aurons-nous pas? werden wir nicht haben?
	2. aurez-vous? werdet ihr haben?	n'aurez-vous pas? werdet ihr nicht haben?
	3. auront-ils? werden sie haben?	n'auront-ils pas? werden sie nicht haben?

Ein-	1. est-ce que j'aurai eu? werde ich gehabt haben?	est-ce que je n'aurai pas eu? werde ich nicht gehabt haben?
	2. auras-tu eu? wirst du gehabt haben?	n'auras-tu pas eu? wirst du nicht gehabt haben?
	3. aura-t-il eu? wird er gehabt haben?	n'aura-t-il pas eu? wird er nicht gehabt haben?
Vielfach.	1. aurons-nous eu? werden wir gehabt haben?	n'aurons-nous pas eu? werden wir nicht gehabt haben?
	2. aurez-vous eu? werdet ihr gehabt haben?	n'aurez vous pas eu? werdet ihr nicht gehabt haben?
	3. auront-ils eu? werden sie gehabt haben?	n'auront-ils pas eu? werden sie nicht gehabt haben?

Be-

	Bejahungsweise.	Verneinungsweise.

Conditionnel préſent.

	Bejahungsweise.	Verneinungsweise.
Ein=	1. j'aurois, ich würde haben.	je n'aurois pas, ich würde nicht haben.
	2. tu aurois, du würdeſt haben.	tu n'aurois pas, du würdeſt nicht haben.
	3. il auroit: er würde haben.	il n'auroit pas; er würde nicht haben.
Vielfach.	1. nous aurions, wir würden haben.	nous n'aurions pas, wir würden nicht haben.
	2. vous auriez, ihr würdet haben.	vous n'auriez pas, ihr würdet nicht haben.
	3. ils auroient. ſie würden haben.	ils n'auroient pas. ſie würden nicht haben.

Conditionnel paſſé.

	Bejahungsweise.	Verneinungsweise.
Einfach.	1. j'aurois eu, oder j'euſſe eu, ich würde gehabt haben.	je n'aurois, oder je n'euſſe pas eu, ich würde nicht gehabt haben.
	2. tu aurois eu, oder tu euſſes eu, du würdeſt gehabt haben.	tu n'aurois, oder tu n'euſſes pas eu, du würdeſt nicht gehabt haben.
	3. il auroit eu, oder il eut eu. er würde gehabt haben.	il n'auroit, oder il n'eut pas eu, er würde nicht gehabt haben.
Vielfach.	1. nous aurions eu, oder nous euſſions eu, wir würden gehabt haben.	nous n'aurions, oder nous n'euſſions pas eu, wir würden nicht gehabt haben.
	2. vous auriez eu, oder vous euſſiez eu, ihr würdet gehabt haben.	vous n'auriez, oder vous n'euſſiez pas eu, ihr würdet nicht gehabt haben.
	3. ils auroient eu, oder ils euſſent eu, ſie würden gehabt haben.	ils n'auroient, oder ils n'euſſent pas eu. ſie würden nicht gehabt haben.

	Fragweise.	Frag- und Verneinungsweise.
Ein-	1. est-ce que j'aurois? würde ich haben?	est-ce que je n'aurois pas? würde ich nicht haben?
	2. aurois-tu? würdest du haben?	n'aurois-tu pas? würdest du nicht haben?
	3. auroit-il? würde er haben?	n'auroit-il pas? würde er nicht haben?
Vielfach.	1. aurions-nous? würden wir haben?	n'aurions-nous pas? würden wir nicht haben?
	2. auriez-vous? würdet ihr haben?	n'auriez-vous pas? würdet ihr nicht haben?
	3. auroient-ils? würden sie haben?	n'auroient-ils pas? würden sie nicht haben?

Einfach.	1. est-ce que j'aurois, oder j'eusse eu, oder eussé-je eu? würde ich gehabt haben?	est-ce que je n'aurois, oder je n'eusse pas eu, oder n'eussé-je pas eu? würde ich nicht gehabt haben?
	2. aurois-tu, oder eusses-tu eu? würdest du gehabt haben?	n'aurois-tu, oder n'eusses-tu pas eu? würdest du nicht gehabt haben?
	3. auroit-il, oder eut-il eu? würde er gehabt haben?	n'auroit-il, oder n'eut-il pas eu? würde er nicht gehabt haben?
Vielfach.	1. aurions-nous, oder eussions-nous eu? würden wir gehabt haben?	n'aurions-nous, oder n'eussions-nous pas eu? würden wir nicht gehabt haben?
	2. auriez-vous, oder eussiez-vous eu? würdet ihr gehabt haben?	n'auriez-vous, oder n'eussiez-vous pas eu? würdet ihr nicht gehabt haben?
	3. auroient-ils, oder eussent-ils eu? würden sie gehabt haben?	n'auroient-ils, oder n'eussent-ils pas eu? würden sie nicht gehabt haben?

	Bejahungsweise.	Verneinungsweise.
		Impératif.
Einfach.	2. Person. aye. † habe.	n'aye pas, habe nicht.
	3. qu'il ait: †† er soll haben.	qu' il n'ait pas, er soll nicht haben?
Vielfach.	1. ayons, laßt uns haben.	n'ayons pas, laßt uns nicht haben.
	2. ayez, habet.	n'ayez pas, habet nicht.
	3. qu'ils aient, sie sollen haben.	qu'ils n'aient pas, sie sollen nicht haben.

Subjonctif.

	Présent.	
Einfach.	1. que j'aie †, daß ich habe.	que je n'aie pas, daß ich nicht habe.
	2. que tu aies †, daß du habest.	que tu n'aies pas, daß du nicht habest.
	3. qu'il ait ††: daß er habe.	qu'il n'ait pas: daß er nicht habe.
Vielfach.	1. que nous ayons, daß wir haben.	que nous n'ayons pas, daß wir nicht haben.
	2. que vous ayez, daß ihr habet.	que vous n'ayez pas, daß ihr nicht habet.
	3. qu'ils ayent ††. daß sie haben.	qu'ils n'ayent pas. daß sie nicht haben.

	Imparfait.	
Einfach.	1. que j' eusse, daß ich hätte.	que je n'eusse pas, daß ich nicht hätte.
	2. que tu eusses, daß du hättest.	que tu n'eusses pas, daß du nicht hättest.
	3. qu'il eût, daß er hätte.	qu'il n'eût pas, daß er nicht hätte.
Vielfach.	1. que nous eussions, daß wir hätten.	que nous n'eussions pas, daß wir nicht hätten.
	2. que vous eussiez, daß ihr hättet.	que vous n'eussiez pas, daß ihr nicht hättet.
	3. qu'ils eussent. daß sie hätten.	qu'ils n'eussent pas, daß sie nicht hätten.

Be=

† lauten wie ä y und †† wie ä h.

Befehlende Art.

. . . . . .	. . . . . .
. . . . . .	. . . . . .
. . . . . .	. . . . . .
. . . . . .	. . . . . .
. . . . . .	. . . . . .

Verbindende Art.

Parfait.

Ein=	1. que j'aie eu, daß ich habe gehabt.	que je n'aie pas eu, daß ich nicht habe gehabt.
	2. que tu aies eu, daß du habest gehabt.	que tu n'aies pas eu, daß du nicht habest gehabt.
	3. qu'il ait eu: daß er habe gehabt.	qu'il n'ait pas eu: daß er nicht habe gehabt.
Vielfach.	1. que nous ayons eu, daß wir haben gehabt.	que nous n'ayons pas eu, daß wir nicht haben gehabt.
	2. que vous ayez eu, daß ihr habet gehabt.	que vous n'ayez pas eu, daß ihr nicht habet gehabt.
	3. qu'ils aient eu. daß sie haben gehabt.	qu'ils n'aient pas eu. daß sie nicht haben gehabt.

Plusque-parfait.

Ein=	1. que j'eusse eu, daß ich hätte gehabt.	que je n'eusse pas eu, daß ich nicht hätte gehabt.
	2. que tu eusses eu, daß du hättest gehabt.	que tu n'eusses pas eu, daß du nicht hättest gehabt.
	3. qu'il eût eu, daß er hätte gehabt.	qu'il n'eût pas eu: daß er nicht hätte gehabt.
Vielfach.	1. que nous eûssions eu, daß wir hätten gehabt.	que nous n'eûssions pas eu, daß wir nicht hätten gehabt.
	2. que vous eûssiez eu. daß ihr hättet gehabt.	que vous n'eûssiez pas eu, daß ihr nicht hättet gehabt.
	3. qu'ils eûssent eu. daß sie hätten gehabt.	qu'ils n'eûssent pas eu. daß sie nicht hätten gehabt.

Abwandlung des

Infinitif

Bejahungsweise.	Verneinungsweise.
Présent. Être, seyn.	n' être pas, nicht seyn.
Parfait. Avoir été, gewesen seyn.	n' avoir pas été, nicht gewesen seyn.

Circonstanciel

Présent. étant, seyend u. s. w.	n'étant pas, nicht seyend, u. s. w.
Passé. ayant été, einer der gewesen ist.	n' ayant pas été, einer der nicht gewesen ist.

Participe.

été, gewesen. (ganz unveränderlich.)

Indicatif.

Présent.

Ein-	1. je suis, ich bin.	je ne suis pas, ich bin nicht.
	2. tu es, du bist.	tu n'es pas, du bist nicht.
	3. il est: er ist.	il n'est pas: er ist nicht.
Vielfach.	1. nous sommes, wir sind.	nous ne sommes pas, wir sind nicht.
	2. vous êtes, ihr seyd.	vous n'êtes pas, ihr seyd nicht.
	3. ils sont. sie sind.	ils ne sont pas, sie sind nicht.

Imparfait.

Ein-	1. j'étois, ich war.	je n'étois pas, ich war nicht.
	2. tu étois, du warst.	tu n'étois pas, du warst nicht.
	3. il étoit: er war.	il n'étoit pas: er war nicht.
Vielfach.	1. nous étions, wir waren.	nous n'étions pas, wir waren nicht.
	2. vous étiez, ihr waret.	vous n'étiez pas, ihr waret nicht
	3. ils étoient. sie waren.	ils n'étoient pas. sie waren nicht.

Hülfs-

Hülfszeitworts ÊTRE seyn.

Unumschränkte Art.

Fragweise.	Frag= und Verneinungs=weise.
. . . . .	. . . . . .
. . . . .	. . . . . .

Umständliche Art.

. . . . .	. . . . .
. . . . .	. . . . .

Mittelwort.

. . . .

Anzeigende Art.

Ein=	1. est-ce que je suis, oder suis-je? bin ich?	est-ce que je ne suis pas, oder ne suis-je pas, bin ich nicht?
	2. es-tu? bist du?	n'es-tu pas? bist du nicht?
	3. est-il? ist er?	n'est-il pas? ist er nicht?
Vielfach.	1. sommes-nous? sind wir?	ne sommes-nous pas? sind wir nicht?
	2. êtes-vous? seyd ihr?	n' êtes-vous pas? seyd ihr nicht?
	3. sont-ils? sind sie?	ne sont-ils pas? sind sie nicht?

Ein=	1. est-ce que j'étois? war ich?	est-ce que je n'étois pas? war ich nicht?
	2. étois-tu? warst du?	n'étois-tu pas? warst du nicht?
	3. étoit-il? war er?	n'étoit-il pas? war er nicht?
Einfach.	1. étions-nous? waren wir?	n'étions-nous pas? waren wir nicht?
	2. étiez-vous? waret ihr?	n'étiez-vous pas? waret ihr nicht?
	3. étoient-ils? waren sie?	n'étoient-ils pas? waren sie nicht?

Be=

	Bejahungsweise.	Verneinungsweise.
	Parfait défini.	
Ein-	1. je fus, ich war?	je ne fus pas, ich war nicht.
	2. tu fus, du warst?	tu ne fus pas, du warst nicht.
	3. il fut: er war.	il ne fut pas: er war nicht.
Vielfach.	1. nous fûmes, wir waren.	nous ne fûmes pas, wir waren nicht.
	2. vous fûtes, ihr waret.	vous ne fûtes pas, ihr waret nicht.
	3. ils fûrent. sie waren.	ils ne fûrent pas. sie waren nicht.
	Parfait indéfini.	
Ein-	1. j'ai été, ich bin gewesen.	je n'ai pas été, ich bin nicht gewesen.
	2. tu as été, du bist gewesen.	tu n'as pas été, du bist nicht gewesen.
	3. il a été: er ist gewesen.	il n'a pas été: er ist nicht gewesen.
Vielfach.	1. nous avons été, wir sind gewesen.	nous n'avons pas été, wir sind nicht gewesen.
	2. vous avez été, ihr seyd gewesen.	vous n'avez pas été, ihr seyd nicht gewesen.
	3. ils ont été. sie sind gewesn.	ils n'ont pas été. sie sind nicht gewesen.
	Parfait antérieur.	
Ein-	1. j'eus été, ich war gewesen.	je n'eus pas été, ich war nicht gewesen.
	2. tu eus été, du warst gewesen.	tu n'eus pas été, du warst nicht gewesen.
	3. il eut été, er war gewesen.	il n'eut pas été: er war nicht gewesen.
Vielfach.	1. nous eûmes été, wir waren gewesen.	nous n'eûmes pas été, wir waren nicht gewesen.
	2. vous eûtes été, ihr waret gewesen.	vous n'eûtes pas été, ihr waret nicht gewesen.
	3. ils eûrent été, sie waren gewesen.	ils n'eûrent pas été. sie waren nicht gewesen.

Frag=

	Fragweise.	Frag= und Verneinungsweise.
Ein=	1. est-ce que je fus? war ich?	est-ce que je ne fus pas? war ich nicht?
	2. fus-tu? warst du?	ne fus-tu pas? warst du nicht?
	3. fut-il? war er?	ne fut-il pas? war er nicht?
Vielfach.	1. fûmes-nous? waren wir?	ne fûmes-nous pas? waren wir nicht?
	2. fûtes-vous? waret ihr?	ne fûtes-vous pas? waret ihr nicht?
	3. fûrent-ils? waren sie?	ne fûrent-ils pas? waren sie nicht?

Ein=	1. est-ce que j'ai été? bin ich gewesen?	est-ce que je n'ai pas été? bin ich nicht gewesen?
	2. as-tu été? bist du gewesen?	n'as-tu pas été? bist du nicht gewesen?
	3. a-t-il été? ist er gewesen?	n'a-t-il pas été? ist er nicht gewesen?
Vielfach.	1. avons-nous été? sind wir gewesen?	n'avons-nous pas été? sind wir nicht gewesen?
	2. avez-vous été? seyd ihr gewesen?	n'avez-vous pas été? seyd ihr nicht gewesen?
	3. ont-ils été? sind sie gewesen?	n'ont-ils pas été? sind sie nicht gewesen?

Ein=	1. est-ce que j'eus été? war ich gewesen?	est-ce que je n'eus pas été? war ich nicht gewesen?
	2. eusses-tu été? warst du gewesen?	n'eus-tu pas été? warst du nicht gewesen?
	3. eut-il été? war er gewesen?	n'eut-il pas été? war er nicht gewesen?
Vielfach.	1. eûmes-nous été? waren wir gewesen?	n'eûmes-nous pas été? waren wir nicht gewesen?
	2. eutes-vous été? waret ihr gewesen?	n'eûtes-vous pas été, waret ihr nicht gewesen?
	3. eûrent-ils été? waren sie gewesen?	n'eûrent-ils pas été? waren sie nicht gewesen?

Be=

	Bejahungsweise.	Verneinungsweise.
	Plusque-parfait.	
Ein=	1. j'avois été, ich war gewesen.	je n'avois pas été, ich war nicht gewesen.
	2. tu avois été, du warst gewesen.	tu n'avois pas été, du warst nicht gewesen.
	3. il avoit été: er war gewesen.	il n'avoit pas été, er war nicht gewesen.
Vielfach.	1. nous avions été, wir waren gewesen.	nous n'avions pas été, wir waren nicht gewesen.
	2. vous aviez été, ihr waret gewesen.	vous n'aviez pas été, ihr waret nicht gewesen.
	3. ils avoient été. sie waren gewesen.	ils n'avoient pas été, sie waren nicht gewesen.
	Futur.	
Ein=	1. je serai, ich werde seyn.	je ne serai pas, ich werde nicht seyn.
	2. tu seras, du wirst seyn.	tu ne seras pas, du wirst nicht seyn.
	3. il sera: er wird seyn.	il ne sera pas: er wird nicht seyn.
Vielfach.	1. nous serons, wir werden seyn.	nous ne serons pas, wir werden nicht seyn.
	2. vous serez, ihr werdet seyn.	vous ne serez pas, ihr werdet nicht seyn.
	3. ils seront. sie werden seyn.	ils ne seront pas. sie werden nicht seyn.
	Futur antérieur.	
Ein=	1. j'aurai été, ich werde gewesen seyn.	je n'aurai pas été, ich werde nicht gewesen seyn.
	2. tu auras été, du wirst gewesen seyn.	tu n'auras pas été, du wirst nicht gewesen seyn.
	3. il aura été: er wird gewesen seyn.	il n'aura pas été: er wird nicht gewesen seyn.
Vielfach.	1. nous aurons été, wir werden gewesen seyn.	nous n'aurons pas été, wir werden nicht gewesen seyn.
	2. vous aurez été, ihr werdet gewesen seyn.	vous n'aurez pas été, ihr werdet nicht gewesen seyn.
	3. ils auront été, sie werden gewesen seyn.	ils n'auront pas été. sie werden nicht gewesen seyn.

Frag=

	Fragweiſe.	Frag- und Verneinungsweiſe.
Ein-	1. eſt-ce que j'avois été? wär ich geweſen?	eſt-ce que je n'avois pas été? war ich nicht geweſen?
	2. avois-tu été? warſt du geweſen?	n'avois-tu pas été? warſt du nicht geweſen.
	3. avoit-il été? war er geweſen?	n'avoit-il pas été? war er nicht geweſen?
Vielfach.	1. avions-nous été? waren wir geweſen?	n'avions-nous pas été? waren wir nicht geweſen?
	2. aviez-vous été? waret ihr geweſen?	n'aviez-vous pas été; waret ihr nicht geweſen?
	3. avoient-ils été? waren ſie geweſen?	n'avoient-ils pas été? waren ſie nicht geweſen?

Ein-	1. eſt-ce que je ſerai? werde ich ſeyn?	eſt-ce que je ne ſerai pas? werde ich nicht ſeyn?
	2. ſeras-tu? wirſt du ſeyn?	ne ſeras-tu pas? wirſt du nicht ſeyn?
	3. ſera-t-il? wird er ſeyn?	ne ſera-t-il pas? wird er nicht ſeyn?
Vielfach.	1. ſerons-nous? werden wir ſeyn?	ne ſerons-nous pas? werden wir nicht ſeyn?
	2. ſerez-vous? werdet ihr ſeyn?	ne ſerez-vous pas? werdet ihr nicht ſeyn?
	3. ſeront-ils? werden ſie ſeyn?	ne ſeront-ils pas? werden ſie nicht ſeyn?

Ein-	1. eſt-ce que j'aurai été? werde ich geweſen ſeyn?	eſt-ce que je n'aurai pas été? werde ich nicht geweſen ſeyn?
	2. auras-tu été? wirſt du geweſen ſeyn?	n'auras-tu pas été? wirſt du nicht geweſen ſeyn?
	3. aura-t-il été? wird er geweſen ſeyn?	n'aura-t-il pas été? wird er nicht geweſen ſeyn?
Vielfach.	1. aurons-nous été? werden wir geweſen ſeyn?	n'aurons-nous pas été? werden wir nicht geweſen ſeyn?
	2. aurez-vous été? werdet ihr geweſen ſeyn?	n'aurez-vous pas été? werdet ihr nicht geweſen ſeyn?
	3. auront-ils été? werden ſie geweſen ſeyn?	n'auront-ils pas été? werden ſie nicht geweſen ſeyn?

Be-

	Bejahungsweiſe.	Verneinuugsweiſe.

Conditionnel Préſent.

	Bejahungsweiſe	Verneinungsweiſe
Ein=	1. je ſerois, ich würde ſeyn.	je ne ſerois pas, ich würde nicht ſeyn.
	2. tu ſerois, du würdeſt ſeyn.	tu ne ſerois pas, du würdeſt nicht ſeyn.
	3. il ſeroit: er würde ſeyn.	il ne ſeroit pas: er würde nicht ſeyn.
Vielfach.	1. nous ſerions, wir würden ſeyn.	nous ne ſerions pas, wir würden nicht ſeyn.
	2. vous ſeriez. ihr würdet ſeyn.	vous ne ſeriez pas, ihr würdet nicht ſeyn.
	3. ils ſeroient. ſie würden ſeyn.	ils ne ſeroient pas. ſie würden nicht ſeyn.

Conditionnel paſſé.

	Bejahungsweiſe	Verneinungsweiſe
Einfach.	1. j' aurois été, oder j'euſſe été, ich würde geweſen ſeyn.	je n'aurois, oder je n' euſſe pas été, ich würde nicht geweſen ſeyn.
	2. tu aurois été, oder tu euſſes été, du würdeſt geweſen ſeyn.	tu n'aurois, oder n'euſſes pas été, du würdeſt nicht geweſen ſeyn.
	3. il auroit été, oder il eut été, er würde geweſen ſeyn.	il n' auroit, oder n' eut pas été, er würde nicht geweſen ſeyn.
Vielfach.	1. nous aurions été, oder nous euſſions été, wir würden geweſen ſeyn.	nous n'aurions, oder n' euſſions pas été, wir würden nicht geweſen ſeyn.
	2. vous auriez, oder euſſiez été, ihr würdet geweſen ſeyn.	vous n'auriez, oder n'euſſiez pas été, ihr würdet nicht geweſen ſeyn.
	3. ils auroient, oder euſſent été, ſie würden geweſen ſeyn.	ils n'auroient, oder n'euſſent pas été, ſie würden nicht geweſen ſeyn.

Frag=

	Fragweise.	Frag= und Verneinungsweise.
Ein=	1. est-ce que je serois? würde ich seyn?	est-ce que je ne serois pas? würde ich nicht seyn.
	2. serois-tu? würdest du seyn?	ne serois-tu pas? würdest du nicht seyn?
	3. seroit-il? würde er seyn?	ne seroit-il pas? würde er nicht seyn?
Vielfach.	1. serions-nous? würden wir seyn?	ne serions-nous pas? würden wir nicht seyn?
	2. seriez-vous? würdet ihr seyn?	ne seriez-vous pas? würdet ihr nicht seyn?
	3. seroient-ils? würden sie seyn?	ne seroient-ils pas? würden sie nicht seyn?

Einfach.	1. est-ce que j'aurois, oder j'eusse été, oder eussè-je été? würde ich gewesen seyn?	est-ce que je n'aurois, oder je n'eusse pas été, oder n'eussè-je pas été? würde ich nicht gewesen seyn?
	2. aurois-tu, oder eusses-tu été? würdest du gewesen seyn?	n'aurois-tu, oder n'eusses-tu pas été? würdest du nicht gewesen seyn?
	3. auroit-il, oder eut-il été? würde er gewesen seyn?	n'auroit-il, oder n'eut-il pas été? würde er nicht gewesen seyn?
Vielfach.	1. aurions-nous, oder eussions-nous été? würden wir gewesen seyn?	n'aurions-nous, oder n'eussions-nous pas été? würden wir nicht gewesen seyn?
	2. auriez-vous, oder eussiez-vous été? würdet ihr gewesen seyn?	n'auriez-vous, oder n'eussiez-vous pas été? würdet ihr nicht gewesen seyn?
	3. auroient-ils, oder eussent-ils été? würden sie gewesen seyn?	n'auroient-ils, oder n'eussent-ils pas été? würden sie nicht gewesen seyn?

	Bejahungsweise.	Verneinungsweise.
		Impératif.
Ein=	2. Person. sois, sey.	ne sois pas, sey nicht.
	3. qu'il soit: er soll seyn.	qu' il ne soit pas, er soll nicht seyn?
Vielfach.	1. soyons, laßt uns seyn.	ne soyons pas, laßt uns nicht seyn.
	2. soyez, seyd.	ne soyez pas, seyd nicht.
	3. qu'ils soient, sie sollen seyn.	qu'ils ne soient pas, sie sollen nicht seyn.

Subjonctif.

	Présent.	
Ein=	1. que je sois, daß ich seye.	que je ne sois pas; daß ich nicht seye.
	2. que tu sois, daß du seyest.	que tu ne sois pas, daß du nicht seyest.
	3. qu'il soit: daß er seye.	qu'il ne soit pas: daß er nicht seye.
Vielfach.	1. que nous soyons, daß wir seyen.	que nous ne soyons pas, daß wir nicht seyen.
	2. que vous soyez, daß ihr seyd.	que vous ne soyez pas, daß ihr nicht seyed.
	3. qu'ils soient. daß sie seyen.	qu'ils ne soient pas. daß sie nicht seyen.

Imparfait.

Ein=	1. que je fusse, daß ich wåre.	que je ne fusse pas, daß ich nicht wåre.
	2. que tu fusses, daß du wårest.	que tu ne fusses pas, daß du nicht wårest.
	3. qu'il fût, daß er wåre.	qu'il ne fût pas, daß er nicht wåre.
Vielfach.	1. que nous fûssions, daß wir wåren.	que nous ne fûssions pas, daß wir nicht wåren.
	2. que vous fûssiez, daß ihr wåret.	que vous ne fûssiez pas, daß ihr nicht wåret.
	3. qu'ils fûssent. daß sie wåren.	qu'ils ne fûssent pas, daß sie nicht wåren.

Be=

Befehlende Art.

. . . .	. . . .
. . . .	. . . .
. . . . . .	. . . .
. . . . . .	. . . .
. . . . . .	. . . .

Verbindende Art.

	Bejahungsweise.	Verneinungsweise.
	Parfait.	
Ein.	1. que j'aie été, daß ich seye gewesen.	que je n'aie pas été, daß ich nicht seye gewesen.
	2. que tu aies été, daß du seyest gewesen.	que tu n'aies pas été, daß du nicht seyest gewesen.
	3. qu'il ait été: daß er seye gewesen.	qu'il n'ait pas été: daß er nicht seye gewesen.
Vielfach.	1. que nous ayons été, daß wir seyen gewesen.	que nous n'ayons pas été, daß wir nicht seyen gewesen.
	2. que vous ayez été, daß ihr seyed gewesen.	que vous n'ayez pas été, daß ihr nicht seyed gewesen.
	3. qu'ils aient été. daß sie seyen gewesen.	qu'ils n'aient pas été. daß sie nicht seyen gewesen.
	Plusque-parfait.	
Ein.	1. que j'eusse été, daß ich wäre gewesen.	que je n'eusse pas été, daß ich nicht wäre gewesen.
	2. que tu eusses été, daß du wärest gewesen.	que tu n'eusses pas été, daß du nicht wärest gewesen.
	3. qu'il eût été, daß er wäre gewesen.	qu'il n'eût pas été: daß er nicht wäre gewesen.
Vielfach.	1. que nous eûssions été, daß wir wären gewesen.	que nous n'eûssions pas été, daß wir nicht wären gewesen.
	2. que vous eûssiez été, daß ihr wäret gewesen.	que vous n'eûssiez pas été, daß ihr nicht wäret gewesen.
	3. qu'ils eûssent été. daß sie wären gewesen.	qu'ils n'eûssent pas èté. daß sie nicht wären gewesen.

Vierte Abtheilung.

Von den Zeitwörtern der 1sten Klasse, und zwar sowohl von den regelmässigen als unregelmässigen.

Diese Klasse geht, wie wir schon gesagt haben, im Présent der ununschränkten Art auf ER aus.

Die Stammzeiten dieser Zeitwörter, wenn sie regelmäßig sind, verwandeln das ER des Présent der ununschränkten Art in ANT für den Circonstanciel-présent; in É für das Mittelwort; in ein stummes E für das Présent der anzeigenden Art, und in AI für das parfait défini. Z. B.

Infinitif.	*Circonstanciel.*	*Participe.*	*Présent indicatif.*	*Parfait défini.*
aim-er, lieben.	aim-ant, liebend.	aim-é, geliebt.	j'aim-e, ich liebe.	j'aim-ai, ich liebte.

Ausnahme.

I. Die Zeitwörter, welche sich im Présent de l'infinitif auf OYER und UYER endigen, verwandeln vor einem stummen E, das Y in ein I. Z. B.

Broyer, zermalmen.	Broyant, zermalmend	Broyé, zermalmet.	je Broie, ich zermalme.	je Broyai, ich zermalmete.
appuyer, lehnen.	appuyant, lehnend.	appuyé, gelehnt.	j'appuie, ich lehne.	j'appuyai, ich lehnte.

II. Die sich auf GER endigen, haben ihre Stammzeiten wie:

Mang-er, essen.	mang-eant. essend.	mang-é, gegessen.	je mang-e, ich esse.	je mangeai, ich aß.

Daß heißt: sie haben ein *e* vor *ant*, und vor *ai*.

III. Die auf GUER ausgehen, wie:

vogu-er, rudern.	vog-ant, rudernd.	vogu-é, gerudert.	je vogu-e, ich rudere.	je vog-ai, ich ruderte.

welches das *u* vor *ant* und *ai* weg läßt.

IV.

Infinitif.	*Circonstanciel.*	*Participe.*	*Présent.*	*Parfait défini.*

IV. Die sich auf CER endigen, erfordern eine Cédille unter dem ç, wenn A oder O darauf folget.

Trac-er, zeichnen.	traç-ant, zeichnend.	trac-é, gezeichnet.	je trac-e, ich zeichne.	je traç-ai, ich zeichnete.

V. Die sich auf ETER, oder ELER endigen, und mit keinem scharfen, oder doppelten accent auf dem vorlezten e bezeichnet werden, verdoppeln den Mitlauter T oder L vor einem stummen e. Z. B.

Jeter, werfen.	jetant, werfend.	jeté, geworfen.	je jette, ich werfe.	je jetai, ich warf.
appeler, rufen.	appelant, rufend.	appelé, gerufen.	j' appelle, ich rufe.	j' appelai, ich rief.

Anmerkung. Hier muß man sich daran erinnern, was wir über die Verwandlung gewisser e, gesagt haben (s. S. 41.) Was aber die Endungen des Présent der anzeigenden Art, und des Parfait défini angeht, so sind sie für jenes:

	1.	2.	3te. Person.
Einfach,	e,	es,	e.
Vielfach,	ons,	ez,	ent.
für dieses aber, Einf.	ai,	as,	a.
Vielf.	âmes,	âtes,	êrent.

Verzeichniß der unregelmäßigen und mangelhaften Zeitwörter der ersten Klasse.

Anmerkung. Die Zeiten und Personen, welche sich hier nicht finden, folgen den allgemeinen Regeln. Da das Conditionnel-présent, dem Futur der anzeigenden Art in Ansehung der Abstammung gleichet; so haben wir davon in diesem Verzeichnisse gar nichts gesagt. Ist also ein Futur unregelmäßig; dann verwandelt man nur von demselben AI in OIS, so ist das Conditionnel da.

Infinitif.	*Circonstanciel.*	*Participe.*	*Présent.*	*Parfait défini.*
Aller, gehen.	allant,	allé-e,	je vais,	j'allai.

In-

Indicatif. Présent. Einfach. je vais, oder je vas, tu vas, il va, Vielfach nous allons, vous allez, ils vont *Futur.* j'irai, ich werde gehen, tu iras, u. s. w.

Subjonctif. Présent. Que j'aille. daß ich gehe, que tu ailles, qu'il aille. Vielf. que nous allions, que vous alliez, qu'ils aillent.

Stammzeiten von

Envoyer,	envoyant,	envoyé-e,	j'envoie,	j'envoyai.
schicken, senden.				

Indicatif. Futur. j'enverrai (das doppelte r nur wie ein einfaches ausgesprochen) ich werde schicken. tu enverras, il enverra. Vielf. nous enverrons u. s. f.; so geht auch das Zeitwort Renvoyer, wieder schicken.

Stammzeiten von

Puer, stinken.	puant,	pué,	je pus,	je puai.

Indicatif. Présent. je pus, ich stinke; tu pus, il pu; nous puons, u. s. f.

Stammzeiten, von

Tisser, weben.	tissant,	tissu,	je tisse.	. . .

(das Parfait défini fehlt.)

Fünfte Abtheilung.

Von den Fürwörtern der 2ten Klasse, und zwar sowohl von den regelmäßigen als unregelmäßigen.

Die Zeitwörter dieser Klasse endigen sich im Présent der unumschränkten Art auf IR.

Die ganz regelmäßigen Zeitwörter dieser Klasse, verwandeln das IR des Présent Infinitif, in issant für den Circonstanciel Présent, in I für das Mittelwort, in IS, für das Présent von der anzeigenden Art und für das Parfait défini. Z. B.

Infinitif.	*Circonstanciel.*	*Participe.*	*Présent Indicatif.*	*Parfait défini.*
Bann-ir, verbannen.	bann-issant verbannend.	bann-i, verbannt.	je bann-is, ich verbanne	je bann-is, ich verbañte.

Das Présent und Parfait défini haben ihre Endungen:

	1.	2.	3te Person.
jenes in der einfachen Zahl	is,	is,	it.
in der vielfachen Zahl	issons,	issez,	issent.
dieses Einf.	is,	is,	it.
Vielf.	îmes,	îtes,	irent.

Es giebt im Französischen dreyerley Zeitwörter, die, ob sie sich gleich auf ir endigen, doch nicht wie *bannir* abgewandelt werden können. Sie müßten also einigermaßen als unregelmäßig betrachtet werden; allein da dieselben bey ihrer Unregelmäßigkeit, der nämlichen Abwandlung folgen, so stellen wir die Stammzeiten einer jeden Gattung davon vor, damit man sich bey solcher Abwandlung helfen könne.

Infinitif présent.	*Circonstanciel.*	*Participe.*	*Indicatif Présent.*	*Parfait défini.*
I). Sentir, fühlen.	Sentant, fühlend.	Senti-e, gefühlt.	je Sens, ich fühle.	je Sentis, ich fühlte.
II). Ouvrir, öffnen.	Ouvrant, öffnend.	Ouvert-e, geöffnet.	j'Ouvre. ich öffne.	j'Ouvris, ich öffnete.
III). Tenir, halten.	Tenant, haltend.	Tenu-e, gehalten.	je Tiens, ich halte.	je Tins, ich hielt.

I.	II.	III.
	Présent de l'indicatif.	
je sens, ich fühle.	j'ouvre, ich öffne.	je tiens, ich halte.
tu sens, du fühlst.	tu ouvres, du öffnest.	tu tiens, du hältst.
il sent, er fühlt.	il ouvre, er öffnet.	il tient, er hält.
nous sentons, wir fühlen.	nous ouvrons, wir öffnen.	nous tenons, wir halten.
vous sentez, ihr fühlet.	vous ouvrez, ihr öffnet.	vous tenez, ihr haltet.
ils sentent, sie fühlen.	ils ouvrent, sie öffnen.	ils tiennent, sie halten.
	Parfait défini.	
je sentis, ich fühlte.	j'ouvris, ich öffnete.	je tins, ich hielt.
tu sentis, du fühltest.	tu ouvris, du öffnetest.	tu tins, du hieltest.
il sentit, er fühlte.	il ouvrit: er öffnete.	il tint, er hielt.
nous sentîmes, wir fühlten.	nous ouvrîmes, wir öffneten.	nous tînmes, wir hielten.
vous sentîtes, ihr fühltet.	vous ouvrîtes, ihr öffnetet.	vous tîntes, ihr hieltet.
ils sentirent, sie fühlten.	ils ouvrirent, sie öffneten.	ils tinrent, sie hielten.

Die folgenden Zeitwörter gehen wie *Sentir,* und verwandeln *ir* des Infinitif in *ant* für den Circonstanciel, diese En-

Die folgenden Zeitwörter gehen wie *Ouvrir*, und verwandeln *rir* des Infinitif, in *rant* für den

Die folgenden gehen wie *Tenir*, und verwandeln *enir* des Infinitif in *enant* für den Circonstanciel, in *enu* für das Mittelwort, in *iens*,

I. Mit-

I.

dung in *i* für das Mittelwort, die lezte Sylbe des Infinitif in *s* für das Présent Indicatif und endlich *ir* des Infinitif in *is* für das Parfait défini.

consentir, einwilligen.
démentir, Lügen strafen.
desservir, die Speisen abtragen.
dormir, schlafen.
endormir, einschlafen.
mentir, lügen.
partir, abreisen.
* repartir, wieder verreisen.
ressentir, empfinden.
* ressortir, wieder ausgehen.
s' endormir, einschlafen.
s' repentir, bereuen.
servir, dienen.
sortir, ausgehen.

II.

Circonstanciel; in *ert* für das Mittelwort, in *re* für das Présent Indicatif; und in *ris* für das Parfait défini.

couvrir, decken.
découvrir, aufdecken.
entr'ouvrir, ein wenig öffnen.
mésoffrir, gar zu wenig bieten.
recouvrir, wieder bedecken.
r'ouvrir, wieder öffnen.

III.

für das Présent Indicatif, und endlich in *ins* für das Parfait défini.

appartenir, gehören.
contrevenir, zuwider handeln.
convenir, gestehen.
intervenir, eintreten.
maintenir, behaupten.
obtenir, erlangen.
soutenir, behaupten.
venir, kommen.
und diejenigen, welche mit *venir* und *tenir* zusammengesetzt sind.

Ver=

*) Heissen, Répartir eintheilen, und Ressortir unter einem Obergericht stehen, so haben sie ihre Stammzeiten wie Bannir.

Verzeichniß der unregelmäßigen oder mangelhaften Zeitwörter der zwoten Klasse.

Infinitif.	*Circonstanciel.*	*Participe.*	*Indicatif. Présent.*	*Parfait.*
Acquérir, erwerben.	acquérant,	acquis-e,	j'acquiers,	j'acquis.

Indicatif. Présent. j'acquiers, ich erwerbe; tu acquiers, il acquiert; Vielf. nous acquérons, vous acquérez, ils acquierent. *Futur.* j'acquerrai, tu acquerras, u. s. w. (die beyden rr werden ausgesprochen) So gehen auch Enquérir, forschen, und Requérir, ersuchen.

Bénir, segnen, enthält nichts unregelmäßiges, als das Mittelwort, welches bald béni, bénie, bald bénit, bénite heißt. Jenes wird gebraucht, wenn von lebendigen, dieses wenn von leblosen Dingen die Rede ist. Z. B. vous êtes bénie entre toutes les femmes, du bist gebenedeyet unter allen Weibern; du pain bénit, geweihetes Brod, de l'eau bénite, Weihwasser, u. s. w.

Bouillir, sieden.	bouillant,	bouilli,	je bous,	je bouillis.

Indic. Présent. je bous, ich siede; tu bous, il bout: Vielf. nous bouillons, u. s. w. *Futur.* je bouillirai, oder bouillerai, u. s. w.

Conquerir, erobern.	conquérant,	conquis-e,	. . .	je conquis.

Solches wird nur in diesen vorgestellten Zeiten gebraucht, wie auch im Imparfait der verbindenden Art, und in den zusam-

Infinitif.	*Circonstanciel.*	*Participe.*	*Indicatif. Présent.*	*Parfait.*

sammengesetzten Zeiten, also: que je conquiſſe, que tu conquiſſes, qu'il conquît; que nous conquiſſons, u. s. w.

Courir, laufen.	courant,	couru,	je cours,	je courus.

Indic. Présent. je cours, ich laufe; tu cours, il court; nous courons, u. s. w. *Futur* je courrai, tu courras, (die beyden rr ausgesprochen) u. s. w. Accourir, hinzulaufen; concourir, mit laufen; diſcourir, reden; encourir, in etwas gerathen; parcourir, durchlaufen; recourir, wieder laufen; ſecourir, helfen; gehen wie courir.

Cueillir, abbrechen.	cueillant,	cueilli-e,	je cueille,	je cueillis.

Indic. Futur. je cueillerai, ich werde abbrechen; tu cueilleras, u. s. w. Accueillir, bewillkommen; recueillir, sammlen; gehen wie cueillir.

Faillir, fehlen.	faillissant,	failli,	. . .	je faillis.

Dieses Zeitwort so wohl, als Défaillir, abgehen, sind nur in den vorgestellten, und in den zusammengesetzten Zeiten gebräuchlich.

Fuir, fliehen.	fuyant,	fui,	je fuis,	je fuis.

Indic. Présent. je fuis, ich fliehe; tu fuis, il fuit, Vielfach: nous fuyons, vous fuyez, ils fuyent. s'enfuir, fort fliehen; geht wie fuir.

Gir, oder gesir, liegen, ruhen; giſſant. Die anderen Stammzeiten fehlen.

Die-

Infinitif.	*Circonstanciel.*	*Participe.*	*Indicatif. présent.*	*Parfait.*

Dieses Zeitwort wird nur gebraucht in: il gît, er liegt; nous gissons, wir liegen; vous gissez, ihr lieget; ils gissent, sie liegen. Im *Imparfait*, je gissois, ich lag; tu gissois, u. s. w. Ci-gît, hier liegt; ci-gissent, hier liegen.

Haïr, hassen.	haïssant,	haï-e,	je hais,	je haïs.

Indic. Présent. je hais, ich hasse; tu hais, il hait, (sprechet aus hä) nous haïssons, u. s. w. In den übrigen Zeiten und Personen, (die zwote einfache Person des Impératif ausgenommen), wird das a vom i getrennt. Das Parfait défini wird selten gebraucht.

Mourir, sterben.	mourant,	mort-e,	je meurs,	je mourus.

Indic. Présent. je meurs, ich sterbe; tu meurs, il meurt, Vielfach. nous mourons, vous mourez, ils meurent. *Parfait défini.* je mourus, ich starb; tu mourus, il mourut; Vielfach. nous mourûmes, vous mourûtes, ils moururent. *Futur.* je mourrai, tu mourras, u. s. w. (die zwey rr ausgesprochen). *Subjonctif. Présent.* que je meure, daß ich sterbe; que tu meures, qu'il meure: Vielfach. que nous mourions, que vous mouriez, qu'ils meurent.

Ouïr, hören,	. . .	ouï,	. . .	j'ouïs.

Dieses Zeitwort hat nur diese drey Zeiten, und diejenigen, welche davon abstammen, also die zusammengesetzten Zeiten, und das *Imparfait* der verbindenden Art: que j'ouïsse, daß ich hörte, que tu ouïsses, u. s. w.

Quérir, holen. Wird nur im Présent der unumschränkten Art gebraucht, und mit einem der folgenden Zeitwörter: Aller, En-

Infinitif.	*Circonstanciel.*	*Participe.*	*Indicatif. présent.*	*Parfait défini.*

Envoyer, Venir verknüpft. Z. B. *Va quérir*, gehe und hole.

Saillir, hervorgehen.	saillant,	sailli-e,	je saille,	je saillis.

Dieses Zeitwort ist nur in der dritten Person einer jeden Zahl gebräuchlich; und hat im *Futur* il saillera, ils sailleront.

Wir haben indessen doch die erste Person des Présent der anzeigenden Art, und das Parfait défini vorgestellt, wegen Tressaillir, frohlocken, welches nach saillir geht, und alle Zeiten und Personen hat. Assaillir, anfallen, hat kein Présent Indicatif.

Saillir, entspringen, ist regelmäßig bey der Ausbildung seiner Zeiten; allein es ist nur in der dritten ein= und vielfachen Person einer jeden Zeit gebräuchlich. Z. B. il saillit, er entspringt; ils saillissent, sie entspringen, u. s. w.

Vêtir, anziehen.	vêtant,	vêtu-e,	je vêts,	je vêtis.

Die einfache Zahl des Présent der anzeigenden Art ist nicht gebräuchlich. Dévêtir, auskleiden; Revêtir, bekleiden; Survêtir, ein Kleid über ein anderes anziehen, folgen vêtir.

Sechste Abtheilung.

Von den Zeitwörtern der 3ten Klasse, sowohl regelmäßigen als unregelmäßigen.

Die Zeitwörter der dritten Klasse endigen sich im Présent der uneingeschränkten Art auf OIR.

Die regelmäßigen unter denselben verwandeln, evoir in evant, für den Circonstanciel; in u für das Mittelwort; in ois für das Présent Indicatif, und in us für das Parfait défini.

Infinitif.	*Circonstanciel.*	*Participe.*	*Présent indicatif.*	*Parfait défini.*
Recevoir, empfangen.	rec-evant, empfangend	reç-u, empfangen.	je reç-ois, ich empfange.	je reç-us, ich empfing.

Die Endungen des Présent und Parfait défini sind:

		1.	2.	3. Person.
für jenes	Einfach:	ois,	ois,	oit.
	Vielfach:	evons,	evez,	oivent.
für dieses	Einfach:	us,	us,	ut.
	Vielfach:	ûmes,	ûtes,	ûrent.

Anmerkung. Die Zeitwörter dieser Klasse, welche sich mit CEvoir endigen, fordern unter dem c eine cédille, wenn auf solches ein o oder u folget.

Das *u* im Mittelworte des Zeitworts devoir sollen, wird mit einem doppelten Accent bezeichnet, damit man dû, gesollt, von du, des, oder von dem, unterscheiden könne.

Ver=

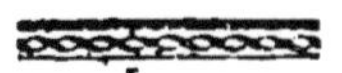

Verzeichniß der unregelmäßigen und mangelhaften Zeitwörter der 3ten Klasse.

Infinitif.	*Circonstanciel.*	*Participe.*	*Présent indicatif.*	*Parfait défini.*

Choir, fallen, Mittelwort chu-e. Diese zwo Zeiten sind mit den zusammengesetzten die einzigen vom Zeitwort Choir, welches nur in der gemeinen Rede gebraucht, und mit dem Hülfszeitworte Être abgewandelt wird.

Déchoir, abfallen.	. . .	déchu-e,	je déchois,	j' déchus.

Indicatif. Présent. je déchois. ich falle ab; tu déchois, il déchoit: Vielfach. nous déchoyons, oder déchéons, vous déchoyez oder déchéez, ils déchoient, oder déchéent. *Futur.* je décherrai, tu décherras, u. s. w. (die zwey rr nur wie eins ausgesprochen).

Échoir, zufallen.	échéant,	échu-e,	. . .	j' échus.

Im Présent Indicatif hat es nur die dritte einfache Person, il échet, er fällt zu. Futur. j' écherrai (nur ein r ausgesprochen).

Falloir, müssen, ist ein unpersönliches Zeitwort, das kein Circonstanciel présent hat. Es wird mit dem Hülfszeitworte avoir in den zusammengesetzten Zeiten abgewandelt. Mittelwort. Fallu, gemußt. *Indicatif. Présent.* il faut, man muß; *Imparfait.* il falloit, man mußte. *Parfait défini.* il fallut, man mußte. *Futur.* il faudra, man wird müssen. *Conditionnel présent.* il faudroit, man würde müssen. *Subjonctif. Présent.* qu'il faille, daß man müsse. *Imparfait.* qu'il fallût, daß man müßte.

Mou-

Infinitif.	*Circonstanciel.*	*Participe.*	*Présent indicatif.*	*Parfait défini.*
Mouvoir, bewegen.	mouvant,	mu-e,	je meus,	. . . .

Indic. Présent. je meus, ich bewege; tu meus, il meut. Vielfach: nous mouvons, vous mouvez, ils meuvent. Kein *Parfait défini*, kein *Futur*, kein *Conditionnel présent. Subjonctif. Présent.* que je meuve, daß ich bewege; que tu meuves, qu'il meuve. Vielfach: que nous mouvions, que vous mouviez, qu'ils meuvent. Also geht auch Émouvoir, regen.

Pleuvoir, regnen.	pleuvant,	plu,	il pleut,	il plut.

Indicatif. Futur. il pleuvra, es wird regnen. Die übrigen gehen regelmäßig.

Pouvoir, können.	pouvant,	pu,	je peux,	je pus.

Indic. Présent. je peux, ich kann; tu peux, il peut. Vielfach: nous pouvons, vous pouvez, ils peuvent. *Futur*, je pourrai, ich werde können; u. s. w. (nur ein r ausgesprochen). *Subjonctif. Présent.* que je puisse, daß ich könne; que tu puisses, qu'il puisse. Vielf. que nous puissions, que vous puissiez, qu'ils puissent.

Anmerkung. Man kann auch im Présent indic. je puis, anstatt je peux gebrauchen aber nur in der ersten Person, und jenes Wort wird keine Stammzeit.

Anstatt je ne peux, ich kann nicht; tu ne peux, u. s. w. diese Zeit fort, steht es frey, je ne saurois, tu ne saurois, il ne sauroit, Vielf. nous ne saurions, vous ne sauriez, ils ne sauroient, zu sagen.

Sa-

Infinitif.	*Circonstanciel.*	*Participe.*	*Présent indicatif.*	*Parfait défini.*
Savoir, wissen.	ſachant,	ſu,	je ſais,	je ſus.

Indicatif. Présent. je ſais, ich weiß, tu ſais, il ſait. Vielfach: nous ſavons, vous ſavez, ils ſavent. *Imparfait.* je ſavois, tu ſavois, u. ſ. w. *Futur.* je ſaurai, ich werde wiſſen; tu ſauras, u. ſ. w. *Impératif.* ſache. Vielfach: ſachons, ſachez, qu'ils ſachent.

Seoir, wenn es ſich ſchicken heißt, wird nur in den dritten Perſonen gebraucht; alſo *Indicatif. Préſent.* 3. einfache Perſon, il ſied, es ſchickt ſich; 3te vielf. ils ſiéent, ſie ſchicken ſich. *Imparfait* il ſeyoit . . . ils ſeyoient. *Futur.* ils ſiéra . . . ſiéront. *Conditionnel préſent.* il ſiéroit . . . ils ſiéroient. *Subjonctif préſent,* qu'il ſiée . . . qu'ils ſiéent. Das ſind alle Zeiten, welche gebräuchlich ſind. Der *Infinitif.* iſt abgeſchafft.

Seoir, wenn es ſitzen heißt, wird nur im *Circonſtanciel. preſent.* Séant, ſitzend, und im Mittelworte ſis, ſiſe, geſeſſen, gebraucht. Die mit ſéoir, zuſammengeſetzten Zeitwörter aſſeoir, niederſetzen, und s'aſſeoir, niederſitzen, raſſeoir, und ſe raſſeoir, ſich wieder nieder ſetzen, haben ihre Stammzeiten wie:

Aſſeoir,	aſſeyant,	aſſis-e,	j'aſſieds,	j'aſſis,

Indicatif. préſent. j'aſſieds, ich ſetze nieder; tu aſſieds, il aſſied. Vielfach: nous aſſéions, vous aſſéiez, ils aſſéient. *Futur.* j'aſſeyerai, oder j'aſſiérai, u. ſ. w. *Subjonctif. Imparfait.* que j'aſſiſſe, que tu aſſiſſes, qu'il aſsit. Keine 1. noch 2. vielf. Perſon, qu'ils aſſiſſent.

Anmerkung. Etliche Verfaſſer ſtellen als Stammzeiten dieſes Zeitworts *aſſeoir,* oder *aſſoir, aſſoyant, aſſis, j'aſſeois,* oder *j'aſſois, j'aſſis,* vor, und bilden das ganze Zeitwort ganz regelmäßig aus. Man darf mit dem Hrn. Abbé

Infinitif.	*Circonstanciel.*	*Participe.*	*Présent indicatif.*	*Parfait défini.*

Girard hoffen, daß bald ein allgemeiner Gebrauch diese letzten annehmen wird.

Surseoir, aufschieben.	. . .	sursis.	je surseois,	je sursis.

Hat nur die Zeiten, welche von seinen Stammzeiten abstammen.

Valoir, gelten.	valant,	valu,	je vaus,	je valus.

Indic. Présent. je vaus, ich gelte; tu vaus, il vaut. Vielfach: nous valons, u. s. w. *Futur.* je vaudrai, ich werde gelten, u. s. w. *Subjonctif. Présent.* que je vaille, daß ich gelte; que tu vailles, qu'il vaille. Vielfach: que nous valions, que vous valiez, qu'ils vaillent. Nach valoir wandelt man ab: Équivaloir, gleichen Werth haben; Revaloir, wiedervergelten, wie auch Prévaloir, überwiegen. Dieses aber ist im Subjontif Présent ganz regelmäßig, und hat que je prévale, etc.

Voir, sehen.	voyant,	vu-e,	je vois,	je vis.

Indicat. Futur. je verrai, ich werde sehen (nur ein r ausgesprochen). Also gehen: Entrevoir, ersehen; Revoir, wieder sehen, und Prévoir, vorsehen, welches doch im *Futur* je prévoirai, u. s. w. hat. Aus den Stammzeiten Pourvoir, pourvoyant, pourvu, je pourvois, je pourvus, werden alle Zeiten des Zeitworts pourvoir, versehen, ausgebildet.

Vouloir, wollen.	voulant,	voulu,	je veux,	je voulus.

Indicatif. Présent. je veux, ich will; tu veux, il veut. Vielf. nous voulons, vous voulez, ils veulent. *Futur.* je voudrai, tu voudras, u. s. w. *Subjonctif. Présent.* que je veuille, que tu veuilles, qu'il veuille. Vielf. que nous voulions, que vous vouliez, qu'ils veuillent. (Der Herr Abbé Girard schreibt: je veus, wie auch je peus mit einem s anstatt eines x).

Siebente Abtheilung.

Von den Zeitwörtern der 4ten Klasse und den unregelmäßigen derselben.

Da sich in dieser Klasse Zeitwörter, welche zur Endung im Infinitif ein stummes E haben, fünferley Zusammenfügungen der vor dem E stehenden Buchstaben befinden, so giebt es auch fünferley Arten, die Zeitwörter der 4ten Klasse abzuwandeln.

Diejenigen, welche sich auf INDRE endigen, haben ihre Stammzeiten wie Craindre, die auf DRE (wenn nicht IN davor stehet), und PRE, wie Rendre; die auf AIRE, wie Plaire; die auf UIRE, wie Conduire, und endlich die auf OÎTRE, wie Paroître.

Infinitif.	*Circonstanciel.*	*Participe.*	*Présent indicatif.*	*Parfait défini.*
I. Craindre fürchten,	craignant, fürchtend,	craint, gefürchtet,	je crains, ich fürchte,	je craignis, ich fürchtete.
II. Rendre, wieder geben,	rendant, wiedergebend.	rendu, wieder gegeben.	je rends, ich gebe wieder.	je rendis, ich gab wieder.
III. Plaire, gefallen.	plaisant, gefallend,	plu, gefallen,	je plais, ich gefalle,	je plus, ich gefiel.
IV. Conduire, führen,	conduisant führend,	conduit, geführt,	je conduis, ich führe,	je conduisis, ich führte.
V. Paroître scheinen,	paroissant, scheinend,	paru, geschienen,	je parois, ich scheine,	je parus, ich schien.

Die erste Gattung macht ihre Stammzeiten, indem sie INDRE des Infinitif, in ignant für den Circonstanciel Présent, in int für das Mittelwort; in ins für das Présent de l'Indicatif, und in ignis für das Parfait défini, verwandelt.

Die zwote verwandelt RE in ant für den Circonstanciel Présent, in U für das Mittelwort, in S für das Présent de l'Indicatif, und in IS für das Parfait défini.

Die dritte AIRE in aisant für den Circonstanciel présent, in u für das Mittelwort, in ais für das Présent de l'Indicatif, und in us für das Parfait défini.

Die vierte UIRE in uisant für den Circonstanciel présent, in uit für das Mittelwort; in uis für das Présent de l'Indicatif, und in uisis für das Parfait défini.

Die fünfte OÎTRE in oissant, für den Circonstanciel présent, in u, für das Mittelwort, in ois für das Présent de l'Indicatif, und in us für das Parfait défini.

An=

Anmerkung. Ueber das i dieser lezten Gattung wird ein doppelter Accent gesetzt, wenn solches sich vor einem T befindet: sonst aber nicht. Also schreibt man paroître, il paroît, je paroîtrai; und ohne Accent: je parois, je paroissois, u. s. w.

Crû, crûe, gewachsen, wird auch mit einem doppelten Accent im Mittelworte bezeichnet.

Verzeichniß der unregelmäßigen und mangelhaften Zeitwörter der 4ten Klasse.

Infinitif.	*Circonstanciel.*	*Participe.*	*Présent indicatif.*	*Parfait défini.*
Absoudre, lossprechen.	absolvant,	ab-sous, oute,	j'absous,	. . .

Dieses Zeitwort hat weder Parfait défini, noch das von ihm abstammende Imparfait der verbindenden Art. Es geht mit den hier vorgestellten Stammzeiten nach den über die Ausbildung der Zeiten gegebenen Regeln, so geht auch dissoudre, auflösen.

Battre, schlagen.	battant,	battu-e,	je bats,	je battis * †)

Hiernach werden die mit battre zusammengesetzten Zeitwörter abgewandelt.

Boire, trinken.	buvant,	bu-e,	je bois,	je bus.

In-

†) Die Zeitwörter, welche in diesem Verzeichnisse mit einem Sternchen bezeichnet sind, weichen von den regelmäßigen nur in ihren Stammzeiten ab, und folgen in ihrer Ausbildung den allgemeinen Regeln.

Infinitif.	Circonstanciel.	Participe.	Présent indicatif.	Parfait défini.

Indicatif. Présent. je boïs, ich trinke; tu boïs, il boit; Vielf. nous buvons, vous buvez. ils boivent. *Subjonctif présent.* que je boive, que tu boives, qu'il boive; Vielf. que nous buvions, que vous buviez, qu'ils boivent.

Braire, schreyen, (vom Eselsgeschrey) *Ind. Présent.* 3. einfache Person, il brait, er schreyt; 3. Vielfache: ils braient, sie schreyen. *Futur.* 3. einfache Person, il braira, er wird schreyen; 3. Vielf. ils brairont, sie werden schreyen. Das übrige ist nicht im Gebrauch.

Circoncire, beschneiden.	circoncisant,	circonci-e,	je circoncis,	je circoncis. *

Clorre, oder Clôre, zuschliessen.	. . .	clos-e,	je clos,	. . .

Indic. Prés. je clos, ich schliesse zu; tu clos, il clôt, keine vielfache Zahl. *Futur.* je clorrai (nur ein r ausgesprochen) ich werde zuschliessen, tu clorras, u. s. w. Es geht auch mit den zusammengesetzten Zeiten.

Enclorre, einschliessen, wird wie clorre abgewandelt.

Das Zeitwort Éclorre, oder Éclòre, aufblühen, ist nur bey folgenden Zeiten und Personen gebräuchlich. Mittelwort, Éclos, Éclose aufgeblühet. Die zusammengesetzten Zeiten. *Indic. Présent.* il éclot, er blüht auf, ils éclosent, sie blühen auf. *Futur.* il éclorra, oder éclòra, er wird aufblühen; ils éclorront, oder éclòront, sie werden aufblühen. *Conditionnel présent.* il éclorroit, oder éclòroit, er würde aufblühen; ils éclorroient, oder éclòroient, sie würden aufblühen. *Subjonctif. Présent.* qu'il éclose, daß er aufblühe, qu'ils éclosent, daß sie aufblühen.

Infinitif.	Circonstanciel.	Participe.	Présent indicatif.	Parfait défini.
Conclure, beschliessen.	concluant,	conclu-e,	je conclus,	je conclus. *

Also geht Exclure, ausschliessen, mit dem Unterschiede, daß man im Mittelwort Exclus-e, eben sowohl, als Exclu-e, sagen kann.

Confire, mit Zucker einmachen.	confisant,	confis,	je confis,	je confis. *

Also gehen Déconfire, gänzlich schlagen.

Coudre, nähen.	cousant,	cousu-e,	je couds,	je cousis. *

Also gehen Découdre, abtrennen; Recoudre, wieder flicken.

Croire, glauben.	croyant,	cru-e,	j' crois,	je crus. *

Dire, sagen.	disant,	dit-e,	je dis,	je dis.

Indic. Présent. je dis, ich sage; tu dis, il dit. Vielf. nous disons, vous dites, ils disent. Also geht Redire, wieder sagen.

Die mit Dire zusammengesetzten Zeitwörter folgen ihren Stammworte, ausgenommen Maudire, verfluchen, das im Circonstanciel maudissant hat. Dire und Redire sind die einzigen, welche in der zweyten vielfachen Person dites haben; die übrigen gehen regelmäßig nach disez; als vous maudissez, ihr verfluchet, vous medisez, ihr verläumdet.

In-

Infinitif.	*Circonstanciel.*	*Participe.*	*Présent indicatif.*	*Parfait défini.*
Écrire, schreiben.	écrivant,	écrit-e,	j' écris,	j' écrivis. *

Also gehen die mit Écrire zusammengesetzten Zeitwörter.

Faire, machen.	faisant,	fait-e,	je fais,	je fis.

Ind. Présent. je fais, ich mache; tu fais, il fait. Vielf. nous faisons, vous faites, ils font. *Futur.* je ferai, ich werde machen; tu feras, u. s. w. *Subjonctif Prés.* que je fasse, daß ich mache; que tu fasses, qu'il fasse. Vielf. que nous fassions, que vous fassiez, qu'ils fassent.

Also gehen die mit Faire zusammengesetzten Zeitwörter, Forfaire, mißhandeln, Malfaire, Uebelsthun, und Parfaire, ganz machen, ausgenommen, welche nur im Infinitif. Présent gebraucht werden.

Frire, in der Pfanne backen.	. . .	frit-e,	. . .	. . .

Außer den zusammengesetzten Zeiten hat solches nur das *Futur* je frirai, ich werde in der Pfanne backen; tu friras, u. s. w. Das *Conditionnel présent:* die zweyte einfache Person des *Impératif.* Fris, backe in der Pfanne. Bey den übrigen Zeiten kommt ihm das Zeitwort Faire zu Hülfe. Z. B. je fais frire, ich backe, u. s. w.

Lire, lesen.	lisant,	lu-e,	je lis,	je lus. *

Also gehen Élire, wählen; Relire, wieder lesen.

Luire, leuchten.	luisant,	lui,	je luis,	. . .

hat keinen Impératif, noch Imparfait der verbindenden Art.

In-

<table>
<tr><th>Infinitif.</th><th>Circonstanciel.</th><th>Participe.</th><th>Présent indicatif.</th><th>Parfait défini.</th></tr>
<tr><td>Mettre, setzen.</td><td>mettant,</td><td>mis-e,</td><td>je mets,</td><td>je mis, *</td></tr>
<tr><td colspan="5">Also gehen die mit Mettre zusammengesetzten Zeitwörter.</td></tr>
<tr><td>Moudre, mahlen (in der Mühle).</td><td>moulant,</td><td>moulu-e,</td><td>je mouds,</td><td>je moulus, *</td></tr>
<tr><td colspan="5">Also gehen die mit moudre zusammengesetzte Zeitwörter.</td></tr>
<tr><td>Naître, geboren werden.</td><td>naissant,</td><td>né-e,</td><td>je nais,</td><td>je naquis. *</td></tr>
<tr><td colspan="5">Also geht Renaître, wieder geboren werden. Allein da es kein Mittelwort hat, so fehlen ihm auch die zusammengesetzten Zeiten.</td></tr>
<tr><td>Nuire, schaden.</td><td>nuisant,</td><td>nui,</td><td>je nuis,</td><td>je nuisis. *</td></tr>
<tr><td>Paître, Weiden.</td><td>paissant,</td><td>pu,</td><td>je pais,</td><td>. . .</td></tr>
<tr><td colspan="5">Kein Imparfait der verbindenden Art, und keine zusammengesetzte Zeiten.
Also geht Repaître, speisen. Solches aber hat im Parfait défini. Repu. Die zusammengesetzten Zeiten desselben werden selten, und nur in der Falkenierkunst gebraucht.</td></tr>
<tr><td>Prendre, nehmen.</td><td>prenant,</td><td>pris-e,</td><td>je prends,</td><td>je pris. *</td></tr>
<tr><td colspan="5">Also gehen auch die mit Prendre zusammengesetzten Zeitwörter.</td></tr>
<tr><td>Résoudre, entschliessen.</td><td>résolvant,</td><td>résolu-e, od. résous,</td><td>je résous,</td><td>je résolus, *</td></tr>
</table>

Au=

Infinitif.	Circonstanciel.	Participe.	Présent indicatif.	Parfait défini.

Anmerkung. Das Mittelwort Résolu, Résolue, heißt entschlossen, und Résous, heißt verwandelt, und ist nur im männlichen Geschlechte gebräuchlich. z. B. le soleil a résous le brouillard en pluie, die Sonne hat den Nebel in Regen verwandelt.

Rire, lachen.	riant,	ri,	je ris,	je ris. *

Also geht auch Sourire, lächeln.

Soudre, eine Schwierigkeit heben, ist nur in dieser Zeit gebräuchlich.

Suffire, hinlangen.	suffisant,	suffi,	je suffis,	je suffis. *

Suivre, folgen.	suivant,	suivi-e,	je suis,	je suivis, *

Also gehen auch die mit Suivre zusammengesetzten Zeitwörter.

Tordre, umdrehen.	tordant,	tordu,	je tors,	je tordis. *

Das Mittelwort von Tordre wird nicht, wie ein Beywort gebraucht. Also sagt man: *la soie que j'ai tordue*, die Seide, welche ich gezwirnt habe; aber nicht *une soie tordue*, eine gezwirnte Seide. Man muß alsdann tort, oder tors, torte, oder torse gebrauchen, und z. B. *un fil tort*, oder *tors*, ein gezwirnter Faden; *une soie torte*, oder *torse*, eine gezwirnte Seide, sagen.

Traire, melken.	trayant,	trait-e,	je trais,	. . .

Das=

Infinitif.	*Circonstanciel.*	*Participe.*	*Présent indicatif.*	*Parfait défini.*

Das *Imparfait* der verbindenden Art fehlt. *Indicatif. Présent.* je trais, ich melke, tu trais, il trait. Vielf. nous trayons, vous trayez, ils traient. So geht auch Soustraire abziehen.

Vaincre, überwinden.	vainquant,	vaincu-e,	je vaincs,	je vainquis.

Also geht Convaincre, überzeugen. Das *Présent.* je vaincs, ich überwinde; tu vaincs, il vainc, ist selten gebräuchlich.

Vivre, leben.	vivant,	vécu,	je vis,	je vécus.

Also gehen auch Revivre, wieder aufleben; und Survivre, überleben.

Allgemeines Verzeichniß aller französischen unregelmässigen und mangelhaften Zeitwörter nach alphabetischer Ordnung.

Absoudre, lossprechen.
Accourir, hinzulaufen.
Acquérir, erlangen.
Accueillir, bewillkommen.
Aller, gehen.
Asseoir, niedersetzen.
Battre, schlagen.
Bénir, segnen.
Boire, trinken.
Braire, schreyen (vom Esel).
Bouillir, sieden.
Cheoir, fallen.
Circoncire, beschneiden.
Clorre, oder Clôre, zuschliessen.
Conclure, beschliessen.
Concourir, mitlaufen.
Confire, mit Zucker einmachen.
Conquérir, erobern.
Convaincre, überzeugen.
Courir, laufen.
Croire, glauben.

Cueil-

Cueillir, abbrechen.
Déchoir, abfallen.
Déconfire, gänzlich schlagen.
Défaillir, abgehen.
Dire, sagen.
Discourir, reden.
Dissoudre, auflösen.
Éclore, aufblühen.
Écheoir, zufallen.
Écrire, schreiben.
Émouvoir, regen.
Encourir, in etwas gerathen.
Enquérir, forschen.
Entrevoir, ersehen.
Envoyer, schicken.
Équivaloir, gleichen Werth haben.
Exclure, ausschliessen.
Faillir, fehlen.
Faire, machen.
Falloir, müssen.
Forfaire, mißhandeln.
Frire, in der Pfanne braten.
Fuir, fliehen.
Gir, oder Gesir, liegen, oder ruhen.
Haïr, hassen.
Lire, lesen.
Luire, leuchten.
Mettre, setzen.
Maudire, verfluchen.
Médire, verläumden.
Moudre, mahlen.
Mourir, sterben.
Mouvoir, bewegen.
Naître, geboren werden.
Nuire, schaden.
Ouir, hören.
Paître, weiden.
Parcourir, durchlaufen.
Parfaire, ganz machen.
Pleuvoir, regnen.
Pouvoir, können.
Pourvoir, versehen.
Prévaloir, überwiegen.
Prendre, nehmen.
Prévoir, vorsehen.
Puer, stinken.
Quérir, holen.
Rasseoir, wieder setzen.
Recourir, wieder laufen.
Recueillir, sammlen.
Redire, wieder sagen.
Repaître, speisen.
Requérir, ersuchen.
Résoudre, entschliessen.
Revaloir, wieder vergelten.
Revêtir, bekleiden.
Rire, lachen.
Saillir, hervorgehen.
Saillir, entspringen.
S'asseoir, sich nieder setzen.
Savoir, wissen.
Secourir, helfen.
S'enfuir, fort fliehen.
Seoir, sich schicken.
Seoir, sitzen.
Se rasseoir, wieder sitzen.
Soudre, eine Schwierigkeit aufheben.
Soustraire, abziehen.
Suffire, hinlangen.
Suivre, folgen.
Surseoir, aufschieben.
Survêtir, ein Kleid über ein anderes anziehen.
Survivre, überleben.
Tisser, weben.
Tordre, umdrehen.
Traire, melken.
Vaincre, überwinden.
Valoir, gelten.

Vê-

Vêtir, anziehen.
Vivre, leben.
Voir, sehen.
Vouloir, wollen.
Und vielleicht noch einige andre, die mit diesen zusammengesetzt sind.

Darstellung

aller Endigungen eines französischen regelmäßigen Zeitworts, welches weder leidend, noch fürwörtlich ist.

Anmerkung. Wir weichen in dieser Darstellung von den von uns in der zwoten Abtheilung dieses Hauptstücks gegebenen Ausbildungen ab. In der Absicht, die Sache bestmöglichst zu erleichtern, lassen wir alle Zeiten vom Infinitif und Circonstanciel abstammen. Das Verfahren ist das nämliche, wie bey der andern Art, welche doch übrigens befolget werden soll, weil sie viel regelmäßiger und methodischer ist.

Wir sprechen hier weder von denjenigen Zeitwörtern, welche nach Sentir, Ouvrir und Tenir gehen, noch von denen, worüber wir etwas besonderes bemerket haben.

Das E am Ende des Fürworts JE, wird ausgelassen, wenn das Zeitwort mit einem Vokal, oder stummen *h* anfängt, und an dessen Stelle setzt man ein Auslassungszeichen.

Um den Anfängern den Gebrauch der folgenden Tabelle bestmöglichst zu erleichtern, wollen wir ihnen ein einfaches Mittel an die Hand geben. Dies ist folgendes.

Auf einer jeden Kolumne steht eine Römerzahl, welche die Klasse, wozu die Kolumne gehört, anzeigt. Also will ich ein Zeitwort der 1sten Klasse abwandeln, so muß ich die Kolumne Nro. I; ein Zeitwort der 2ten, die Nro. II; eins der 3ten, die Nro. III; eins der 4ten, die Nro. IV, von oben herunter durchlesen. Die vierte Klasse, wie wir oben bemerkten, hat fünferley Endungen; ich muß also auf die Endung meines abzuwan-

deluden

delnden Zeitworts Acht geben. Wäre dieselbe DRE, wovor IN nicht steht, oder PRE, so gehört das Zeitwort zu Nro. I. der 4ten Klasse, die sich in PRE endigenden, verwandeln das in der Tabelle stehende D in P. Stünde IN vor DRE, alsdann ist dasselbe zu Nro. II. dieser 4. Klasse zu rechnen; endigte sich der Infinitif mit AIRE, so erhellet, daß dieses Zeitwort zu Nro. III. eben der Klasse gehöret. u. s. w.

Hat man für das Zeitwort, der Endung des Infinitif gemäß, die ihm gehörige Kolumne gefunden, alsdann kann man es leicht und unfehlbar abwandlen. Wir geben für ein jedes Beyspiele. Wir wollen die Zeitwörter créer, erschaffen; économiser, sparsam verwalten; finir, endigen; appésantir, schwer machen; devoir, sollen; appercevoir, erblicken, rendre, wieder geben; rompre, brechen; redescendre, wieder herabsteigen; joindre, verbinden; plaindre, beklagen; plaire, gefallen; nuire, schaden; séduire, verführen; croitre, wachsen, u. d. g. nehmen. Nun betrachte ich, was für Endbuchstaben von diesen Wörtern auf der Tabelle stehen. Ich finde für die 1ste Klasse ER, für die 2te IR u. s. f. Nun lasse ich diese verzeichneten Endungen von dem Zeitworte aus, z. B. für die oben angeführten Zeitwörter ER von Créer, IR von Finir u. s. w.; alsdann bleibt mir nur cré, économis, fin, appésant, d, apperc, zer, rom, redescen, jo, pla, pl, n, séd, cr, übrig; darauf setze ich das hinzu, was mir die, in der Columne gegebene Abwandlung vorschreibt. Z. B. will ich den Circonstanciel von créer, von finir, von appercevoir, von rendre, von plaindre, von nuire und von croitre haben? so setze ich anstatt ER, IR, EVOIR, DRE, INDRE, UIRE und OITRE, ant nach cré; dann habe ich créant; issant nach fin, dann habe ich finissant; evant, nach apperc, dann habe ich appercevant; dant nach ren, dann habe ich rendant; ignant nach pla, dann habe ich plaignant; uisant nach n, dann habe ich nuisant; oissant nach cr, dann habe ich croissant u. s. w. Für das Mittelwort habe ich cré*é*, économis*é*, fin*i*, appésant*i*, d*u*, apperç*u*, rend*u*, redescend*u*, jo*int*, pla*int*, pl*u*, n*uit*, séd*uit*, cr*u*. Für das Présent der anzeigenden Art von créer, économiser und finir, bemerke ich auf der Tabelle, daß im Französischen sowohl, als im Deutschen eins von den persönlichen Fürwörtern (je nach Verschiedenheit der Person), dem Zeitworte vorstehen muß. Also sage ich für die 1ste

ein-

einfache je crée, j'économise, je finis; für die 2te tu crées tu économises, tu finis; für die 3te il crée, il économise, il finit; für die 1ste vielfache nous créons, nous économisons, nous finissons u. s. f. Für das *Imparfait* von finir und devoir, je finissois, tu finissois u. s. w. je devois, tu devois u. s. w. Für das *Parfait défini* von rendre, rompre und appercevoir, je rendis, je rompis, j'apperçus u. s. w. Für das *Futur simple* von joindre, plaire und nuire, je ioindrai, je plairai, je nuirai; u. s. w. Für das *Conditionnel. Présent*, von séduire und croître, je séduirois, je croitrois, u. s. w.

T A B

von

Abwandlung der französischen

			I.	II.	III.
					INFI
Présent.			Er.	Ir.	Evoir.
Parfait. avoir oder être *) mit dem Mittelwor=					
					CIRCONS
Présent.			ant.	issant	evant.
Passé. ayant, oder étant, mit dem Mittelworte.					
					PARTI
			é.	i.	u.
					INDI
Présent. Man verwandelt die Endigung des Infinitif in:					
Einfach.	1. P.	je	e	is	ois
	2.	tu	es	is	ois
	3.	il, bald elle, bald on	e	it	oit
Vielfach.	1.	nous	ons	issons	evons
	2.	vous	ez	issez	evez
	3.	ils, elles.	ent.	issent.	oivent.
Imparfait. Man verwandelt die Endigung des Circons					
Einf=	1.	je	ois	issois	evois
	2.	tu	ois	issois	evois
	3.	il, bald elle, bald on	oit	issoit	evoit
Vielfach.	1.	nous	ions	issions	evions
	2.	vous	iez	issiez	eviez
	3.	ils, elles.	oient	issoient.	evoient

*) Wir setzen hier das Hülfszeitwort *être*, für die Zeitwörter der Mittelgattung, welche mit solchem, in den zusammengesetzten Zeiten, abgewandelt werden.

ELLE.

der

regelmäßigen Zeitwörter.

			IV.		
	I.	II.	III.	IV.	V.
NITIF.					
	Dre.	Indre.	Aire.	Uire.	Oître.
te des abzuwandelnden Zeitworts.					
TANCIEL.					
	dant.	ignant.	aiſant.	uiſant.	oiſſant.
CIPE.					
	du.	int.	u.	uit.	u. **
CATIF.					
	ds	ins	ais	uis	ois
	ds	ins	ais	uis	ois
	d	int	ait	uit	oît
	dons	ignons	aiſons	uiſſons	oiſſons
	dez	ignez.	aiſez	uiſſez	oiſſez
	dent.	ignent.	aiſent.	uiſent.	oiſſent.
tanciel in:					
	dois	ignois	aiſois	uiſois	oiſſois
	dois	ignois	aiſois	uiſois	oiſſois
	doit	ignoit	aiſoit	uiſoit	oiſſoit
	dions	ignions	aiſions	uiſions	oiſſions
	diez	igniez	aiſiez	uiſiez	oiſſiez
	doient.	ignoient.	aiſoient.	uiſoient.	oiſſoient

**) Die Zeitwörter, wovon das Mittelwort biegsam ist, bekommen nach diesen Buchstaben ein stummes *e* für ihr weibliches Geschlecht in der einfachen; ein *s*, für die vielfache männliche, und *es* für die vielfache weibliche Zahl.

			Er.	Ir.	Evoir.

Parfait défini. Man verwandelt die Endigung des Infini

Ein=	1.	je	ai	is	us
	2.	tu	as	is	us
	3.	il, bald elle, bald on	a	it	ut
Vielfach.	1.	nous	ames	imes	umes
	2.	vous	ates	ites	utes
	3.	ils, elles.	erent.	irent.	urent.

Parfait indéfini.

E. 1. J'ai, oder je suis. 2. tu as, oder tu es. 3. il a, oder
V. 1. nous avons, oder nous sommes. 2. vous avez,

Parfait antérieur.

Einf. 1. j'eus, oder je fus. 2. tu eus, oder tu fus. 3. il
Vielf. 1. nous eûmes, oder nous fûmes. 2. vous eûtes,

Plusque-Parfait.

Einf. 1. j'avois, oder j'étois. 2. tu avois, oder tu étois.
Vielf. 1. nous avions, oder étions. 2. vous aviez, oder

Futur simple. Man verwandelt die Endigung des Infinitif

Ein=	1.	je	erai	irai	evrai
	2.	tu	eras	iras	evras
	3.	il, bald elle, bald on	era	ira	evra
Vielfach.	1.	nous	erons	irons	evrons
	2.	vous	erez	irez	evrez
	3.	ils, elles	eront.	iront.	evront.

Futur antérieur.

Einf. 1. j'aurai, oder je serai. 2. tu auras, oder tu seras.
Vielf. 1. nous aurons, oder nous serons. 2. vous aurez,

Conditionnel-Présent. Man verwandelt die Endigung des

Ein=	1.	je	erois	irois	evrois
	2.	tu	erois	irois	evrois
	3.	il, bald elle, bald on	eroit	iroit	evroit
Vielfach.	1.	nous	erions	irions	evrions
	2.	vous	eriez	iriez	evriez
	3.	ils, elles.	eroient.	iroient.	evroient.

Conditionnel-passé.

Einf. 1. j'aurois, oder je serois. 2. tu aurois, oder tu se
Vielf. 1. nous aurions, oder nous serions. 2. vous auriez,

Dre.	Indre.	Aire.	Uire.	Oître.

tif in:

dis	ignis	us	uisis	us
dis	ignis	us	uisis	us
dit	ignit	ut	uisit	ut
dimes	ignimes	umes	uisimes	umes
dites	ignites	utes	uisites	utes
dirent.	ignirent.	urent.	uisirent.	urent.

il est.
oder vous êtes. 3. ils ont, oder ils sont. } mit dem Mittelworte.

eut, oder il fut.
oder vous fûtes. 3. ils eûrent, oder ils fûrent. } mit dem Mittelworte.

3. il avoit, oder il étoit.
étiez. 3. ils avoient, oder étoient. } mit dem Mittelworte,

in:

drai	indrai	airai	uirai	oîtrai
dras	indras	airas	uiras	oîtras
dra	indra	aira	uira	oîtra
drons	indrons	airons	uirons	oîtrons
drez	indrez	airez	uirez	oîtrez
dront.	indront.	airont.	uiront.	oîtront.

3. il aura, oder il sera.
oder vous serez. 3. ils auront, oder ils seront. } mit dem Mittelworte.

Infinitif in:

drois	indrois	airois	uirois	oîtrois
drois	indrois	airois	uirois	oîtrois
droit	indroit	airoit	uiroit	oîtroit
drions	indrions	airions	uirions	oîtrions
driez	indriez	airiez	uiriez	oîtriez
droient.	indroient.	airoient.	uiroient.	oîtroient

rois. 3. il auroit, oder il seroit.
od. vous seriez. 3. ils auroient, od. ils seroient. } mit d. Mittelworte,

			Er.	Ir.	Evoir.

IMPÉ

Man verwandelt die

Ein=	2.		e	is	ois
	3.	qu'il, bald bald qu'elle bald qu'on	e	iſſe	oive
Vielfach.	1.		ons	iſſons	evons
	2.		ez	iſſez	evez
	3.	qu'ils, oder qu'elles.	ent.	iſſent.	oivent

SUB

Préſent. Man verwandelt die Endigung des Circonſtan

Ein=	1.	que je	e	iſſe	oive
	2.	que tu	es	iſſes	oives
	3.	qu'il, oder quelle	e	iſſe	oive
Vielfach.	1.	que nous	ions	iſſions	evions
	2.	que vous	iez	iſſiez	eviez
	3.	qu'ils, oder qu'elles.	ent.	iſſent.	oivent.

Imparfait. Man verwandelt die Endigung des Infinitif

Ein=	1.	que je	aſſe	iſſe	uſſe
	2.	que tu	aſſes	iſſes	uſſes
	3.	qu'il, oder qu'elle	ât	ît	ût
Vielfach.	1.	que nous	âſſions	îſſions	ûſſions
	2.	que vous	âſſiez	îſſiez	ûſſiez
	3.	qu'ils, oder qu'elles	âſſent.	îſſent.	ûſſent.

Parfait.

Einf. 1. que j'aie, oder que je ſois, 2. que tu aies, oder
Vielf. 1. que nous ayons, oder que nous ſoyons. 2.
aient, oder qu'ils ſoient.

Plusque-parfait.

Einf. 1. que j'euſſe, oder quə je fuſſe. 2. que tu euſ-
Vielf. 1. que nous eûſſions, oder que nous fûſſions. 2.
eûſſent, oder qu'ils fuſſent.

Dre.	Indre.	Aire.	Uire.	Oitre.
RATIF.				
Endigung des Infinitif in:				
ds	ins	ais	uis	ois
de	igne	aiſe	uiſe	oiſſe
dons	ignons	aiſons	uiſons	oiſſons
dez	ignez	aiſez	uiſez	oiſſez
dent.	ignent.	aiſent.	uiſent.	oiſſent.
JONCTIF.				
ciel Préſent in:				
de	igne	aiſe	uiſe	oiſſe
des	ignes	aiſes	uiſes	oiſſes
de	igne	aiſe	uiſe	oiſſe
dions	ignions	aiſions	uiſions	oiſſions
diez	igniez	aiſiez	uiſiez	oiſſiez
dent.	ignent.	aiſent.	uiſent.	oiſſent.
in:				
diſſe	igniſſe	uſſe	uiſiſſe	uſſe
diſſes	igniſſes	uſſes	uiſiſſes	uſſes
dît	ignît	ût	uisît	ût
diſſions	igniſſions	ûſſions	uisiſſions	ûſſions
diſſiez	igniſſiez	ûſſiez	uisiſſiez	ûſſiez
diſſent.	igniſſent.	ûſſent.	uisiſſent.	ûſſent.

que tu ſois. 3. qu'il ait, oder qu'il ſoit.
que vous ayez, oder que vous ſoyez. 3. qu'ils

ſes, oder que tu fuſſes. 3. qu'il eût, oder qu'il fût.
que vous eûſſiez, oder que vous fûſſiez. 3. qu'ils

Mit dem Mittelworte.

Achte Abtheilung.

Von der Abwandlung der leidenden Zeitwörter.

Da diese Art Zeitwörter aus dem Mittelworte des thuenden Zeitworts, welches man auf eine leidende Art abwandeln will, und dem vorher stehenden Hülfszeitworte Étre entstehet, so braucht man blos das Mittelwort des abzuwandelnden Zeitworts nach einer jeden Zeit und Person des schon ganz ausführlich dargestellten Hülfszeitworts Étre zu setzen. Z. B. der *Infinitif Présent* von dem thuenden Zeitworte Aimer, ist für das Leidende, Étre Aimé, geliebt werden. Der *Circonstanciel Present*, Étant Aimé, einer der geliebt wird. *Indicatif Présent*, je Suis Aimé, ich werde geliebt. *Parfait indéfini*, j'ai été Aimé, ich bin geliebt worden, u. s. w.

Neunte Abtheilung.

Von der Abwandlung der Zeitwörter der Mittelgattung.

Von diesen Zeitwörtern werden einige mit dem Hülfszeitworte Avoir, einige mit Étre, und die übrigen bald mit Avoir, bald mit Étre, in den zusammengesetzten Zeiten abgewandelt. Die Zeitwörter der Mittelgattung, welche sich in dem folgenden Verzeichniße nicht befinden, haben das Hülfszeitwort Avoir.

Bemerkung. Das Mittelwort der Zeitwörter der Mittelgattung, welches in den zusammengesetzten Zeiten mit dem Hülfszeitworte Avoir abgewandelt wird, ist seiner Natur nach unbiegsam.

§. 1.

Franzöſiſche Zeitwörter der Mittelgattung, welche mit dem Hülfszeitwort Être abgewandelt werden.

		Männl.	Weiblich.
Accourir, herzulaufen.	Je ſuis . . .	accouru . . .	e.
Aller, gehen.		allé - . . .	e.
Arriver, ankommen.		arrivé - . . .	e.
Choir, fallen.		chu - . . .	e.
Décéder, ſterben.		décédé . . .	e.
Demeurer, bleiben.		demeuré . . .	e.
Deſcendre, abſteigen.		deſcendu . . .	e.
Monter, aufſteigen.		monté - . . .	e.
Mourir, ſterben.		mort - . . .	e.
Naître, geboren werden.		né - - . . .	e.
Partir, verreiſen.		parti - . . .	e.
Paſſer, durchgehen.		paſſé - . . .	e.
Périr, ſterben.		péri - . . .	e.
Reſſuſciter, auferſtehen.		reſſuſcité . . .	e.
Reſter, bleiben.		reſté - . . .	e.
Sortir, herausgehen.		ſorti - . . .	e.
Tomber, fallen.		tombé - . . .	e.
Venir, kommen.		venu - . . .	e.

Die mit denſelben zuſammengeſetzten Zeitwörter gehen wie ihre Stammzeitwörter, ausgenommen Contrevenir, ein Geſetz übertreten; und Subvenir, helfen, welche mit Avoir abgewandelt werden.

§. 2.

Franzöſiſche Zeitwörter der Mittelgattung, welche bald mit Être, bald mit Avoir abgewandelt werden.

Vor den folgenden ſteht bald Avoir, bald Être, ohne beſondere Regeln.

Accroître, vermehren; je ſuis, oder j'ai accru. | Apparoître, erſcheinen.

Com-

Comparoître, vor dem Richter erscheinen.	j'ai	comparu.
Croître, wachsen.		cru.
décroître, abnehmen.	ou	décru.
disparoître, verschwinden.		disparu.
Recroître, wieder wachsen.	je suis	recru.

Gehen solche mit être, so wird das Mittelwort biegsam, gehen sie aber mit avoir, so bleibt das Mittelwort unbiegsam.

Die folgenden werden mit avoir abgewandelt, wenn dieselben in dem in Columne A bemerkten Sinn; und mit Etre, wenn sie in der ihnen in Columne B gegebenen Bedeutung gebraucht werden.

A.	B.
Accoucher, Wehmutter seyn.	Accoucher, nieder kommen.
Aller und Sortir, wenn solche bedeuten, daß die Person von dem Orte wieder gekommen, wo sie hingegangen ist. Z. B. Monsieur a sorti ce matin, et a été à l'église. Der Herr ist diesen Morgen aus gegangen, und in der Kirche gewesen.	Aller und Sortir, wenn sie bedeuten, daß die Person von dem Orte noch nicht wieder gekommen, wo sie hingegangen ist. Z. B. Monsieur est sorti ce matin, et est allé à l'église. Der Herr ist diesen Morgen aus, und nach der Kirche gegangen.
Cesser, aufhören; wenn ein Regimen darauf folgt, z. B. Vous avez cessé votre travail, ihr habt aufgehört zu arbeiten.	Cesser, aufhören; willkührlich être, oder avoir, wenn kein Regimen darauf folgt. Z. B. Le mal a, oder est cessé, das Uebel hat aufgehört.
Convenir, wenn es so viel als schicklich seyn heißt. Z. B. Cette maison lui a convenu. Dieses Haus ist für ihn sehr gut gewesen.	Convenir, einig werden. Z. B. Ils sont convenus du prix. Sie sind des Preises einig worden.

Cou-

Courir, laufen.	Courir, Zulauf haben. Z. B. Ce Prédicateur est bien couru. Dieser Prediger hat einen großen Zulauf.
Demeurer, wohnen.	Demeurer, bleiben.
Descendre, herablassen.	Descendre, herabsteigen.
Échapper, entgehen.	Échapper, entwischen.
Monter, aufziehen.	Monter, aufsteigen.
Passer, übergehen, durchgehen, wenn es ein Regimen hat.	Passer, vorbey gehen, ohne Regimen.

Heißt Passer, angenommen werden, so steht avoir vor ihm. Z. B. Ce mot a passé, dieses Wort ist angenommen worden.

Zehnte Abtheilung.

Von der Abwandlung der fürwörtlichen Zeitwörter.

Alle französische fürwörtliche Zeitwörter haben immer bey ihren zusammengesetzten Zeiten das Hülfszeitwort Être, als je me suis battu, ich habe mich geschlagen; ils se sont aimés, sie haben sich einander geliebt; le bruit s'est fait là, das Lermen ist da geschehen. Wir wollen von denselben nach einander handeln.

§. 1.

Von den sich beziehenden fürwörtlichen Zeitwörtern.

Da diese Gattung nothwendiger Weise entweder zween oder noch mehrere Gegenstände enthält, worauf sich die That beziehet, wovon die Rede ist; so können sie nicht in der einfachen Zahl gebraucht werden. Solche werden folgendermaßen abgewandelt. Wir stellen nur einige Zeiten vor, welche für die andern zum Beyspiele dienen werden.

Mit

Mit einem den Accusatif regierenden Zeitworte.

Infinitif.

s'aimer, sich einander lieben.

Circonstanciel.

s'aimant, sich einander liebend.

Indicatif Présent.

nous nous aimons, wir lieben uns einander.
vous vous aimez, ihr liebet euch einander.
ils s'aiment, sie lieben sich einander.

Parfait indéfini.

nous nous sommes aimés, wir haben uns einander geliebt.
vous vous êtes aimés, ihr habet euch einander geliebt.
ils se sont aimés, sie haben sich einander geliebt.

Impératif.

aimons-nous, laßt uns einander lieben.
aimez-vous, liebet euch einander.
qu'ils s'aiment, sie sollen sich einander lieben.

Man setzt auch bisweilen das Wort s'entre, vor die fürwörtlichen Zeitwörter. Z. B. S' entre louer, sich einander loben; s'entre-aimer, sich einander lieben. u. s. w.

L'un l'autre, (oder les uns les autres wenn von mehr als 2 die Rede ist), oder mutuellement.

Mit einem den Genitif od. Ablatif regierenden Zeitworte.

Infinitif.

s' entretenir, sich mit einander unterreden.

Circonstanciel.

s'entretenant, sich mit einander unterredend.

L'un de l'autre, oder les uns des autres,

In-

Indicatif. Préſent.

nous nous entretenons, wir unterreden uns mit einander.
vous vous entretenez, ihr unterredet euch mit einander.
ils s'entretiennent, ſie unterreden ſich mit einander.

Parfait indéfini.

nous nous ſommes entretenus, wir haben uns mit einander unterredet.
vous vous êtes entretenus, ihr habt euch mit einander unterredet.
ils ſe ſont entretenus, ſie haben ſich mit einander unterredet.

Impératif.

entretenons-nous, laßt uns mit einander unterreden.
entretenez-vous, unterredet euch mit einander.
qu'ils s'entre tiennent, ſie ſollen ſich mit einander unterreden.

L'un de l'autre, (oder les uns des autres wenn von mehr als von 2 die Rede iſt), od. mutuellement.

Mit einem den Datif regierenden Zeitworte.

Infinitif.

ſe parler, mit einander ſprechen.

Circonſtanciel.

ſe parlant, mit einander ſprechend.

Indicatif Préſent.

nous nous parlons, wir ſprechen mit einander.
vous vous parlez, ihr ſprechet mit einander.
ils ſe parlent, ſie ſprechen mit einander.

L'un à l'autre, (od. les uns aux autres, wenn von mehr als 2 die Rede iſt) mutuellement.

Par-

Parfait indéfini.

nous nous sommes parlé, wir haben mit einander gesprochen.
vous vous êtes parlé, ihr habt mit einander gesprochen.
ils se sont parlé, sie haben mit einander gesprochen.

Impératif.

parlonsnous, laßt uns mit einander sprechen.
parlezvous, sprechet mit einander.
qu'ils se parlent, sie sollen mit einander sprechen.

L'un à l'autre, od. les uns aux aitres, od. mutuellement.

---

§. 2.

Von den auf sich zurückkehrenden, und blos fürwörtlichen Zeitwörtern.

Da diese beyden Arten Zeitwörter eben so abgewandelt werden, so stellen wir von einem jeden nur ein Beyspiel vor, um bey Abwandlung derselben dem Leser zu helfen.

Bejahungsweise.

Blos fürwörtliches Zeitwort.	Auf sich zurückkehrendes Zeitwort.
Infinitif.	*Infinitif.*
Présent. se repentir, bereuen.	s'en aller, weggehen.
Parfait. s'être repenti, bereuet haben.	s'en être allé, weggegangen seyn.
Circonstanciel.	*Circonstanciel.*
Présent. se repentant, bereuend.	s'en allant, weggehend.
Passé. s'étant repenti, einer der bereuet hat.	s'en étant allé, einer der weggegangen ist.

In-

Blos fürwörtliches Zeitwort.	Auf sich zurückkehrendes Zeitwort.
Indicatif.	*Indicatif.*
Présent- je me repens; ich bereue.	je m' en vais, oder va, ich gehe weg.
tu te repens, du bereuest.	tu t' en vas, du gehst weg.
il se repent, er bereuet.	il s'en va; er geht weg.
nous nous repentons, wir bereuen.	nous nous en allons, wir gehen weg.
vous vous repentez, ihr bereuet.	vous vous en allez, ihr gehet weg.
ils se repentent, sie bereuen.	ils s'en vont, sie gehen weg.
Parfait indéfini.	*Parfait indéfini.*
je me suis repenti, ich habe bereuet.	je m' en suis allé, ich bin weggegangen.
tu t'es repenti, du hast bereuet.	tu t'en es allé, du bist u. s. w.
il s'est repenti, er hat bereuet.	il s'en est allé, er ist u. s. w.
nous nous sommes repenti, wir haben bereuet.	nous nous en sommes allés.
vous vous êtes repenti, ihr habt bereuet.	vous vous en êtes allés.
ils se sont repenti, sie haben bereuet.	ils s'en sont allés.
Impératif.	*Impératif.*
repens-toi, bereue.	va-t-en, geh weg.
qu'il se repente, er soll bereuen.	qu'il s'en aille, er soll weggehen.
repentons-nous, laßt uns bereuen.	allons-nous en, laßt uns weggehen.
repentez-vous, bereuet.	allez-vous en, gehet weg.
qu'ils se repentent, sie sollen bereuen.	qu'ils s'en aillent, sie sollen weggehen.

Verneinungsweise.

Infinitif.	*Infinitif.*
Présent. ne pas se repentir, nicht bereuen.	ne pas s'en aller, nicht weg gehen.

Par-

Blos fürwörtliches Zeitwort.	Auf sich zurückkehrendes Zeitwort.
Parfait. ne s' être pas repenti.	ne s' en être pas allé.
Circonstanciel.	*Circonstanciel.*
Présent. ne se repentant pas.	ne s'en allant pas.
Passé. ne s' étant pas repenti.	ne s' en etant pas allé.
Indicatif.	*Indicatif.*
Présent. je ne me repens pas; ich bereue nicht.	je ne m'en va, oder m'en-vais pas.
tu ne te repens pas.	tu ne t' en vas pas.
il ne se repent pas.	il ne s'en va pas.
nous ne nous repentons pas.	nous ne nous en allons pas,
vous ne vous repentez pas.	vous ne vous en allez pas,
ils ne se repentent pas.	ils ne s' envont pas.
Parfait indéfini.	
Je ne me suis pas repenti.	je ne m' en suis pas allé.
tu ne t' es pas repenti.	tu ne t' en es pas allé.
il ne s'est pas repenti.	il ne s'en est pas allé.
nous ne nous sommes pas repenti.	nous ne nous en sommes pas allés.
vous ne vous êtes pas repenti	vous ne vous en êtes pas allés.
ils ne se sont pas repenti.	ils ne s'en sont pas allés.
Impératif.	
ne te repens pas, bereue nicht.	ne t'en va pas, gehe nicht weg.
qu'il ne se repente pas, er soll nicht bereuen.	qu'il ne s'en aille pas.
ne nous repentons pas, laßt uns nicht bereuen.	ne nous en allons pas.
ne vous repentez pas.	ne vous en allez pas.
qu'ils ne se repentent pas.	qu'ils ne s'en aillent pas.

Blos fürwörtliches Zeitwort.	Auf sich zurückkehrendes Zeitwort.

Fragweise.

Indicatif.	
Présent. est-ce que je me repens? bereue ich?	est-ce que je m'en vais? gehe ich weg?
te repens-tu? bereuest du?	t'en vas-tu? gehst du weg?
se repent-il? bereuet er?	s'en va-t-il? geht er weg?
nous repentons-nous?	nous en allons-nous?
vous repentez-vous?	vous en allez-vous?
se repentent-ils?	s'en vont-ils?
Parfait indéfini.	
est-ce que je me suis repenti? habe ich bereuet?	est-ce que je m'en suis allé? bin ich weggegangen?
t'es-tu repenti? hast du bereuet?	t'en es-tu allé?
s'est-il repenti?	s'en est-il allé?
nous sommes-nous repenti?	nous en sommes-nous allés?
vous êtes-vous repenti?	vous en êtes vous allés?
se sont-ils repenti?	s'en sont-ils allés?

Frag- und Verneinungsweise.

Indicatif.	
Présent. est-ce que je ne me repens pas? bereue ich nicht?	est-ce que je ne m'en va, oder m'en vais pas? gehe ich nicht weg?
ne te repens-tu pas?	ne t'en vas-tu pas?
ne se repent-il pas?	ne s'en va-t-il pas?
ne nous repentons-nous pas?	ne nous en allons-nous pas?
ne vous repentez-vous pas?	ne vous en allez-vous pas?
ne se repentent-ils pas?	ne s'en vont-ils pas?
Parfait indéfini.	
est-ce que je ne me suis pas repenti? habe ich nicht bereuet?	est-ce que je ne m'en suis pas allé? bin ich nicht weggegangen?
ne t'es-tu pas repenti?	ne t'en es-tu pas allé?
ne s'est-il pas repenti?	ne s'en est-il pas allé?

ne

Blos fürwörtliches Zeitwort.	Auf sich zurückkehrendes Zeitwort.
ne nous sommes nous pas repenti?	ne nous en sommes-nous pas allés?
ne vous êtes-vous pas repenti?	ne vous en êtes-vous pas allés?
ne se sont-ils pas repenti?	ne s'en sont-ils pas allés?

Die übrigen einfachen Zeiten folgen in Ansehung der Ordnung der Wörter dem Présent, und die zusammengesetzten, dem Parfait indéfini.

Zeitwörter, welche im Französischen zurückkehrend sind, ohne es im Deutschen zu seyn.

s'en aller, weg gehen.
s'appeler, se nommer, heissen.
s'appercevoir, merken.
s' arrêter, stehen bleiben, still stehen.
s' attendre, vermuthen, gewärtig seyn.
s'augmenter, zu nehmen.
se confesser, beichten.
s'encourir, davon laufen.
se défaire (z. B. d'un domestique) abschaffen.
se degoûter de quelque chose, einer Sache müde, oder überdrüßig werden, oder einen Eckel an etwas bekommen.
se démettre d'une charge, abdanken.
se désabuser, den Irrthum fahren lassen, bessere Gedanken bekommen.
se douter, muthmaßen, vermuthen.
s' échapper, entgehen, entwischen.
s'écouler, verfliessen.
s'écrier, schreien, rufen.
s'endormir, einschlafen.
s'ennuier, lange Weile haben, verdrießlich werden.
s' épouvanter, erschrecken.
s' éteindre, verlöschen, ausgehen.
s' évanouir, ohnmächtig werden, vergehen, verschwinden.
s' eveiller, aufwachen.
se faire, geschehen, angehen.
se faner, se fletrir, verwelken.
se fier, trauen.
se fondre, schmelzen.
s' enfuir, entfliehen.
se gâter, verderben.
se jouer, zum Besten haben.
se lasser, müde werden.

se

se lever, aufstehen.
se louer (de q. q.) mit einem zufrieden seyn.
se moquer de q. q. eines spotten.
se mourir, tod krank seyn.
je me meurs, es wird mir übel, ich sterbe.
s'opiniâtrer, auf etwas eigensinnig beharren, den Kopf aufsetzen.
se pratiquer, üblich, oder gebräuchlich, oder gewöhnlich seyn.
se passer de q. ch., etwas entbehren.
se passer (se faire), geschehen.
se passer (cesser d'exister), vergehen.
se plaire en q. ch., an etwas seinen Gefallen haben. z. B. je me plais en cet endroit, es gefällt mir an diesem Orte.
se pourrir, verfaulen, verwesen.
s'y prendre, es angreifen.
se promener, spazieren, oder spazieren gehen.
se purger, purgiren, lariren.
se raviser, anderes Sinnes werden, seine Meinung ändern.
se réfroidir, kalt werden.
se repentir, bereuen.
s'en repentir, es bereuen.
se reposer, ruhen, ausruhen.
s'en retourner, umkehren.
s'en revenir, zurückkommen.
se rider, verschrumpfen.
se rouiller, rosten, verrosten.
se faire saigner, zur Ader lassen.
se taire, schweigen, das Maul halten.
se tenir de bout, stehen.
se tenir droit, gerade stehen, gerade sitzen, gerade liegen.
se tenir tranquille, still seyn, still stehen, still sitzen.
se tenir sur ses gardes, auf seiner Hut stehen, oder seyn.
se tenir au logis, zu Hause seyn oder bleiben.
s'envoler, weg, oder davon fliehen.

Zeitwörter, welche im Deutschen zurückkehrend sind, ohne es im Französischen zu seyn.

Sich aufhalten, séjourner, demeurer.
Sich bedanken, remercier.
Sich belaufen, monter.
Sich bemühen, tâcher.
Sich bereden, déliberer ensemble, convenir.
Sich berufen, en appeler.
Sich brechen, vomir.
Sich gebärden, gesticuler, faire telle mine, ou telle grimace.
Sich krank essen, trinken u.s.w. tomber malade à force de manger, de boire, etc.
Sich fürchten, avoir peur.
Sich getrauen, oser.

Sich haaren, muer, changer de poil.
Sich halten, tenir, (z. B. gegen die Belagerer.
Sich aus dem Athem laufen, courir à perte d'haleine.
Sich mausen, muer.
Sich nahen oder nähern, approcher.
Sich reimen, rimer, quadrer,
Sich schämen, être honteux.
Sich schicken, convenir.
Sich stellen, faire semblant, affecter.
Sich übergeben, vomir.
Sich umsehen, regarder autour.
Sich unterstehen, oser.
Sich verfärben, changer de couleur.
Sich verlieben, devenir amoureux.
Sich vermessen, } jurer.
Sich verschwören, }
Sich verstellen, dissimuler.
Sich versündigen, pécher, offenser.
Sich weigern, refuser.
Sich wundern, oder verwundern, être surpris.
Sich zusammen verschwören, conspirer.
Sich zutragen, arriver, se passer.

§. 3.

Von den leidenden fürwörtlichen Zeitwörtern.

Wir haben über die Abwandlung derselben nur eins zu bemerken. Sie werden nur in der dritten Person, doch durch alle Zeiten gebraucht. Z. B. *cela se voit*, das ist zu sehen; *ces tableaux se voient*, diese Gemählde sind zu sehen; *cela se voyoit*, das war zu sehen; *ces tableaux se voyoient*, diese Gemälde waren zu sehen. *Cela doit se voir*, das soll zu sehen seyn. Z. B. *Ce tableau doit se voir dans la gallerie de Dusseldorf*, dieses Bild soll sich in der Gallerie zu Düsseldorf befinden, u. s. w.

Eilfte Abtheilung.

Von den unpersönlichen Zeitwörtern.

Abwandlung derselben.

Solche werden wie *Falloir*, müssen, abgewandelt, nachdem sie die ihrer Klasse eigenen Endungen erhalten.

Infinitif. Présent. Falloir, müssen.
Participe. fallu, gemußt.
Indicatif. Présent. il faut, man muß.
Imparfait. il falloit, man mußte.
Parfait défini. il fallut, man mußte.
Parfait indéfini. il a fallu, man hat gemußt.
Parfait antér. il eut fallu, man hatte gemußt.
Plusq. Parfait. il avoit fallu, man hatte gemußt.
Futur. il faudra, man wird müssen.
Futur antér. il aura fallu, man wird gemußt haben.
Conditionnel. Présent. il faudroit, man würde müssen.
Cond. Passé. il auroit fallu, man würde gemußt haben.
Présent. Subjonctif. qu'il faille, daß man müße.
Imparfait. qu'il fallût, daß man gemußt habe.
Parfait. qu'il ait fallu, daß man habe gemußt.
Plusque Parfait. qu'il eût fallu, daß man hätte gemußt.

§. 1.

Französische unpersönliche Zeitwörter.

Agir, il s'agit, es kommt darauf an.
Aller, il y va, es betrift.
Arriver, il arrive, es geschieht.
Avoir, il y a, es ist, es giebt.
Convenir, il convient, es geziemet sich.
Éclairer, il éclaire, es blitzet.
Être, il est, (mit einen Beyworte verbunden.

Faire. il fait.
- beau, es ist schön Wetter.
- chaud, es ist warm.
- très chaud, es ist heiß.
- froid, es ist kalt.
- mauvais, es ist schlimm Wetter.
- jour, es taget.
- nuit, es wird Nacht.
- noir, es ist dunkel.

il fait. { du brouillard, es nebelt. / un orage, es stürmt. / de la gelée blanche, es reifet. }

il commence a faire jour, oder nuit, es dämmert.

falloir, il faut, man muß.

geler, il gelle, es friert.

grêler, il grêle, es hagelt, es schlosset.

importer, il importe, es ist daran gelegen.

neiger, il neige, es schneyet.

paroître, il paroit, es erhellet.

plaire, il plait, es gefällt.

pouvoir, il se peut, es ist möglich.

pleuvoir, il pleut, es regnet.

sembler, il semble, es scheint.

suffire, il suffit, es ist genug.

tenir; il tient, oder il dépend de moi, es hängt von mir ab.

tonner, il tonne, es donnert.

valoir mieux, il vaut mieux, es ist besser.

§. 2.

Zeitwörter, welche im Französischen unpersönlich, und im Deutschen persönlich sind.

Falloir, il me faut, ich muß, il te faut, du mußt, u. s. w.

Ennuyer, il m'ennuie, ich habe Langeweile.

Entrer, il m'est entré beau jeu, ich habe schöne Karten bekommen.

Faire, il fait du vent, der Wind gehet.

Prendre, il me prend { envie, ich kriege, oder bekomme Lust. / une grande tentation, ich bekomme ein grosses Verlangen. }

Tarder, il me tarde, die Zeit wird mir lang.

§. 3.

Zeitwörter, welche im Deutschen unpersönlich, und im Französischen persönlich sind.

Es hat eingeschlagen, le tonnere est tombé.

Es hungert mich, j'ai faim.

Es durstet mich, j'ai soif.

Es schläfert mich, j'ai sommeil.

Es grimmet mich, j'ai la colique.

Es

Es laxiret mich, j'ai le Dévoiement.
Es jammert mich seiner, j'ai pitie de lui.
Es reuet mich, je me repens.
Es sticht mich, j'ai des élans.
Es schauert mich, je frissonne.
Es eckelt mir, j'ai du dégout.
Es gefällt mir, je me plais.
Es grauset mir, j'ai de l'horreur.
Es ist mir warm, j'ai chaud.
Es ist mir kalt, j'ai froid.
Es ist mir baug, j'ai peur.
Es ist mir wohl, je me porte bien.
Es geht mir wohl, je suis bien dans mes affaires.
Es ist mir übel, je me porte mal.
Es ahndet mir, je me doute.
Es gebricht mir an Geld, je manque d'argent.
Es gelinget mir, je réussis.
Es verdrüßet mich, j'ai du regret.

Siebentes Hauptstück.

Von den Nebenwörtern (Adverbes).

Erste Abtheilung.

Von den Nebenwörtern an sich.

Das Nebenwort ist ein unveränderlicher Theil der Rede, welcher dienet ein anderes Wort zu modificiren. Also: *infiniment*, unendlich; *jamais*, niemals; *très*, sehr; in folgenden Beyspielen, sind Nebenwörter. *Dieu est infiniment juste*, Gott ist unendlich gerecht. *Ne divulguez jamais ce qu' on vous a confié*, breitet niemals aus, was euch anvertrauet worden ist. *Dieu punit très sévèrement les impies*, Gott bestrafet die Gottlosen sehr strenge.

Die

Die Wörter, welche man durch Nebenwörter modificiren oder bestimmen kann, sind die Zeit= viele Neben= und der meiste Theil von den Beywörtern.

Da eine Sache auf vielerley Arten modificirt werden kann, so giebt es auch verschiedene Gattungen Nebenwörter. Sie können in VII Klassen eingetheilt werden.

I. *Les Adverbes de Maniere* (Nebenwörter der Art und Weise). Diese drücken aus wie, oder auf welche Art, eine Sache geschieht. Sie beantworten die Frage **Wie**, Comment. Z. B. Fortement, **stark**; tendrement, **zärtlich**; envain, **umsonst**; exprès, **mit Willen**; mal, **übel**; bien, **gut** oder **wohl**; ainsi, **also**, de même, **eben so**, u. s. w.

II. *Les Adverbes d' Ordre numéral* (Nebenwörter der Zahlordnung) stellen die Sache, der Zahl nach, vor; z. B. premièrement, erstens; secondement, zweytens, u. s. w.

III. *Les Adverbes simplement d' Ordre* (Nebenwörter der blossen Ordnung), beziehen sich nur auf die Ordnung der Sachen untereinander. Z. B. D'abord, erst; après, nachher; devant, vorher; derriere, hinter; à la file, der Reihe nach; enfin, endlich; pêle-mêle, durch einander, u. s. w.

IV. *Les Adverbes de Lieu* (Nebenwörter des Orts), dienen zur Bestimmung der Oerter, in Rücksicht der Personen oder Sachen. Z. B. où, wo; ici, hier; là, da; dedans, inwendig; dehors, auswendig; partout, überall; u. s. w.

V. *Les Adverbes d' Éloignement* (Nebenwörter der Entfernung), bestimmen, ob die Oerter, Personen oder Sachen weit von einander liegen. Z. B. loin, weit; près, nahe; auprès, bey; à côté, neben; u. s. w.

VI. *Les Adverbes de Quantité* (Nebenwörter der Vielheit), modificiren die mit ihnen verbundenen Wörter durch eine Idee der Vielheit; sie mag nun physisch oder moralisch seyn. Z. B. assez, genug; trop, zu viel; peu, wenig; beaucoup, viel; davantage, mehr; aussi, autant, tant, si, so, eben so;

so; tout, tout-à-fait, ganz; du tout, gar nicht; presque, fast; quelque, auch; encore, noch.

VII. *Les Adverbes de Temps* (Nebenwörter der Zeit), sind dreyerley. Die erste Art davon bezeichnet die Theile der Zeit auf eine ganz bestimmte Art. Z. B. aujour' d'huy, heute; demain, morgen; u. s. w.

Die zweyte, bestimmet die Zeit nicht so genau: es sind folgende drey: Tôt, Matin, früh; tard, spät.

Die dritte beantwortet die Frage: Wie oft, oder theilet die Zeit ein: als souvent, oft; toujours, immer; quelque fois, bisweilen, oder bald; d'autre fois; u. s. w.

Zwote Abtheilung.

Von der Ausbildung der Nebenwörter, die von den Beywörtern herstammen.

Die Nebenwörter der Art und Weise sowohl, als die von der Zahlordnung stammen von den Beywörtern folgendermaßen ab.

I. Hat das Beywort die Endung *nt*, so verwandelt man diese zwey Buchstaben in mment, und alsdann entstehet das Nebenwort, z. B. aus *savant*, gelehrt, *obligeant*, gefällig; *négligent*, nachlässig; enstehen *savamment*, *obligeamment*, *négligemment*, u. s. w.

Ausnahme. Lent, langsam; und présent, gegenwärtig, haben lentement, und présentement.

II. Wenn das Beywort sich auf Mitlauter endiget, die nicht *nt* sind; so stammet das Nebenwort von dem Weiblichen des Beyworts her, zu welchem man ment setzet. Z. B. franc, aufrichtig; gras, dick; fol, närrisch, haben im Weiblichen:

fran-

franche, grasse, folle, und ihre Nebenwörter sind: franchement, grassement, follement, u. s. w.

Ausnahme. Gentil, artig; hat gentiment.

III. Zu der männlichen Endung derjenigen, die sich auf *e*, oder *i* endigen, setzt man blos ment. Z. B. vrai, wahrhaft, vraiment; poli, höflich, poliment; hardi, dreist, hardiment; agréable, angenehm, agréablement; sensé, verständig, sensément, etc.

IV. Was diejenigen betrift die sich auf *u* endigen, so bekommen dieselben ment bald nach ihrer männlichen, bald nach ihrer weiblichen Endung, um ihre Nebenwörter auszubilden. Z. B. assidu, fleißig, assidument; ingénu, offenherzig, ingénument; cru, roh, cruement; congru, schicklich, congruement, u. s. w.

Von den Nebenwörtern der Art und Weise giebt es nur 5, die von keinem Beyworte herstammen; solche sind:

comment, wie.	nuitamment, nächtlicherweise.
incessament, unaufhörlich.	sciemment, wissentlich.
notament, ausdrücklich.	

Würden sich die sechs folgenden Nebenwörter der Art und Weise auch auf ment endigen, so könnte man ohne Ausnahme behaupten, daß ein jedes von dieser Gattung diese Endung haben müsse.

ainsi, also.	envain, umsonst.
bien, wohl.	exprès, mit Fleiß.
de même, eben so.	mal, übel.

Das sich vor *ment* befindende e ist immer stumm, ausgenommen in folgenden Nebenwörtern, worin es scharf ist.

aisément, leicht.	délibérément, entschlossen.
aveuglément, blindlings.	démesurément, übermäßig.
commodément, gemächlich.	désespérément, verzweifelt.
communément, gemeiniglich.	désordonnément, unmäßig.
conformément, gemäß.	déterminément, ausdrücklich.

ef-

effrontément, unverschämterweise.
enormément, abscheulicherweise.
expressément, mit Fleiß.
figurément, verblümt.
importunément, ungestümerweise.
impunément, straflos.
incommodément, ungemächlich.
inconsidérément, achtloserweise.
indéterminément, unbestimmterweise.
inespérément, unverhofterweise.
inopinément, unvermuthet.
malaisément, mühsam.
modérément, mäßig.
nommément, namentlich.
obscurément, dunkel.
obstinément, eigensinnigerweise.
opiniatrément, halsstarrigerweise.
passionnément, leidenschaftlich.
polément, sittsam.
précisément, genau.
prématurément, frühzeitig.
privément, vertraulich.
profondément, tief.
profusément, überflüßig.
proportionément, nach Verhältniß.
sensément, verständig.
séparément, besonders.
serrément, fest.
subordinément, in gehöriger Unterordnung.

Dritte Abtheilung.

Von den Vergleichungsstuffen der Nebenwörter.

Viele Nebenwörter haben, wie die Beywörter drey Vergleichungsstuffen; etliche davon aber nicht. Deswegen müssen wir folgendes bemerken:

Die Nebenwörter der Art und Weise, diejenigen ausgenommen, welche eine Vielheit und Größe anzeigen, als *extremement*, ausserordentlich; *totalement*, ganz; *suffisamment*, genug; wie auch die folgenden: *ainsi*, also; *de même*, eben so; *envain*, umsonst: *exprès*, mit Fleiß; *comment*, wie; *incessamment*, unaufhörlich; *no-*

notamment, ausdrücklich; *nuitamment*, nächtlicherweise.

Die Nebenwörter der Entfernung:

Die vier folgenden Nebenwörter der Zeit, tôt, bald; tard, spät; matin, früh; souvent, oft,

haben im Französischen sowohl als im Deutschen drey Stuffen der Vergleichung; und richten sich dabey, nach den von uns (4. Hauptst. 3. Abth. §. 3.) gegebenen Regeln. Z. B. *Sagement*, weise; *plus sagement*, weiser; *très*, oder *fort*, oder *bien sagement*, sehr weise; *le plus sagement*, am weisesten, u. s. w.

Die unregelmäßigen französischen Nebenwörter sind:

Positif.	*Comparatif.*	*Superlatif.*
bien, gut.	mieux, besser.	très, } bien, sehr gut. fort, } le mieux, am besten.
beaucoup, viel.	plus, mehr.	le plus, am meisten.
mal, schlimm.	pis, schlimmer.	le pis, am schlimmsten.

Achtes Hauptstück.

Von den Vorwörtern (Prépositions).

Das Vorwort ist ein unveränderlicher Theil der Rede, welcher ein Regimen nach sich verlangt, und womit man die verschiedenen Beziehungen der Sachen auf einander ausdrücken kann. Z. B. *Monsieur de Turenne ayant conduit les troupes dans le Palatinat, commença la campagne sur la fin de l'hyver, pour prévenir les ennemis.* Da der

der Herr von Türenne die Armee in die Pfalz geführt hatte, so fieng er den Feldzug, gegen das Ende des Winters an, um dem Feinde zuvor zu kommen. Hier zeigt *dans le Palatinat* den Ort; *sur la fin de l'hyver*, die Zeit; und *pour prévenir les ennemis*, den Beweggrund an.

Es ist zu bemerken, daß, wenn ein Vorwort, ohne sein Regimen (welches Ergänzung, Vervollständigung des Vorworts *complément*, heißt) stünde, so wäre es ihm unmöglich einen Sinn auszumachen. Z. B. nehme ich von dem folgenden Satze: *appliquons nous à modérer nos passions, car ce qui se fait dans la passion, se fait toujours contre la raison, et donne dans la suite de grands sujets de repentir:* laßt uns trachten, unsre Leidenschaften zu mässigen: denn in der Leidenschaft, handeln wir immer gegen die Vernunft, und finden hernach Veranlassung, es zu bereuen. Fallen die Ergänzungen der Vorwörter *dans* und *contre* weg, so geben dieselben keinen Sinn mehr.

Die Vorwörter theilen sich in sieben Klassen.

Die erste, welche auf einen Ort oder eine Stelle, Beziehung hat, enthält die 8 folgenden, welche auf französisch *Collocatives* heissen.
Chez, bey; dans, in; devant, vor; derriere, hinter; parmi, mitten unter; sous, unter; sur, auf; vers, gegen.

Die zwote enthält die, welche eine Beziehung auf eine Ordnung anzeigen (*les Ordinales*), deren sind vier, nämlich: après, nach; avant, vor; depuis, seit; entre, zwischen.

Die dritte Klasse (*les Unitives*), faßt diejenigen in sich, welche eine Verbindung bezeichnen. Diese sind: avec, mit; durant, während; outre, ausser; pendant, während, selon, nach; suivant, gemäß.

Die vierte Klasse (*les Séparatives*), dienet eine Trennung anzuzeigen. Zu ihr gehören: excepté, ausgenommen, hors, oder hormis, ausser; sans, ohne.

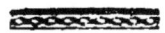

In

Zu der fünften Klasse (*les Oppositives*), welche eine Beziehung der Dinge auf einen Gegensatz bezeichnen, zählt man nur: contre, gegen; malgré, oder non-obstant, ohngeachtet.

Die sechste Klasse (*les Terminales*), womit man einen Zweck bezeichnet, bestehet nur aus: envers, gegen; touchant, betreffend; pour, um.

Die siebente Klasse (*les Spécificatives*). Die Vorwörter dieser Klasse werden in unsrer Sprache sehr oft, und so zu sagen, überall gebraucht, indem alles, was wir Geschlechtswörter genannt haben, sogar auch etliche Beugfälle des bestimmten Artikels (denn *du* heißt eben so viel als *de le*, *au* als *à le*, *des* als *de les*, *aux* als *à les*), aus diesen Vorwörtern gemacht werden. Sie bestehet aus den dreyen folgenden, welche eine Beziehung auf einen Unterschied bezeichnen:

à, de, en. In der Deutschen Sprache werden diese Vorwörter auf so vielerley Weise gegeben, daß es unnütz wäre, dieselben hier verzeichnißweise darzustellen, zumal da keines davon mit einem bestimmten deutschen Worte übersetzt werden kann.

Hier haben wir alle eigentliche Vorwörter der französischen Sprache angegeben; denn, weil ein Vorwort ein einfaches Wort seyn muß; so muß man etliche französische Ausdrücke, welche aus einem Vorworte und dem davon regirten Beugfalle des Nennwortes bestehen, um ein deutsches Vorwort zu übersetzen, gar nicht als Vorwörter betrachten: z. B. *en présence*, vor, u. d. g. Denn *présence*, Gegenwart, ist würklich ein Hauptwort, verbunden mit dem Vorworte *en*, wovon es regiert wird, u. s. w.

Es geschieht bisweilen, daß ein und eben dasselbe Vorwort, seinem verschiedenen Gebrauche nach, verschiede Beziehungen ausdrückt. Z. B. in diesem Satze: *il demeure à la ville*, er wohnt in der Stadt, ist *à* ein den Ort bezeichnendes Vorwort; in diesem: *nous marchions deux à deux*, wir gehen paarweise, steht *à* als ein die Ordnung anzeigendes Vorwort; und in diesem: *il travaille à s'enrichir*, er arbeitet, auf daß er reich werde, ist *à* ein die Absicht bedeutendes Vorwort, u. s. w.

Es giebt Vorwörter, die andere Vorwörter nach sich haben können. Solche sind: *de, excepté, hors.*

Nach *de* kann wohl *après, avec, en, entre, chez, par,* gesetzt werden; z. B. *Je parle d'après un bon auteur.* Ich rede nach dem Beispiel eines guten Schriftstellers. *La partie d'en haut,* der obere Theil. *Je viens d'avec mon frere,* ich war so eben bey meinem Bruder; *il y en à peu d'entre eux qui* etc. es giebt wenig unter ihnen, die u. s. w. *Venez vous de chez mon pere?* kommet ihr von meines Vaters Hause? *de par le Roi,* von wegen des Königs.

Excepté und *hors,* ausser; können allerhand Vorwörter nach sich haben. *J'ai joué contre tous, excepté contre lui,* oder *hors avec lui,* ich habe gegen alle gespielt, ausser gegen ihn. *J'ai été partout excepté chez vous,* ich bin überall, ausser bey euch gewesen, 2c.

Neuntes Hauptstück.

Von den Bindwörtern (Conjonctions).

Das Bindwort ist ein unveränderlicher Theil der Rede, vermittelst dessen, die Wörter oder die Sätze mit einander verbunden werden. Z. B. *Parlez peu et pensez bien, si vous voulez qu' on vous regarde comme un homme d' esprit,* redet wenig und denket richtig, wenn ihr wollt daß man euch für einen verständigen Mann halten soll.

Es giebt zwölf Klassen Bindwörter, welche die Art und Weise ausdrücken, wie die Worte und Gedanken können verbunden werden. Solche sind:

I. *Les*

I. *Les Conjonctions copulatives* (die verknüpfenden), welche, nichts anders thun, als die Worte blos verknüpfen; ihrer sind zwey: et, und, und ni, weder ... noch.

II. *Les Augmentatives* (die vermehrenden), sie heissen so, weil sie noch etwas mehr anzeigen, als was vorher gesagt worden war. Es giebt ihrer drey: dailleurs, de plus, en outre, ferner, weiter.

III. *Les Alternatives* (die abwechselnden), womit man eine Art Abwechselung ausdrücket. Solche sind ou ... ou, entweder ... oder; sinon, sonst; tantôt ... tantôt, bald ... bald.

IV. *Les Hypothetiques* (die bedingenden), welche einen möglichen Erfolg unter einer Bedingung bezeichnen. Ihre Zahl beläuft sich auf 7. Si, wenn; soit ... soit, es sey ... oder es mag ... oder; quand, wann; sauf, mit Vorbehalt; à moins que; à moins de, es sey denn daß, es wäre denn Sache daß; pourvuque, wenn nur, wenn anders.

V. *Les Adversatives* (die zuwiderlaufenden), sie dienen, unter mehrern Möglichkeiten eine der andern entgegen zu setzen. Es giebt deren 6. mais, aber, allein, sondern; quoique, obschon, obgleich; cependant, pourtant, doch, jedennoch, jedoch, dennoch; néanmoins, nichts desto weniger, nichts desto minder; toute fois, dem, oder dessen ungeachtet.

VI. *Les extensives* (die ausdehnenden), die Ausdehnung der Sätze anzudeuten; man zählet ihrer 7. jusque, bis, wie weit; encore, obzwar, obgleich, obschon, wie wohl; aussi, auch; même, so gar, nicht ein mal; tant ... qu' à, eben so ... als; enfin, kurz; non plus, auch nicht.

VII. *Les Périodiques* (die Bindwörter der Zeit), welche eine Zeitfolge bezeichnen, ihrer sind nur 4. dèsque, so bald; lorsque, als, nachdem u. d. g.; tandisque, oder quand, wann, so lang, indem u. d. g.

VIII. *Les Motivales* (die bewegenden), bezeichnen das Verhältniß der Ursach gegen die Wirkung, solche sind: car, denn,

denn, dann; comme, weil, indem; aussi, auch; puisque, parceque, weil; d'autant, dieweil, indem; attendu-que, vûque, sintemal, massen, inmassen, allermassen, gestalten, angesehen; afin que, afin de, auf daß, damit.

IX. *Les Conclusives* (die schliessenden), deuten eine Folge aus dem vorigen an, solche sind; donc, ainsi, par conséquent, partant, also, demnach, derohalben, folglich, mithin, alsdann.

X. *Les Explicatives* (die erklärenden), welche, wie schon aus ihrem Namen erhellet, gebraucht werden, wenn man etwas erklären will; comme, da; savoir, nämlich; surtout, besonders; entant que, als; ainsique, eben so, wie, gleichwie so; de maniere que, de façon que, de sorte que, si bien que, so daß.

XI. *Les Transitives* (die fortschreitenden), deuten eine Fortsetzung sowohl mehrerer Glieder eines Satzes, als auch mehrerer Sätze an, ihrer sind fünf: or, nun; pour, quant, was ... angeht, anlangt; au reste, du reste, übrigens.

XII. *La conjonction conductive* Que (das leitende Bindwort que, daß), von demselben sprechen wir in der Wortfügung.

Anmerkung.

Es gilt von dem Bindworte nicht minder, als von dem Vorworte, daß es aus einem einzigen Worte bestehet. Wir haben aber doch, in dem so eben gegebenen Verzeichnisse, einige Bindwörter angeführt, die aus mehreren Worten zusammengesetzt sind. Aber der Gebrauch hat solche angenommen, und ihnen erlaubt, unter den eigentlichen Bindwörtern Platz zu nehmen; doch führen sie diesen Namen nur uneigentlich.

Zehn-

Zehntes Hauptstück.

Von den Zwischenwörtern (Interjections.)

Unter dem Namen Zwischenwort, verstehet man einen unveränderlichen Theil der Rede, welcher die Bewegungen der Seele ausdrückt. Die Zwischenwörter haben ihren Namen daher, weil sie zwischen den andern Ausdrücken, wo die rege Empfindung sie erheischt, zerstreuet werden. Also sind folgende Wörtchen Zwischenwörter:

ah!		ô! oh!	bon! o ja!
aih!	ach!	oh! oh!	fi! pfui!
ha!	leider!	quoi! was!	vivat! es lebe!
hélas		ouf! autsch!	peste! potztausend! u. s. w.

O dieux! voyez mes maux; ô Hazael, souvenez vous de Minos dont vous admirez la sagesse, et qui nous jugera tous deux dans le royaume de Pluton. O ihr Götter, seht mein Elend! O Hazael, denket an den Minos, dessen Weisheit ihr bewundert, und der uns einmal in dem Reiche des Pluto richten wird.

Eilftes Hauptstück.

Von den Partikeln (Particules).

Die Partikel ist ein unveränderlicher Theil der Rede, welcher weder Neben- noch Vor- noch Bind- noch Empfindungswort seyn kann. So ist das Wörtchen *oui* ein Partikel in dem Satze: *La paix est-elle faite? oui.* Ist der Friede geschlossen? ja. In der That, *oui* modificirt hier nichts, es regieret nichts, verbindet nichts, drücket keine Gemüthsbewegung aus, die über die Nachricht von dem geschlossenen Frieden entsteht. Es giebt siebenerley Partikeln.

I. *Les Particules assertives* (die bejahenden), als certes, gewiß; oui, ja; non, nein; ne . . . pas, nicht; ne . . . point, kein; ne . . . plus, nicht mehr; peut-être, vielleicht.

II. *Les Admonitives* (die anmahnenden), als courage, wohlan, lustig; halerte, frisch auf; hola, ey; halte, halt.

III. *Les Imitatives* (die nachahmenden), als: cric, crac, tictac.

IV. *Les Exhibitives* (die anzeigenden), ci, hier; voici, voilà, da.

V. *Les Expletives* (die ergänzenden), so genannt, weil damit die Wörter, ah-çà, nun; ouidà, ja; ehbien, wohlan; orsus, also; ergänzet werden; sie sind: çà, dà, bien, sus.

VI. Eine, welche die abziehende heißt (*Extractive*); weil sie immer das Wort, wovor sie stehet, mit einer gewissen Abgezogenheit vorstellet. Solche ist de, womit der Génitif des Theilungsartikels gemacht wird.

Daß wir (S. 54. 3. Abth.), keine Ausnahme für den Génitif des Theilungsartikels gemacht haben, das kommt daher, weil wir die Anfänger nicht mit so vielen unbekannten Wörtern auf einmal überhäufen wollten: hier aber haben dieselben die ächte und vollständige Belehrung darüber.

VII. Eine vorgehende (*Précursive*), so genannt, weil sie immer dem ganzen Sinne vorstehet. Solche ist que, wie, warum u. d. g.

Zwey=

Zweyter Theil.

Von der Wortfügung (Syntaxe).

Il faut passer au travers des épines pour arriver aux riantes prairies de l'éloquence ou sur les monts escarpés de la poësie.

(Mr. L'abbé d'Olivet).

Einleitung.

Da in dieser Sprachlehre, wie wir in der Vorrede gesagt haben, unsre Absicht, nicht nur auf den Unterricht der Kinder, sondern auch dahin geht, erwachsenen Personen, welche sich die französische Sprache, nach Grundsätzen bekannt machen wollen, ein Genüge zu leisten: so wird, vielleicht, dieser zweyte Theil unsrer Sprachlehre, in welchem wir die deutlichsten, bündigsten, und auf unumstößlichen Grundsätzen beruhende Regeln der französischen Sprache, mit Sorgfalt und Ordnung angegeben haben, unsren Wunsch erfüllen, und wir hoffen, das Ziel zu erreichen, nach welchem wir so eifrig gestrebet haben.

Jetzt werden wir von der Wortfügung reden. Einem jeden Theile der Sprachkunst soll hier, in der Ordnung, seine Stelle, und wie solcher in der Rede zu gebrauchen, angewiesen werden. Und damit wir bey diesem Unterrichte alle Irrungen vermeiden, wollen wir erstens von der Wortfügung, und nachher von der französischen Construction handeln.

Die **Wortfügung** (la Syntaxe), ist die Vereinigung, Uebereinstimmung und richtige Stellung der Wörter in einem Satze, nach dem Geiste einer Sprache, oder nach gewissen Gesetzen eines überall angenommenen Gebrauchs.

Ein Satz ist eine Zusammenfügung mehrerer Wörter, welche einen verständlichen Sinn ausmachen. Es giebt deren im Französischen so wohl, als in einer jeden Sprache, dreyerley. Der einfache (la Phrase simple), der zusammengesetzte (la Phrase composée), und der erweiterte Satz (la Phrase complexe).

Ein jeder Satz muß zum wenigsten, aus einem Subject und einem Prädikat bestehen. Das Subject, in einem Satze, ist dasjenige, wovon das Zeitwort etwas bejahet oder verneinet. Es heißt auch der Nominativ des Zeitworts des Satzes. Das Prädikat ist dasjenige, was von dem Subject, entweder bejahet oder verneinet wird. Es bestehet gewöhnlich aus dem Zeitworte mit den von ihm abhangenden Wörtern. Ein Beyspiel wird darüber das gehörige Licht verbreiten. Le soleil gouverne les saisons, **die Sonne beherrschet die Jahrszeiten.** le soleil ist hier das Subject, weil die Sonne, die Ursache ist, von der ich etwas bejahe; nämlich daß sie die Jahrszeiten beherrsche. Gouverne les saisons, ist das Prädikat, weil darin lieget, was ich von der Sonne bejahe.

Dieu n' est pas injuste; **Gott ist nicht ungerecht.** In diesem Satze, ist das Subject, oder der Nominatif, *Dieu*, **Gott**, weil Gott derjenige ist, von dem ich etwas verneine; und n' est pas injuste, ist das Prädikat; weil die Ungerechtigkeit, dasjenige ist, dessen Daseyn in Gott ich läugne.

Ein einfacher Satz ist ein solcher, welcher blos aus einem Subjecte und Prädikat bestehet. Die so eben gegebenen Beyspiele sind einfache Sätze.

Ein zusammengesetzter Satz ist ein solcher, in welchem sich entweder mehrere Subjecte und nur ein Prädikat; oder nur ein

Sub-

Subject und mehrere Prädikate oder mehrere Subjecte und Prädikate befinden. Wir wollen dies durch Beyspiele erläutern. Allein, ehe wir zur Erklärung schreiten, müssen wir bemerken, daß dasjenige, was in dem Prädikat eines Satzes, mit dem Zeitworte desselben verknüpft wird, auch Regimen des Zeitworts heisse.

Das Regimen ist, insgemein, entweder ein Haupt- oder Für- oder Zeitwort, welches die Bedeutung eines andern Haupt- oder Zeitworts entweder einschränkt oder bestimmt. Ein Beyspiel wird dies deutlich machen. Aimons la loi du seigneur, laßt uns das Gesetz des Herrn lieben. Die Wörter, la loi, das Gesetz, schränken die natürliche Bedeutung des Zeitworts aimons, laßt uns lieben ein, welches, so ganz allein betrachtet, eine unbestimmte Uebung der Liebe ausdrücket; und bestimmen dieselbe zur Liebe des Gesetzes. Die Wörter du seigneur, des Herrn, bestimmen ebenfalls, was wir für ein Gesetz lieben sollen, nämlich das Gesetz des Herrn. Also durch la loi, wird aimons, und durch du seigneur, wird la loi bestimmt und eingeschränkt.

Es giebt aber zweyerley Regimen. Das gerade und das Nebenregimen. Das gerade Regimen (le Regime direct) ist dasjenige, das die Bedeutung des Zeitworts entweder ohne ausgedrücktes oder darunter verstandenes Vorwort einschränkt und bestimmt. Wenn solches ein Haupt- oder Fürwort ist, so stehet es immer im Accusativ, welcher der Nominativ des Satzes wird, wenn man das thuende Zeitwort in ein leidendes verwandelt. Es beantwortet die Frage wen? oder was? *qui?* oder *quoi?* z. B. Nous mangeons tous les jours *du pain*, nous buvons tous les jours *de l'eau* sans nous en degoûter, wir essen täglich Brod, wir trinken täglich Wasser, ohne daß wir dessen überdrüßig werden. Um hier das gerade Regimen zu finden, suche man die hauptsächlichsten Zeitwörter dieses Satzes auf. Sie sind mangeons, und buvons. Nun, was essen wir? was trinken wir? du pain, Brod; de l'eau, Wasser Also sind diese zwey Accusative gerade Regimen. Weiter, verwandele ich die thuenden Zeitwörter in leidende: so werden du pain, und de l'eau Nominative der leidenden Zeitwörter: z. B. was wird von uns gegessen? qu' est-ce qui est mangé

par

par nous, was getrunken? qu' est-ce qui est bu par nous? Brod, du pain, Wasser, de l'eau.

Wichtige Anmerkung. Ein gerades Regimen wird immer von einem thuenden Zeitworte regiert. Also in folgenden Satze: Cette maison m'a coûté mille écus, dieses Haus hat mir 1000 Reichsthaler gekostet: ist kein gerades Regimen vorhanden, weil man hier nicht mille écus ont été coûtés à moi par cette maison, 1000 Reichsthaler sind mir von diesem Hause gekostet worden, sagen kann; und folglich coûter, kein thuendes Zeitwort, sondern ein Zeitwort der Mittelgattung ist.

Das Nebenregimen (le Régime indirect), schränkt ein oder bestimmt die Bedeutung des Haupt- und Zeitworts entweder vermöge eines Beyfalles, der weder Nominativ noch Accusativ ist, oder eines ausgedrückten oder darunter verstandenen Vorworts. Solches kann nie das Subject des Zeitworts werden, wenn man dieses Zeitwort in ein leidendes verwandelen wollte. Es beantwortet immer die Frage, dē qui, wessen; oder de quoi, von wem; oder à qui, wem, oder à quoi, woran. Z. B. Je me plains de mon valet, ich beklage mich über meinen Knecht; Je parle à mon frere, ich rede meinen Bruder an; Je pense à mon malheur, ich denke an mein Unglück; la lumiere du soleil, der Glanz der Sonne; Je me nourris de pommes, ich nähre mich mit Aepfeln. Hier kann man fragen: de qui est-ce que je me plains? über wen beklage ich mich? Dann ist die Antwort: de mon valet; à qui est-ce que je parle? mit wem spreche ich, oder wen rede ich an? à mon frere; à quoi est-ce que je pense? woran denke ich? à mon malheur; la lumiere de quoi? wessen Licht? du soleil; de quoi est-ce que je me nourris? womit nähre ich mich? de pommes, u. s. w. (Jetzt komme ich wieder zu den zusammengesetzten Sätzen. La lune et les autres planettes reçoivent leur lumiere du soleil, der Mond und die andern Planeten bekommen ihr Licht von der Sonne. Dies ist ein zusammengesetzter Satz; er bestehet aus zweyen Subjecten und einem Prädikate. Denn, wer bekommet sein Licht von der Sonne? erstens der Mond, la lune, zweytens die andern Planeten, les autres planettes. Und was bekommt der Mond, was bekommen die andern Planeten von der Sonne? ihr Licht.

L'

L'étude forme le coeur et etend l'esprit, das Studiren bildet das Herz aus, und verschönert den Verstand. Hier steht nur ein Subject und zwey Prädikate (was bildet das Herz aus? das Studiren. Was verschönert den Verstand? das Studiren, und was thut das Studiren? es bildet, u. s. w. es verschönert, u. s. w.)

Ni les maisons, ni les terres, ni les plus grands amas d'or et d'argent, ne peuvent chasser la fievre du corps de celui qui les possede; ni délivrer son esprit d'inquiétude et de chagrin. Weder Häuser, noch Aecker, noch die grösten Haufen Goldes und Silbers, können das Fieber aus dem Leibe ihres Besitzers vertreiben, noch sein Herz vom Kummer und Verdruße befreyen. Dieser Satz enthält drey Subjecte, und zwey Prädikate. Denn auf die Frage: was kann das Fieber u. s. w. noch sein Herz u. s. w.? ist die Antwort, 1. Häuser, 2. Aecker, 3. die grösten Haufen Goldes und Silbers. Ferner: was können weder Häuser, noch Aecker, noch die grösten Haufen Goldes und Silbers? 1stens das Fieber aus dem Leibe ihres Besitzers vertreiben; 2tens sein Herz befreyen u. s.w.

Ein erweiterte Satz ist ein solcher, welcher nur ein Subject und ein Prädikat enthält, von denen aber eins oder alle beyde noch andre, und zwar von ihnen nothwendig abhangende Nebensätze bey sich haben. Z. B.

La science (Subject), qui forme le coeur de l'homme (Nebensatz), est préférable aux richesses (Prädikat), qui si souvent le corrompent (Nebensatz).

Ein Satz kann zusammengesetzt, und erweitert zugleich seyn. Dies ist der Fall, wenn ein Satz mehrere durch Neben- oder Zwischensätze eingeschränkte, oder bestimmte Subjekte oder Prädikate enthält. Z. B. L'estime singuliere (erstes Subject), que fit Alexandre le grand des poësies d'Homere, (Zwischensatz oder Einschiebsel), et les égards (zweytes Subject), qu'il eut pour la mémoire de Pindare dans le sac de la ville de Thebes (Zwischensatz), ne lui ont gueres moins acquis de réputation que toutes ses conquêtes (Prädikat). Die besondere Hochachtung, welche Alexander der Große den Gedichten des Homer erzeugte; die Achtung die er

dem

dem Andenken des Pindar, bey der Plünderung der Stadt Theben bewieß, hat ihm fast soviel Ruhm, als alle seine Eroberungen erworben.

Erstes Hauptstück.

Von der Wortfügung der Geschlechtswörter.

I. Regel.

Le pere et la mere de mon ami sont bons, der Vater und die Mutter meines Freundes sind gut.

Was lehret uns diese Regel? *)

Sie lehret, daß im Französischen, ein jedes Geschlechts- Bey- oder Fürwort, mit seinem Hauptworte im Geschlechte, in der Zahl, und im Beugfalle übereinkommen muß. Z. B.

La lumiere *du* soleil est *la plus pure*, das Licht der Sonne ist das reinste.

La lune est *une belle;* mais triste planette, der Mond ist ein schöner, aber trauriger Planet.

Le serpent a seduit *la premiere* femme, die Schlange hat das erste Weib verführet.

Anmerkung.

Weil die französischen Hauptwörter nicht immer von dem nämlichen Geschlechte als die deutschen sind, so wird der geneigte Leser, leicht bemerken, was diese Regel zur Absicht hat, näm-

*) Wir setzen bey den Regeln der Wortfügung das erste Beyspiel derselben vor die Regel selbst, um dem Gedächtniß desto besser zu Hülfe zu kommen.

nämlich allen Irrungen in dem Geschlechte vorzubeugen. Denn wollte man die so eben gegebenen Beyspiele, nach dem Deutschen übersetzen, so würde es: le lumiere de la soleil est le plus pur; le lune est un beau; mais triste planette; la serpent a séduit le premier femme; heissen, welches doch sehr verkehrt wäre, weil bey den Franzosen, lumiere, lune, femme, planette, weiblich; und soleil und serpent männlich sind.

Noch ist zu bemerken, daß, wenn ein deutsches Beywort seinem Hauptworte nachstehet, solches Beywort unveränderlich bleiben muß, das heißt, dasselbe kommt weder im Geschlechte, noch in der Zahl, noch im Beugfalle mit seinem Hauptworte oder seinen Hauptwörtern überein. Allein im Französischen ist dies der Fall niemals. Im Deutschen sagt man, z. B. Diese Mädchen sind schon alt. Allein im Französischen muß es heissen: Ces filles Sont deja *agées* u. s. w. . . . S. Aufgaben Num. 11. und fast überall.

II. Regel.

La patience et l'espérance, le temps et la fortune rendent tout possible, Geduld und Hoffnung, Zeit und Glück, machen alles möglich.

Was lehret uns diese Regel?

Sie lehret, daß im Französischen, ein jedes Gattungs- und Sammel- Hauptwort immer sein ausgedrücktes Geschlechtswort vor sich haben will, und nicht, wie es im Deutschen geschehen kann, ausgelassen und blos darunter verstanden werden darf. Z. B.

L' honneur et *la* vertu, l'honnêteté et *la* douceur rendent les hommes parfaitement aimables, Ehrliebe, Tugend, Höflichkeit und Sanftmuth machen die Menschen recht liebenswürdig.

L'ignorance est *la* mere *de* l'admiration, *de* l'erreur, *du* scrupule, *de la* superstition et *de la* prévention, Unwissenheit erzeuget anstaunende Bewunderung, Irrthum, Gewissensscrupel, Aberglauben und Vorurtheile.

Dieu

Dieu préposa *le* soleil, *la* lune et *les* étoiles pour éclairer *la* terre dans un ordre fixe, Gott bestimmte Sonne, Mond und Sterne, die Erde in einer festgesetzten Ordnung zu erleuchten. Aufgaben Nro. 3. 9. u. s. w.

Ausnahme.

Doch geschieht es bisweilen, daß wir uns den Deutschen in diesem Stücke nähern, indem wir, um der Rede Geschwindigkeit zu verschaffen, die Geschlechtswörter auslassen. Z. B.

Citoyens, étrangers, ennemis, peuples, Rois, Empereurs, le plaignent et le réverent. (Mr. de Turenne). Bürger, Fremde, Feinde, Völker, Könige und Kaiser bedauren und verehren ihn (Hrn. v. Türenne).

Habitans et soldats se réunirent pour chasser les barbares, Einwohner und Soldaten vereinigten sich, um die Barbaren zu vertreiben.

III. Regel.

Les vieux et les nouveaux soldats firent bien leur devoir, alte und neu angeworbene Soldaten, erfüllten genau ihre Pflicht.

Was lehret uns diese Regel?

Sie lehret, daß im Französischen, wenn zwey Beywörter mit einem Hauptworte verbunden sind, vor jedes der bestimmte Artikel gesetzt werden muß, besonders, wenn solche entgegengesetzte Eigenschaften andeuten. Z. B.

Les savants et *les* ignorants sont également instruits, quand il s'agit d'intérêts personnels, Gelehrte und Ungelehrte besitzen gleiche Geschicklichkeit, wenn es um ihren Eigennutz zu thun ist.

Les plus fidelles, comme *les* plus mauvais sujets, ont tout à craindre sous le regne d'un tyran, unter der Regierung

rung eines Tyrannen, haben die treuesten und schlechtesten Unterthanen gleich viel zu befürchren. S. Aufgaben Nro. 18. u. s. w.

Anmerkung.

Wenn ein Beywort in der dritten, sich beziehenden Stuffe (superlatif relatif), seinem Hauptworte vorstehet, alsdann wird der bestimmte Artikel nur vor das Beywort gesetzt; steht aber das Beywort seinem Hauptworte nach, so hat das Haupt- und Beywort das bestimmte Geschlechtswort vor sich. Z. B.

Les plus habiles gens font quelque fois *les* fautes *les* plus grossieres, die Geschicktesten begehen bisweilen die größten Fehler.

Les plus heureux mortels (oder *les* mortels les plus heureux) doivent craindre les vicissitudes de la fortune, auch die glücklichsten Menschen müssen die Unbeständigkeit des Glücks befürchten. S. Aufgaben Nro. 5. 13. u. s. w.

IV. Regel.

Junon est la femme de Jupiter, Juno ist des Jupiters Frau.

Was lehret uns diese Regel?

Sie lehret, daß im Französischen, alle eigene Namen der Gottheiten, Engel, Menschen, Thiere, Städte und Länder, mit dem unbestimmten Artikel deklinirt werden. Z. B.

Vienne est la capitale de l'autriche, Wien ist die Hauptstadt von Oestreich.

Pâris enleva *Hélene*, et fut cause de la guerre *de Troye*, Paris entführte die Helena, und gab dadurch zu dem Trojanischen Kriege Anlaß.

César fut vainqueur *de Pompé*, et entra triomphant à *Rome*, Cäsar ward Sieger über den Pompejus, und hielt in Rom einen triumphirenden Einzug. S. Aufgaben Nro. 9. 10. 13. 24. u. s. w.

Aus-

Ausnahme.

Wenn aber solche eigne Namen als Gattungsnamen gebraucht werden und zur Bezeichnung einer Eigenschaft dienen, oder wenn man von einer Person verächtlicher Weise spricht; alsdann, findet der bestimmte, und nicht mehr der unbestimmte Artikel statt. Z. B.

Le Dieu des miséricordes nous protege, der erbarmungsvolle Gott beschützet uns.

Les Ambroises et *let* Augustins sont rares aujourd' huy, Ambrosiusse und Augustine sind heut zu Tage selten zu sehen.

La Breton à les inclinations aussi basses que sa naissance est commune, die Breton hat eben so niederträchtige Neigungen, als ihre Geburt ist.

Anmerkungen.

1.) Wenn im Französischen, von dem Festtage eines Heiligen die Rede ist, so behält immer der Name *Saint* den weiblichen bestimmten Artikel *La*, vor sich, welcher nach dem Bengfalle des eigenthümlichen Namens abgeändert wird. Die Ursache davon ist, weil nach dem Sprachgebrauche die Wörter *Fête de* (Fest von), darunter verstanden werden. Also sagt man nicht: La *Fête de* saint Jean, sanct Johannistag; je vous payerai au terme de la *Fête de* saint Martin, ich werde euch auf Martinstag bezahlen; j'irai vous voir à la *Fête de* saint Pierre, ich will euch auf Peterstag besuchen; sondern blos, *La* saint Jean; je vous payerai au terme *de la* saint Martin; J' irai vous voir *à la* saint Pierre, u. s. w.

2.) Auch ist noch zu bemerken, daß zwar die Deutschen das Wort Heilig, vor den Namen eines Heiligen auslassen, wenn derselbe mit einem andern Hauptworte verbunden ist, aber nie ist dies im Französischen erlaubt. Z. B. Die Deutschen sagen: die Nicolai Kirche; das Petersthor; aber wir müssen sagen: l'Eglise *saint* Nicolas; la porte *saint* Pierre, u. s. w.

Weiter, im Französischen werden die Namen der Heiligen sowohl, als andere dergleichen, welche zur bestimmten Benennung eines einzelnen Gegenstandes dienen, im Nominativ, und nicht wie im Deutschen, im Genitiv gesetzt; es sey denn, daß solche Wörter mit dem unbestimmten Artikel nicht abgeändert werden können. Denn alsdann stehen sie auch, wie im Deutschen, im Genitiv. Z. B. Le pont saint Jacques, die Jakobsbrücke; Le fauxbourg saint Antoine, die Antoniusvorstadt. Aber: Le pont du st. Esprit, die heiligen Geistesbrücke; Le fauxbourg des fous, u. s. w.

3. Das Wörtchen *Feu* (selig), hat immer den unbestimmten Artikel vor sich, wenn sich ein zueignendes Fürwort, zwischen *Feu* und seinem Hauptworte befindet, und alsdann wird *Feu* unveränderlich: steht es aber unmittelbar vor seinem Hauptworte; so wird es mit dem bestimmten Artikel abgeändert, und ist männlich mit einem männlichen, weiblich mit einem weiblichen Hauptworte, z. B.

Feu mon pere, mein Vater selig.
de Feu ma mere, meiner Mutter selig.
à Feu leurs parents, ihren seligen Anverwandten.
Le feu Roi Louis seize, der höchselige König Ludwig der XVI.
La feu Electrice palatine, die hochselige Kurfürstin von der Pfalz.

V. Regel.

J'ai passé par l'Allemagne pour aller en France, ich bin durch Deuschland nach Frankreich gereiset.

Was lehret uns diese Regel?

Sie lehret, 1stens, daß im Französischen, die Namen der Länder, Königreiche und Provinzen mit dem bestimmten Artikel abgeändert werden, wenn man solche in einem bestimmten Sinne nimmt, daß heißt in den Fällen, wo sie den Inbegriff von allen Theilen ihrer Gegenstände ohne Ausnahme anzeigen. Und zweytens, daß dieselben, den unbestimmten Artikel vor sich haben wollen, so oft sie, in einem unbestimmten Sinne, d. h.

wenn

wenn sie nicht den Inbegriff von allen Theilen ihre Gegenstände anzeigen, oder als Ergänzung des Vorworts *en* gebraucht werden. Z. B.

J'ai vu toute *l'* Allemagne, ich habe ganz Deutschland gesehen; allein: je vais *en* Allemagne, ich reise nach Deutschland, weil ich alsdann Deutschland in einem unbestimmten Sinn betrachte.

Je connois *la* France, ich kenne Frankreich; allein, je reviens de France; weil ich hier nicht bestimme, aus welchem Theile dieses Königreichs ich wieder zurück komme.

La Lorraine est une province fertile, Lothringen ist ein fruchtbares Land (hier spreche ich von dieser Provinz auf eine bestimmte Weise); aber man sagt: le gouvernement *de* Lorraine, und nicht *de la* Lorraine; weil jener Ausdruck Lothringen überhaupt und als eine von Frankreichs Statthalterschaften bezeichnet; dieser aber würde diese Statthalterschaft insbesondere bezeichnen, und heissen die Stadthalterschaft über Lothringen u. s. w. S. Aufgaben Nro. 5. u. s. w.

Ausnahme.

Die Namen der wenig bekannten Orte weichen von dieser Regel ab, und behalten immer den bestimmten Artikel bey sich. Z. B.

J'ai vu le Mexique, et le Japon, ich habe Mexico und Japan gesehen.

En revenant *des* Indes, j'ai passé par *le* Brisgaut, da ich aus Indien zurück kam, gieng ich durch den Breisgau, u. s. w.

VI. Regel.

Du pain bis et de bonne eau me suffisent, mit schwarzem Brode und gutem Wasser laß' ich mich begnügen.

Was

Was lehret uns diese Regel?

Sie lehret, das so oft sich im Deutschen ein Hauptwort, ohne davor stehenden Artikel befindet, welches nur nach einem unbestimmten Theile seiner Bedeutung verstanden wird, dasselbe, im Französischen, mit dem Theilungsartikel abgeändert werden müsse. Z. B.

La noblesse doit avoir *des* lumieres étendues et *de* grands sentiments, Edelleute müssen viele Kenntnisse haben, und großmüthig denken.

Pour écrire il faut avoir *du* papier, *de* l'encre, et une plume, wer schreiben will, muß Papier, Tinte und eine Feder haben.

Pour bien écrire il faut *de* bon papier, *de* bonne encre et une bonne plume, wer gut schreiben will, muß gutes Papier, gute Tinte, und eine gute Feder haben. S. Aufgaben Nro. 1. 4. 7. 9. 13. 16. 18. u. s. w.

Ausnahme.

Wir haben gesagt (1. Theil 3. Hauptst.), daß, wenn ein Beywort vor seinem, mit dem Theilungsartikel abzuändernden Hauptworte stünde, nur das Wörtchen *de* vor allen ein- oder vielfachen Beugfällen des Beyworts gesetzt würde; allein macht das Bey- und Hauptwort einen untrennbaren Sinn aus, alsdann werden solche so abgeändert, als wenn kein Beywort da wäre. Z. B.

Mon grand pere a *des petits fils, des petites filles et des petits neveux*, mein Großvater hat Enkel, Enkelinnen und Urenkel.

Mon frere ne voit que *des petits maîtres et des petites maîtresses*, mein Bruder geht nur mit Stutzern und Stutzerinnen um.

Cet homme a *des belles-lettres*, il *des* voit gens d'esprit, et *des grands-seigneurs*, dieser Mann ist in den schönen Wissenschaften erfahren; er geht mit Gelehrten, und vornehmen Herrn um.

Que

Que n'avons-nous *des petites-maisons* pour enfermer ce fou, hätten wir nur Tollhäuser, damit wir diesen Narren einsperren könnten.

In diesen Beyspielen bedeuten, petits fils, nicht Söhne die klein sind; belles lettres, nicht Buchstaben die schön sind; petites maisons nicht Häuser, die klein sind; u. s. w., sondern etwas ganz anders, wie das Deutsche zeiget. Das vor seinem Hauptwort stehende Beywort macht mit demselben einen einzigen untheilbaren Sinn aus.

Anmerkung.

Es ist wohl zu bemerken, daß nicht ein jedes ohne Artikel stehendes französisches Hauptwort dieser Regel folgen muß. Es ist hier durchaus nothwendig, sich, an die von uns (1. Th. 3. Hauptst.) gegebenen Anweisungen zu erinnern, und wohl zu untersuchen, ob man die Wörter etwas oder etliche vor solches Hauptwort setzen kann, ohne den rechten Sinn des Satzes zu verändern. Dann gilt die Regel Du pain bis et de bonne eau me suffisent. Kann man dies aber nicht, alsdann nehmen diese Hauptwörter den unbestimmten Artikel zu sich, und werden sie von einem Worte, das eine Vielheit andeutet, regieret (siehe die folgende Regel); so stehen sie nach diesem Worte, im Genitiv. Z. B.

Quand on a vaincu sans *péril*, on triomphe aussi sans *gloire*, wenn man ohne Gefahr (etwas Gefahr ist hier der Sinn nicht), gesieget hat, so triumphiret man ohne Ruhm (etwas Ruhm gilt hier auch nicht).

Un bienfait reproché tient lieu *d'offense*, eine vorgeworfene Wohlthat ist einer Beleidigung gleich.

Je suis venu *à pied*, et je retournerai *à cheval*, ich bin zu Fuß angekommen, und werde zu Pferd zurückkehren.

Pouvoir rendre *service* est le bonheur de l'homme bien faisant, einen Dienst leisten zu können, ist für den wohlthätigen Menschen, ein wahres Glück.

J'ajoute

J'ajoute foi à vos paroles, ich messe ihren Worten Glauben bey: und n'ajoutez pas *beaucoup de foi à* ses paroles, messet seinen Worten nicht viel Glauben bey. u. s. w.

Ausnahme.

Die Wörter:
avoir chaud, warm seyn.
avoir froid, kalt seyn.
avoir coutume, gewohnt seyn.
avoir dessein, willens seyn.
avoir raison, Recht haben.
entendre raillerie, Scherz verstehen.
faire bonne chere, gut leben.
faire connoissance, Bekanntschaft machen.
faire naufrage, Schiffbruch leiden.
faire voile, segeln.
mettre fin, ein End machen.
prendre garde, sich hüten, acht geben.
prendre langue, Kundschaft einziehen.
tenir compagnie, Gesellschaft leisten.
tenir table, Tafel halten.

bleiben unabänderlich, so gar nach den Wörtern die eine Vielheit andeuten. Dergleichen Wörter stehen aber selten vor ihnen. Man sagt also nicht: J'ai beaucoup de chaud, de froid, sondern j'ai bien chaud, bien froid, u. s. w. ich bin sehr warm; sehr kalt.

VII. Regel

Point d'argent et beaucoup de dettes, kein Geld und viele Schulden.

Was lehret uns diese Regel?

Sie lehret, daß wenn im Deutschen vor einem ohne Artikel stehenden Hauptworte, ein Neben- oder Hauptwort stehet, welches eine Vielheit anzeigt, man im Französischen dieses Hauptwort im Genitiv setzen, und es mit dem Theilungsartikel abändern müsse. Nebenwörter der Vielheit sind folgende:

autant, so viel.
assez, genug.
beaucoup, viel.
combien, wie viel.
gueres, nicht viel.
moins, weniger.
pas, kein.
peu, wenig.

plus, mehr.
point, kein.
que (wenn es wie viel, z. B.) que de soldats, wie viel Soldaten.
tant, so viel.
trop, zu viel.

Trop *d'* ambition a souvent rendu l'homme malheureux, Zu viel Ehrgeiz hat sehr oft einen Menschen unglücklich gemacht.

Ayons moins *de* desirs, nous aurons moins *de* privations, laßt uns weniger begehren, alsdann werden wir weniger entbehren.

Il a extremement d'esprit, er hat sehr viel Witz.

Le Roi est passé par Trêves, et un grand nombre de Dames se sont empressées de l'aller voir, der König ist durch Trier gegangen, und eine große Anzahl Damen, haben es sich angelegen seyn lassen, ihn zu besuchen.

Man bemerke hier: in diesem Beyspiele steht das Mittelwort empressées im weiblichen Geschlechte, und in der vielfachen Zahl, weil das Regimen eines Hauptworts, das mit dem Theilungsartikel abgeändert werden soll, deswegen weil es mit einem eine Vielheit andeutenden Hauptworte verbunden ist, immer mit jenem, und nie mit diesem im Geschlechte, und in der Zahl überkommen muß. Wir geben noch ein Beyspiel davon.

Il y a un *nombre* infini *d' hommes* instruits, qui ne *pensent* pas, (und nicht qui ne pense) *à leur* und nicht à son) salut. Es giebt eine große Anzahl Menschen von Kenntnissen, die nicht genug für ihre Seligkeit sorgen (weil pense, sich auf hommes, und nicht auf nombre beziehen muß. Aufgaben, Nro. 16. 18. u. s. w.

Ausnahme.

I. Wird aber das mit dem eine Vielheit andeutenden Worte vereinigte Hauptwort vermittelst eines beziehenden Fürworts erklärt, so muß man keinen Theilungs- sondern den bestimmten Artikel brauchen; das Wort steht immer im Genitiv. Z. B. J'*ai* acheté une aune *du* drap *que* vous avez touvé si beau; ich habe eine Elle von dem Tuche gekauft, welches ihr so schön fandet.

II.

II. über Pas, Point und Bien.

Wenn *Pas* und *Point* keine Beziehung auf das folgende Hauptwort haben, so regieren sie dieses Hauptwort nicht im Genitiv, sondern es wird in den Beugfall gesetzt, welchen das vorherstehende Zeitwort nach sich haben will. In diesem Falle heissen *Pas* oder *Point* nicht, und gar nicht kein, keine, kein, und alsdann ist point eine Partikel. Z. B.

Je ne vous reprocherai *pas* (oder *point*) des crimes ordinaires mais etc. Ich werde euch nicht blos gemeine Laster vorwerfen; sondern u. s. w.

Bien wenn es anstatt *Beaucoup* viel gebraucht wird, regiert den Accusativ, mit dem Theilungsartikel. Z. B.

Voila *bien des* malheureux (oder beaucoup de malheureux), da sind viele Unglückliche.

Ils ont tous eu *bien de la* peine (oder beaucoup de peine), ein jeder hat viel Mühe gehabt, u. s. w.

VIII. Regel.

Pierre fils de Jean a la tête fort grosse, Peter, ein Sohn des Johann hat einen sehr dicken Kopf.

Was lehret uns diese Regel?

Sie lehret erstens, daß wenn sich im Deutschen nach einem eigenthümlichen Hauptworte, das Wörtchen ein oder eine, welches so viel als, der war, oder der ist ein, oder eine u. s. w. bedeutet, das auf ein oder eine folgende Hauptwort, im Französischen, mit dem unbestimmten Artikel gegeben werden müsse. Z. B.

Ulisse fils *de* Laerte et d'Anticlé étoit roi *d'*Itaque: il épousa Pénélope fille d'Icarius, de laquelle il eût Télémaque, Ulysses ein Sohn des Laertes und der Antiklea, war König in Ithaka. Er vermählte sich mit der Penelope einer Tochter des Ikarius, mit welcher er den Telemach zeugte. (nicht un fils, nicht une fille, weil ich dafür sagen kann: Ulysses, welcher war ein Sohn).

Ménélaus étoit fils d'Atrée et d'Aerope, Menelaus war ein Sohn des Atreus und der Aeropa.

Lemnos île de la mer Egée, Lemnos eine Insel in dem Aegeischen Meere.

Sie lehret zweytens, daß anstatt des Einheitsartikels, welchen die Deutschen sowohl nach dem Zeitworte: haben, um die die Eigenschaft entweder eines Gewächses, oder körperlichen Theiles der Menschen oder Thiere anzuzeigen, als nach dem Zeitworte wünschen setzen, im Französischen das bestimmte Geschlechtswort gebraucht werden müsse. Z. B.

Cette demoiselle a le front large et la bouche petite, Diese Jungfer hat eine breite Stirn und einen kleinen Mund. Ce chien a la queue longue, dieser Hund hat einen langen Schwanz. Cet arbre a le bois plus dur que les autres, dieser Baum hat ein härteres Holz, als die andern. Je vous souhaite le bon jour, ich wünsche Ihnen einen guten Morgen.

Diese letzte Regel gründet sich darauf, daß wir im Französischen un oder une (wenn solches keine Hauptzahl ist) immer in einem unbestimmten Sinne nehmen.

Anmerkung.

Die Deutschen pflegen das Wörtchen ein oder eine, vor ein, zwischen dem Einschliessungszeichen stehendes und von seinem Beyworte begleitetes Hauptwort zu setzen; im Französischen aber brauchen wir in diesem Falle den unbestimmten Artikel, z. B.

Lessing, Poëte très savant, a composé des fables, Lessing (ein sehr gelehrter Dichter) hat Fabeln geschrieben.

Madame Wolf, femme respectable, éleve bien ses enfans, die Frau Wolf (eine hochachtungswürdige Frau) giebt ihren Kindern eine sehr gute Erziehung.

Zweytes Hauptstück.

Von der Wortfügung der Nennwörter.

I. Regel.

Le livre de mon frere, das Buch meines Bruders.

Was lehret uns diese Regel?

Sie lehret, daß im Französischen, wenn zwey Hauptwörter, welche kein Bindwort vereiniget, und von denen das eine dem andern etwas zueignet, das letzte im Genitiv gesetzt, und mit dem ihm gehörigen Artikel abgeändert werden müsse.

Le jardin *de la* maison de mon pere, der Garten von dem Hause meines Vaters.

Le grotte *de Calypso* étoit sur le penchant *d' une colline*, die Grotte der Calypso befand sich am Abhang eines Hügels.

Seriez vous insensible aux malheurs *d' un fils* qui cherchant son pere, à la merci *des vents* et *des flots*, a vu briser son navire contre vos rochers, wolltet ihr wohl, bey dem Unglücke eines Sohns unempfindlich seyn, welcher sich dem Spiele der Winde und der Wellen ausgesetzt, um seinen Vater aufzufinden, und nun zusehen mußte, wie sein Schiff an euren Klippen scheiterte.

Le Bonheur *d' un honnéte homme* consiste dans l' accomplissement *de ses devoirs*, das Glück eines rechtschaffenen Mannes bestehet in der Erfüllung seiner Pflichten. S. Aufgaben Nro. 1. 10. 13. 25. u. s. w.

An=

Anmerkungen.

I.) Die Namen der Städte und Dörfer folgen auch dieser Regel, wenn vor denselben ein Gattungs-Hauptwort stehet, womit sie verbunden sind, z. B. la ville de Berlin, die Stadt Berlin; les villes de Rome et de Carthage étoient ennemies, die Städte Rom und Carthago waren Feindinnen; le village d'Altendorf, das Dorf Altendorf, u. s. w. S. Aufgaben. Nro. 1. und fast überall.

II.) Wenn die Franzosen den Namen, Monseigneur, oder Monsieur, oder Madame, oder Mademoiselle, vor einen Namen der Würde setzen, so werden solche Wörter nicht als die Hauptwörter, von welchen wir in der Regel gesprochen haben, betrachtet; sondern als ein mit dem Titel so genau verbundenes Hauptwort, daß beyde zusammen nur eins ausmachen. Also muß man nicht monseigneur *du prince*, Madame *de la Duchesse*, Monsieur *du Docteur*, u. s. w. sagen; sondern die Wörter Monseigneur, Madame, u. s. w. mit dem unbestimmten Artikel abändern, und den Namen der Würde, wovor der bestimmte Artikel beständig im Nominativ stehet, hinzufügen. Z. B.

Monseigneur *le Prince* de Condé, Seine königliche Hoheit der Prinz von Conde.

Madame *la Comtesse* de G . . . die Frau Gräfin von G . . .

de Monsieur *le Docteur* de Sorbonne, des Herrn Doctors der Sorbonne, u. s. w.

III.) Da die Deutschen bey vielen Redensarten verschiedene Bey- oder Vorwörter gebrauchen, wo wir kein Beywort und nur das Vorwort *de*, das heißt, den Genitiv des unbestimmten Artikels setzen; so wollen wir hier mehrere französische Sätze vorstellen, welche den Unterschied viel deutlicher werden bemerken lassen, als eine Menge darüber gegebener Regeln. Man zeiget also mit demselben an: 1. die Art und Gattung.

Il y a une espece d'hommes, es giebt eine Art Leute.
une main de papier, ein Buch Papier.
Cette sorte de Bas, diese Gattung Strümpfe.

Du

Du tabac d'Espagne, Spanischer Tabak.
un homme d'esprit, ein Mann von Kopf.
une cuillere d'argent, ein silberner Löffel.
le fils de Roi, der Sohn eines Königs. S. Aufgaben. Nro. 4. 13. u. s. w.

2. Einen Theil eines in mehrere Provinzen eingetheilten Landes.

Le cercle de franconie, der fränkische Kreis.
La province de Normandie, die Provinz Normandie.

3. Die Bewohnung.

Les bourgeois de Vienne, die Wiener Bürger.
Les marchands de Francfort, die Frankfurter Kaufleute.

4. Das Vaterland, die Geburt, das Amt, und das Handwerk.

Allemand de nation, ein Deutscher von Geburt, ein geborner Deutscher.
il est gentil-homme de naissance, er ist von Geburt ein Edelmann.
il est conseiller d' office, (oder blos il est conseiller) er ist seines Amtes ein Rath.
il est cordonnier de son métier, er ist seines Handwerkes ein Schuhmacher.

5. Die natürlichen und künstlichen Produkte eines Landes.

de l'or d'Arabie, Gold aus Arabien, arabisches Gold.
Chevaux d' espagne, Pferde aus Spanien, spanische Pferde.
Acier d' angleterre, Stahl aus England, englischer Stahl.
Étoffe de Lion, Stoff von Lion, Lioner Stoff.

6. Den Weg von einem Ort nach einem andern.

e chemin *de* France en Allemagne, der Weg aus Frankreich nach Deutschland.
le chemin *de* Strasbourg à Paris, der Weg von Strasburg nach Paris.

7. eine

7. Eine Stelle.

le camp de Cassel, das Lager bey Cassel.
les environs de Berlin, die Gegend um Berlin.
le poste de Mayence, der Posten von Mainz, u. s. w.

8. Eine Entfernung und Maß einer Größe, Weite, Länge, Höhe, Tiefe, u. d. g.; z. B.

Cette ville est eloignée de dix lieues de etc., diese Stadt ist von . . . 10 Stunden entfernt.
Ce bâtiment a soixante toises de circuit, dieses Gebäude hat 60 Klafter im Umfange.
Nous sommes bien loin de Paris, wir sind sehr weit von Paris.
Cette allée a une lieue de long, dieser Gang ist eine Stunde lang.
Cette tour a cent pieds de haut, dieser Thurm ist 100 Fuß hoch.
La fosse est profonde de dix pieds, der Graben ist 10 Fuß tief.

9. Die Art und Weise, auf welche eine Sache geschieht, z. B.

Il l' a reçu d' une maniere honnête, er hat ihn sehr höflich empfangen.
De cette façon cela ira, so wird es gehen.
Prendre une ville d' emblée, eine Stadt im ersten Anfall erobern.

10. Ein Werkzeug oder eine Ursache; z. B.

Il l' a tué d' un coup de pistolet, er hat ihn mit der Pistole erschossen.
Il se défend de la main, er wehret sich mit der Hand.
Il pleuroit de rage, er weinte vor Wuth.
Il mouroit de faim, er starb vor Hunger.

Aus-

Ausnahme

die Regel und die zwote Anmerkung betreffend.

Bisweilen sind die Franzosen, um eine Zweydeutigkeit zu vermeiden, genöthigt, anstatt des Genitivs, einen andern Beygfall zu gebrauchen; und das geschieht:

1. Wenn man ein Geschirr, worein man etwas thun kann, oder zu thun pflegt, von einem andern, welches mit dieser Sache angefüllet ist, unterscheiden will. Z. B.

un verre *à* bierre, Bierglas, von einem Glas Bier, verre *de* bierre.

une bouteille *à* vin, Weinflasche, von einer Flasche Wein, une bouteille *de* vin.

la boîte *aux* épices, Gewürzbüchse, von der Büchse voll Gewürz, la boite *d'* épices.

un pot-*à* l' eau, ein Wasserkrug, von einem Krug Wasser, un pot-*d'* eau.

2. Das Behältniß worin man etwas besonders zu verschliessen pflegt, von einem Behältnisse, welches damit angefüllet ist.

La bourse *aux* louis, der Beutel für die Luid'or, von einem mit Luisd'oren angefüllten Beutel, la bourse *de* louis.

le coffre *aux* écus, der Geldkasten, von einem Kasten voll Thaler, le coffre *d'* écus.

3. Den Ort wo man etwas einkaufen kann, von dem Einkaufe der Sache selbst.

le marché *au* vin; *au* bled, *aux* chevaux; *aux* poissons; etc. der Wein = Korn = Roß = Fisch = Markt, von einem Einkaufe von Wein, Korn u. s. w. un marché *de* vin, *de* bled, *de* chevaux, *de* poissons, etc.

4. Wenn man einen Menschen, welcher etwas zu verkaufen hat, und der seine Waaren in den Strassen herum trägt rufen will. Z. B.

ho!

ho! l'homme *aux* pois, he da! ihr Mann mit den Erbsen!

la femme *au* lait, ihr Frau mit der Milch (wollte man hier l'homme de pois; la femme de lait sagen; so würde das, Mann von Erbsen; Frau von Milch gemacht, bedeuten; wie lächerlich!).

II. Regel.

Je me leve le matin de bonne heure, ich stehe des Morgens früh auf.

Was lehret uns diese Regel?

Sie lehret, daß, wenn die Fragen Wann? Wie oft? mit einem von den Worten: Tag, Woche, Monat, Jahr, Morgen und Abend zu beantworten sind, man im Französischen den Akkusativ mit dem bestimmten Artikel gebraucht. Z. B.

On doit assister à l'office divin (Wann?) *les* dimanches et *les* fêtes, es ist Pflicht an Sonn- und Feyertagen dem Gottesdienste beyzuwohnen.

Nous devons prier Dieu (Wie oft?) principalement *le* matin et *le* soir, devant et après *le* repas, wir müssen besonders des Morgens und Abends, vor und nach dem Essen zu Gott beten.

Ma mere se fait saigner (wie oft?) une fois le mois, meine Mutter läßt einmal des Monats zur Ader. S. Aufgaben, Nro. 28, 35. u. s. w.

Es ist zu bemerken, daß, wenn von Tagen, Wochen, Monaten und Jahren die Rede ist, auch *par*, und das mit ihm verbundene Hauptwort mit dem unbestimmten Artikel im Accusativ, gesetzt wird, wenn man von wiederholten Handlungen spricht, welche eine Hauptzahl bestimmt. Z. B.

S' il va chez vous deux fois *par* jour, il vient chez moi seulement une fois par semaine et ne va pas plus de quatre fois par an chez sa mere, wenn er zu Ihnen zweymal

mal des Tages kommt; so kommt er zu mir die Woche nur einmal, und seine Mutter besucht er nicht mehr als vier mal des Jahrs, u. s. w.

Anmerkung.

Ueber die zusammengesetzten deutschen Hauptwörter.

Man muß bemerken, daß hier der Geist der beiden Sprachen nicht überein komme. Im Deutschen sind viele mit andern Worten zusammengesetzte Hauptwörter aufgenommen; im Französischen aber nicht. So oft also ein solches Wort, mit zweyen französischen Worten soll übersetzt werden, so stehet dasjenige, welches das letzte in der deutschen Zusammenfügung ist, voran. Bestehet das deutsche Wort aus einem Haupt- und Zeitworte, alsdann wird dieses Hauptwort als Regimen des Zeitworts betrachtet, und ihm nachgesetzt. Z. B. Ich finde oft eine so große Wollust im Briefschreiben, daß u. s. w. Hier stehet das Hauptwort Brief, lettre, und das Zeitwort schreiben, écrire, in Verbindung. Nun, was regieret écrire? einen Accusativ. Also übersetze ich: J' ai souvent tant de plaisir à écrire une lettre (oder des lettres, wenn der Sinn des Satzes die vielfache Zahl erfordert), que etc.

Wenn die Zusammenfügung aus einem Neben- und Zeitworte bestehet, so folget das Nebenwort dem Zeitworte nach, und das Geschlechtswort wird ausgelassen. Z. B. Das zu lange Schlafen ist nicht gesund. Schlafen, dormir, zu lang, trop longtemps, n' est pas sain. Der Sinn des Satzes erlaubt aber nicht immer eine solche Uebersetzung; alsdann kehret man die Phrase auf eine andre Art um. Z. B. Das lange Schlafen hat mich verhindert zu euch zu gehen: da, dormir trop longtemps m' a empêché etc. kein Französisch ist, so sage ich: ich bin verhindert worden zu euch zu gehen, weil ich zu lange geschlafen habe, je n' ai pu aller vous voir, parceque j' ai dormi trop longtemps.

Bestehet die Zusammensetzung aus zwey Hauptwörtern, so folget sie der Regel, le livre de mon frere, und die Hauptwörter vertauschen ihren Platz: sollte aus dieser Anordnung eine Zweydeutigkeit entstehen, so verwandelt man dasjenige, das im

Genitiv stehen sollte in ein Beywort, welches auch bisweilen blos der Zierde wegen geschehen kann. Z. B. Freudensthränen, Freudengeschrey, Heldengedicht, Naturschönheit, Menschengeschlecht, u. s. w. Freude, joie; Thräne, larmes; Geschrey, cris. Larmes de joie; und nicht larmes joyeuses, weil die Thränen nicht froh sind. Cris de joie, oder cris joyeux. Helden, héros; Gedicht, poëme, und doch poëme héroïque, und nicht poëme de héros, Gedicht von Helden, welches zweydeutig ist; Natur, nature; Schönheit, beauté; beauté naturelle, oder beauté de la nature; je nach dem der Sinn es erfordert. Mensch, homme; Geschlecht, genre; genre humain, und nicht genre de l'homme, oder des hommes, welches Männlich heissen würde. S. Aufgaben. Nro. 4. 28. u. s. w.

III. Regel.

Il aime le vin rouge et la bonne bierre, er trinkt gern rothen Wein und gutes Bier.

Was lehret uns diese Regel?

Sie lehret, daß, weil die Franzosen die Beywörter, bald vor, bald nach ihren Hauptwörtern setzen, die Deutschen auf folgende Regeln Acht geben müssen, wenn sie sich nicht bey dem Gebrauche der Beywörter irren wollen.

Die französischen Beywörter stehen ihren Hauptwörtern vor, ausgenommen:

1. Die zeitwörtlichen Beywörter (das heißt diejenigen, welche entweder von einem *Circonstanciel présent*, oder Mittelworte gemacht werden.) stehen ihrem Hauptworte nach. Z. B. une belle pensée *embrouillée*, est un Diamant couvert de boue, ein schöner, aber verwirrter Gedanke ist einem mit Koth beschmutzten Diamante gleich.

Les personnes *reconnoissantes* ressemblent à ces terres fertiles qui rendent plus qu'elles ne reçoivent, die dankbaren Menschen gleichen den fruchtbaren Aeckern, die viel

mehr

mehr wiedergeben, als sie empfangen haben. S. Aufgaben. Nro. 23. u. s. w.

2. Diejenigen, welche die Figur eines Dings, seine Farbe, seinen Geschmack anzeigen. Z. B. on nous servit sur une table *ronde* couverte d'un tapis *vert* un breuvage *amer* que nous ne pûmes boire, man setzte uns auf einem runden und mit einem grünen Teppiche bedeckten Tische, ein bitteres Getränk vor, welches wir nicht genießen konnten. J'avois dans la loge *ovale* de mon jardin *triangulaire* deux superbes statues de marbre *blanc*. Ich hatte in dem eyförmigen Sommerhause meines dreyeckigten Gartens, zwo sehr schöne aus weissen Marmor gehauene Bildsäulen. S. Aufgaben. Nro. 14. u. s. w.

Das Beywort stehet jedoch seinem Hauptwort vor in:

blancs manteaux, weiß Mäntel (Benediktiner von der Congregation sankt Maur).
blanc manger, Art von Mandel=suppe, von Mandelmilch.
blanc scellé, Papier, worauf weiter nichts, als das Siegel eines Herrn stehet; gemeiniglich zur Vollmacht.
blanc seing, Blankette.
un rouge bord, volles Glas.
un rouge gorge, (Vogel) Rothkehlchen.
un rouge queue, (Vogel) Rothschwänzchen.
un rouge trogne, das Gesicht eines Trinkers.
verte jeunesse, frische muntere Jugend.
verte viellesse, Alter, der noch Feuer hat.
un vert galant, ein lustiger Gesell.

3. Die Beywörter, welche die Materie, woraus eine Sache bestehet, oder, welche diese Sache enthält, oder diejenigen, welche die Eigenschaften, die wir vermittelst des Gesichts oder Gehörs beurtheilen können, anzeigen, stehen ihrem Hauptworte nach. Z. B. les parties *salines* que renferme l'eau de la mer l'empêchent de se corrompre, die Salztheilchen, die mit dem Seewasser vermischt sind, bewahren es vor der Fäulniß.

Nous entendions les sons *harmonieux* de leurs voix *éclatantes*, wir hörten die harmonischen Töne ihrer lauten Stimmen.

Nous

Nous marchions tantôt dans un ſentier *raboteux*, tantôt ſur un fond *mou*, wir giengen bald auf einem hökrichten Pfade, bald auf einem weichen Wege. S. Aufgaben. Nro. 14. u. ſ. w.

4. Die Beywörter der Nationen, und die, welche eine gewiſſe Wirkung anzeigen. Z. B. on admire partout la muſique *italienne*, on parle presque partout la langne *françoiſe*, man bewundert überall die italieniſche Muſik, es giebt faſt überall Leute, die franzöſich ſprechen.

Pour rendre des penſées *ſublimes*, il faut des mots *expreſſifs*, um erhabene Gedanken darzuſtellen, hat man ausdrucksvolle Wörter nöthig. S. Aufg. Nro. 23. u. ſ. w.

5. Die Beywörter, die ſich auf *ique*, endigen, ſtehen ihren Hauptwörtern nach. Z. B. Les aſſemblées *eccléſiaſtiques* où ſe trouve la pluralité des pontifes *catholiques*, pour décider en matiere de foi s'appellent conciles *écuméniques*, die Verſammlungen der Geiſtlichkeit, wo ſich die Mehrheit der katholiſchen Biſchöfe befindet, um über Glaubensſachen zu entſcheiden, heiſſen allgemeine Kirchenverſammlungen. S. Aufgaben. Nro. 5. u. ſ. w.

6. Diejenigen, welche ſolche Eigenſchaften ausdrücken, welche die Natur des Gegenſtandes ſelbſt betreffen. Z. B. Les droits *ſéigneuriaux* et les menſes *abbatiales* ont diſparus en france, die herrſchaftlichen Gerechtſamen, und die Tafelgüter der Aebte ſind nicht mehr in Frankreich anzutreffen.

L'égliſe ne reconnoit pas l'union *matrimoniale* qui réſulte d'un mariage *clandeſtin*, die Kirche hält die heimlichen und verbotenen Heyrathen, nicht für rechtmäßige Ehen. S. Aufgaben. Nro. 3. 4. u. ſ, w.

7. Die Beywörter, welche ganz allein betrachtet, als Hauptwörter gebraucht werden können; als: l'avengle, der blinde; le boſſu, der bucklige; le riche, der reiche u. d. g. Z. B.

Un homme *borgne* et une femme *boiteuſe*, peuvent former un heureux ménage, ein einäugiger Mann, mit

mit einer hinkenden Frau, können ein glückliches Ehepaar ausmachen.

L'homme *riche* et l'homme *pauvre* sont égaux aux yeux de Dieu, der Reiche, und der Arme haben in den Augen Gottes gleichen Werth. S. Ausgaben. Nro. 5. u. s. w.

8. Die Beywörter, welche moralische gute oder böse Eigenschaften bezeichnen, als aimable, liebenswürdig; admirable, wunderbar; charitable, wohlthätig; fidelle, treu; cruel, grausam; déteſtable, abscheulich u. d. g. stehen eben so richtig vor als nach ihren Hauptwörtern. Z. B. Formée par les soins d'une mere *admirable*, elle fut une fille *aimable*, une épouse *fidelle*, et une mere *tendre*, oder Formée par les soins d'une *admirable* mere, elle fut une *aimable* fille, une *fidelle* épouse, et une *tendre* mere, von einer verehrungswürdigen Mutter sorgfältig erzogen, war sie ein liebenswürdiges Mädchen, eine treue Frau, und eine zärtliche Mutter.

Cet *arrogant* personnage eſt un *cruel* maître et un *déteſtable* citoyen, oder ce personnage *arrogant* eſt un maître *cruel*, et un citoyen *déteſtable*, dieser hochmüthige Mann ist ein grausamer Herr, und ein abscheulicher Bürger, u. s. w.

9. Einige Beywörter haben eine andre Bedeutung, wenn sie den Hauptwörtern nach stehen, als wenn sie sich vor denselben befinden.

Solche sind folgende:

L'air grand, vornehmes Aussehen.	Le grand air, ein auf den Fuß der großen Welt eingerichtetes Leben.
un homme grand, ein Mensch der groß ist (stehet aber nach dem Hauptworte etwas, das eine andre Eigenschaft vorstellet, so heißt auch grand homme, so viel wie homme grand. Z. B. c' eſt un grand	un grand homme, ein berühmter Mann.

hom-

homme *brun* et *d' une belle taille*, er ist groß und braun und wohl gebildet).	
du bois mort, abgestanden Holz.	du mort bois, Hekkenholz.
une chose certaine, etwas das gewiß ist.	une certaine chose, eine gewisse Sache.
choses differentes, Sachen die von einander unterschieden sind.	différentes choses, verschiedene Sachen.
une corde fausse, eine an sich falsche Saite.	une fausse corde, eine nicht richtig gestimmte Saite.
une voix commune, eine gemeine Stimme.	d'une commune voix, einhellig.
eau morte, still stehendes Wasser.	la morte eau, Ebbe.
l' année derniere, voriges Jahr.	la derniere année, das letzte Jahr.
cruel, nach seinem Hauptworte, heißt grausam.	cruel, vor demselben, unerträglich, überdrüßig.
une femme sage, eine kluge Frau.	une sage femme, eine Hebamme.
une femme grosse, eine schwangere Frau.	une grosse femme, eine dicke Frau.
galant, nach dem Hauptworte heißt verliebt.	galant, vor demselben heißt artig, manierlich.
homme gentil, artiger Mann.	gentil-homme, Edelmann.
du vin nouveau, neuer Wein.	du nouveau vin, Wein von einem neu angestochenen Fasse.
un homme pauvre, ein Mann der arm ist.	un pauvre homme, ein Mann der nicht viel Gutes an sich hat.
un homme plaisant, ein lustiger Mann.	un plaisant homme, ein seltsamer Mensch.
un homme honnête, ein höflicher Mann.	un honnête homme, ein rechtschaffener Mann.
furieux, nach dem Hauptworte wüthend. Z. B. un lion furieux, ein wüthender Löwe.	furieux, vor demselben, ist eine Art Superlatif. Z. B. une furieuse tempête, ein erschreckliches Ungewitterr mor-

Mortel, nach dem Hauptworte heißt sterblich. Z. B. cette vie mortelle, dies zeitliche Leben.	Mortel, vor denselben bedeutet sehr groß. Z. B. il y a deux mortelles lieues, es sind zwey sehr große Stunden.
un homme vilain, ein geiziger.	un vilain homme, ein unangenehmer oder unsauberer Mensch.
Propre, nach dem Hauptworte heißt niedlich.	Propre, vor demselben heißt eigen.
Vrai, nach dem Hauptworte heißt wahrhaft.	Vrai, vor demselben heißt ächt.

Anmerkungen

über die Uebereinstimmung der Bey= Für= und Zeitwörter mit ihren Hauptwörtern.

Wenn das Bey= Für= und Zeitwort mit mehreren Hauptwörtern verbunden ist, so muß man Acht geben, ob diese Hauptwörter vom nämlichen Geschlechte sind, oder nicht.

Sind die Hauptwörter vom nämlichen Geschlechte, so stehet das Bey= Für= und Zeitwort in der vielfachen Zahl. Z. B. La faveur et l' industrie *sont bonnes*, et *elles peuvent* servir dans l' occasion, Gunst und Geschicklichkeit sind gut, und können bey Gelegenheit nützen.

Sind die Hauptwörter mit dem Bindworte *et* verbunden, und von verschiedenem Geschlechte, dann wird das Bey= und Fürwort im männlichen Geschlechte und mit ihrem Zeitworte, in der vielfachen Zahl gesetzt. Z. B. Les boeufs mugissants et les brebis bêlantes *venoient* en foule; *ils* ne pouvoient trouver assez d' étables pour *être* mis à couvert, brüllende Ochsen, und blökende Schaafe kamen haufenweise herein, sie konnten jetzt nicht Ställe genug finden, um unter Dach zu kommen.

Werden die Hauptwörter, worauf sich das Bey= und Fürwort beziehet, mit keinem Bindworte verbunden; alsdann kommt das Bey= und Fürwort mit dem letzten im Geschlechte

 und

und in der Zahl, und das Zeitwort in der Zahl überein. Z. B. La douceur, la bonté du grand Henri *a été célébrée* par toutes les bouches, die Sanftmuth und die Gütigkeit Heinrichs des Großen, ist von einem jeden gelobt worden.

Que l'homme est peu sur de conserver sa vie: une goutte d'eau *suffit* pour le tuer, wie wenig kann der Mensch auf sein Leben rechnen: ein Dampf, ein Tropfen Wasser reicht schon hin, ihn zu tödten.

Sind die Hauptwörter mit dem Bindworte *ou* (oder) verbunden; so kommt das Beywort mit dem letzten überein. Z. B. L'effroi *ou* l'impuissance *est seule* capable de les arrêter, der Schrecken oder das Unvermögen, ist ganz allein im Stande sie zurückzuhalten.

Es ist zu bemerken, daß, wenn zwey Hauptwörter bey einander stehen, und beynahe gleichbedeutend sind, sie gemeiniglich nicht mit dem Bindworte *et* verbunden werden. Z. B. Le courtisan n'a d'ordinaire qu'une *politesse*, qu'une *cordialité* affectée, der Höfling hat gewöhnlich nur eine angenommene Höflichkeit und Herzlichkeit.

Bisweilen tritt ein Beywort an die Stelle eines Nebenworts und steht mit einem Zeitworte in Verbindung; als: elle chante *faux*, sie singt falsch; parlez *haut*, sprechet laut; cela sent *bon*, das riecht gut; je vois *clair*, ich kann hell sehen; j'estime *fort* le bienfaiteur de son ennemi, ich schätze sehr den Wohlthäter seines Feinds.

Anmerkung.

Onze heures sont sonnées, es hat eilf geschlagen.

Was lehret uns diese Regel?

Sie lehret, daß man im Französischen die Hauptzahlen anstatt der Ordnungszahlen brauchet, wenn man von den auf der Uhr angezeigten Stunden; vom Datum des Monats; von Jahren und von dem Namen eines Fürsten, welchen man von an-

dern

dern ihm ähnlichen, vermittelst einer Zahl unterscheiden will, redet. Z. B.

J'ai revu mon frere apres trois ans d'absence à *dix* heures du matin, le *quatre* de Mars mil sept cent quatre-vingt seize, nach einer dreyjährigen Abwesenheit, sah ich meinen Bruder wieder, des Morgens um zehn Uhr, am vierten März 1796.

Henri *quatre* reconquit son propre royaume, Heinrich der Vierte eroberte sein eigenes Königreich wieder.

Louis *quinze* mérita à juste titre le surnom de Louis le bien aimé, Ludwig der Funfzehnte verdiente mit Recht den Zunamen des Vielgeliebten.

Ausnahme.

Betrachtet man aber diese Zahlwörter als Beywörter, alsdann müssen die Ordnungszahlen, und nicht mehr die Hauptzahlen gebraucht werden. Z. B.

La *quatrieme* heure du jour, die vierte Stunde des Tags.

La *cinquieme* année de mon exil, das fünfte Jahr meiner Verbannung.

Henri le *quatrieme* de ce nom, Heinrich der Vierte dieses Namens.

Man sagt zwar, in der gemeinen Rede, *l'un, le deux,* bey Angabe des Datums, aber in der reinen Sprache braucht man deren anstatt le *premier,* der erste; le *second,* der zweyte; und darauf kommen le *trois,* le *quatre,* u. s. w.

Man sagt auch nicht: Louis un, Ludwig der erste; Louis deux, Ludwig der zweyte, u. d. g. sondern Louis premier, Louis second, weil nach dem Namen eines Fürsten, die Hauptzahlen *un, deux* nicht gebraucht werden müssen. Allein, Louis trois, Louis quatre, u. s. f. ist recht.

Der Kaiser Karl V, welcher des Königs von Frankreich, Franz des ersten Zeitgenoße war, heißt im Französischen *Charles-quint*, und der Pabst Sixtus der fünfte, *Sixte-quint*.

Anmerkung.

Die folgenden deutschen Redensarten sind wohl zu bemerken, weil sie von dem Französischen sehr abweichen:

Der zehnte, der hundertste, der tausendste weiß es nicht;

De dix, oder sur dix, de cent, oder sur cent, de mille, oder sur mille il n' y en a pas un qui le sache.

Im Jahr . . . nach Erschaffung der Welt: nach Erbauung der Stadt Rom, L' an . . . de, (oder depuis) la création du monde; de (oder depuis) la fondation de Rome.

Drittes Hauptstück.

Von der Wortfügung der Fürwörter.

Erste Abtheilung.

Von den persönlichen und verbindenden Fürwörtern.

I. Regel.

Vous altérez votre santé, Sie verderben Ihre Gesundheit.

Was lehret uns diese Regel?

Sie lehret, daß im Französischen, wenn man jemand anreden will, die zwote vielfache Person, und nicht die dritte, wie im Deutschen, gebraucht wird. Z. B. J' ai l'honneur de de *vous*, (und nicht de leur) souhaiter le bonjour, ich habe die Ehre Ihnen einen guten Morgen zu wünschen.

Comment *vous* portez-*vous*? (und nicht se portent-ils) wie befinden Sie sich?

Je *vous* souhaite une bonne nuit, *dormez* bien, (und nie *dormez vous* bien) ich wünsche Ihnen eine angenehme Ruhe, schlafen Sie wohl.

J'ai l'honneur de *vous* (und nicht de les) saluer, ich empfehle mich Ihnen. S. Aufgaben Nro. 22. u. s. w.

Ausnahme.

Spricht man aber mit einem, im Tone der Vertraulichkeit, oder im Zorn; redet man in einem Gedicht, Gott, einen Prinzen, oder ganz vornehmen Herrn an; so braucht man die zwote einfache Person anstatt der zwoten vielfachen; in dem Umgange mit Personen vom höchsten Range braucht man auch die dritte einfache Person. Z. B.

Mon cher ami que je *te* suis obligé, mein lieber Freund, wie sehr bin ich dir verbunden.

Grand Dieu *tes* jugements sont remplis d'équité, großer Gott, deine Urtheile sind voller Gerechtigkeit.

Tu te feras pendre, *tu es* un coquin, du bist ein Schurke, ein Galgenvogel.

Monseigneur *souhaite-t-il* que je *lui* raconte ce qui s'est passé? Wollen Ihro Gnaden, daß ich Ihnen erzählen soll, wie sich die Sache zutrug?

Wir haben im Französischen einige Ehrentitel, die anstatt der persönlichen Zeitwörter stehen. Z. B.

Zu den deutschen und rußischen Kaisern, den Königen Königinnen, sagen wir *Votre* Majesté, Eure Majestät.
Zu dem Pabste, *Votre* sainteté, Eure Heiligkeit.
Zu dem türkischen Kaiser, Votre hautesse, Eure Hoheit.
Zu den Cardinälen, Votre Eminence, Eure Eminenz.

Ist

Ist der Cardinal auch ein Fürst, so sagt man: Votre Altesse éminentissime, Eure fürstl. Eminenz.

Zu einem Fürsten, der weder Kaiser noch König ist, Votre Altesse, Eure Durchlaucht.

Zu einem Gesandten, votre Excellence, Eure Excellenz.

Zu einem Erz= oder Bischof sowohl, als einem ganz vornehmen Herrn, Votre Grandeur, Eure Herrlichkeit.

Und wenn von denselben die Rede ist, sagt man: Sa Majesté, sa sainteté, u. s. w.

II. Regel.

Je me fais un plaisir de le revoir, ich erfreue mich, ihn wieder zu sehen.

Was lehret uns diese Regel?

Sie lehret, daß man im Französischen, die verbindenden Fürwörter, anstatt der persönlichen gebrauchen muß, so oft diese Regimen eines Zeitworts sind: und alsdann stehen sie unmittelbar vor ihrem Zeitworte, wenn *en* oder *y* mit demselben nicht verbunden sind. Z. B.

C' est la sagesse qui donne les vrais plaisirs, elle seule sait *les* assaisonner pour *les* rendre plus purs et plus durables, die Weisheit gewähret die wahren Vergnügen; sie allein weis solche zu würzen um sie lauter und dauerhaft zu machen.

La toute puissance de Dieu éclate dans toutes ses oeuvres; les cieux *nous la* publient, et le firmament *nous* l'annonce; (und nicht publient oder annonce *elle à nous*) die Allmacht Gottes leuchtet aus allen seinen Werken hervor, die Himmel predigen sie uns, und das Firmament verkündiget sie uns.

Il ne *me* fait qu' une visite par an, je *lui* rends le même devoir, mais croyez moi, s' il *se* contraint pour *me* venir voir, je *me* fais aussi violence pour *l'* aller visiter (und nicht fait *à moi*, je rends *à lui*, contraint *lui*), er besucht mich nur einmal des Jahrs, und so oft besuche ich ihn auch; allein, glaubet mir, wenn er sich Gewalt anthuet, mich

zu

zu besuchen, so zwinge ich mich auch, ihn wieder zu besuchen. S. Aufgaben Nro. 1. 2. 4. 5. 6. und fast überall.

1. Ausnahme.

Wenn die persönlichen Fürwörter, Regimen eines bejahenden *Impératif* sind, so stehen zwar die verbindenden an deren Stelle (*moi* und *toi* ausgenommen, welche alsdann unabänderlich für *me* und *te* bleiben) aber solche werden dem Zeitworte nach gesetzt. Z. B.

Allez, partagez-*vous* l'univers, parcourez toutes les nations, annoncez *leur* les vérités éternelles, et baptisez *les* au nom du pere etc. gehet hin, theilet unter euch die ganze Welt, reiset durch alle Länder und verkündiget den Völkern die ewigen Wahrheiten, taufet sie im Namen des Vaters, u. s. w.

Lorsqu' un général romain triomphoit, un héraut lui disoit de temps en temps, souviens-*toi* que tu es mortel, wenn ein römischer General triumphirte, so sagte ein Herold zu ihm von Zeit zu Zeit: erinnere dich, daß du ein Sterblicher bist.

Ist der *Impératif* verneinend, so gilt die Regel. Z. B.

Ne *me* (oder ne *nous*), dites pas qu'il est trop difficille d'être vertueux, c' est une erreur, saget mir (oder uns) nicht, daß es zu schwer sey, tugendhaft zu seyn, dies ist ein Irrthum.

IV. Regel.

Wenn sich in einem Satze zwey *Impératifs* befinden, die mit *et* und, oder *ou* oder verbunden sind, so kann das verbindende Fürwort vor das zweyte Zeitwort gesetzt werden. Z. B.

Laissez votre offrande au pied de l'autel, courez appaiser votre frere, et *vous* reconciliez (oder reconciliez *vous*) avec lui, laß dein Opfer am Fuße des Altars liegen,

gehe

gehe geschwind und besänftige deinen Bruder, und versöhne dich mit ihm.

2. Ausnahme.

Sind die persönlichen Fürwörter Nebenregimen von *boire*, trinken; *être*, seyn (wenn solches mit keinem Beyworte verbunden ist); *penser*, gedenken; *tenir*, halten oder liegen: *venir*, kommen, und von einem fürwörtlichen Zeitworte, so werden nie die verbindenden Fürwörter an deren Stelle gesetzt. Z. B.

Je bois *à vous* (oder à votre santé), ich trinke Ihre Gesundheit.

L' amour propre est captieux, *c' est* cependant *de lui* que nous prenons conseil, *c' est lui* que nous prenons pour guide, *c' est à lui* que nous rapportons toutes nos actions, die Eigenliebe ist betrüglich, und doch ziehen wir sie zu Rathe, und doch nehmen wir sie zu unsrer Führerinn; und nach ihr richten wir uns in allen unsern Handlungen.

Je n' oublierai jamais que, si mes enfants *sont à moi*, je dois tout à mon Dieu, et que je veux être à lui, jusqu' à la mort, nie will ich vergessen, daß, wenn meine Kinder mir zugehören, ich doch meinem Gotte alles zu verdanken habe und ihm will ich auch bis an den Tod getreu bleiben.

Je pense autant *à vous* que vous pensez *à moi*, ich denke eben so oft an Sie, als Sie an mich denken.

Il ne tient pas *à moi* seul de vous rendre savant, es kommt nicht blos auf mich an, Sie gelehrt zu machen.

Venez à *moi*, vous tous qui êtes fatigués et qui êtes chargés, et je vous soulagerai, dit Jesus-Christ, kommet her zu mir, alle die ihr mühselig und beladen seyd, ich will euch erquicken, spricht Jesus Christus.

Adressez vous *à moi* avec confiance, wenden Sie sich mit voller Zuversicht an mich.

Fiez vous *à lui*, il est honnête homme, vertrauet auf ihm, er ist ein rechtschaffener Mann.

III. Regel.

Vous qui m' avez comblé de faveurs, ihr, die ihr mich mit Gnaden überhäuft habt.

Was lehret uns diese Regel?

Sie lehret, daß wenn sich nach einem persönlichen Fürworte, ein beziehendes *qui* befindet, worauf ein Zeitwort folget; nie im Französischen, wie im Deutschen, das persönliche Fürwort wiederholet werde, das Zeitwort aber immer mit dem Fürworte in der Zahl und Person überein komme. Z. B.

Vous qui êtes les disciples d'un Dieu d' amour, aimez vous les uns les autres, ihr, die ihr Jünger eines liebevollen Gottes seyd, liebet euch einander.

Moi, qui suis votre frere, ich, der ich euer Bruder bin.

Nous qui sommes chrétiens, voudrions nous être moins vertueux que ceux qui sont privés du flambeau de la foi, wollten wir, die wir Christen sind, nicht so tugendhaft seyn, als diejenigen, die vom Lichte des Glaubens nicht erleuchtet werden.

Anmerkungen

über die persönlichen Fürwörter.

Die persönlichen Fürwörter der zwey ersten Personen, stehen nur anstatt der Personen; und die von der dritten können nur, im Nominativ, die Sachen vorstellen, es sey denn, daß solche als Personen betrachtet werden. Also wäre es sehr fehlerhaft, wenn von einem Federmesser oder einer Feder die Rede ist, zu sagen: c'est avec *lui* que j'ai taillé ma plume, mit ihm hab' ich meine Feder geschnitten; c'est avec *elle* que j'ai écrit, mit ihr habe ich geschrieben. Man sage also: c'est avec ce canif que j'ai taillé ma plume, c'est avec cette plume que j'ai écrit. Man sagt aber ganz regelmäßig: aimable vérité il n' appartient qu' a toi de nous plaire; quand tu te montres dans tout ton éclat, nous sommes forcés de te rendre les armes, liebenswürdige Wahrheit, du allein hast das Recht uns zu gefallen; zeigest du uns dich in deinem vollen Glanze, so ist es

uns

uns unmöglich dir zu widerstehen. (denn hier wird die Wahrheit als eine Person vorgestellet) u. s. w.

Soi, wird im Französischen wie im Deutschen so wohl männlich als weiblich gebraucht, allein obgleich dasselbe im Deutschen, keinen Nominativ hat, so wird es doch bey uns in Nominativ gesetzt, unter der Bedingung, daß man ihm *même* anhänget. Z. B. Chacun doit veiller *soi-même* à ses affaires, ein jeder muß seine eigenen Sachen besorgen. Das deutsche Wort sich wird im Französischen mit *soi*, anstatt *lui*, oder *elle*, übersetzt, wenn man von Sachen, oder vom äußern Ansehen der Personen; oder von Personen, aber in einem allgemeinen Sinne spricht; nie aber wenn von einer Person insbesondere die Rede ist. Z. B.

L' aimant (Sache) attire le fer *à soi*, das Magnet zieht das Eisen an sich.

Cette personne est fort propre sur *soi* (äusseres Ansehen), diese Person ist, immer sehr sauber an ihren Körper. (ich würde noch *elle*, *soi* vorziehen (sagt der französ. Sprachlehrer *Wailly*).

Excuser dans *soi-même* (Personen aber im Allgemeinen betrachtet) les sottises que l'on nepeut souffrir dans autrui, c'est aimer mieux être sot *soi-même* que de voir les autres tels, an sich selbst Thorheiten entschuldigen, welche man an einem andern nicht leiden kann, heißt lieber selbst dumm seyn wollen, als sehen, daß es andre sind.

Souvent on a besoin d'un plus petit que *soi* (hier werden auch die Personen im Allgemeinen betrachtet.) Man hat oft einen geringeren als sich nöthig. Allein man muß sagen: C'est un homme qui n'aime que *lui-même*, il rapporte tout *à lui* (und nicht *soi-même*, nicht *soi*, weil die Rede von einer in's besondere betrachteten Person ist), dieser Mann liebet nichts als sich selbst; er thuet alles um seinet willen.

Auch ist zu bemerken, daß im Deutschen die zueignenden Fürwörter derselbe, dieselbe, dasselbe anstatt der persönlichen er, sie, es gebraucht werden; welches aber nie im Fransischen erlaubt ist. Z. B. Die Deutschen sagen wohl richtig: wenn derselbe (oder er) sich wohl befindet, so ist es mir lieb

lieb. Im Französischen aber müssen wir sagen: si *vous* vous portez bien, j'en suis bien aise. Ferner: was ich derselben (oder ihr) gemeldet habe; ce que je *vous* ai dit. Aufgaben Nro. 15. 36. u. s. w. und fast überall.

Zwote Abtheilung.

Von den zueignenden Fürwörtern.

I. Regel.

La soeur doit aimer son frere, die Schwester ist schuldig ihren Bruder zu lieben.

Was lehret uns diese Regel?

Sie lehret, daß im Französischen, die zueignenden Fürwörter der dritten Person, mit der zugeeigneten Sache, im Geschlechte, in der Zahl und im Beugfalle; und nicht, wie im Deutschen, mit der zueignenden Person, im Geschlechte, überein kommen müssen. Im Französischen sagt man z. B.: *son pere*, sein oder ihr Vater, *sa mere*, seine oder ihre Mutter.

Calypso ne pouvoit se consoler du départ d'Ulysse; dans *sa* (und nicht leur) douleur elle se trouvoit malheureuse d' être immortelle· *sa* grotte ne résonnoit plus de *son* (nicht leur) chant . . . . souvent elle demeuroit immobile sur le rivage de la mer qu'elle arrosoit de *ses* (nicht leurs) larmes, et elle étoit sans cesse tournée vers le côté où le vaisseau d'Ulysse fendant les ondes avoit disparu à *ses* yeux. Kalypso konnte sich über Ulyssens Abreise nicht beruhigen, versenkt in ihrem Schmerz, dünkte ihr ihre Unsterblichkeit ein Unglück. Ihre Grotte ertönte nicht mehr von ihrem Gesange . . . Oft blieb sie unbeweglich an dem Ufer des Meers stehen, benezte es mit ihren Thränen, und sah mit starrem Blick, nach der Höhe hin, wo Ulyssens Schiff, die

die Fluthen durchschneidend aus ihren Augen verschwunden war.

Votre mere aime *son* époux et *ses* enfants d'un amour tendre et raisonnable, eure Mutter liebet ihren Mann, und ihre Kinder zärtlich und vernünftig.

Cette ville est petite en soi, mais avec *ses* (nicht leurs) fauxbourgs elle est assez grande, diese Stadt ist an sich klein; aber mit ihren Vorstädten ist sie ziemlich groß. Aufgaben Nro. 6. 29. u. s. w.

II. Regel.

Monsieur votre frere est mon ami, ihr Herr Bruder ist mein Freund.

Was lehret uns diese Regel?

Sie lehret, daß wenn im Französischen eins von diesen Wörtern Monsieur, Madame, Mademoiselle, Monseigneur u. d. gl. mit einem zueignenden Fürworte verbunden werden soll, solches vor das Fürwort gesetzt werde. Z. B.

J'ai vu Mesdemoiselles *vos* soeurs se promener avec Messieurs *vos* cousins, ich habe Ihre Mamselln Schwestern mit ihren Herrn Vettern spazieren gehen sehen (und nicht vos Mademoiselles soeurs).

J'ai connu, Monsieur *votre* pere, Madame *votre* mere et Mesdames *vos* tantes, avant qu'ils n'habitassent la capitale, ich habe Ihren Herrn Vater, Ihre Frau Mutter, und ihre Frauen Tanten gekannt, ehe sie die Hauptstadt bewohnten.

Es ist wohl zu bemerken, daß, weil im Französischen die Wörter *Monseigneur*, *Monsieur*, *Madame*, *Mademoiselle*, aus den Hauptwörtern Seigneur, Sieur, Dame und Demoiselle und einem mit ihnen vereinigten zueignenden Fürworte bestehen, diese Hauptwörter eben so wie andere abgeändert werden, wovor ein zueignendes Fürwort stehet; das heißt: die

Für-

Fürwörter haben nur den unbestimmten und nicht bestimmten Artikel bey sich. Also sagt man nicht *Le* Monsieur, votre frere, ihr Herr Bruder; *La* Madame Volf, die Frau Wolf; *La* Mademoiselle Charlotte, die Mamsell Carolina; *Le* Monseigneur le president, der Herr Präsident; sondern: Monsieur votre frere, Madame Volf, Mademoiselle Charlotte, Monseigneur le Président, u. s. w. weil die Personen damit schon genau bestimmt werden. Sollte man aber von einer Person, welche bestimmt zu werden braucht, sprechen, dann überläßt das zueignende Fürwort seine Stelle dem bestimmten Artikel, oder einem anzeigenden Fürworte, *Monsieur* ausgenommen, welchem der Gebrauch erlaubt hat, das zueignende Fürwort, und auch den bestimmten Artikel, oder ein anzeigendes Fürwort zu behalten. Also sagt man la Dame, oder cette Dame, la Demoiselle, oder cette Demoiselle; le Seigneur, oder ce Seigneur, le Monsieur, oder ce Monsieur, dont je vous ai parlé, die Frau oder diese Frau u. s. w. wovon ich mit Ihnen gesprochen habe. Wir wollen ein Beyspiel von der Ordnung solcher Wörter hersetzen:

Ce Monsieur est le frere de Monseigneur l'Intendant, qui a traité nos Seigneurs du Parlement, chacun avec Madame *son* Epouse et Mesdemoiselles leurs filles, dieser Herr ist der Bruder des gnädigen Herrn Oberaufsehers. welcher heute unsre Herrn des Parlements nebst ihren Frauen und ihren Mamselln Töchtern traktirt hat.

Anmerkungen

über die zueignenden Fürwörter.

1. Soll im Französischen der bestimmte Artikel eine Sache genau und ohne Zweydeutigkeit ausdrücken, alsdann wird das sich im Deutschen befindende zueignende Fürwort in einen solchen Artikel verwandelt. Z. B.

Si je ne puis ni retrouver mon pere, ni retourner dans ma patrie, ni éviter la servitude, ôtez moi *la* vie que je ne saurois supporter, kann ich meinen Vater nicht wieder finden, noch in mein Vaterland zurück kehren, noch der Sklaverey entgehen, so nehmet mir lieber mein Leben, das mir unerträglich wird (man konnte ihm kein anders Leben nehmen, also wird die Sache mit dem bestimmten Artikel genau vorgestellt.)

Ô Aceste! si le malheur du jeune Thélémaque, qui n'a jamais porté *les* armes contre les Troyens ne peut vous toucher etc. o Aceste, wenn des jungen Thelemach Unglück, der nie seine Waffen gegen die Trojaner gebraucht hat, euch nicht rühren kann, u. s. w.

Il s'est cassé *la* jambe, er hat sein Bein zerbrochen; aber je vois que *ma* jambe s'enfle, (und nicht *la* jambe, weil ich auch andere als meine Beine kann schwellen sehen) ich sehe daß mein Bein aufschwillt. Aufgaben Nro. 26. u. s. w.

2.) Können die Deutschen ihren bestimmten Artikel entweder in ein zueignendes oder anzeigendes Fürwort verwandeln, ohne dem Sinne des Satzes zu schaden, so muß im Französischen kein Artikel, sondern eins von den gemeldeten Fürwörtern gesetzt werden. Z. B.

Mettez le dans *votre* poche, stecket es in die Tasche.

Ce chien prit ce morceau de pain dans *sa* gueule, et etc. dieser Hund nahm das Stück Brod in das Maul, und, u. s. w.

C'étoit un discours bien insensé de la part *de* ce jeune homme, das war nun aber von dem jungen Menschen sehr unverständig gesprochen. S. Aufgaben Nro. 1. 26. u. s. w.

3.) Stehet vor *son*, *sa*, *ses*, *leur*, *leurs* ein Hauptwort, das ein lebloses Ding bezeichnet, so können diese Fürwörter mit einem andern, und darauf folgenden Hauptworte, welches ein Nominativ, oder ein gerades Regimen ist, nur alsdann verbunden werden, wenn dieses zweyte Hauptwort in eben dem Gliede des Satzes enthalten ist und sich auf das Zeitwort desselben beziehet. Z. B. Man kann richtig sagen: La Seine a *sa* source en Bourgogne, et *son* embouchure au Hâvre de grace; die Seine hat ihren Ursprung in Burgundien, und ihre Mündung bey Havre de Grace; weil in diesem Beyspiele *sa* und *son*, vor Hauptwörtern stehen, welche sich im nämlichen Gliede des Satzes befinden, und auf das Zeitwort des Satzes, nämlich

lich *a* beziehen. Allein man kann nicht richtig sagen: Paris est beau, j' admire *sa* grandeur, *ses* palais, *ses* promenades etc. Paris ist schön, ich bewundere seine Größe, seine Palläste, seine Spaziergänge; auch nicht: ces arbres sont bien exposés, cependant *leurs* fruits ne sont pas bons, diese Bäume sind gut gesetzt; doch sind ihre Früchte nicht schmackhaft. Weil in dem ersten *sa* grandeur, *ses* palais, *ses* promenades; in dem zweyten *leurs* fruits, nicht in dem nämlichen Sinn, als das erste Hauptwort stehen, und sich auf das Zeitwort des Nominativs beziehen, welches *est*, und *sont exposés* ist.

Alsdann muß man aus dem geraden Regimen ein Nebenregimen machen. Denn die zueignenden Fürwörter werden richtig mit Hauptwörtern verbunden, die Nebenregimen sind. Man sage also: Paris est beau, *j' en* admire la grandeur, les palais etc. Ces arbres sont bien exposés, cependent les fruits n' *en* sont pas bons, oder auch Paris est beau; j' admire la grandeur de ses batiments, la magnificence de ses palais, etc. Ces arbres sont bien exposés, cependant la saveur de leurs fruits' n' est pas agréable, u. s. w.

4.) Man sagt im Französischen *un bel esprit*, ein schöner Geist; *une plume* (eine Feder) für einen Schriftsteller *une épée* (ein Degen) für einen Fechter u. d. g. Werden diese Wörter in diesem Sinne gebraucht, wo sie keine Sache, sondern Personen vorstellen, so muß man mit ihnen kein zueignendes, sondern persönliche Fürwörter verbinden. Man muß z. B. nicht sagen: il n' y a pas de meilleure plume que *la sienne*, es giebt kein besserer Schriftsteller als er; sondern *que lui*, u. s. w.

Die deutschen anzeigenden Fürwörter Dero, Deroselben, welche sich in Briefen finden, sonderlich am Schlusse derselben, werden im Französischen mit einem zueignenden Fürworte gegeben; z. B. Ich bin Dero gehorsamer Diener, Je suis *votre* très humble serviteur.

Muß der Genitiv des anzeigenden deutschen Fürwortes derselbe, dieselbe, dasselbe im Französischen nicht en heissen, und im Deutschen im Sinne der folgenden Beispiele verstanden werden; alsdann übersetzen wir denselben mit einem zueignendem

Für-

Fürworte. Z. B. Ich habe dieses Buch lieb, weil ich dem Lesen desselben einen Theil meiner Kenntnisse zu danken habe. J'aime ce livre, parceque je dois à *sa* lecture une partie de mes connoissances (und nicht à la lecture de celui-là). Ich schätze diese Person hoch, und gestehe, daß mir derselben Umgang Vergnügen macht. J'estime cette personne et j'avoue, que *sa* conversation me fait plaisir (und nicht la conversation de celle-là).

Dritte Abtheilung.

Von den anzeigenden Fürwörtern.

Anmerkungen

über den Gebrauch derselben.

1. Wenn von zwey Personen oder Sachen die Rede ist, und man dieselben mit einander vergleichen will, so füget man den anzeigenden Fürwörtern *ce, cet, cette, ces;* und *celui, celle, ceux, celles,* das Wörtchen *ci* und *là* bey, welche mit diesen vermittelst eines Verbindungszeichens vereiniget werden. *Ci* hat Beziehung auf den näheren Gegenstand, *là* auf den entferntern. Z. B.

Le corps périt, l'ame est immortelle; cependant tous les soins sont pour *celui-là*, tandis qu'on néglige *celle-ci*, der Leib stirbt, die Seele ist unsterblich; gleichwohl sorgt man beständig für jenen, während man diese vernachläßigt.

Ces livres-*ci*, me plaisent mieux que *ceux-là*, diese Bücher gefallen mir besser als jene. Aufgaben, Nro. 37. u. s. w.

2.) Wird *ce* mit keinem Nennworte verbunden, so beziehet es sich auf das vorher gesagte, oder darauf folgende, und steht alsdann anstatt eines persönlichen oder unbestimmten Fürworts. Z. B.

Je lis Horace et Virgile, parceque *ce* sont les meilleurs poëtes latins, ich lese den Horatius und Virgilius, weil sie die besten lateinischen Dichter sind (hier *ce* für *ils*).

Les astronomes qui prétendent connoître la nature des étoiles fixes, assurent que *ce* sont autant de soleils (*ce* für *elles*), die Sternkundigen, welche behaupten, die Natur der Fixsterne zu kennen, versichern, daß es lauter Sonnen sind.

Man bemerke die deutschen Redensarten, worin zwey anzeigende Fürwörter, oder ein anzeigendes Fürwort und ein Beywort bey einander stehen; weil im Französischen die anzeigenden Fürwörter mit ihrem Hauptworte von einander getrennet werden, oder ein jedes Für- oder Beywort sein Hauptwort haben muß. Z. B.

Dieser und jener Bauer ist aus dem Elsaß, ce paysan-ci et *celui-là* sont de l'Alsace.

Dieses und voriges Jahr ist es heiß gewesen, il a fait chaud cette année et *l'année* passée.

Diesen und den folgenden Tag rasteten wir, nous séjournâmes ce jour, et *le jour* suivant, u. s. w.

Vierte Abtheilung.

Von den beziehenden Fürwörtern.

Wichtige Anmerkungen über den Gebrauch derselben.

Die beziehenden Fürwörter machen eine Menge Schwierigkeiten, welche uns zu einer grössern Ausführlichkeit nöthigen, um die Sache Anfängern recht begreiflich zu machen.

QUI.

Dieses Fürwort kann, im Nominativ, sowohl Sachen als Personen zum Vordersatz haben; in andern Beyfällen aber, nur Personen oder Sachen, welche man als Personen betrachtet. Z. B.

Le jeune homme *qui* pratique la vertu, et *qui* cultive les sciences, goûte un bonheur *qui* satisfait l' ame, der junge Mensch, der sich der Tugend besleissigt und mit Eifer den Wissenschaften obliegt, geniesset ein Glück, das die Seele ganz befriediget.

Man sage aber nicht: La maison *de qui* j' ai fait l'acquisition, das Haus welches ich gekauft habe; auch nicht les sciences *à qui* je m' applique, die Wissenschaften, deren ich mich besleissige: sondern, *dont* j' ai fait u. s. w. *auxquelles* je m' applique; weil, wenn von Sachen die Rede ist, *dont* oder *duquel* oder *de la quelle*, oder *des quels* etc. anstatt *de qui*, und *auquel*, oder *à la quelle*, oder *auxquels*, oder *auxquelles*, anstatt *à qui* gebraucht werden. S. Aufg. N. 3. u. fast überall.

LEQUEL und LAQUELLE

beziehen sich in allen Beyfällen so wohl auf Sachen als auf Personen; doch ist zu bemerken, daß der Gebrauch solche nur dann im Nominativ zulässet, wenn es darauf ankömmt, eine Zweydeutigkeit zu heben: sonst tritt immer qui an ihre Stelle. Man sage z. B.

Il imite ces peuples *qui* habitent la zone torride, *lesquels* jettent des flêches contre le soleil, er ahmet den Völkern unter der heißen Zone nach, welche Pfeile nach der Sonne schießen, und nicht la zone torride *qui*, welches hier nicht genug bestimmen würde, ob die Völker Pfeile nach der Sonne schießen, oder die Zone. S. Aufg. Nro. 26. u. s. w.

Im Genitiv, (wenn von Sachen die Rede ist) nur wenn solches mit einem Hauptworte vereiniget wird, welches sich auf den Vordersatz beziehet; und diesem zweyten Hauptworte nachgesetzt werden muß; sonst wird *dont* und nicht *duquel* oder *de laquelle* u. s. w. gebraucht. Z. B. Le Rhin dans le lit *duquel* (und nicht *dont*) viennent se jeter d' autres rivieres,

vieres, der Rhein, in dessen Flußbett sich auch andre Flüsse ergiessen.

La Religion *dont*, (und nicht *de la quelle*) on méprise les maximes; die Religion deren Grundsätze man verachtet.

Im Dativ und Accusativ aber immer, wenn von Sachen die Rede ist; ist aber die Rede von Personen, so wird *auquel*, oder *à la quelle* u. s. w. oder *à qui*, und *le quel*, oder *la quelle*, oder *qui* nach Willkühr gesetzt. Z. B. Dieu, *à qui* (oder *auquel*) nous devons rapporter toutes nos actions, Gott auf dem wir alle unsre Handlungen beziehen müßen.

Songeons à fléchir le juge devant *lequel* (oder devant *qui*) nous devons paroître un jour, laßt uns daran denken, wie wir den Richter besänftigen können, vor welchem wir dermaleins erscheinen müssen.

Le bois dans *lequel*, (und nicht dans *qui*) nous nous sommes promenés, das Holz, worin wir einen Spaziergang gemacht haben.

Im Ablativ nur *lequel* und *laquelle*, wenn mit qui eine Zweydeutigkeit entstehen mögte, sonst aber willkürlich *duquel*, u. s. w. oder *dont*. Z. B. La bonté du Seigneur, *de la quelle*, (und nicht *dont*) nous recevons tous les jours des bienfaits; die Gütigkeit des Herrn, von welcher wir täglich Wohlthaten empfangen.

QUOI.

Wird nur mit leblosen Dingen verbunden, hat als ein beziehendes Fürwort keinen Nominativ; überläßt seine Stelle *lequel* und *laquelle* u. s. w. willkührlich; ausgenommen wenn es *ce*, es; *rien* nichts; *chose*, Sache zum Vordersatz hat; und alsdann wird *quoi* entweder im Genitiv, oder Dativ, oder Ablativ gesetzt, je nach dem es der von dem vorhergehenden Zeitworte regierte Beugfall erfodert, oder im Accusativ wenn es Regimen eines Vorworts seyn soll. Z. B.

Les habitudes vicieuses sont des maladies *à quoi* (oder *auxquelles*) tous les secours humains ne peuvent réméremédier, die bösen Gewohnheiten sind Krankheiten, die zu heilen alle menschliche Mittel nicht fähig sind.

Il n' y a rien *à quoi* je ne sois disposé, es ist nichts woranf ich nicht zubereitet bin.

C' est ce, (oder c' est la chose) *à quoi* je vous exhorte, das ist es, wozu ich euch ermahne.

Le principe sur *quoi* je me fonde, der Lehrsatz, worauf ich mich gründe.

DONT.

Stehet unverändert, anstatt der Genitiven und Ablativen der beziehenden Fürwörter, und kann sich auf Vordersätze von aller Art beziehen.

Ist es zweifelhaft ob *duquel, de la quelle, desquels, des quelles, de qui, de quoi,* richtig gebraucht werden können, so kommt *dont* zu Hülfe (den Fall, worin sich eine Zweydeutigkeit befinden könnte ausgenommen). Denn solches wird ihnen ganz richtig, fast immer vorgezogen. Z. B.

Combien de grands hommes *de qui,* (oder *dont*) les belles actions sont restées dans l'oubli, wie viel große Männer giebt es, deren edle Thaten unbekannt geblieben sind.

Trifft man im Deutschen die Wörter an, welches, wovon, dessen, welche sich auf ein Zeitwort beziehen, alsdann muß man solche im Französischen mit *ce-dont,* oder *ce qui,* oder *ce que* nach Erforderniß des von dem darauf folgenden Zeitworte regierten Beugfalles übersetzen. Z. B. Der junge Mensch . . ist gehenkt worden, wovon er starb, le jeune homme . . . fut pendu, *ce dont* il mourut. — Die Wölfe naheten sich ihm, allein sie fraßen ihn nicht, welches ihm sehr lieb war, les loups s'approcherent de lui mais ne le dévorerent pas, *ce dont* il fut bien aise. Er bestiehlt mich, welches mich nöthigte u. s. w. Il me vola, *ce qui* m' obligea etc.. Sie wollte gern abreisen, welches ich nicht haben wollte. Elle vouloit partir, et c' est *ce que* je ne voulois pas u. s. w. S. Aufg. Nro. 10. 29, u. s. w.

QUE

QUE.

Wenn solches weder ein fragendes Fürwort, noch ein Bindwort, noch eine Partikel ist, so stellet es immer einen Accusativ vor, und erlaubt nie *qui* an seine Stelle zu treten, wenn es Regimen eines Zeitworts ist, und wenn es anstatt der Accusativen *lequel*, *laquelle*, *lesquels*, *lesquelles*, oder *quoi* (ohne davor stehendes Vorwort) wie auch nach *ce*, es und *rien*, nichts, stehet, im Fall daß ein Accusativ darauf folgen soll. Z. B. L'homme *que* je vis dimanche (und nicht lequel), der Mann, den ich am Sonntag sah; ce *que* j'ai résolu (und nicht ce quoi), was ich beschlossen habe; il n'y a rien, *que* je ne fasse (und nicht quoi), es ist nichts, was ich nicht anwenden will.

In den folgenden Redensarten, ist das *que* gar kein beziehendes Fürwort, sondern ein wahres Bindwort. Z. B. C'est a la gloire *que* j'aspire, nach dem Ruhm strebe ich; c'est à vous *que* je parle, euch rede ich an; c'est de cette somme *que* je vous demande le payement, von dieser Summe fordre ich die Bezahlung u. d. g.

Denn wäre que in den zwey ersten Beyspielen ein beziehendes Fürwort, so müßte solches einen Dativ, und in dem letzten einen Genitiv vorstellen; allein que kann, wie wir oben sagten, nur ein gerades Regimen vorstellen; und überdieß kann ein Zeitwort kein doppeltes Nebenregimen nach sich haben, und in dem gegenwärtigen Falle wären deren zwey da, nämlich à la gloire, als Vordersatz, und à la quelle, als Fürwort; à vous und a qui; de cette somme, als Vordersatz und dont als ein Fürwort. In folgendem Satze aber: C'est vous, que je tiens pour mon maître, ich halte Sie (oder Sie halte ich) für meinen Herrn; ist que ein ächtes beziehendes Fürwort, welches hier vous vorstellet und ein gerades Regimen von tenir ist.

Nach einem Vorworte muß *qui* und nicht *que*, wenn von Personen, und *lequel*, oder *laquelle* u. s. w. wenn von Sachen die Rede ist, gesetzt werden. Z. B. Vous êtes le Dieu *en qui* (und nicht *en que*, oder *en lequel*) j'ai mis mon espérance, du bist der Gott, worauf ich meine Hoffnung gesetzt habe.

Les pays *par lesquels* j'ai passé (und nicht par *que*, noch par *quoi*) die Länder durch welche ich gegangen bin.

Fol-

Folgende deutsche Redensarten, worin die Deutschen ein anzeigendes und zueignendes Fürwort neben einander setzen, werden im Französischen mit einem beziehenden Fürworte gegeben; und der von dem noch nicht übersetzten Fürworte angedeutete Gedanke wird völlig ausgedrückt. Z. B. Dieser mein Freund (fange ich mit: mein Freund an, alsdann setze ich zu dem Deutschen hinzu: der da ist. Fange ich mit: dieser Freund, an; so setze ich hinzu: der der meinige ist.) mon ami *que voila*, oder cet ami, *qui est le mien*. Diese seine Tochter (wie oben, entweder seine Tochter, die da ist, oder diese Tochter, welche die seinige ist.) Sa fille *que voila*, oder cette fille *qui est la sienne*. Diese meine alte Krankheit (diese Krankheit, welche die meinige lange gewesen ist) cette maladie *que j'ai depuis longtems*, u. s. w. S. Aufgaben Nro. 5. und fast überall.

LE. LA. LES.

Beziehen sich auf Sachen sowohl als auf Personen, und stellen immer einen Accusativ vor. Z. B.

Je *la* connois, je *l'*aime je *l'*estime (*la* für *elle*), ich kenne, liebe und achte sie hoch.

Quand on a du bien, il faut *l'*employer utilement et ne pas *le* prodiguer mal-à-propos, wenn man Vermögen besitzt, so muß man es nützlich anwenden, und es nicht unschicklicher Weise verschwenden. S. Aufg. Nro. 7. u. s. w.

Hier ist wohl zu bemerken, daß immer *le*, es, und nie *la* oder *les* gebraucht werden dürfen, wenn diese Fürwörter sich auf ein Bey- oder Zeitwort beziehen. Beziehen sie sich aber auf ein Hauptwort, so steht, je nach Erforderniß des Geschlechtes und der Zahl des Vordersatzes entweder *le*, oder *la*, oder *les*. Also, ob man gleich eine Frau fragt: êtes vous malade? sind Sie krank, so muß dieselbe doch antworten; je *le* suis, ich bin es, und nicht je *la* suis, weil *le*, sich auf das Beywort malade beziehet. Steht aber: Êtes vous *la* malade dont on m'a parlé, sind Sie die Kranke, wovon man mir gesagt hat? dann muß sie antworten je *la* suis; weil hier *la*, sich auf ein Hauptwort beziehet, nämlich *la malade*.

Etes

Êtes vous mere, Madame? Sind sie schon Mutter Madam? oui, je *le* suis, ja ich bin es (und nicht je *la* suis); êtes vous *la* mere de ces enfants? sind Sie die Mutter dieser Kinder? oui, je *la* suis; sont-ce là vos gens? Sind dies Ihre Leute? oui, ce *les* sont; avons nous-jamais été plus tranquilles que nous ne *le* sommes? sind wir jemals ruhiger, als wir es jetzt sind?

Les loix de la nature et de la bienséance nous obligent également de défendre l'honneur et les intérêts de nos parents, quand nous pouvons *le* faire sans injustice, die Gesetze der Natur und des Wohlstandes verbinden uns gleich stark, die Ehre und Vortheile unsrer Anverwandten zu vertheidigen, wenn wir es ohne Ungerechtigkeit thun können. u. s. w.

Y und EN.

Y beziehet sich auf Personen und Sachen, und auch auf Zeitwörter. Z. B. Auf die drey folgenden Fragen kann ich mit *y* antworten: pensez-vous à moi? pensez-vous à mon affaire, pensez-vous à partir pour l'Italie? denket ihr an mich? an meine Sache? an eure Reise nach Italien? J'*y* pense, ich denke daran. Solches erinnert an den Gedanken eines vorhergehenden Namens, der entweder im Accusativ nach dem Vorworte *dans* oder *en*, oder im Dativ sollte wiederholt werden. *Y* zeigt auch die Bewegung von einem Orte nach einem andern an, wovon man schon gesprochen hat. In diesem Falle ist *y* vielmehr ein Neben= als Fürwort: allein hier sehen wir nicht auf diesem Unterschied, wir handeln hier von *y* im Allgemeinen.

Um sich, bey dem Gebrauche desselben, nicht zu irren, muß man sich anfänglich gewöhnen, zu überlegen, ob das Zeitwort, worauf das Fürwort sich beziehen soll, einen Dativ nach sich haben will; ob man auf dieses Zeitwort mit *ici*. hier; *là*. da; *dans*, in oder *en* in, antworten kann: und darauf muß man untersuchen, ob es nothwendig sey, in dem Satze eine noch nicht da gewesene Sache vorzustellen, oder bloß an die Idee einer vorher angeführten Sache zu erinnern. In jenem Falle, braucht man die Nebenwörter selbst, oder das Vorwort, mit seiner Ergänzung, in diesem muß man durchaus *y* setzen. Z. B.

Fu-

Fuyez soigneusement les procès; souvent la conscience s'*y* intéresse, la santé s'*y* altere, les biens s'*y* dissipent, meidet sorgfältig die Prozesse, das Gewissen wird dadurch beschwert, die Gesundheit geschwächt, und das Vermögen verschwendet. Die Zeitwörter *intéresser, altérer, dissiper* haben vor sich *y*, weil man hier nichts anders zu thun hat, als an den Gedanken des vorher stehenden Hauptworts *procès* zu erinnern; überdieß, *on s'interesse à quelque chose, la santé s'altere dans les procès, les biens se dissipent dans* oder *à quelque chose.*

Cette affaire est très importante, donnons *y* tous nos soins, diese Sache ist sehr wichtig, laßt uns alle unsre Sorgen darauf richten (*donner ses soins à quelque chose.*)

Vous fiez-vous *à lui?* oui, je m'*y* fie, verlasset ihr euch auf ihn? ja, ich verlasse mich auf ihn.

Kleines Gespräch, welches den Unterschied zwischen *y* und den Nebenwörtern des Orts vorstellt.

Jean, où est mon chapeau?	Johann, wo ist mein Hut?
Il est dans la salle, Monsieur.	Er liegt in dem Saale, mein Herr!
Je l'*y* ai cherché, et ne l'*y* ai pas trouvé, venez *y* voir avec moi.	Ich habe ihn daselbst gesucht und nicht gefunden; kommt mit mir dahin, und sehet zu.
Je ne le vois pas non plus; cela m'étonne, car il étoit *là* sur cette table, et je l'ai pendu *ici* à ce clou.	Ich sehe ihn auch nicht: das wundert mich, denn er lag auf diesem Tische, und ich habe ihn hier an diesen Nagel gehangen.

In dem dritten Satze ist *y* nothwendig, weil in demselben nichts ist, das man bestimmen muß; indem es nur darauf ankommt, das schon ausgedrückte Wort *salle* zu bezeichnen. In dem vierten aber, da man noch nicht von dem Tische und Nagel gesprochen hat, und den Ort angeben will, wo sich beyde befinden, so muß *là* den entferntesten, und *ici* den näheſten anzeigen. S. Ausg. Nro. 1. 11. 14 u. s. w.

An=

Anmerkung.

Man sage nicht: il est allé *dans* l'église, il est *dans* l'église, er ist in die Kirche gegangen, er ist in der Kirche; sondern il est allé *à* l'église, il est *à* l'église, u. d. g. Monsieur est-il *à la* maison, ist der Herr zu Hause; hierauf muß man nicht antworten: oui il est *dedans*, il est *ici*, il est *là*, sondern il *y* est.; denn il est *dedans* würde überflüßig seyn, il est *ici*, den Ort anzeigen, wo sich die sprechende Person befindet; und il est *là*, das Zimmer, worin der Herr ist.

Folgende Redensarten mit *y*, können sich hier die Deutschen bekannt machen.

Comme vous *y* allez, wie verfahret ihr damit.
de quelque maniere que je m'*y* prenne, ich mag es angreiffen, wie ich will.
Il n'*y* entend pas finesse, (oder malice) er hat nichts böses im Sinne.
Il *y* a, es giebt; es ist, es sind.
Il *y* va de mon honneur, es betrifft meine Ehre.
Je n'*y* manquerai pas, das soll geschehen.
Nous *y* voila, da haben wir es.
On n'*y* tient pas, man kann es nicht ausstehen.
Qu' est-ce qu il *y* a, was giebt es?
S'*y* prendre, es anfangen.
Vous ne m'*y* attrapperez plus, ihr sollt mich nicht mehr so fangen.
Vous n'*y* êtes pas, ihr verstehet es nicht.
Vous *y* regardez de trop près, ihr seyd gar zu vorsichtig (oder genau).

EN beziehet sich auf Sachen und Personen. Es erinnert an den Gedanken eines vorher stehenden Namens, der im Genitiv oder Ablativ und bisweilen im Accusativ mit dem Theilungsartikel wiederholet werden sollte. Solches Fürwort zeigt auch die Bewegung von einem Orte nach einem andern an. Z. B.

Votre fils travaille bien, j'*en* suis fort content, Ihr Sohn arbeitet fleißig, ich bin mit ihm sehr zufrieden (hier *en* für de lui, oder de votre fils),

J'

J' ai vu hier votre pere, votre mere et vos soeurs: ils sont malheureux, mais je veux *en* prendre soin, ich habe gestern euren Vater, eure Mutter und Schwestern gesehen: sie sind unglücklich, allein ich will für dieselben sorgen (hier *en* für d'eux).

Etes vous revenu de votre long voyage? oui, j' *en* revins hier, seyd ihr von eurer langen Reise zurück gekommen? Ja, ich kam gestern wieder (hier *en* für de mon long voyage).

Combien de jours vous faut-il pour achever cet ouvrage? il m' *en* faut trois, wie viel Tage müßt ihr noch arbeiten, um dieses Werk zu vollenden? drey (hier *en* für d'eux).

Voilà de l'excellent bouilli, coupez m' *en* encore un morceau, dies Rindfleisch ist vortreflich; schneiden Sie mir noch ein Stück davon (*en* für de bouilli).

Ne vous découragez pas je vous *en* prie, laßt euren Muth nicht sinken, ich bitte euch darum (hier *en* für de ne pas vous décourager).

Avez vous reçu des lettres? oui j'*en* ai reçu, habt ihr Briefe bekommen? ja, ich habe welche bekommen (hier en für des lettres), u. s. w. S. Aufgaben Nro. 4. 6. 7. und fast überall.

Oft braucht man im Französischen *en* ohne daß ein deutsches Wort dasselbe ausdrückt. Z. B.

Avez vous un couteau, des ciseaux, un canif, une canne, etc. oui, j'*en* ai un, oder une; oder non, je n' *en* ai point, habt ihr ein Messer, eine Schere, ein Federmesser, ein Rohr, u. d. g. Ja ich habe ein, oder eine, oder, nein, ich habe keins.

C'*en* est fait de moi, de toi, de lui, etc., es ist aus mit mir, mit dir, mit ihm u. s. w.

En dire autant de quelqu'un, eben dieses von jemanden sagen.

En venir aux mains, einander in die Haare gerathen.

En venir à un accommodement, einen Vergleich treffen.

En voila d'autres, da sind andre.

En vouloir à quelqu'un, an einen wollen.

Il *en* a menti, er hat gelogen (das ist nicht wahr).

Il *en* aura le démenti, es soll ihm nicht gelingen.

Il *en* est de moi, de toi etc. comme de etc., es ist mit mir, mit dir, u. s. w. wie mit u. s. w.

Il *en* faut venir là, man muß dadurch.
Il *y en* a qui prétendent, es giebt Leute, die behaupten.
Je n'*en* puis plus de faim, de someil, de soif, etc. ich kann mich des Essens, Schlafes, Trinkens nicht mehr enthalten.
N'*en* pouvoir plus, ganz entkräftet seyn.
Où *en* étions nous? wo sind wir geblieben?
Où *en* serions nous? wie würde es um uns stehen?
Un malheur *en* attire un autre. ein Unglück ziehet immer ein anderes nach sich, u. d. g.

Où, d'Où, Par où.

Beziehen sich bloß auf Sachen, und sind nur beziehende Fürwörter wenn man sie, anstatt der Beugfälle der Sachennamen gebraucht. Z. B.

La haine et la flatterie sont les écueils *où* la verité fait naufrage, der Haß und die Schmeicheley sind Klippen, an welchen die Wahrheit scheitert (hier *où* für contre lesquels).

Coriolan vint assiéger la ville de Rome, *d'où* (oder de la quelle) il avoit été banni, Corialan kam die Stadt Rom zu belagern, aus welcher er vertrieben worden war.

Rien de plus bas que les moyens *par où* (oder par lesquels), les flatteurs s' insinuent dans l'esprit des grands, nichts ist niederträchtiger, als die Mittel, wodurch sich die Schmeichler, bey den Vornehmen beliebt machen. S. Aufgaben Nro. 23. 29. u. s. w.

I. Regel.

Mon pere, mon oncle et mon maître sont des personnes que j'aime et que je respecte, mein Vater, mein Oheim und mein Lehrer sind Leute welche ich liebe und hochachte.

Was lehret uns diese Regel?

Sie lehret, daß im Französischen, ein jedes Hauptwort sein zueignendes Fürwort, und ein jedes Zeitwort sein beziehendes Fürwort vor sich haben muß. Z. B.

Son

Son pere et *sa* mere *qui* nous protegent et *qui* nous favorisent, sont venus ce matin à la maison, sein Vater und seine Mutter, die uns beschützen und günstig sind, kamen diesen Morgen nach unserm Hause.

Voila une Dame *que* mon frere vit, *qu'il* aima, *qu'il* épousa et qu'il rend heureuse, das ist das Frauenzimmer, das mein Bruder sah, liebte, heirathete, und das er jetzt beglückt.

II. Regel.

Celui qui pratique la vertu est heureux, der die Tugend ausübet, ist glücklich.

Was lehret uns diese Regel?

Sie lehret, daß den anzeigenden Fürwörtern *ce* (wenn solches anzeigend ist, und also nicht es heißt) *celui, celle, ceux, celles*, schlechterdings im Französischen ein beziehendes Fürwort nachgesetzt werden muß, da sie an sich selbst nichts bestimmtes anzeigen können. Z. B.

Ce qui peut être utile ne doit jamais être méprisé, Was nützlich seyn kann, darf nie verachtet werden.

Ce que je vous dis est la vérité, was ich euch sage, das ist die Wahrheit.

Celui qui est honnête homme, oder *celle qui* est honnête femme ne trompe personne, wer ein ehrlicher Mann, oder eine ehrliche Frau ist, betrieget niemanden.

De toutes les félicités, *celle dont* les saints jouissent dans le ciel, est la seule à la quelle nous devons aspirer, unter allen Glückseligkeiten müssen wir nur nach der, welche die Heiligen im Himmel genießen ringen. S. Aufgaben Nro. 2. 5. 6. u. s. w.

Anmerkung.

Nach dieser Regel muß man im Französischen folgende deutsche Redensarten übersetzen.

I. Wer

I. Wer ein ehrlicher Mann ist, betrieget niemanden.
II. Wer ein ehrlicher Mann ist, der betrieget niemanden.
III. Der betrieget niemanden, der ein ehrlicher Mann ist.
IV. Der, welcher ein ehrlicher Mann ist, betrieget niemanden.
V. Derjenige, der ein ehrlicher Mann ist, betrieget niemanden.

Celui qui est honnête homme, ne trompe personne.

Ausnahme

1.) Steht aber das Prädikat vor dem Theile des Subjekts, welcher, vermittelst eines beziehenden Fürworts, erklärt wird; so setzt man *celui-là*, oder *celle-là*, oder *celles-là* anstatt *celui*, *celle*, *ceux*, *celles*; darauf folgt das Prädikat, und endlich das beziehende Fürwort (diese Wendung giebt der Rede einen besondern Nachdruck. Z. B.

Celui-là, oder *celle-là* est vraiment sage, *qui* prefere son devoir à son plaisir, der= oder diejenige ist wahrhaft weise, der (oder die) seine (oder ihre) Pflicht, seinem (oder ihrem) Vergnügen vorzieht.

Ceux-là, oder *celles-là* seront sauvés (oder sauvées) *à qui* dieu fait miséricorde, diejenigen werden seelig, denen Gott Barmherzigkeit erweiset.

2.) Was wir in der Regel bemerkten, will nicht so viel sagen, daß *celui*, *celle*, *ceux* und *celles* nie anders als mit einem beziehenden Fürworte vereiniget, gebraucht werden; denn ist ihr Hauptwort schon vorher ausgedrückt, so tritt *celui* u. s. w. an dessen Stelle, und das Hauptwort braucht nicht wieder zu erscheinen. Z. B.

C'est un méchant métier que *celui* de médire, Lästerreden ist ein schlechtes Handwerk (hier celui für métier).

Il n' y eut j'amais de république mieux fondée et mieux réglée que *celle* de Venise, es hat niemals eine besser gegründete und eingerichtete Republik gegeben, als Venedig. (celle für république)

Les bas d'Angleterre sont plus fins, que *ceux* d'Italie, (hier ceux für les bas) die Englischen Strümpfe sind feiner als die Italienischen. S. Aufg. Nro. 15. 30. u. s. w.

III. Regel.

C'est à mon cousin qu'il faut le dire, meinem Vetter muß man es sagen.

Was lehret uns diese Regel?

Sie lehret, daß wir im Französischen, um die Redensarten zu übersetzen, worin die Deutschen, um einem Gedanken einen besondern Nachdruck zu geben, den Satz mit demjenigen Worte anfangen, worauf sie die Aufmerksamkeit ziehen wollen, das Fürwort *ce* vor das Zeitwort *étre*, und dieses Zeitwort vor das deutsche Hauptwort stellen, sodann kommt *que*, in dem Beugfalle, welchen das Zeitwort regiert. Z. B.

Uns hat das Fleisch gewordene Wort erlöset, *c' est nous que* le verbe fait chair a rachetés (wir sind es welche das u. s. w.)

Meinem Lehrer geben Sie gefälligst dies Buch wieder, *c'est à mon maître que* je vous prie de rendre ce livre.

Dieses Buch, bitte ich Sie, meinem Lehrer wieder zu geben, *c' est ce livre, que* je vous prie de rendre à mon maitre.

Sie bitte ich darum, daß Sie dieses Buch meinem Lehrer wieder geben mögen, *c' est vous que* je prie de rendre ce livre à mon maître, u. s. w.

C' est moi qui ferai cela, ich werde es thun.

IV. Regel.

Il avoit mon couteau, mais il me l' a rendu, er hatte mein Messer, allein er hat es mir wieder gegeben.

Was lehret uns diese Regel?

Sie lehret, daß im Französischen, die verbindenden Fürwörter der zwo ersten Personen, da sie als Nebenregimen ihrem Zeitworte vorstehen müssen *) den andern verbindenden Fürwörtern,

*) Siehe die Regel je me fais un plaisir de le revoir.

tern, die ein gerades Regimen sind, sowohl als dem *y* und *en* vorgesetzt werden müssen. Z. B.

Ce marchand m'a vendu de bien beaux bas; mais il *me les* a fait payer trop cher, dieser Kaufmann hat mir sehr schöne Strümpfe verkauft; allein er hat solche mir zu theuer bezahlen lassen.

Vos bottes ne sont pas encore faites, et le cordonnier ne *vous les* rapportera que ce soir. Ihre Stiefel sind noch nicht fertig und der Schuster wird sie Ihnen erst diesen Abend wieder bringen.

Vous avez voulu que je *vous le* dise, et maintenant vous voudriez que je ne *vous l'* eusse pas dit, ihr habt gewollt, ich sollte es euch sagen, nun aber wünschet ihr vielleicht, daß ich es euch nicht gesagt hätte.

V. Regel.

C'est moi qui les lui ai rendus, ich selbst habe sie ihm wieder gegeben.

Was lehret uns diese Regel?

Sie lehret, daß im Französischen, die verbindenden Fürwörter der dritten Person, da solche, als Nebenregimen ihrem Zeitworte vorstehen müssen, den verbindenden Fürwörtern die gerades Regimen sind, nachgesetzt werden. Z. B.

Il avoit fait une très grande faute, mais je *la lui* ai corrigée, er hätte einen sehr großen Fehler begangen, ich habe ihm aber solchen verbessert.

Puis qu'il aime tant les oeuvres de Gellert, je *les lui* enverrai, weil er Gellerts Werke so gern liest, so will ich sie ihm schicken.

Dites à vos dames que mon pere est arrivé ce matin, et que je veus *le leur* conduire cet après midi, sagt zu euren Damen, daß mein Vater diesen Morgen angekommen sey, und daß ich ihn diesen Nachmittag mit zu ihnen bringen wolle. S. Aufg. Nro. 8. u. s. w.

VI. Re=

VI. Regel.

Il y en a trop, es ist zu viel davon.

Was lehret uns diese Regel?

Sie lehret, daß im Französischen, die Fürwörter *y* und *en* vor dem Zeitworte, worauf sie sich beziehen, unmittelbar stehen müssen, wenn dieses Zeitwort kein bejahender *Impératif* ist, ist es aber ein solcher, dann stehen sie ihm nach, allein immer *y* vor *en*. Z. B.

Il a ramené son fils du college, mais il *l'y* reconduira bientôt, er hat seinen Sohn von dem Gymnasio mit hiehin gebracht; er wird ihn aber bald wieder dahin bringen.

Und mit einem bejahenden *Impératif*.

Vous avez ramené votre fils du college, mais reconduisez *l'y* bientôt, ihr habt euren Sohn von dem Gymnasio mit gebracht, bringet ihn aber bald wieder dahin.

Und mit einem verneinenden: ne *l'y* reconduisez plus, allein führet ihn nicht wieder dahin.

Mon frere m' a demandé de l'argent, il faut *lui en* porter, mein Bruder hat von mir Geld begehrt, man muß ihm welches bringen.

Mit einem *Impératif*.

Bejahend.	Verneinend.
portez lui *en*, bringet ihm solches.	ne lui *en* portez point, bringet ihm keins.

Il n'*y* a pas assez de fumier sur la couche, il faut *y en* faire porter, es ist auf dem Mistbette nicht Mist genug, man muß welchen dahin bringen lassen.

faites *y en* porter, laßt welchen dahin bringen.	n'*y en* faites pas porter, laßt keinen hinbringen, u. s. w.

Die folgenden Redensarten sind wohl zu bemerken:

Envoyez *y* moi, und nicht m'*y*, schicket mich dahin.
envoyez *nous y*, schicket uns dahin.
transporte *y toi*, und nicht *t'y*, begieb dich dahin.

trans-

transportez *vous y*, begebet euch dahin.
donne m' en, gieb mir davon.
donne *t' en*, gieb dir davon, oder nimm davon.
donnez *vous en*, gebet euch, oder nehmet davon.
donnez *m' en*, gebet mir davon. S. Aufg. Nro. 8. u. s. w.

VII. Regel.

Avez vous de l'argent? oui, j'en ai, oder non je n' en ai point, habt ihr Geld? ja, ich habe welches, oder nein ich habe keines.

Was lehret uns diese Regel?

Sie lehret, daß, wenn im Deutschen, das Hauptwort in einer Frage ohne Artikel stehet, wir im Französischen das sich beziehende Fürwort *en* vor dem Zeitworte, welches antwortet, unmittelbar setzen müssen.

Man bemerke auch, daß, so oft sich welcher, welche, welches nicht im Anfange des Glieds eines Satzes, zu welchem es gehört, befindet, man solches mit *en* übersetzen müsse. Z. B.

Frage: *y* a-t-il encore du vin dans le tonneau? Ist noch Wein im Faße? Antwort: oui, il y *en* a encore, ja es ist noch welcher da, oder non, il n' y *en* a plus, nein, es ist keiner mehr da.

Frage: *a*-t-il des enfans? hat er Kinder? Antwort: il *en* a quatre, er hat ihrer vier; oder, il n' *en* a point, er hat keine.

Il n' a point d' habits, ou s' il *en* a, ils sont très mauvais, Kleider hat er nicht, oder wenn er welche hat, so sind sie sehr schlecht. S. Aufg. Nro. 32.

Fünfte Abtheilung.

Von den fragenden Fürwörtern.

Anmerkungen

über den Gebrauch derselben.

QUI.

Beziehet sich nur auf Personen, und kann auch bey einer vielfachen Zahl gebraucht werden. Man frage also: *qui* est cet homme? Wer ist dieser Mann? *qui* sont ces femmes? Wer sind diese Frauenzimmer. Aber nicht *qui* sont les villes du Duché de Baviere; sondern *quelles* sont, welches sind die Städte des Herzogthums Bayern? S. Aufg. Nro. 23. u. s. w.

QUE und QUOI.

Werden nur von Sachen gesagt. *Que* tritt bisweilen an die Stelle von *dequoi* und *à quoi*. Z. B. *Que*, oder *dequoi* sert-il à l'avare d'avoir des trésors? il n'en fait aucun usage, wozu dienet es dem Geizigen Schätze zu besitzen? er macht keinen Gebrauch davon.

Que, oder *à quoi* sert la science sans la vertu? Wozu dienet die Wissenschaft, ohne die Tugend?

Wird es nöthig ein fragendes Fürwort anstatt mehrerer darunter verstandenen Wörter zu setzen, so muß *quoi* durchaus gebraucht werden. Z. B. Avec la prodigalite vous serez généreux pendant six mois; après *quoi* (das heißt après six mois) vous ne pourez plus l'être: avec la sage oeconomie vous serez généreux toute votre vie. Bey Verschwendung kann man wohl ein Halbjahr freigebig seyn, und darnach nicht mehr: bey weiser Sparsamkeit hingegen, kann man sein ganzes Leben hindurch Freygebigkeit ausüben. S. Aufg. Nro. 39. u. s. w.

QUEL

QUEL und LEQUEL.

Quel und *quelle*, welche immer ein ausgedrücktes Hauptwort nach sich haben müssen; und *Lequel*, und *Laquelle*, deren Hauptwort darunter verstanden bleibt, beziehen sich eben so wohl auf Personen, als auf Sachen. Z. B. *Quel* homme, oder *quelle* femme, peut se promettre un bonheur constant? Welcher Mensch darf sich ein beständiges Glück versprechen? *Lequel* de ces deux freres aimez-vous le mieux? Welchen von diesen beyden Brüdern habt ihr lieber, oder wenn von den Brüdern schon die Rede gewesen ist: *Lequel* aimez-vous le mieux. S. Aufg. Nro. 39. u. s. w.

Wir fragen im Französischen bald mit *qu'est-ce qui?* oder *qu'est-ce que;* bald mit *qui* oder *que*. Man hat freye Wahl darunter, wenn keine Zweydeutigkeit zu befürchten ist. Z. B.

Qu'est-ce que vous craignez, oder *que* craignez-vous, wovor fürchtet ihr euch?

Qu'est-ce qu'un philosophe, oder *qu'est* un philosophe, was ist ein Weltweiser.

Qu'est-ce que vous nous racontez, oder *que* nous racontez vous? was erzählet ihr uns?

Qui-est-ce qui a créé l'univers, oder *qui* a créé l'univers? wer hat das Weltgebäude erschaffen?

Es ist wohl zu bemerken, daß so oft ein fragendes *qui* eben so viel heißt als *lequel*, oder *laquelle*, oder *lesquels* oder *lesquelles; que* und *quoi* eben so viel als *quelque chose*. und endlich *quoi*, vor einem Beyworte stehet, diese Fürwörter einen Genitiv nach sich erfodern; aber diese Fürwörter müssen im Nominativ gebraucht werden. Z. B.

Qui *de* Labruyere ou *des* philosophes modernes connoissoit mieux le coeur humain? wer hat das menschliche Herz besser gekannt? La Bruyere, oder die heutigen Weltweisen? (hier qui für lequel)

Qui *de* toi oder *de* moi courra le plus vite? laßt uns sehen, wer von uns beyden am schnellsten laufen kann (hier *qui* für *lequel* oder *laquelle*).

Qui *des* filles ou *des* garçons ont été les plus sages, welche sind die artigsten gewesen, die Mädchen oder die Knaben (hier qui fur lesquels).

Quoi de plus agréable pour des parents que des enfants vertueux et bien élevés? Was kann für Eltern angenehmer seyn, als tugendhafte und wohlgezogene Kinder? (hier *quoi*, vor einem Beyworte).

Que dit-on *de* nouveau? was giebt es neues (hier *que* für *quelle* chose).

Que voulez-vous *de* mieux? was könnet ihr besseres finden (hier *que* für *quelle chose*). u. s. w.

Quoi *de* plus beau que la charité fraternelle? was giebt's schöneres als die brüderliche Liebe (hier *quoi* für *quelle chose plus belle*).

Sechste Abtheilung.

Von den unbestimmten Fürwörtern.

Anmerkungen

über einige derselben.

AUCUN bedeutet bisweilen im Französischen sowohl eine Bejahung als eine Verneinung; bisweilen tritt es auch an die Stelle eines Hauptworts. Stehet solches in einem fragenden oder einen Zweifel andeutenden Satze, so verneinet es gar nicht. Z. B.

Aucun homme ne sait quand il mourra, keiner, (oder kein Mensch) weiß, wann er sterben wird.

Est-

Est-il capable de vous faire *aucun* mal? Ist er fähig, euch irgend ein Leid zuzufügen?

Je doute qu'il y ait *aucun* auteur sans défauts, ich zweifle, daß es einen Schriftsteller ohne Fehler gebe.

Ce. Wird fast immer im Französischen gebraucht, wo die Deutschen es, (wenn solches weder persönliches, noch beziehendes Fürwort ist) brauchen.

Eins ist hier zu bemerken: wenn das Hülfszeitwort Être mit diesem unbestimmten Fürworte verbunden ist, so stehet solches in der dritten einfachen Person, so oft *moi*, *toi*, *nous*, *vous* oder ein Nebenregimen darauf folget. Z. B. c'*est moi* qui ferai cela, ich bin es, der das thun wird; *ce sera toi* qui parleras, du bist es der reden soll; *ce fut* nous qui y allâmes, wir waren es die dahin giengen; *c'est à mes freres* à me l'apprendre, meine Brüder müssen es mir melden.

Folgt aber nach *Ce* und *Être*, *Eux*, *Elles*, oder ein Subjekt; alsdann steht das Zeitwort *Être* in der vielfachen Zahl. Z. B.

Ce sont vos ancêtres qui par leurs vertus et leurs belles actions vous ont mérité la qualité de nobles; *ce sont eux* qui vous rendent illustres; imitez-les si vous ne voulez pas dégénérer. Daß ihr Edelleute seyd, das habt ihr euren Voreltern zu verdanken, welche durch ihre Tugenden und trefflichen Thaten euch diesen Vorzug erworben haben. Wollt ihr also nicht aus der Art schlagen, so müßt ihr ihnen nachahmen.

Man bemerke folgende deutsche Redensarten, worin nach dem unpersönlich gebrauchten Zeitworte seyn, kein daß, gesetzt wird; wo wir im Französischen ein que und darauf einen Infinitif im Nominativ, oder ein Hauptwort im Nominativ gebrauchen müssen. Z. B.

Ils ne savent pas ce que c'est *que mourir*, sie wissen nicht, was sterben ist. Vous ne considérez pas ce que c'est *que* l'ingratitude, ihr bedenket nicht, was Undankbarkeit ist.

CHA-

CHACUN. Nach diesem unbestimmten Fürwort muß man bald *ʃon*, oder *ʃa*, oder *ʃes*; bald *leur* oder *leurs* setzen, also:

Wenn sich in dem Satze keine vielfache Zahl befindet, welche das unbestimmte Fürwort *chacun* eintheilen soll; so hat es keine Schwierigkeit; es folgen dann *ʃon*, *ʃa*, *ʃes*. Z. B. Il a donné *a chacun ʃa* part (*à chacun ʃon* chapeau, *à chacun ʃes* ſouliers), er hat einem jeden seinen Theil (seinen Hut, oder seine Schuh) gegeben; (man sieht leicht, daß hier von *chacun* nichts eingetheilt wird).

Wenn die vor dem Fürworte *chacun* gesetzten Wörter, einen vollkommnen Sinn ausmachen, und die mit demselben vereinigten auch einen besondern Sinn darstellen, so folget auf *chacun* entweder *ʃon*, oder *ʃa*, oder *ʃes*. Z. B. Ils ont tous apporté des offrandes au temple: *chacun* ſelon *ʃes* moyens et *ʃa* dévotion, sie haben sämmtlich Opfer in den Tempel gebracht, ein jeder nach Maßgabe seines Vermögens und seiner Religiösität. (dieses Beyspiel ist von dem Abte *Girard*.)

Les juges ont prononcé ſur cette affaire: *chacun* ſelon *ʃes* lumieres, die Richter haben über diese Sache einen Ausspruch gethan, ein jeder nach seinen Einsichten.

Wird aber der Hauptgedanke des Satzes durch die mit dem Fürwörte *chacun* verbundenen Worte, so zu sagen, unterbrochen; das heißt: wird das Subject von dem Regimen vermittelst dieses Nebensatzes losgetrennt; alsdann ist *leur* oder *leurs* nothwendig. Z. B.

Ils ont apporté *chacun leur* offrande et ont rempli, *chacun leur* devoir de religion, ein jeder von ihnen, brachte sein Opfer, und erfüllte seine Religionspflicht (*Girard*).

Alexandre voulut que les bêtes mêmes et les murailles des villes témoignaſſent, *chacune en leur* maniere, leur douleur de la mort d'Ephestion, Alexander wollte daß selbst die Thiere, und die Mauern der Städte, ein jedes auf seine Art, ihrer Betrübniß über den Tod Hephästions zu erkennen geben sollten.

Hat

Hat das Zeitwort kein Regimen, so setzt man willkührlich *son*, *sa*, *ses*, oder *leur*, *leurs*. Z. B. tous les juges ont opiné, *Chaçun* selon *ses*, oder leurs lumieres.

Nie bediene man sich im Französischen eine Gesammtheit bezeichnender Ausdrücke, wenn man von mehrern besonders betrachteten Gegenständen redet. In diesem Falle theilet das unbestimmte Fürwort *chacun* diese verschiedenen Gegenstände, die als vereinigt vorgestellt sind. Man muß z. B. nicht sagen: Les maris sont arrivés avec leurs femmes. Denn ob man gleich hier die Männer und die Frauen in der Gesammtheit betrachtet, so muß man doch bedenken, daß jeder dieser Männer in Beziehung auf seine Frau besonders betrachtet werden muß, da jeder von ihnen nur eine und nicht mehr Frauen hat. Man muß also sagen: Les maris sont arrivés chacun avec sa femme; die Männer sind mit ihren Frauen angekommen. (*un chacun* ist abgekommen)

MÊME. Wenn solches selbst heißt steht seinem Haupt- oder Fürworte nach, und bekommt ein *S* in der vielfachen Zahl. Z. B.

Cet homme est la vertu *même*, dieser Mann ist die Tugend selbst.

Ces trois Demoiselles sont les trois graces *mêmes*, diese drey Frauenzimmer sind die leibhaften drey Grazien.

Bedeutet aber *même* sogar, so hat es kein *S* in der vielfachen Zahl, und stehet entweder einem Zeit- oder Hauptworte nach. Z. B.

Ne fréquentez pas l'impie, évitez *même* sa compagnie, geht mit dem Gottlosen nicht um, meidet sogar seine Gesellschaft.

Les animaux et les plantes *même*, étoient des divinités pour les Egyptiens, die Thiere, ja sogar die Kräuter, waren für die Egyptier Gottheiten.

NUL, wenn es ein unbestimmtes Fürwort ist, wird nur in der einfachen Zahl gebraucht, und erfordert vor dem Zeitworte, worauf es sich beziehet, die Verneinungspartikel *ne*. Z. B.

B. *Nul ne* sait s'il est digne d'amour ou de haine, keiner weiß, ob er Liebe, oder Haß verdiene.

ON wird gewöhnlich im Französischen eben wie im Deutschen gebraucht, ausgenommen, daß wir nie *on faut*, man muß, sondern *il faut*, sagen.

On wird nie Gott beygeleget; also sage man nicht: au jour du jugement *on* (sondern Dieu) ne nous demandera pas ce que nous avons lu, mais ce que nous avons fait. In dem jüngsten Gerichte, wird man uns nicht fragen, was wir gelesen; sondern was wir gethan haben.

On wird bisweilen in einem sammelnden Sinne genommen: und alsdann stehen die Bey = oder Fürwörter in der vielfachen Zahl. Z. B. *On* se battit en braves, man focht, als tapfere Leute; *On* ne se pardonna pas les uns aux autres, man gab sich einander keinen Pardon.

L'on hat die nemliche Bedeutung als *on*. Doch zieht man dieses dem andern vor, wenn auf *on, le, la, les,* folgen, und jenes diesem, nach *si*, wenn, und *où*, wo (vorausgesetzt daß kein *le, la, les,* drauf folget) nach einem *que*, auf welches ein mit *com*, oder *con* anfangendes Wort folget. Z. B. Si *on le* laissoit faire, wollte man ihm seinen Willen lassen; si *on la* corrige, elle se fâche, will man sie bessern, so wird sie bös; *si l'on* savoit se contenter, wüßte man nur sich begnügen zu lassen; on apprend bien plus facilement les choses *que l'on com*prend, *que* celles *que l'on* ne *com*prend pas, es ist viel leichter dasjenige zu lernen was man verstehet, als das was man nicht begreift.

PERSONNE das als ein Hauptwort immer weiblich ist, ist doch männlich als ein unbestimmtes Fürwort: es heißt mit einer Verneinung niemand, ohne Verneinung aber jemand. Z. B. in diesem Satze: *Personne* n'est plus heureux que lui, kein Mensch ist glücklicher, als er; ist *personne* ein Hauptwort, eben so wohl als in folgendem Satze: Il n'est point de *personne* plus heureuse qu'elle, keine Frau ist glücklicher, als sie (das erste Beyspiel wird von den Mannspersonen und das andere von Personen weiblichen Geschlechts gesagt). Aber in: Je ne vois *personne*, ich sehe niemand; ist *personne* ein Fürwort.

QUEL-

QUEL-QUE. Beyspiel für den Gebrauch desselben: Dieu est présent en tous lieux *quels qu'ils* soient, Gott ist an allen Orten ohne Unterschied (oder an allen Orten, sie seyn welche sie wollen) zugegen.

QUI QUE CE SOIT, wird nur von Personen, und

QUOI QUE CE SOIT, von Sachen gesagt.

RIEN mit einer Verneinung bedeutet das deutsche nichts; ohne Verneinung aber, etwas. Z. B. Il ne m' *a rien* donné, er hat mir nichts gegeben; *y* a-t-il *rien* de plus beau, kann etwas schöner seyn.

Viertes Hauptstück.

Von der Wortfügung der Zeitwörter.

Gebrauch der Arten und Zeiten.

Erste Abtheilung.

Von der unumschränkten Art (Infinitif).

Der unumschränkten Art kommt es zu, die Bedeutung des Zeitworts schlechtweg vorzustellen, ohne dasselbe mit Zahl und Personen zu bestimmen. Z. B. *aimer*, lieben; *être aimé*, geliebt werden; *parler*, reden; *se repentir*, bereuen; *pleuvoir*, regnen, u. s. w.

Diese Art enthält zwo Zeiten: das *Présent*, und das *Parfait*.

Das

Das Présent zeiget etwas an, welches entweder gegenwärtig oder vergangen, oder künftig ist, je nach dem das vorherstehende und mit ihm verbundene Zeitwort, eine von diesen Zeiten vorstellet. Z. B. J'*ai vu* pour ainsi dire *naître* cet enfant; je le *vois croître* en âge et en vertu, et je *le verrai* sans doute un jour *faire* ma consolation dans ma vieillesse, ich habe dieses Kind, so zu sagen, geboren werden sehen, ich sehe es an Alter und an Tugend wachsen, und werde hoffentlich sehen, daß solches einst meinen Trost, im Alter ausmachen wird. Hier zeiget *naître*, welches mit *j'ai vu* verbunden ist das Vergangene: *croître*, mit *je vois*, das Gegenwärtige; und *faire*, mit *verrai*, das Zukünftige an.

Das *Parfait* stellet eine Sache vor, welche in Rücksicht des vorherstehenden Zeitworts vergangen ist. Z. B. Mon cher enfant *vous paroissez* (gegenwärtig) *avoir mis* à profit (vergangen) les leçons d'un bon maître, mein liebes Kind, ihr scheinet die Lehren eines geschickten Lehrers, wohl benutzt zu haben.

Der *Infinitif* der französischen Zeitwörter kann wie ein Hauptwort abgeändert werden, und alsdann steht ihm der unbestimmte Artikel vor. Z. B.

Nom. und *Acc. Aimer; être aimé; parler; se repentir; pleuvoir.*

Gen. und *Abl. d'aimer; d'être aimé; de parler; de se repentir; de pleuvoir.*

Dat. . . . . *à aimer, à être aimé; à parler; à se repentir; à pleuvoir.*

Wir wollen ein Beyspiel von der Abänderung eines Infinitivs, mit seinem Regimen geben.

Nom. *Lire* est une bonne occupation, Lesen ist eine gute Beschäftigung.

Gen. J'ai envie *de lire* Thélemaque, ich habe Lust den Thelemach zu lesen.

Dat. Je passe mon temps *à lire* Thélemaque, ich bringe meine Zeit mit dem Lesen Thelemachs zu.

Acc. Je veux *lire* Thélémaque; ich will den Thelemenach lesen.

Abl.

Abl. Je viens *de lire* Thélémaque, ich habe so eben den Thelemach gelesen.

§. 1.

Ueber den Infinitiv im Nominativ und Accusativ.

Regel.

Je voudrois pouvoir vous rendre heureux, ich wollte, daß ich Sie glücklich machen könnte.

Was lehret uns diese Regel?

Sie lehret, daß im Französischen, so oft sich zwey Zeitwörter auf einander beziehen, und auf die nemliche Person oder Sache gehen, das zweyte im Infinitiv und nie im Indicativ, oder Subjonctiv nach dem Bindworte *que*, daß, gesetzt werden müsse. Z. B.

Je *désirerois avoir* de grands biens, pour faire beaucoup d'heureux, ich wünschte viel Vermögen zu besitzen, damit ich viele glücklich machen könnte. Allein man muß sagen: *Je désirerois* que tu *eusses*, qu'il *eût*, que nous *eussions*, que *vous eussiez*, qu'ils *eussent* beaucoup etc. pour que *tu pusses*, qu'il *pût* u. s. w. weil alsdann die Zeitwörter *désirer* und *avoir*, und *pouvoir*, nicht mehr auf die nämliche Person Beziehung haben.

Peut-on *voir* la vertu dans toute sa beauté sans l' aimer? *peut-on l'aimer* sans être heureux? kann man die Tugend wohl in ihrer ganzen Schönheit sehen, ohne sie zu lieben? kann man sie wohl lieben, ohne glücklich zu seyn?

Tu devrois (oder *vous devriez*), *être* fou pour nier qu'il y a un Dieu, du müßtest (oder ihr müßtet), ein Narr seyn, wenn du (oder ihr) leugnen wolltest (oder wolltet) daß ein Gott ist. S. Aufgaben Nro. 1. 20. u. s. w.

Anmerkungen

über den Infinitiv.

I.) Die Zeitwörter:

Bekennen, avouer, confesser reconnoître, certifier.

Behaupten, soutenir.

Denken, penser.

Erkennen, reconnoître.

Erklären, déclarer.

Finden, trouver.

Kund thun, publier.

Meinen, penser, croire.

Glauben, croire.

Scheinen, paroître.

Sich einbilden, s'imaginer.

Sich unterstehen, oser.

Verlangen, désirer.

Würdigen, daigner.

Wissen, savoir.

welche im Deutschen das Vorwort zu vor dem darauf folgenden Infinitiv verlangen, regieren im Französischen den bloßen Infinitiv im Accusativ, wenn diese Wendung gebraucht werden soll. Z. B.

Je *crois avoir fait* pour vous ce qu'on peut exiger d'un honnête homme, ich glaube alles für Sie gethan zu haben, was man von einem ehrlichen Mann verlangen kann, u. s. w. S. Aufg. Nro. 2. 4. u. s. w.

II.) Nach den Zeitwörtern *aller*, gehen und *venir*, kommen, braucht man im Deutschen eben die Zeit, worin das vorhergehende Zeitwort, gehen und kommen stehet; im Französischen aber, den Infinitiv im Accusativ. Z. B. *allez* lui *dire*, gehet und saget; *venez* m' *embrasser* mon enfant, komm Kind und umarme mich; *venez faire* mon compte, kommet und machet meine Rechnung, u. d. g.

III.) Wenn das Zeitwort ich will, ich wollte, eben so viel bedeutet als ich will sogleich, ich wollte so eben, so wird es im Französischen mit dem Zeitworte *je vais* (ich gehe) *j' allois* (ich gieng) worauf der Infinitiv im Accusativ folget, gegeben. Denn in unsrer Sprache zeigt das Zeitwort *vouloir* immer eine würkliche Vollbringung des Willens und nichts anders an. Z. B. *je* vais *écrire* une lettre, ich will einen Brief schreiben (ich gehe einen Brief schreiben); *j'allois passer* (oder *aller*) chez vous, ich wollte so eben zu euch gehen (ich ging zu euch), u. d. g.

IV.)

IV.) Die Vorwörter *sans*, ohne; und *après* (wenn solches nachdem heißt) verlangen den blossen Infinitiv im Accusativ nach sich und kein Vorwort davor, wie es im Deutschen mit *sans*, ohne, geschiehet. Z. B. *apres avoir dit* cela il s'en alla, nachdem er dies gesagt hatte, so ging er weg. Il est parti *sans prendre* congé de nous, er ist abgereiset, ohne von uns Abschied zu nehmen. S. Aufgaben Nro. 3. 9. u. s. w.

V.) Folgende Sätze u. d. g. Erst (oder Anfangs) lobete er mich, darnach sagte er: Er fieng damit an, daß er neue Auflagen machte; und endigte damit, daß er das Land in's Verderben stürzete; oder der Anfang war daß ... und das Ende daß ... werden im Französischen mit *par*, worauf der Infinitiv im Accusativ folget, übersetzt. Also: Il commença *par* me *louer*, et ensuite il dit. Il débuta *par faire* de nouvelles impositions, et finit *par ruiner* le pays.

§. 2.

Ueber den Infinitiv im Genitiv und Ablativ.

I. Regel.

Je vous prie de me procurer bientôt le plaisir de vous voir, ich bitte Sie darum, daß Sie mir das Vergnügen Sie zu sehen, bald verschaffen mögen.

Was lehret uns diese Regel?

Sie lehret 1stens, daß wenn zwey Zeitwörter bey einander stehen, und das erste ein Bitten, Gebieten, Verbieten, Verhindern, Fürchten, Rathen, Widerrathen, Zulassen, Erlauben, Versprechen, Eilen, Unternehmen, bedeutet; das lezte im Infinitiv, im Ablativ; und 2tens, daß, wenn vor einem deutschen Infinitiv ein Hauptwort stehet, und dies Hauptwort im Französischen einen Genitiv regieret, solcher Infinitiv im Genitiv gesetzt werden müsse. Z. B.

Je m' empresse de vous *répondre,* mon cher ami, pour vous *conjurer de suivre* les leçons de votre respectable pere, s' il vous *commande d' éviter* la compagnie de votre cousin, auprès duquel je vous ai si souvent *défendu d' être* aussi assidu, c' est qu' il *a peur de* vous *voir* un jour devenir indigne de votre nom et de sa vertu. Ich eile Ihnen zu antworten, lieber Freund, um Sie zu beschwören den Lehren Ihres ehrwürdigen Vaters zu folgen. Daß er Ihnen befiehlt, die Gesellschaft Ihres Vetters zu meiden, dessen häufigen Umgang ich Ihnen schon oft verboten hatte, kommt daher, daß er besorgt, Sie einst Ihres Namens und seiner Tugend unwürdig werden zu sehen.

Respectez ce que les Dieux découvrent, et *n' entreprenez* pas *de découvrir* ce qu' ils veullent cacher. Verehret was die Götter offenbaren, und unternehmet nicht, das zu entdecken, was sie verborgen halten wollen.

Je chercherai sans cesse les *occasions de* vous *prouver* que je vous aime sincerement; et puisque je n' aurai plus de long-temps le *plaisir de* vous *voir,* je vous demandrai *la permission de* vous *écrire.* Ich will ohne Unterlaß die Gelegenheiten suchen, Ihnen zu beweisen, daß ich Sie aufrichtig liebe; und weil ich lange das Vergnügen nicht haben soll, Sie zu sehen, so will ich Sie bitten, mir zu erlauben an Sie zu schreiben. S. Aufg. Nro. 3. 7. 8. 14. 19. 20. u. s. w.

Anmerkung.

Der Genitiv wird immer von einem Haupt= und der Ablativ von einem Zeitworte regiert; es sey denn, daß ein Hauptwort eine Trennung oder Entziehung bedeute. Z. B. *à la sortie de ma* chambre (Ablativ) beym Heraustreten aus meinem Zimmer; *à mon départ de Rome,* bey meiner Abreise von Rom. u. d. g.

II. Regel.

Il est glorieux d' être utile à sa patrie, es ist rühmlich seinem Vaterlande nützlich zu seyn.

Was

Was lehret uns diese Regel?

Sie lehret, daß im Französischen, wenn das Zeitwort *étre* mit einem Beyworte verbunden ist, oder in Ermangelung desselben, der darauf folgende Infinitiv im Ablativ gesetzt werden müsse. Z. B.

Il est utile *de prévoir* ce qui dépend de nous pour le bien faire; mais il n' *est* pas moins *utile d' ignorer* ce qui ne dépend pas de nos soins, et ce que les Dieux veullent faire de nous, es ist nützlich dasjenige vorher zu sehen, wobey es auf uns ankömmt es wohl auszurichten; es ist aber eben so nützlich, dasjenige nicht zu wissen, was nicht von unsern Bemühungen abhängt, und was die Götter mit uns vorhaben.

Il *est* honteux *d' obéir* à ses passions, es ist eine Schande seinen Leidenschaften unterthänig zu seyn.

Mon desir *est de vous* plaire, mein Verlangen ist euch zu gefallen.

La difficulté *étoit de savoir*, s' il le voudroit, die Schwierigkeit war, zu wissen, ob er es haben wollte. S. Aufgaben Nro. 1. 18. u. s. w.

Ausnahme.

Nach den Beywörtern *enclin, porté,* geneigt; *occupé,* beschäftigt; *accoutumé,* gewohnt; *propre,* fähig, füglich; *disposé,* bereit; *pret,* fertig; wird immer der Infinitiv im Dativ gesetzt, wie gleich gezeiget werden soll.

Anmerkungen

I.) Erst, oder eben, oder diesen Augenblik, mit einem Indicativ, heissen im Französischen, *ne faire que,* oder *venir,* worauf der Infinitiv im Ablativ folget. Z. B. *Je ne fais que de me lever,* ich bin erst, oder eben, oder diesen Augenblick aufgestanden; oder *Je viens de me lever. Il ne faisoit* que *d'arriver,* er war erst, oder eben angelangt, u. d. g.

II.) Ehe, oder ehe als mit dem Indicativ, werden im Französischen mit *avant* und dem Infinitiv im Ablativ gegeben. Z. B. *Avant*

Avant de mourir, je veux aller voir encore une fois mes enfants, Ehe, oder ehe als ich sterbe, will ich noch einmal meine Kinder besuchen.

III.) Es sey denn daß, wenn es sich vor einem Zeitworte befindet, welches nach der Regel: Je voudrois pouvoir vous rendre heureux, im Infinitiv gesetzt werden muß, heißt im Französischen *à moins que*, und hat den Infinitiv im Genitiv nach sich. Z. B. Il ne peut avoir dit cela, *amoins que d'être* fou; er kann dieses nicht gesagt haben, es sey denn, daß er ein Narr ist.

IV.) Lieber, vor einem Zeitworte in dem ersten Gliede eines Satzes heißt: *plutôt*, oder *aimer mieux*, und Als in dem zweiten Gliede, *que*, worauf der Infinitiv im Ablativ folget. Z. B. *Plutôt* mourir *que de faire* une injustice, ich wollte lieber sterben, als eine Ungerechtigkeit begehen, oder: lieber sterben als eine Ungerechtigkeit begehen. *J'aimerois* mieux tout perdre et tout souffrir, ô mon Dieu! *que de vous offenser*, ich wollte lieber alles verliehren, und alles erdulden, o mein Gott! als dich beleidigen, oder als daß ich dich beleidigen möchte.

V.) Man findet sehr oft im Deutschen, nach den Zeitwörtern, welche ein Bitten, Verbieten u. s, w. bedeuten, ein daß, worauf ein Infinitiv, der die Zeitwörter sollen, dürfen, mögen u. d. g. nach sich hat, folget. In diesem Falle, bleibt im Französischen das Bindwort daß weg; und das mit sollen, mögen, dürfen verbundene Zeitwort steht im Infinitiv im Ablativ. Z. B. Ich bat ihn, daß er kommen möchte: Je le priai *de venir*. Wollen Sie mir erlauben, daß ich es thun darf; Voulez vous me permettre *de* le *faire*, u. s. w. S. Aufg. Nro. 7. 17. u. s. w.

VI.) Muß man sich die folgenden Redensarten bekannt machen:

Créver de rire, vor Lachen bersten.
se tuer de crier, sich tod schreyen.
se lasser d'écrire u. d. g. des Schreibens überdrüßig werden.
n'avoir garde de faire quelque chose, etwas wohl bleiben lassen.

achever de parler, ausreden.
à force de courir u. d. g. durch vieles Laufen u. d. g.
à force de vouloir . . . il . . . je mehr er . . . je weniger . . . er u. s. w. oder eben darum . . . er . . . weil er . . . durchaus . . . z. B. à force de vouloir me plaire, elle me déplait, je mehr sie mir gefallen will, je weniger gefällt sie mir; oder: eben darum gefällt sie mir nicht, weil sie mir durchaus gefallen will.

VII.) Die folgenden Beywörter verlangen immer den Infinitiv im Genitiv nach sich.

afligé, betrübt.
avide, begierig.
capable, fähig.
chagrin, traurig.
commode, gemächlich.
content, zufrieden.
désireux, begierig.
digne, würdig.
éloigné, weit.
envieux, neidisch.
exempt, frey.
facheux, betrübt.
fatigué, müde.
incapable, unfähig, untüchtig.
incertain, ungewiß.
impatient, ungeduldig.
indigne, unwürdig.
inquiet, bekümmert.
libre, frey.
mécontent, unzufrieden.
sur, gewiß.

§. 3.

Ueber den Infinitiv im Dativ.

I. Regel.

J' apprends à danser, ich lerne Tanzen.

Was lehret uns diese Regel?

Sie lehret 1stens, daß im Französischen, wenn zwey Zeitwörter bey einander stehen, und das erste eine Befleißigung oder ein Lernen oder Lehren oder Anfangen andeutet; das letzte im Infinitiv im Dativ zu setzen sey;

Und 2tens, daß wenn vor einem deutschen Infinitiv ein Hauptwort stehet, welches im Französischen einen Dativ regieret; wie auch nach dem Zeitworte *aimer*, wenn solches etwas gern thun heißt, solcher Infinitiv im Dativ gesetzt werden müsse. Z. B.

Appliquons-nous toujours *à rechercher* ce qui peut nous être utile, et *à devenir* vertueux et savants, laßt uns beständig nach dem, was uns nützen kann, streben, wie auch gelehrt und tugendhaft zu werden.

La religion nous *apprend à* nous *connoître* nous-mêmes, die Religion lehrt uns, uns selbst kennen.

Une grandeur passée *ne sert* qu' *à rendre* la chute qui l'a suivie plus insupportable, eine verlorne Hoheit dienet zu weiter nichts, als den darauf erfolgenden Sturz unerträglicher zu machen.

Heureux, mille fois heureux, l'homme qui *n' aime* qu' *à faire* le bien, et *à soulager* ses semblables. Glücklich, tausendmal glücklich ist der Mensch, der seine Freude daran hat Gutes zu thun und seinen Nebenmenschen zu helfen. S. Aufg. Nro. 14. 19. 20. u. s. w.

II. Regel.

Il seroit à souhaiter qu'il n' y eut rien à craindre, es wäre zu wünschen, daß nichts zu befürchten seyn möchte.

Was lehret uns diese Regel?

Sie lehret, daß im Französischen, die Zeitwörter *être*, wenn sich kein Beywort zwischen demselben und dem zweiten Zeitworte befindet, und *avoir* wenn solches unpersönlich gebraucht, oder mit einem Hauptworte, das sonst keinen Genitiv regieret, verbunden wird, den Infinitiv im Dativ nach sich verlangen. Z. B.

Il *seroit à désirer* que les hommes pussent vivre entr'eux comme des freres, es wäre zu wünschen, daß alle Menschen mit einander, wie Brüder leben könnten.

J' en *suis* toujours *à attendre* sa réponse, ich bin beständig seine Antwort zu erwarten.

Je

Je n' ignore pas combien je te ſerai à charge, mais *il y auroit* de la honte *à m' abandonner*, ich ſehe gar wohl ein, wie ſehr ich dir zur Laſt fallen werde; es würde aber eine Schande ſeyn, mich zu verlaſſen.

Il n' *y a* que les grands coeurs qui ſachent combien *il y a* de gloire *à être* bon, nur edeldenkende Gemüther wiſſen, was es für Ruhm bringet, eine gute Handlung zu vollbringen.

Aber in: J' *eus* honte *d' avoir voulu* dans ce premier transport me ſervir de mes armes, pour tuer celui qui me les avoit fait rendre, ich ſchämte mich, daß ich in der erſten Wuth, mich meiner Waffen wider denjenigen bedienen wollte, der mir ſolche hatte zurück geben laſſen; ſteht das Zeitwort *avoir* aus zweyerley Urſachen im Genitiv: erſtens, weil *avoir honte* dieſen Beugfall regieret; zweytens, weil das Zeitwort *avoir* vor dem Hauptworte *honte* nicht unperſönlich gebraucht wird. In dem dritten Beyſpiel aber wird das Zeitwort *avoir* unperſönlich gebraucht, und *de la honte* iſt ein Regimen von demſelben, und wird nicht ſo mit *avoir* verbunden, daß aus den beyden Wörtern nur ein Zeitwort wird. S. Aufg. Nro. 4. 36. u. ſ. w.

Ausnahme für das Zeitwort *être*.

Nach folgenden Beywörtern: *facile, aiſé,* leicht; *difficile, malaiſé,* ſchwer; *agréable* angenehm; *déſagréable,* unangenehm; *beau,* ſchön; *bon,* gut, wird der Infinitiv im Dativ geſetzt, wenn das Zeitwort *être* davor und perſönlich gebraucht ſtehet; iſt aber ſolches unperſönlich; ſo ſteht der Infinitiv im Genitiv. Z. B. Cela *eſt facile à faire,* das iſt leicht zu thun; aber il *eſt facile de faire* cela, es iſt leicht, das zu thun.

Mon thême *eſt difficile à traduire,* meine Aufgabe iſt ſchwer zu überſetzen, und *il eſt difficile de traduire* ce thême, es iſt ſchwer dieſe Aufgabe zu überſetzen.

Sa voix eſt agréable à entendre, ihre Stimme iſt angenehm zu hören; und *il eſt agréable d' entendre* ſa voix, es iſt angenehm ihre Stimme zu hören.

Anmerkungen.

I.) Wenn etwas zu machen gegeben wird; so steht das Zeitwort, welches auf *donner*, geben, folget, im Infinitiv, und zwar im Dativ. Z. B. Je vous *donnerai* un habit *à faire*, une lettre *à écrire*, et de l'argent *à compter*, ich will euch ein Kleid zu machen, einen Brief zu schreiben und Geld zu zählen geben.

II.) So sehr daß . . . gar . . . wird zierlich im Französischen mit *jusque*, worauf ein Infinitiv folget, gegeben. Z. B.

Elle l'aima *jusqu' à vouloir* l'épouser, sie liebte ihn so sehr, daß sie ihn gar heirathen wollte, u. d. g.

III.) Folgende Redensarten sind wohl zu bemerken:

n'avoir qu' à le dire, es nur sagen dürfen.
c'est à savoir, es ist die Frage, es steht dahin.
c' est à dire, das ist, das heißt, nämlich.
être longtemps à manger, lange essen.
geler à pierre fendre, frieren, daß die Steine zerspalten.
il est fait à peindre, er ist zum mahlen schön.
être malade à mourir, tod krank seyn.
manger à créver, essen, daß man bersten möchte.
c' est à faire rire, das ist zum lachen.
à l'entendre on diroit . . . wenn man ihn höret, so sollte man glauben.
à le voir on croit que . . . wenn man ihn sieht, so glaubt man daß, u. d. g.

IV.) Folgende Beywörter regieren den Infinitiv im Dativ, sogar nach dem Zeitworte *être*.

accoutumé, gewohnt.
adonné, ergeben, erpicht.
disposé, bereit.
enclin, geneigt.
hardi, kühn.
occupé, beschäftigt.
pret, bereit.
propre, fähig, füglich.
porté, geneigt.

V.) Einige Zeitwörter regieren den Infinitiv bald im Ablativ, bald im Dativ. Solche sind:

Com-

Commencer, anfangen.
continuer, fortfahren.
contraindre, zwingen.
engager, veranlassen.
exhorter, ermahnen.
forcer, zwingen.
s'efforcer, sich bestreben.
manquer, ermangeln.
obliger, nöthigen.
tâcher, sich bemühen. S. Aufg. Nro. 7. u. s. w.

Contraindre, *forcer* und *obliger*, als leidende Zeitwörter gebraucht, regieren fast immer den Ablativ.

Engager, *s' engager*; *exhorter*, regieren meistentheils den Dativ.

S' efforcer wenn es seine Kräfte anstrengen heißt, regieret den Dativ; heißt es aber sich bestreben, so verlangt solches den Ablativ nach sich.

Manquer, wenn es bald hätte ich; es fehlt nicht viel heißt, oder Verneinungsweise gebraucht wird, regieret den Ablativ; ohne Verneinung aber, den Dativ. Z. B. J'ai manqué *de* me tuer, bald hätte ich mich getödtet. *Ne manquez* pas *de* lui *dire*; ermangelt nicht ihm zu sagen; j ai *manqué à faire* cela, ich habe unterlassen das zu thun.

Tâcher, zur Absicht haben, regieret den Dativ; *Tâcher*, sich bemühen, den Ablativ. Z. B. vous *tâchez à m' embarrasser*, ihr habt zur Absicht mich in Verlegenheit zu setzen; *il tâche à me nuire*, er sucht mir zu schaden (academisches Wörterbuch); *tâchons d' arriver*, laßt uns streben anzukommen.

Tarder, persönlich gebraucht, hat den Dativ, und unpersönlich den Ablativ nach sich.

Uebrigens wird nach diesen Zeitwörtern der Dativ gesetzt, wenn zu viele *de*; und der Ablativ wenn zu viele *à* oder Selbstlauter nach einander stehen würden.

§. 4.

§. 4.

Ueber den Infinitiv im Accusativ mit dem Vorworte *Pour*.

I. Regel.

Je travaille pour gagner le ciel, ich arbeite um den Himmel zu erwerben.

Was lehret uns diese Regel?

Sie lehret, daß, wenn zwey Zeitwörter von einander abhangen, von denen das lezte im Infinitiv stehen muß, und die Ursache andeutet, warum die von dem ersten Zeitworte ausgedrückte Handlung vorgenommen wird, im Französischen dieser Infinitiv im Accusativ mit dem Vorworte *pour* gesetzt werde. Z. B.

Les Lacédemoniens *donnoient* des esclaves ivres *en spectacle* à leurs enfants, *pour* leur *faire* concevoir plus d' horreur de l'ivrognerie, die Lacedämonier stellten ihren Kindern betrunkene Sclaven zum Schauspiel dar, um ihnen einen desto größeren Abscheu vor der Trunkenheit bey zu bringen.

N' oublions jamais qu'il faut *manger pour vivre*, et non *vivre pour manger*, laßt uns nie vergessen daß man essen müsse, um zu leben, und nicht leben, um zu essen.

J' ai beaucoup *voyagé pour m' instruire*, ich bin viel gereiset, um mich zu unterrichten. S. Aufgaben Nro. 10. 14. 20. u. s. w.

II. Regel.

Il est assez savant pour être professeur, er ist gelehrt genug, ein Professor zu werden.

Was

Was lehret uns diese Regel?

Sie lehret, daß im Französischen, wenn die Nebenwörter *assez*, genug; *trop*, zuviel; *bien*, wohl; *assez bien*, ziemlich; mit einem Zeitworte verbunden sind, worauf ein anderes, und von dem ersten abhangendes Zeitwort folget, dies letzte im Infinitiv mit dem Vorworte *pour* stehen müsse. Z. B.

Vous *aimez trop* votre fils *pour* lui *refuser* cette faveur, Sie haben Ihren Sohn zu lieb, als daß sie ihm eine solche Gnade versagen sollten.

Ce chien *est assez* mechant *pour mordre*, dieser Hund ist böse genug, um zu beissen.

Il faudroit qu'il *fut bien hardi pour oser* l'attaquer, er müßte sehr kühn seyn, wenn er es wagen wollte, ihn anzugreifen.

Ausnahme.

Da *pour* vor einem Infinitiv nur dann gesetzt werden kann, wenn dieser Infinitiv sich auf den Nominativ des Satzes beziehet, so muß man anstatt *pour* mit dem Infinitiv, das Zeitwort im Subjonctiv setzen, wenn es sich auf etwas anders als auf den Nominativ beziehet. Z. B. man sagt richtig: ai-je donc assez *fait pour meriter* vos faveurs? hab' ich also genug gethan, um Ihre Gunst zu verdienen? aber nicht: qu'ai-je *fait pour m'accorder* vos faveurs, sondern *pour* que *vous m'accordiez* vos faveurs, was habe ich denn gethan daß Sie mir Ihre Gunst schenken.

Anmerkungen.

Ueber den Infinitiv im Accusativ mit *pour*.

I.) Wir brauchen auch den Infinitiv im Accusativ mit *pour*, wenn die Deutschen das Bindwort weil setzen, um eine Handlung anzuzeigen, die von einer andern und vorhergehenden, die wirkende Ursache ist. Z. B. Il a été pendu *pour avoir* volé, er ist gehenket worden, weil er gestohlen hat. Il a été mal-

malheureux pour *l'avoir* trop aimé, er ist unglücklich gewesen, weil er sie zu sehr liebte.

II.) In folgenden Beyspielen u. d. g. übersetzen die Franzosen auch das deutsche Bindwort: daß mit *pour:*

Wir schickten den Reitknecht fort, daß er ihn abholen, und zu uns bringen sollte, nous fîmes partir le palfrenier *pour* aller le chercher et nous l'amnener.

Mein Gewissen macht mir keinen Vorwurf, daß ich Sie geliebt habe, ma conscience ne me fait aucun reproche *pour* vous avoir aimé, u. s. w.

III.) Wollen wir eine Bedingung ausdrücken und doch kein *Si* brauchen, so dienet uns bisweilen, auch sehr zierlich *pour* mit dem Infinitiv im Dativ, dazu. Z. B. Je donnerois beaucoup *pour avoir* été a Rome, ich gäbe viel darum, wenn ich zu Rom gewesen wäre.

IV.) Folgende Redensarten sind wohl zu bemerken:

Mourir pour mourir, weil ich doch sterben muß.
perdre pour perdre, weil ich doch verliehren muß, u. d. g.
pour peu que je mange, je suis malade, ich mag so wenig essen, wie ich will, so werde ich krank.
pour peu qu'on se moque de lui il se fâche, wenn man sich über ihn nur im geringsten aufhält, so wird er böse.

Anmerkung über den Infinitiv.

Nach dem Geiste der französischen Sprache, wird der Infinitiv den andern Arten vorgezogen, wenn aus dem Gebrauche desselben keine Zweydeutigkeit entstehen kann.

Zwo=

Zwote Abtheilung.

Von der umständlichen Art (Circonstanciel.)

Der Circonstanciel drückt, seinen Namen nach, eine Art des Daseyns aus, welche mit einem andern Daseyn, wie ein Umstand mit seiner Hauptsache verbunden ist. Z. B. Il est mort *ayant déclaré* ses dernieres volontés, et *en formant* des voeux pour le bonheur de sa patrie. Er ist gestorben nach Erklärung seines lezten Willens, und unter Wünschen für das Wohl seines Vaterlands.

Es giebt zweyerley Zeiten in dieser Art; die gegenwärtige, welche einen gegenwärtigen Umstand der Sache *(le circonstanciel présent)* und die vergangene umständliche Zeit, welche einen, in Rücksicht der verrichteten Sache, vergangenen Umstand anzeigt *(le circonstanciel passé)*.

Regel.

Voyant que vous ne veniez pas, je partis, da ich sah, daß Sie nicht kamen, so reisete ich ab.

Was lehret uns diese Regel?

Sie lehret, daß, wenn im Französischen, ein Satz mehrere Handlungen ausdrücket, das Zeitwort, welches einen Umstand des hauptsächlichen Zeitworts ausdrückt, im *Circonstanciel* gesetzt werden müsse.

Anmerkung.

Der französische *Circonstanciel présent* wird im Deutschen gewöhnlich mit den Wörtchen da, als, indem, wie, weil, oder auch bisweilen mit einem beziehenden Fürworte, welches sich vor einer einfachen Zeit befindet; und der *Circonstanciel passé* mit: als, da, nachdem u. d. g. vor einer zusammengesetzten Zeit gegeben: allein es ist viel besser sich

nach

nach dem Sinne des Satzes, als nach diesen Wörtchen zu richten. Nun zu den Beyspielen:

Maintenant *errant* dans toute l'étendue des mers, Ulisse a parcouru tous les écueils les plus terribles, jetzt irrete Ulysses auf weiten Meeren herum, und lief durch alle die höchst fürchterlichen Klippen.

Mentor les yeux baissés, *gardant* un silence modeste, suivoit Thélémaque, Mentor folgte mit niedergeschlagenen Augen und bescheidenem Stillschweigen dem Thelemach.

Là on n'entendit jamais que le chant des oiseaux ou le bruit d'un ruisseau qui se *précipitant* du haut d'un rocher tomboit à gros bouillons plein d'écume, et s'enfuyoit au travers de la prairie, da hörte man nichts als den Gesang der Vögel, oder das Rauschen eines Bachs, welcher, in dem er sich von der Höhe eines Felsen herabstürzte, in großen und schäumenden Blasen niederfiel, und über die Wiesen schnell dahin eilte.

Mon frere *étant* seul a la maison, ne pouvoit se défendre, mein Bruder, der ganz allein zu Hause war, konnte sich nicht wehren.

Ayant appris que vous étiez malade, je partis sans vous, nachdem ich erfahren hatte, daß Sie krank wären, reisete ich ohne Sie weg.

Ayant prié Dieu, il alla se coucher, nach dem er sein Gebet zu Gott verrichtet hatte, legte er sich schlafen. S. Aufgaben Nro. 9. 16. 20. 45.

Anmerkungen.

I.) Die zeitwörtlichen Beywörter dürfen nicht mit den *circonstanciels présents* vermischt werden: jene zeigen blos eine Eigenschaft an, und haben kein Regimen; auf diese aber folget immer entweder ein ausdrückliches oder darunter verstandenes Regimen. In diesem Satze also: cette femme *suppliante*, diese inständig bittende Frau, ist *suppliante* ein zeitw. Beywort, und kann kein Regimen nach sich haben; in folgenden

aber

aber: "cette femme *suppliant ses juges*," diese ihre Richter inständig bittende Frau; ist *suppliant*, ein *Circonstanciel*, dessen Regimen ist: *ses juges*.

II.) Die *circonstanciels présents* sind unbiegsam und unabänderlich. Man sagt also: Je vois tous les jours ces femmes (oder ces hommes) respectables *priant* (und nicht *priants*, noch *priantes*) Dieu pour le bonheur de leur famille, et celui de leur patrie. Alle Tage sehe ich diese ehrwürdigen Frauen (oder Männer), welche zu Gott, für das Wohl ihrer Familie und ihres Vaterlandes beten.

III.) Zeigt der *Circonstanciel* den Zustand des Subjects, oder die Ursache, oder den Grund der Sache an, so hat er nie *en* vor sich (und also verstanden, kommt er mit dem lateinischen Participium in *ans* oder *ens* überein); z. B. Ce général étoit naturellement sobre, ne *dormant* presque point (pene dormiens) travaillant toujours (continuó laborans), dieser General war von Natur im Essen und Trinken sehr mäßig, er schlief fast nicht, und arbeitete beständig.

Je ne puis vous accompagner, *ayant* des affaires à la maison, ich kann Sie nicht begleiten, weil ich Geschäfte zu Hause habe.

Le médecin *jugeant* ma maladie mortelle, me parla de tester, da der Arzt meine Krankheit für tödlich hielt, so sagte er zu mir, ich sollte mein Testament machen.

In den 1sten Beyspiele zeigt der *Circonstanciel* den Zustand, in dem zweyten die Ursache, und in dem dritten, den Grund der Sache an.

Zeigt aber der *Circonstanciel* einen bloßen Umstand der Sache an, oder das Mittel, einen Zweck zu erreichen, alsdann kann *en* vor dem *Circonstanciel* stehen, und drücket in diesem Falle das lateinische Participium in *do* aus. Z. B. Ce n'est point *en se livrant* à ses passions (passionibus indulgendo), c'est *en les réglant* (illas moderando) qu'on vit heureux, nicht dadurch lebt man glücklich, daß man seinen Affecten nachhängt; sondern daß man sie im Zügel hält. S. Aufg. Nro. 5. 7. 8. 16. 20. u. s. f.

IV.

IV.) Die *Circonstanciels*, vor welchen *en* nicht stehen darf, sind nur gebräuchlich, wenn sie sich auf das Subject des Satzes beziehen können; können sie es aber nicht, so brauchen wir, wie im Deutschen, ein beziehendes Fürwort. Z. B. man sagt richtig: Combien voyons nous de gens, qui *connoissant* le prix du temps, le perdent mal a propos, wie viele Leute sehen wir nicht, welche zwar den Werth der Zeit kennen, aber sie doch unnütz anwenden. Aber nicht: j'ai parlé a un homme *lisant* dans ce jardin (sondern qui lisoit), ich habe einen Mann gesprochen, welcher in diesem Garten las. Auch nicht: ce sont des personnes *entendant* raillerie; sondern qui entendent (weil hier das Zeitwort unpersönlich ist); Es sind Personen, welche Scherz verstehen, u. s. w.

V.) Wenn zwey *Circonstanciels* in eben dem Satze stehen, so muß der zweite mit dem ersten durch ein Bindwort vereiniget werden. Z. B. Les vainquers *rencontrant* la litiere d'Auguste, *et croyant* qu'il étoit dedans, la fausserent, da die Sieger des Augustus seiner Sänfte begegneten, und glaubten, daß er darin säße, so stachen sie in dieselbe.

VI.) Wenn das beziehende Fürwort *en* mit einem *Circonstanciel* verbunden ist; so stehet dasselbe immer dem *Circonstanciel* nach. Z. B. Je vous ai mis mon fils entre les mains, *voulant en* faire quelque chose de bon (und nicht *en voulant*), ich habe Ihnen meinen Sohn anvertrauet, weil ich aus ihm gern etwas gutes machen möchte.

VII.) Wenn sich mehrere *Circonstanciels passés* in einem Satze befinden, so ist es nothwendig, vor einem jeden *ayant* oder *étant* zu wiederholen, im Falle, daß einer davon bejahend und die andern verneinend sind, und umgekehrt; sind solche aber entweder bejahend oder verneinend; so ist es nicht mehr nothwendig, diese Wörter zu wiederholen. Z. B. La ville *ayant été prise*, *et abandonnée* au pillage, le soldat y fit un immense butin, als die Stadt erobert, und der Ausplünderung preis gegeben wurde, so machte der Soldat eine erstaunliche Beute. *Ayant attaqué* l'ennemi mais ne *l'ayant pas battu*, notre tentative n'a servi de rien, da wir den angegriffenen Feind nicht schlugen; so diente unser Versuch zu nichts.

Drit=

Dritte Abtheilung.

Von dem Mittelworte (Participe).

Das Mittelwort ist eine Art die Bedeutung des Zeitworts in der Gestalt einer gänzlichen Vollendung und Vergangenheit vorzustellen. Z. B. *Aimé*, geliebt; *banni*, verbannt; *reçu*, empfangen; *plu*, gefallen, u. s. w.

Es giebt in dieser Art nur eine Zeit.

Der Name Mittelwort kommt daher, weil es ein Mittelding ist, zwischen dem Beyworte und dem Zeitworte: es hat an dem Wesen beyder Antheil.

Das Mittelwort kann, wie das Zeitwort, ein Regimen nach sich haben, und mit den Hülfszeitwörtern vereiniget, dienet es zur Ausbildung der zusammengesetzten Zeiten der Zeitwörter. Z. B. Aimé de Dieu et des hommes, von Gott und Menschen geliebt; j'*ai aimé* mon pere, ich habe meinen Vater geliebt; il est *aimé* de tout le monde, er wird von einem jeden geliebt, u. s. w.

Wenn das Mittelwort nicht wesentlich unbiegsam ist, welches nur bey dem Mittelworte des Hülfszeitworts *Être* und der Zeitwörter der Mittelgattung, die mit dem Hülfszeitworte *Avoir* in ihren zusammengesetzten Zeiten abgewandelt werden, statt findet; so zeigt es, wie das Beywort, Eigenschaften an, und kann bey vielen Gelegenheiten, männ- und weiblich ein- oder vielfach gebraucht werden. Z. B. *aimé*, *aimée*, *aimés*, *aimées*, u. s. w.

Wir kommen jetzt an eine für die gebornen Franzosen selbst sehr große Schwierigkeit. Diese bestehet darin, daß man unterscheiden muß, ob das Mittelwort bieg- oder unbiegsam seyn soll. Kommt solches mit seinem Regimen im Geschlecht, in der Zahl und im Beugfalle überein, so heißt es biegsam; bleibt es aber unveränderlich, so heißt dasselbe unbiegsam. Folgende Regeln werden über die Materie das nöthige Licht geben.

I. Re-

I. Regel.

Les nouvelles que nous avons reçues sont bonnes, die Nachrichten, die wir erhalten haben, sind gut.

Was lehret uns diese Regel?

Sie lehret, daß im Französischen das von einem geraden Regimen begleitete Mittelwort, nur biegsam ist, wenn solches Mittelwort seinem Regimen nachstehet. Z. B.

J'ai reçu les lettres *que* vous m'avez *écrites* au sujet de l'affaire *que* je vous avois *proposée*, et apres *les avoir lues* avec attention, j'ai reconnu comme vous, que si je *l'*avois *entreprise*, j'y aurois trouvé des obstacles *que* je n'avois pas *prévus*. Ich habe die Briefe erhalten, welche Sie mir wegen der Ihnen vorgeschlagenen Sache, geschrieben haben, und nachdem ich dieselben aufmerksam gelesen hatte, so erkannte ich, wie Sie es erkannt hatten, daß, wenn ich solche unternommen hätte, ich dabey viele, von mir nicht vorhergesehene Hindernisse, gefunden haben würde.

Anmerkung.

Ehe wir mehrere Beyspiele geben, wollen wir bemerken, daß das Mittelwort selbst und unmittelbar das gerade Regimen regieren muß. Wird aber dieses gerade Regimen von einem Infinitiv, welcher alsdann dem Mittelworte nothwendiger Weise folget, regieret, so bleibt das Mittelwort unbiegsam.

Es ist leicht zu erkennen, ob das gerade Regimen von der mit dem Mittel- und Hülfszeitworte zusammengesetzten Zeit regiert wird, oder von dem darauf folgenden Infinitiv. Man braucht nur zu fragen nach dem Mittelworte, *quoi?* was? und die Antwort zeigt, ob das gerade Regimen zu dem Mittelworte, oder zu einem andern Zeitworte gehört. Nun zu den Beyspielen.

Les juges *l'*ont *trouvée* innocente, die Richter haben dieselbe unschuldig gefunden. (Frage *trouvé*, gefunden; quoi? was? Antwort *elle*, sie; also *trouvée* mit zwey *ée*).

La

La langue *qu'* ont *parlée* Ciceron et Virgile, die Sprache, welche Cicero und Virgilius gesprochen haben. (F. *parle*, gesprochen; quoi? was? A. *la langue*; also *parlée* im weiblichen Geschlecht. Hier und in ähnlichen Sätzen, kann das Zeitwort *parler* als ein thuendes Zeitwort betrachtet werden. Das nemliche gilt auch für andre Zeitwörter der Mittelgattung.

Elle *s'* est *flattée* qu'elle en viendroit à bout; sie hat sich geschmeichelt, daß sie damit zu Stande kommen würde. Bey den fürwörtlichen Zeitwörtern muß man das Fürwort auslassen, und alsdann, das Zeitwort unter einer thuenden Gestalt betrachten, um wahr zu nehmen, ob *se* im Dativ oder im Accusativ stehet. Also *elle à flatté*, sie hat geschmeichelt; quoi? was? A. *elle* sich im Accusativ, und folglich *flattée* mit zwey *ée*).

Elle *s'* est *donné* la mort, sie hat sich ermordet. (*donné*, gegeben; was? quoi? *la mort*, den Tod; weiter *à qui?* wem? *à elle*. (also steht das gerade Regimen seinem Mittelworte nach; also bleibt dieses unbiegsam; also *donné* und nicht *donnée*).

Cette femme *s' est trouvée* en danger de succomber; mais rappellant sa vertu, elle *s' est reproché* sa foiblesse, diese Frau befand sich in Gefahr von der Versuchung überwunden zu werden; aber indem sie wieder an ihre Tugend dachte, so machte sie sich selbst Vorwürfe wegen ihrer Schwachheit. (Fr. *a trouvé*, hat gefunden; quoi? was? *elle*, sich; *a reproché*, hat vorgeworfen; quoi? was? *sa foiblesse*, weiter; *à qui?* wem? *à elle*, sich; also ist das erste Mittelwort biegsam und das andre unbiegsam. S. Aufg. Nro. 7. 15. 20. 27. 36. u. s. w.

Quelle quantité de faits il a *entassés*, wie viele Thaten hat er auf einander gehäuft (Frage *entassé*, auf einander gehäuft; *quoi?* was? *des faits*, Thaten; also *entassés*, und nicht *entassée*, zu Folge dem, was wir 1. Hauptst. VII. Regel gesagt haben).

Les peines *qu'* on lui *a fait souffrir* ne sont pas assez grandes pour la méchante action *qu'* il *a voulu commettre*, die Qualen, welche man ihm ausstehen ließ, sind lange

nicht

nicht groß genug, für die böse That, welche er begehen wollte. (. Fr. *a fait*, ließ; *quoi?* was? Antw. *souffrir*, ausstehen; *a voulu*, wollte; was? quoi? commettre, begehen; also bleibt nach der vorigen Anmerkung das Mittelwort unbiegsam).

Die Sätze: Cette Dame *que j' ai vue* peindre, und cette Dame *que j' ai vu* peindre sind sehr verschieden. Die erste bedeutet: diese Dame, welche ich sah, indem sie mahlte; dann frage ich: *vu*, gesehen; *quoi?* was? und gebe ich zur Antwort: cette dame; so steht das gerade Regimen des Mittelworts ihm vor; und *peindre* zeigt hier die Handlung an, welche die Dame ausübte; antworte ich aber *peindre;* alsdann ist der Sinn: diese Dame, die ich sah, indem man sie mahlte, und da que Regimen von *peindre*, und nicht von dem Mittelworte ist, so bleibt dieses nach der Anmerkung unbiegsam.

Cette ariette *que j' ai entendu chanter*, diese Arie, welche ich singen hörte; und cette actrice *que j' ai entendue* chanter (entendu, gehört; quoi? was? In dem ersten Beyspiele: Antw. *chanter*, singen; in dem zweyten quoi? was? *l'actrice*, die Schauspielerin; also wie oben. S. Aufgaben Nro. 2. u. s. w.

Ausnahme

Die Regel selbst betreffend.

Muß aber ein gerades Regimen mit dem Fürworte *en* gesetzt werden, so bleibt nach demselben das Mittelwort unbiegsam. Z. B.

J' attendois peu de lettres, et j' *en* ai *reçu* beaucoup, ich erwartete wenige Briefe, und habe viele bekommen. (reçu, bekommen; quoi, was? des lettres, Briefe; und doch reçu und nicht reçues.)

Parmi les sauvages que j' ai frequentés, j' *en* ai *connu* qui sont dignes de mon estime, unter den Wilden mit welchen ich umgegangen bin, habe ich welche kennen gelernt, die meiner Hochachtung werth waren. (das erste Mittelwort richtet sich nach der Regel, und das zweyte nach der Ausnahme. Connu, gekannt, quoi? was? des sauvages, Wilde, und doch connu, und nicht connus), u. s. w.

An=

Anmerkung.

Wenn nach dem Zahlworte *un*, ein; *une*, eine, ein Name folget, welcher im Genitiv stehet, und der mit dem Zahlworte verbunden, eben so viel heißt, als *un d' entre*, ein von, so setzt man das Mittelwort in der vielfachen Zahl, ob gleich *un* die einfache bezeichnet, und kommt solches mit seinem Hauptworte im Geschlechte überein. Z. B. C' eſt *une des perſonnes* que j'ai le plus *regrettées*, sie ist eine von den Personen, welche ich am meisten bedauert habe. Ce jour eſt *un de ceux* qu'ils ont *conſacrés* aux larmes, dieser Tag ist einer von denjenigen, welche sie den Thränen gewidmet haben, u. s. w. S. Aufg. Nro. 9. 36. u. s. w.

II. Regel.

Après avoir été interrogées elles ont répondu, nachdem sie verhört worden sind, haben sie geantwortet.

Was lehret uns diese Regel?

Sie lehret, daß im Französischen, das Mittelwort, wenn solches von keinem geraden Regimen begleitet wird, nur nach dem Hülfszeitworte *étre* biegsam ist. Z. B.

Les enfants honnêtes et ſages *ſont aimés* et *cheris* de tout le monde, die höflichen und sittsamen Kinder werden von einem jeden geliebt und geschätzt.

Ces filles volages *ont été blamées*, diese leichtsinnigen Mädchen sind getadelt worden.

Les plus puiſſants empires *ſont tombés*, die mächtigsten Reiche sind verfallen.

Ausnahme.

Das Mittelwort eines fürwörtlichen Zeitworts, ist unbiegsam, so oft dieses ein Zeitwort der Mittelgattung enthält, das mit *avoir* abgewandelt wird. Z. B.

Elle *s' est manqué à* elle même, Sie hat es an sich selbst fehlen lassen.

Elles *se sont plu à* m'obliger, sie haben ihr Vergnügen daran gefunden, mir zu dienen.

Elles *se sont parlé*, sie haben sich einander gesprochen. Und nicht *manqueé, plues, parlées;* weil *manquer à, plaire à, parler à* Zeitwörter der Mittelgattung sind, die mit *avoir* abgewandelt werden.

Man sagt aber: elle a voulu se tuer, mais elle *s' est manquée*, sie wollte sich ermorden; aber sie hat ihre Absicht nicht erreicht. Depuis Louis XIV la langue françoise, *s' est parlée* dans toutes les cours de l'Europe, seit der Regierung Ludwig's des Vierzehnten, hat man die französische Sprache, an allen Europäischen Höfen gesprochen. Weil hier *manquer* und *parler*, unter der Gestalt fürwörtlicher Zeitwörter, wirklich eine thuende Bedeutung haben. S. Aufgaben Nro. 2. 3. 6. 7. 9. 13. u. s. w.

Anmerkungen.

Il *s' est fait* de grands préparatifs, man hat große Zurüstungen gemacht; il nous *est arrivé* de grands malheurs, es sind uns große Unglücksfälle begegnet. In diesen Beyspielen u. d. g. muß das Mittelwort unbiegsam bleiben. Denn hier sind nur zwey Fälle: entweder hat das unpersönliche Zeitwort das Hülfszeitwort *avoir*, oder wird mit *être* abgewandelt. Im jenen Falle muß das Mittelwort unbiegsam bleiben; in diesem aber, da *il* vor einem unpersönlich gebrauchten Zeitworte weder Geschlecht, noch Zahl hat, so kann unmöglich das Mittelwort mit denselben im Geschlechte und in der Zahl überein kommen. Also bleibt es unbiegsam.

Les sommes *que* cette guere *a couté*, die Geldsummen, welche dieser Krieg gekostet hat. Les avantages *que* votre connoissance m'*a valu*, die Vortheile, welche ich eurer Bekanntschaft zu verdanken habe. Les jours *que j' ai vécu* ont passé bien rapidement, die Tage welche ich verlebt habe,

sind

sind sehr geschwind verschwunden. Hier bleibt das Mittelwort unbiegsam, weil die Zeitwörter solcher Mittelwörter, Zeitwörter der Mittelgattung sind, welche mit dem Hülfszeitworte *avoir* abgewandelt werden.

Vierte Abtheilung.

Von der anzeigenden Art (Indicatif).

Die anzeigende Sprechart ist diejenige, worin ein Prädikat einem angezeigten Subjecte, auf eine gewisse und bestimmte Weise durch das Zeitwort beygelegt wird. Will man also etwas auf eine gewisse und bestimmte Weise ausdrücken, so wird der Indicativ gebraucht. Z. B.

Pendant que Mr. de Turenne *commandoit* en allemagne, une ville neutre, qui *crut* que l'armée du Roi *alloit* de son *côté*, *fit* offrir à ce général cent mille écus pour l'engager à prendre une autre route, et pour le dédommager d'un jour ou deux de marche qu'il en *couteroit* de plus à l'armée. Je ne *puis* en conscience, accepter cette somme, *répondit* Mr. de Turenne parceque je n'*ai* point *eu* intention de passer par cette ville. Während der Zeit, daß der Herr von Türenne den Oberbefehl (über die Französische Armee) in Deutschland hatte, ließ eine neutrale Stadt, welche glaubte, daß die königliche Armee sich ihr nähere, diesem Feldherrn hundert tausend Thaler anbieten, um ihn dazu zu bringen, daß er einen andern Weg nehmen möchte, und ihn wegen eines ein oder zweytägigen Umweges, welchen das Heer hätte machen müssen, zu entschädigen. Ich kann dieses Geld nicht mit gutem Gewissen annehmen, gab der Herr von Türenne zur Antwort, denn ich war nicht gesonnen, durch diese Stadt zu gehen. S. Aufg. Nro. 10. u. s. w.

Anmerkungen

I.) Die Deutschen brauchen den Subjonctiv nach den Zeitwörtern: sagen, *dire;* erzählen, *raconter;* fragen, *demander;* glauben, *croire;* besonders wenn sie etwas nebenher erzählen wollen; aber im Französischen ist der Indicativ in diesem Falle nothwendig. Z. B. Il *dit* que quand *il étoit* à Paris *il y avoit* vu une italienne qui *chantoit* comme un ange. Er sagte, daß, als er zu Paris gewesen wäre, er daselbst eine Italiänerinn gesehen habe, welche wie ein Engel gesungen hätte. Il me *demanda* Si je ne *savois* pas qui *étoit* ce Monsieur qui *avoit* soupé avec nous. Er fragte mich, ob ich nicht wüßte, wer der Herr wäre, der mit uns des Abends gegessen hätte. S. Aufg. Nro. 4. u. s. w.

II.) Das Bindwort *Si*, wenn, oder ob, regieret im Französischen den Indicativ. Z. B. *Si* elle *étoit* sage je l'aimerois, wenn sie sittsam wäre, so würde ich sie lieben. S. Aufg. Nro. 10. 17. 31. u. s. w.

III.) Die Wünsche und Ausrufungen werden auch im Französischen mit dem Indicativ gegeben. Z. B. Si j'étois riche! oder que ne *suis-je* riche! wäre ich nur reich! *si j'avois*, oder que n'*ai-je* de l'argent! hätte ich Geld!

IV.) Bisweilen lassen die Deutschen das Bindwort daß aus und setzen das darauf folgende Zeitwort im Subjonctiv. Solche Redensarten werden aber im Französischen mit *que* und dem Indicativ gegeben (es sey denn, daß das erste Zeitwort einen Subjonctiv nach sich verlangt; in welchem Falle dann *que* und die verbindende Art folgt); z. B. Ich glaubte, er liebte mich; allein ich irrte mich. Je croyois *qu'il* m'*aimoit*, mais je me trompois. Aber der Satz: Ich wünschete, er wäre noch jung, wird gegeben: Je souhaiterois qu'il *fut* plus jeune. S. Aufgaben Nro. 5. 7. 8. 9. 10. u. s. w. Es wird nun gehandelt von den Zeiten dieser Art.

§. 1.

Présent.

Diese Zeit zeigt 1stens das an, was jetzt oder gewöhnlich geschieht. Z. B. Je me *leve*, ich stehe auf; Je me *promene* tous les jours, ich gehe alle Tage spazieren. 2.) Was wesentlich wahr ist. Z. B. On a raison de dire que le tout *est* plus grand que sa partie, man hat recht, wenn man sagt, daß das Ganze größer sey, als dessen Theil. 3.) Was noch zukünftig ist; aber doch gleich geschehen soll. Z. B. Je *descends* à l'instant, et je *pars*, ich gehe den Augenblick herunter, und reise ab. 4.) Was noch zukünftig ist, allein mit dem Bindworte *Si*, (wenn es eben so viel als gesetzt heißt) ausgedrückt wird. Z. B. *S'il pleut* le mois prochain, cela sera du tort aux grains, wenn es künftigen Monat regnen wird, so wird dies dem Getreide Schaden thun. 5.) Was schon verflossen ist, aber doch als gegenwärtig vorgestellt wird, um der Rede mehr Kraft und Lebhaftigkeit zu geben. Z. B. Une soudaine tempête *trouble* le ciel et la mer, les vents déchainés *mugissent* avec fureur, les ondes noires *battent* les flancs du navire; tantôt nous *montons* sur le dos des vagues enflées, tantôt la mer *semble* se dérober sous le navire, et nous précipiter dans l'abyme etc. Ein Ungewitter trübet plötzlich den Himmel und das Meer, die losgelassenen Winde brüllen wüthend, die schwarzen Wellen schlagen an die Seiten des Schiffs, bald fahren wir auf dem Rücken der aufgeschwollenen Wellen, bald scheint das Meer sich unter dem Schiffe weg zu ziehen, und uns in dem Abgrund zu versenken. Es ist wohl zu bemerken, daß wenn einmal eine Zeit so verwandelt wird, auch die andern von eben der Gattung ins *Présent* verwandelt werden müssen. Man muß also nicht sagen: Il *entre* dans le port, et des qu'il y *fut entré*, er tritt in den Hafen herein, und so bald er da ist; sondern dès qu'il y est entré etc. S. Aufg. Nro. 1. 5. und fast überall.

§. 2.

Imparfait.

Es finden sich hier für die Deutschen große Schwierigkeiten, weil ihr Imparfait bald mit dem französischen Imparfait, bald mit dem *Parfait défini*, bald mit dem *Parfait indéfini* gegeben werden muß. Wir wollen ihnen daher sichere und leichte Regeln geben, daß sie die Verwirrung bey solchem Gebrauche vermeiden können. Also:

Das *Imparfait* stellet eine Sache in Ansehung einer andern, die vergangen ist, als gegenwärtig dar. Es wird im Französischen gebraucht 1) Wenn von Sachen, welche vergangen sind und gewöhnlich geschehen, die Rede ist. Z. B. quand *j' étois* en France *j' employois* ma matinée à la lecture de bons livres, *j allois* me promener l' après dinée et le *soir j' allois* au spectacle, da ich in Frankreich war, wendete ich den Morgen auf das Lesen guter Bücher, des Nachmittags gieng ich spazieren, und des Abends gieng ich in das Schauspiel. (Es ist zu bemerken, daß nach dieser Regel das deutsche Zeitwort immer eins der folgenden Nebenwörter gewöhnlich, oft, bisweilen, ohne Unterlaß u. d. g. bey sich haben kann, ohne daß deswegen der Sinn des Satzes verändert wird) S. Aufgabe Nro. 2. 3. 4. 5. 6. 7. 8. 9. und fast überall.

2.) Wenn man von einer Sache redet, welche zwar angegangen, aber noch nicht ganz vollendet war, da eine andre und mit der ersten in dem Satze verbundenen Sache, geschah, so stellt man sie doch in Beziehung auf jene, der sie zugeordnet ist, als gegenwärtig vor. Z. B. Je *m' habillois* quand on m' a apporté votre lettre, ich zog mich an, als man mir euren Brief brachte. (Hier stehen das Anziehen und Bringen des Briefs in Verbindung, und obschon das Anziehen vorbey ist, so stellet man es doch als gegenwärtig in Ansehung der Einhändigung des Briefes dar).

Es ist zu bemerken, daß das auf das Imparfait folgende Zeitwort, bald ebenfalls im Imparfait, bald im Parfait défini,

stellet

bald im Parfait indéfini, nach dem Regeln die wir über den Gebrauch dieser Zeiten geben werden, gesetzet werden kann. Z. B. *je sortois* quand *il entroit*, ich ging heraus, da er herein kam; bedeutet, daß die beyden Handlungen in eben dem Augenblicke geschahen; je *sortois* quand il *est entré*, daß er drinnen war, als ich heraus gieng; allein in einer noch nicht ganz verflossenen Zeit: und *je sortois* quand il *entra*, daß er schon drin war, da ich heraus ging, aber in einer ganz verflossenen Zeit.

3.) Wenn das deutsche Imparfait der verbindenden Art, worunter das Bindwort **wenn** verstanden wird, im Französischen mit *Si* übersetzt werden muß. Z. B. S'il m' *etoit* permis de désirer quelque chose, je désirerois la sagesse, wäre es mir erlaubt etwas zu wünschen, so wollte ich mir die Weisheit wünschen (oder wenn es mir erlaubt wäre u. s. w.)

4.) Wenn die Deutschen nach einem **daß** das Präsens der verbindenden Art gebrauchen; z. B. Ils eurent à peine appris *que* je *voulois* leur raconter quelque chose, qu' aussitôt ils s' empresserent de venir à moi, sie hatten kaum gehört, daß ich ihnen etwas erzählen **wollte**, als sie sogleich zu mir herbey eilten. S. Aufgaben Nro. 10. u. s. w.

§. 3.

Parfait défini.

Diese Zeit drückt eine Handlung aus, die sich in einer völlig verflossenen Zeit, von der gar nichts mehr übrig ist, zugetragen hat. Nie dienet sie, etwas anzudeuten, was den Begriff von einer Gewohnheit hat.

Unter dem Namen einer ganz verflossenen Zeit, verstehen wir im Französischen den gestrigen Tag in Ansehung des heutigen, den vorgestrigen aber nicht, welchen wir nicht in die Reihe der Tage setzen, sondern als einen Theil der laufenden Woche betrachten; die vorige Woche, und nicht die vorlezte, welche dem Monate zugehört; der vorige Monat, aber nicht der vorlezte, den wir als einen Theil des gegenwärtigen Jahrs ansehen; das vorige Jahr, in Ansehung des jetzigen, und nicht das vorletzte, das wir dem Jahrhunderte zuschreiben. Also muß man sagen: Je reçus hier (und nicht je recevois oder j'ai reçu), la nouvelle certaine de la paix, ich bekam gestern die sichere Nachricht von dem Frieden. Il y *eut* hier deux ans (und nicht il y *avoit*, nicht il *y a eu*) que je revins d'Angleterre, es waren gestern zwey Jahre, daß ich aus England wieder kam. *Il fit* (und nicht il *faisoit*, oder *il a fait*) la semaine derniere un orage qui *coucha* tous les grains et nous *enleva* l'espérance que *nous avions* (hier aber nicht que nous *eûmes*, weil diese Hoffnung eine Art Gewohnheit war) d'une recolte abondante. Es war vorige Woche ein Gewitter, welches das Getreide niederwarf, und uns die Hoffnung einer reichen Erute raubte. S. Aufgaben Nro. 2. 7. 8. 9. 10. u. fast überall.

Diese Zeit wird auch bey der Erzählung einer schon lang geschehenen Geschichte gebraucht, und deswegen bekam das *Parfait défini* auch den Namen *Parfait historique* (historische vergangene Zeit). Z. B. Alexandre *attaqua* Darius Condoman, le *vainquit* deux fois; et *fit* prisonnieres sa mere, sa femme et ses filles, Alexander griff den Darius Codomanus an, besiegte ihn zweymal, und machte seine Mutter, Frau und Töchter, zu Gefangenen. Doch ist die Meinung nicht, daß alles was historisch ist, immer mit dem *Parfait défini*, und nie mit dem *Imparfait* gegeben werden müsse; indem, fast alle Geschichten mit dieser Zeit anheben. Z. B. Il *y avoit*, es war; und nicht il *fut*. Rollin fängt seine Geschichte alter Zeiten und Völker also an: L'Égypte *renfermoit* autrefois *une grande quantité* de villes dans une enceinte assez resserrée, Egypten schloß ehedem in einem ziemlich engen Umfange, eine große Menge Städte in sich. Und seine Geschichte von den Königen von Egypten fängt sich an mit: Ce peuple orgueilleux qui se *glorifioit* tant de son ancienneté et de sa noblesse etc. Dieses hochmüthige Volk, das sich so viel auf sein Alterthum und auf seinem Adel einbildete, u. s. w.

§. 4.

§. 4.

Parfait indéfini.

Dieses bezeichnet eine Sache, welche entweder in einer noch nicht ganz verfloßenen, oder ganz unbestimmten Zeit geschah. Also sagt man ganz richtig: *J'ai* eu la fievre cette année, ce mois-ci, cette semaine, ce matin (und nicht j'eus), ich hatte dieses Jahr, diesen Monat, diese Woche, diesen Morgen das Fieber. Ferner: Ce général *a été vaincu,* dieser Feldherr ist überwunden worden (und nicht *fut vaincu*), weil in dem ersten Beyspiele die Zeit noch nicht verflossen, in dem zweiten unbestimmt ist.

Bisweilen steht das *Parfait indéfini* anstatt eines *Futur antérieur,* wenn man eine Sache ausdrücken will, welche bald geschehen soll. Z. B. Frage ich: êtes-vous bientôt pret? so kann ich zur Antwort geben *J'ai fini* à l'instant: anstatt *j'aurai fini* à l'instant, sind Sie bald fertig? Sogleich. S. Aufg. Nro. 20. u. s. w.

Anmerkung.

Il y a deux ans que je ne l'*ai* pas *vu*, heißt, daß ich ihn seit zwey Jahren nicht gesehen habe; und, il y a deux ans que je ne le *vis* pas, heißt, daß ich ihn vor zwey Jahren, zu einer gewissen Epoche, nicht sah; aber daß ich ihn darnach gesehen habe.

Il y *eut hier* deux ans que je ne l'ai pas vu, heißt, wie das erste Beyspiel; allein da ich in meinem Satze ein Nebenwort der Zeit, welches sie als ganz verflossen vorstellet, gebrauche, so muß ich nothwendiger Weise das *Parfait défini* setzen.

§. 5.

Parfait antérieur.

Diese Zeit drücket einen Umstand aus, der sich vor einer ganz verflossenen Handlung, ereignete und mit derselben in Verbindung steht (man muß auf diese lezten Worte wohl Acht gegeben, indem der Unterschied zwischen dem *Circonstanciel* und dem *Parfait antérieur* darin bestehet, daß der mit diesem ausgedrückte Umstand, mit der Haupthandlung nothwendiger Weise verbunden seyn muß; der mit jenem ausgedruckte Umstand aber nicht). Z. B. Quand *nous eûmes vu* l'empereur, nous partîmes, nachdem wir den Kaiser gesehen hatten, so reiseten wir ab. S. Aufgaben Nro. 9. u. s. w.

§. 6.

Plusque parfait.

Das *Plusque parfait* zeigt eine vergangene Handlung an, welche sich vor einem auch vergangenen Umstand zutrug. Z. B. *J'avois* reçu mon argent quand on vint pour le chercher, ich hatte mein Geld empfangen, da man es holte. S. Aufg. Nro. 7.

Anmerkung.

Wenn die Deutschen nach einem daß das Parfait der verbindenden Art gebrauchen; alsdann wird gewöhnlich das Plusqueparfait im Französischen gesetzt. Z. B. Il goûtoit une satisfaction bien douce à penser qu'il n'*avoit* pas *vecu* inutile sur la terre, er schmeckte das überaus süsse Vergnügen zu denken, daß er doch nicht vergebens auf der Welt gelebet habe. S. Aufg. Nro. 10. u. s. w.

Anmerkung.

über das *Parfait antérieur* und *Plusque parfait.*

Man muß sich bey dem Gebrauche dieser zwo Zeiten in Acht nehmen, und wohl bemerken, daß mit dem *Parfait antérieur* ein Umstand, und mit dem *Plusque parfait* eine Handlung ausgedrückt wird. Also wollte man, in dem ersten Beyspiel, was Umstand ist, in eine Handlung verwandeln, so müßte man mit dem *Plusque parfait* sagen: *J'avois vu* l'empereur (die Handlung) quand je partis (Umstand) ich hatte den Kaiser gesehen, da ich abreisete; und wollte man umgekehrt

gekehrt in dem zweiten Beyspiel aus der That einen Umstand machen, so müßte man mit dem *Parfait antérieur* sagen: quand *j' eus reçu* mon argent, (Umstand) on vint pour le chercher, (Handlung) nachdem ich mein Geld, u. s. w.

§. 7.

Futur simple.

Bedeutet, daß eine Sache in einer Zeit geschehen soll, die noch nicht da ist. Z. B. *Je reverrai* mon pauvre pere, ich werde meinen armen Vater wieder sehen. Man gebraucht auch das *Futur simple*, um etwas zu ge= oder verbieten. Z. B. *Vous adorerez* votre Dieu *et ne servirez* que lui seul, du sollst deinen Gott anbeten, und ihm allein dienen. S. Aufgaben Nro. 39.

Anmerkung.

Die Deutschen setzen gern ein Présent nach dem Bindeworte, wenn um etwas zukünftiges anzuzeigen. Im Französischen aber muß schlechterdings ein Futur gebraucht werden; z. B. Quand j' *irai* à Paris, je verrai la Seine, wenn ich nach Paris komme, so werde ich die Seine sehen, u. d. g.

§. 8.

Futur antérieur.

Dieses *Futur* zeigt etwas an, welches zwar noch zukünftig ist, da man redet, welches aber doch vergangen seyn muß, wenn eine andre Sache, womit solches verbunden ist, geschehen wird. Z. B. Ne reprochez jamais les services que *vous aurez rendus*, werfet nie die Dienste vor, welche ihr werdet geleistet haben. Hier sind die beyden Handlungen noch künftig; aber der Dienst wird geleistet werden, ehe man ihn jemanden vorwerfen kann.

§. 9.

§. 9.

Conditionnels.

Die Conditionnels dienen zur Vorstellung einer jeden Voraussetzung und wenn dieselbe im ersten Gliede des Satzes mit *Si* ausgedrückt ist; so folget doch immer ein Conditionnel in dem zweiten. Z. B. *Si* j'*avois* de l'argent je *serois* heureux, oder je *serois* heureux si j'*avois* de l'argent, ich wäre glücklich, wenn ich Geld hätte.

Das *Conditionnel présent* zeiget an, daß eine Sache gegenwärtig geschehen würde, wäre nur eine Bedingung erfüllt; und das *Conditionnel passé*, daß eine Sache geschehen wäre, wenn eine Bedingung erfüllt gewesen wäre. Z. B. *j'aurois* plus soif s'il faisoit plus chaud; und *j'aurois eu* plus soif, s'il avoit fait plus chaud; oder *j'eusse eu* plus soif s'il eût fait plus chaud, ich würde viel durstiger seyn, wenn es wärmer gewesen wäre.

II.) Die Wünsche und Ausrufungen werden auch meistentheils mit den *Conditionnels* ausgedrückt. Z. B. Que je *serois* heureux, si je pouvois revoir mes parents! wie glücklich wäre ich, wenn ich meine Eltern wieder sehen könnte: oder que *j'aurois*, oder que *j'eusse été* heureux si j'eusse pu revoir mes parents, wie glücklich würde ich gewesen seyn, wenn ich meine Eltern hätte wieder sehen können. Dieu! qui *auroit pu* le croire, Gott! wer hätte das denken können!

III.) Sehr oft braucht man, im Französischen, die *Circonstanciels*, besonders wo die Deutschen ein *Imparfait* der verbindenden Art setzen, wenn man etwas ausdrücken will, das man entweder sagen oder thun könnte, welches man aber weder sagt noch thut. Z. B. Je *pourrois* bien m'excuser; mais j'aime mieux me taire, ich könnte wohl mich entschuldigen; aber ich schweige lieber stille; oder *j'aurois* bien *pu* m'excuser, mais j'ai mieux aimé me taire, ich hätte mich wohl entschuldigen können; aber ich habe lieber stille geschwiegen.

IV.) Bisweilen drückt man auch eine Frage mit dem Conditionnels aus; allein alsdann verlangt man gewöhnlich das Ja,

oder

Nein, oder man befürchtet dieselben. Z. B, *Seroit*-ce votre ami qui *auroit* fait cela? sollte es wohl euer Freund seyn, der das gethan hätte. Ne *seroit*-il pas capable de le faire? sollte er nicht der Mann seyn, der es thun könnte? S. Aufgaben Nro. 20. 26. u. s. w.

Fünfte Abtheilung.

Von der verbindenden Art (Subjonctif).

Der *Subjonctif* stellt das Zeitwort in der Verbindung und Abhängigkeit eines andern Satzes dar, ohne welchen es keine wirkliche Behäuptung ausdrückt. Z. B. Il *faut que nous soyons* modestes; quelque mérite *que nous ayons*, wir müssen bescheiden seyn, so groß unsre Verdienste auch sind.

Was den Gebrauch dieser Sprechart angeht, so hängt derselbe bald von dem Sinne des Satzes selbst, bald auch von einem Bindworte ab. Wir wollen beyde Fälle betrachten.

Der *Subjonctif* wird im Französischen gesetzt, nach einem Zeitworte, welches eine Verwunderung, ein Erstaunen, ein Wollen, eine Furcht, einen Zweifel, einen Wunsch in sich enthält; oder wenn dies zweyte Zeitwort nicht bejahet, daß eine Sache entweder ist, oder gewesen ist oder seyn wird, oder seyn würde, oder würde gewesen seyn. S. Aufgaben Nro. 7. u. s. w.

Weil aber diese lezten Worte den Anfängern ein wenig abstrackt vorkommen möchten, so wollen wir dieselben, so viel als möglich, begreiflich machen.

Es giebt ein unfehlbares Mittel zu erkennen, ob ein zweytes Zeitwort bejahe oder nicht; und dies ist folgendes: kann man mit dem Zeitworte, in Ansehung dessen man zweifelt, ob solches im *Subjonctif* gesetzt werden soll, den Satz anfangen, ohne daß dabey der wahre Sinn leidet, so ist die anzeigende

und

und nicht die verbindende Art nothwendig, weil alsdann dies Zeitwort bejahet, im entgegen gesetzten Falle aber, setzt man den *Subjonctif*. Z. B. Ich will folgenden deutschen Satz in's Französische übersetzen: Ich suche einen Menschen, der mir einen Dienst geleistet hat, und welchen ich meinen Dank abstatten will: Nun fange ich meinen Satz folgender maßen an: Ein Mensch hat mir u. s. w. ich will ihm meinen Dank abstatten: und (deswegen) suche ich denselben. Hier kommt einerley Sinn heraus. Also übersetze ich: *Je cherhe* un homme qui *m' a* rendu service et à qui *je veux* témoigner ma reconnoissance. Ferner: Ich suche einen Menschen, der so gut wäre, mir einen Dienst zu leisten, und für meine Sachen zu sorgen. Sage ich: ein Mensch wäre so gut, mir einen Dienst zu leisten, und für meine Sachen zu sorgen: so ist hier der Sinn ganz verändert und deswegen muß ich mit dem *Subjonctif* übersetzen: Je cherche un homme qui *veuille* me rendre un service, et prendre soin de mes affaires, u. s. w. Ich gebe nun Beyspiele. *Je ne crois pas* (Zweifel) qu'il *puisse* y avoir de véritable amitie entre deux personnes qui ne sont pas vertueuses. Ich glaube nicht, daß unter zwey Personen, die nicht tugendhaft sind, eine wahre Freundschaft statt finden kann.

Je suis surpris (Verwunderung) que les chrétiens ne *soient* pas plus respectueux dans les églises, es giebt mich Wunder, daß die Christen nicht ehrerbietiger in der Kirche sind.

Puisque les Dieux nous ôtent l'espérance de vous voir régner au milieu de nous, dumoins *aidez* nous (Wünsch) à trouver un Roi qui *fasse* régner nos loix, weil uns denn die Götter die Hoffnung nehmen, euch unter uns regieren zu sehen, so helfet uns zum wenigsten, einen König ausfindig machen, der unsre Gesetze handhabe. S. Aufgaben Nro. 26. u. s. w.

Anmerkungen

1.) Die verbindende Art wird im Französischen gebraucht, obgleich die anzeigende im Deutschen gesetzt wird, in denjenigen sich beziehenden Sätzen, welche dazu dienen, ein mit dem *Superlatif* angezeigtes Subject zu erklären oder zu bestimmen.

z. B. C'est *le plus honnête* homme qu'on *ait* jamais vu, das ist der ehrlichste Mann, den man jemals gesehen hat. C'est la plus belle peinture, qui *soit* en Italie, es ist das schönste Gemählde, welches in Italien gefunden wird. S. Aufgaben Nro. 11. u. s. w.

2.) In denjenigen Sätzen, wo das Bindwort *que*, daß eben so viel bedeutet als *parceque*, weil, oder wenn es die Ursache anzukündigen scheint, warum die von dem ersten Zeitworte bezeichnete Handlung statt findet. Z. B. Je suis faché qu'il *soit* malade, es thut mir leid, daß er krank ist. Je suis bienaise qu'on vous *ait* donné des louanges; ich freue mich, daß man euch gelobt hat. S. Aufgaben Nro. 27. u. s. w.

3.) Nach den Zeitwörtern, welche im Französischen einen *Subjonctif* nach sich haben wollen, werden die deutschen Infinitiven, welche mit sollen, mögen, können, müssen, dürfen vergesellschaftet sind u. d. g. im *Subjonctif* gesetzt, und das Wort sollen oder können u. s. w. ausgelassen. Die Zeit worin solche stehen müssen, hängt von dem vorhergehenden Zeitworte ab, und wir geben gleich die Regeln darüber. Z. B. Er wollte, daß ich dahin gehen sollte, il vouloit que j'y *allasse*. Ich wünschte, daß er mir diesen Dienst leisten möchte. Je voudrois qu'il me *rendit* ce service, u. s. w. S. Aufgaben Nro. 28. u. s. w.

4.) Das Bindwort *que*, daß; verlangt nach den folgenden Bind- und andern Wörtern den Subjonctiv nach sich.

afin que, pour que } auf daß, damit.
amoins que, { dafern nicht, es sey denn daß.
avant que, ehe als.
aucas que, encas que, } im Falle daß.
bien que, quoi que, encore que, } ob schon, ob wohl. ob gleich.
de crainte que, de peur que, } aus Furcht daß.
jusqu' à ce que, bis daß.
malgré que, ohngeachtet.

quel-

posé que, } gesetzt daß.
supposéque, }
pour que, daß.
pourvu que, dafern nur, wenn nur.
quelque, { es mag seyn was es will.
quelque-que, { so groß oder klein, u. s. w. auch . . . sey.
quoi-que, { z. B. quoi qu'il en *soit*, dem sey wie ihm wolle.
sans que, ohne daß.
soit que, es mag seyn, es sey, daß. S. Aufgaben Nro. 18. 26. u. s. w.

I. Regel.

Venez que je vous dise un mot, kommt daß ich euch ein Wort sage.

Was lehret uns diese Regel?

Sie lehret, daß im Französischen das Bindwort *que*, daß, wenn es so viel als *Si*, wenn; *soit que*, es mag u. s. w.; *avant que*, bevor; *dèsque*, sobald; *quoique*, obgleich; *afinque*, auf daß; *sans* que, ohne daß; *de peur que*, aus Furcht daß, bedeutet, die verbindende Art nach sich verlangt. z. B.

Si vous lisez l'histoire, et *que vous cherchiez* (oder si vous cherchez) un prince également favorisé et persécuté de la fortune, vous le trouverez dans la personne de l'empereur Henri IV. Wenn ihr die Geschichte leset, und einen von dem Glücke im gleichem Grade begünstigten und verfolgten Prinzen suchet, so werdet ihr denselben in dem Kaiser Heinrich dem Vierten finden.

*Qu'*il *fasse* (oder dès qu'il fait, s'il fait) le moindre excès, il tombe malade, sobald er die geringste Ausschweifung begeht, so wird er krank.

La passion n'égare jamais notre coeur, qu'elle (oder sans qu'elle) ne lui prépare de grands remords, die Lei-

de

denschaft bringt nie unser Herz von dem rechten Wege, ohne demselben zuvor große Gewissensbisse zuzubereiten.

Épaminondas ayant été blessé à la Bataille de Mantinée, ne voulut pas laisser arracher le fer de sa plaie *qu'il n' eut*; (oder *avant qu'*il eut) reçu des nouvelles de la victoire. Als Epaminondas in der Schlacht bey Mantinea verwundet worden war, so wollte er nicht eher das Eisen aus seiner Wunde reißen lassen, bis daß er Nachricht bekam, daß man gesiegt habe.

Scipion Émilien ne fit aucune acquisition, quoi qu'il eut été le maître de carthage, et *qu'il eut*, (oder quoiqu'il eut) enrichi ses soldats plus qu' aucun autre général. Scipio Aemilianus hatte sich keine Güter erworben, ob er gleich Herr von Carthago gewesen war und ob er gleich seine Soldaten mehr bereichert hatte, als irgend ein andrer Feldherr.

*Qu'*on *fasse*; (oder *soit* qu'on fasse) sa demeure à la ville ou à la campagne, il faut s'occuper utilement, man lebe auf dem Lande oder in der Stadt, so muß man sich doch auf eine nützliche Art beschäftigen, u. s. w.

Anmerkungen.

über das *Que*; daß.

1.) Befindet sich ein bindwörtliches *que* zwischen zwey Zeitwörtern in einem fragenden Satze, von denen das erste entweder etwas zweifelhaftes bedeutet, oder in einem Satze, dessen erstes Zeitwort *Si* vor sich hat, so regieret solches *que* das zweyte Zeitwort im *Subjonctif*. Z. B. *Croyez vous qu'on devienne* savant sans étudier avec méthode? Glaubet ihr, daß man ein Gelehrter werden kann, ohne ordnungsmäßig zu studiren? *Si* j'étois sur *qu'il* n'*arrivat* pas aujourd'huy, wüßte ich gewiß, daß er heute nicht ankäme.

2.) Steht *que* als eine Partikel im Anfange eines Satzes, welcher einen Befehl, oder Wunsch, oder eine Bedingung ausdrücket, so regieret solches *que* das darauf folgende Zeitwort im *Subjonctif*. Z. B. *Qu'*on ne *vienne* point me vanter un grand nom, il est très petit, si celui qui le porte est inutile à l'état, man rühme mir nicht einen großen Namen, solcher gilt sehr wenig, wenn derjenige der ihn führet, dem Staate unnütz ist.

Que le ciel *vous comble* de bénédictions, daß der Himmel Sie mit Segen überhäufe.

II. Regel.

Quel est le savant qui prétende tout savoir? Wer ist der Gelehrte, der behaupten darf, daß er alles wisse?

Was lehret uns diese Regel?

Sie lehret, daß im Französischen die beziehenden Fürwörter, vor welchen sich ein Beywort im Superlatif relatif, oder ein fragendes Zeitwort befindet, den *Subjonctif* nach sich verlangen. Z. B.

Le meilleur cortege qu'un prince *puisse* avoir, c'est le coeur de ses sujets, das beste Gefolge das ein Fürst haben kann, ist das Herz seiner Unterthanen.

La santé est le plus grand bien *qui soit* au monde, die Gesundheit ist das größte Gut auf der Welt.

Quel est l'insensé qui *tienne* pour sur qu'il vivra jusqu'au soir? Wer kann so unsinnig seyn und für ganz gewiß halten, daß er noch bis am Abend lebe?

Où chercher une retraite où nous *soyons* surs? Wo sollen wir einen Zufluchtsort suchen, wo wir sicher seyn können?

Anmerkung.

Die unbestimmten Fürwörter *quelque . . . que,* und *quoi que,* so . . . auch verlangen immer den *Subjonctif* nach sich; *tout . . . que* aber, welches doch eben die Bedeutung hat; hat den *Indicatif* bey sich. Z. B. *quelque* savant *qu*'il *soit,* oder *quoi qu*'il *soit* fort savant, oder *tout* savant *qu*'il est, il ne put répondre, so gelehrt er auch ist, so konnte er doch nicht antworten. quelqu' *aimable* que *soit* la vertu, oder *quoique* la vertu *soit* fort aimable, oder

tout

tout aimable *qu' est* la vertu, elle a moins d'adorateurs que le vice, so liebenswürdig die Tugend auch ist, so hat sie doch nicht so viele Anbeter, als das Laster.

Sechste Abtheilung.

Von der befehlenden Art (Impératif).

Diese Sprechart drückt, wie schon der Name lehrt, immer einen Befehl, bisweilen aber auch ein Ermahnen und Bitten aus. Sie bezeichnet etwas Zukünftiges, weil die Befehle etwas Zukünftiges zum Gegenstande haben. Z. B.

Tenez toujours inviolablement votre parole, mais *ne la donnez* pas inconsidérément, haltet euer Wort immer treu, gebet es aber nicht unbedachtsam von euch.

Craignez, lui dit Mentor, que Calipso ne vous accable de maux, *craignez* ses trompeuses douceurs plus que les écueils qui ont brisé votre navire, befürchtet, erwiederte Mentor, daß Calypso euch mit Uebeln überhäufe; fürchtet euch vor ihrer trügerischen Freundlichkeit mehr, als vor den Klippen, an welchen euer Schiff gescheitert ist.

O Roi, faites nous mourir plutôt que de nous traiter si indignement, o König, laßt uns lieber sterben, als uns so schimpflich begegnen.

Siebente Abtheilung.

Von der Folge der Zeiten.

§. 1.

Folge der Zeiten des Indicatif.

I. Regel.

Je vous assure que nous étions en route mécredi, ich versichere euch, daß wir am Mittewochen auf der Reise waren.

Was lehret uns diese Regel?

Sie lehret, daß wenn im Französischen das erste Zeitwort im *Présent* oder *Futur simple* stehet, und darauf ein bindwörtliches *que* folget, das zweyte Zeitwort im *Présent*, wenn von etwas Gegenwärtigem; und im *Imparfait*, wenn von etwas Vergangenem die Rede ist, gesetzet werden müsse. Z. B.

Je n' *oublierai* jamais *que nous sommes* amis, ich werde nie vergessen, daß wir Freunde sind; und: *Je n' oublierai* jamais que nous étions amis dans notre enfance, ich werde nie vergessen, daß wir in unsrer Jugend Freunde waren.

Vous savez que les premiers chrétiens *étoient* remplis d' une foi vive et d' une ardente charité, ihr wisset, daß die ersten Christen von einem lebhaften Glauben, und einer brünstigen Liebe, beseelet waren. Und:

Vous savez que les chrétiens *doivent* être les imitateurs de Jesus-Christ, ihr wisset daß die Christen Nachfolger Jesu Christi seyn sollen.

II. Regel.

On m' a dit que vous étiez malade, man hat mir gesagt, Sie wären krank.

Was

Was lehret uns diese Regel?

Sie lehret, daß, wenn im Französischen nach einem *Imparfait*, den dreyen *Parfaits*, dem *Plusqueparfait*, und dem *Conditionnel passé* ein bindwörtliches *que* stehet, man das auf das *que* folgende Zeitwort im *Imparfait* des *Indicatif* setzen müsse, um etwas Gegenwärtiges; im *Plusqueparfait*, um etwas Vergangenes; und im *Conditionnel présent*, um etwas Zukünftiges anzuzeigen. Z. B.

On disoit, oder *on dit*, oder *on a dit*, oder *on eut dit*, oder *avoit dit*, oder *on auroit dit* de l'éloquent Périclès *qu'il tonnoit*, *qu'il portoit* un foudre sur la langue, man sagte, oder man hat, oder man hatte gesagt, oder man sollte gesagt haben, daß der beredte Pericles donnerte, daß er auf seiner Zunge den Donner trüge.

Je croyois, oder *je crus*, oder *j'ai cru*, oder *j'eus cru*, oder *j'avois cru*, oder *j'aurois cru que* vous vous étiez appliqué pendant votre jeunesse à l'étude des belles lettres, ich glaubte, oder ich habe, oder ich hatte geglaubt, oder ich sollte geglaubt haben, daß Sie in Ihrer Jugend den schönen Wissenschaften obgelegen hätten.

Darius dans sa déroute, réduit à boire d'une eau bourbeuse et infectée par des cadavres, *assura* qu'il n'*avoit* jamais *bu* avec tant de plaisir, Darius, welcher sich auf seiner Flucht genöthigt sah, aus einem kothigen und durch todte Körper verunreinigten Wasser zu trinken, versicherte, daß er nie mit so vielem Vergnügen getrunken hätte.

On me disoit, oder *on me dit*, oder *on m'a dit*, oder *on m'eut dit*, oder *on m'avoit dit*, oder *on m'auroit dit que* votre frere *viendroit* à Vienne l'année prochaine, man sagte mir, oder man hat, oder man hatte mir gesagt, oder man würde mir gesagt haben, daß euer Bruder künftiges Jahr nach Wien käme. S. Aufgaben Nro. 20. 22. u. s. w.

Ausnahme.

Zeigt das zweyte Zeitwort eine beständige Wahrheit an, so tritt das *Présent* an die Stelle des *Imparfait*. Z. B. Un sage de la Grece *soutenoit*, oder *soutint*, oder *a soutenu*, u. s. w. que la santé *fait* la félicité du corps, et le savoir celle de l' esprit, ein Weiser aus Griechenland behauptete, oder hat behauptet u. s. w., daß die Gesundheit die Glückseligkeit des Leibes, und Gelehrsamkeit die Glückseligkeit des Geistes ausmache. Ovide *a dit* que l' étude *adoucit* les moeurs et qu'elle *efface* ce qui se trouve en nous de barbare et de grossier, Ovidius sagte, daß das Studiren die Sitten verfeinere, und dasjenige von uns entferne, was wir rohes und grobes an uns haben.

Anmerkung.

Was das *Conditionnel présent* betrifft, so können nach dem darauf folgenden *que* alle Zeiten des *Indicatif* gesetzt werden, zu Folge der Regeln, die im vorigen Paragraph gegeben worden sind. Z. B.

J' assurerois qu'il vit encore, ich wollte wohl versichern, daß er noch lebt: qu'il *vivoit* alors, daß er dazumal lebte; *qu*'il *vécut* en saint, daß er wie ein heiliger Mann lebte; *qu*'il *a vecu* trop peu de temps, daß er zu kurze Zeit gelebt hat; *qu*'il *eut vécu* plus longtemps, daß er länger gelebt hätte; *qu*'il *avoit vécu* dans la solitude avant que etc. daß er in der Einsamkeit gelebt hatte, ehe daß u. s. w. *qu*'il *vivroit* encore si, daß er noch leben würde, wenn u. s. w. *qu*'il *auroit vécu* plus agréablement si etc. daß er angenehmer gelebt haben würde, wenn u. s. w. *qu*'il *vivra* encore trente ans, daß er noch 30 Jahre lang leben wird; *qu*'il *aura* alors *vécu* cent ant, daß er alsdann 100 Jahre gelebt haben wird, u. s. w.

III. Regel.

J'irai vous voir si on me le permet, ich werde Sie besuchen, wenn man es mir erlauben wird.

Was

Was lehret uns diese Regel?

Sie lehret, daß im Französischen, wenn auf das *Futur* und die *Conditionnels* ein *Si* (welches eben so viel als gesetzt daß heißt) folget, man nach dem *Futur simple* das *Présent*, setzen müsse, nach dem *Futur antérieur*, das *Parfait indéfini*; nach dem *Conditionnel présent*, das *Imparfait*, um etwas gegenwärtiges, und das *Plusqueparfait*, um etwas vergangenes auszudrücken; und nach dem *Circonstanciel passé* das *Plusque parfait*. Z. B.

Les soldats *feront* bien leur devoir *s'ils sont* bien commandés, die Soldaten werden genau ihre Pflicht erfüllen, gesetzt daß sie gut angeführt werden.

Il aura remporté l'avantage *s' il a suivi* les bons conseils que vous lui avez donnés, er wird den Vortheil erlangt haben, voraus gesetzt, daß er Ihrem guten Rath gefolget ist.

Je serois content *si* je vous *voyois* (oder für das Vergangene *si je vous avois vu*) appliqué, ich würde zufrieden seyn, wenn ich sähe, daß Sie sich beschäftigten (oder wenn ich Sie beschäftigt gesehen hätte).

Vous auriez vu le roi, *si vous étiez venu* avec moi, Sie hätten den König gesehen, wenn Sie mit mir gekommen wären.

Ausnahme

Wenn die *Conditionnels passés* mit *j' eusse* anstatt *j' aurois; je fusse* anstatt *je serois* ausgedrückt werden, so werden auch die nämlichen *Conditionnels* anstatt des *Plusqueparfait* gesetzt. Z. B.

Je fusse venu, *si j' eusse* eu le temps, hätte ich Zeit gehabt, so würde ich gekommen seyn. *Vous m' eussiez trouvé si vous fussiez* venu plutôt, Sie würden mich getroffen haben, wenn Sie früher gekommen wären.

Anmerkung.

Bezeichnet *Si* einen Zweifel oder eine Ungewißheit, so folget darauf entweder ein *Futur*, oder *Conditionnel*. Z. B.

Je ne *sais si* mon pere *reviendra* ce soir, ich weiß nicht, ob mein Vater diesen Abend wiederkommen wird. Demandez lui *s'il seroit venu* avec nous encas qu'il n'eut pas eu d'affaires? fraget ihn, ob er mit uns gekommen wäre, im Fall daß er keine Geschäfte gehabt hätte.

§. 2.

Folge der Zeiten der anzeigenden in Verbindung mit der verbindenden Art.

I. Regel.

Je souhaite qu'il vienne demain, ich wünsche, daß er morgen kommen möge.

Was lehret uns diese Regel?

Sie lehret, daß im Französischen nach einem *Présent* oder *Futur* das *Présent* der anzeigenden Art, um etwas gegenwärtiges oder zukünftiges; und das *Parfait*, um etwas vergangenes anzuzeigen gesetzt wird. Z. B.

Il *faut* qu'un auteur *ait* dessein de se faire comprendre de ceux pour lesquels il écrit, ein Schriftsteller muß sich vorsetzen, sich denjenigen verständlich zu machen, für welche er schreibt.

Il *faudra* qu'ils se *rendent* à la force de la vérité, quand ils *auront permis* qu'elle *paroisse* dans tout son jour, sie werden der Macht der Wahrheit nachgeben müssen, wenn sie es ihr gestatten, in ihrem ganzen Lichte zu erscheinen.

Il *est* facheux, (oder *il sera* facheux) qu'une si belle vie *ait été ternie* par un acte de cruauté, es ist (oder es wird) bedaurenswürdig (seyn), daß ein so schönes Leben mit einer grausamen That befleckt worden ist.

Aus=

Ausnahme.

Enthält aber der Satz etwas bedingtes, so wird anstatt des *Présent* oder *Parfait* das *Imparfait* gesetzt. Z. B. Il n'est point d'homme, quelque mérite quil ait, qui ne *fut* très mortifié, s'il savoit tout ce qu'on pense de lui, es wird kein Mensch gefunden, so viele Verdienste er auch haben mag, dem es nicht verdriessen würde, wenn er alles das erführe, was man von ihm dächte.

Je doute que *j'eusse* réussi sans votre secours, ich zweifle, ob es mir ohne Ihre Hülfe gelungen seyn würde.

II. Regel.

Je ne voulois pas qu'ils perdissent leurs peines, ich wollte nicht, daß sie ihre Mühe umsonst anwendeten.

Was lehret uns diese Regel?

Sie lehret, daß im Französischen, nach einer jeden Zeit der anzeigenden Art (das *Présent* und die *Futurs* ausgenommen) das zweite Zeitwort, wenn solches etwas gegenwärtiges oder zukünftiges anzeiget, im *Imparfait* des *Subjonctif*, und wenn solches etwas vergangenes vorstellet, im *Plusqueparfait* gesetzt werden müsse. Z. B.

Il *falloit* que cet homme *eût perdu* la tête pour s'être conduit ainsi, dieser Mensch mußte die Vernunft verloren haben, daß er sich so aufgeführt hat.

On s'est servi d'écorces d'arbres, ou de peaux pour écrire, avant que le papier *fût* en usage, man schrieb auf Baumrinde, oder Thierfelle, ehe das Papier erfunden war.

Lycurgue par une de ses loix *avoit deffendu* qu'on *éclairât* ceux qui sortoient le soir d'un festin, afin que la crainte de ne pouvoir se rendre chez eux, les *empêchât* de s'ennivrer, Lycurgus hatte durch eins seiner Gesetze verboten, denjenigen, welche des Nachts von einem Gastmahle nach Hause giengen, zu leuchten, damit die Furcht, nicht wieder nach Hause kommen zu können, sie abhielte, sich zu betrinken.

Il *vaudroit* mieux pour un homme honnête qu'il *perdît* la vie que de perdre l'honneur par quelque action honteuse et criminelle, es wäre für einen rechtschaffenen Mann besser sein Leben zu verlieren, als seine Ehre durch eine schändliche und ruchlose That.

Vous auriez trouvé mauvais *que* nous *eussions contrevenu* à vos ordres, Sie hätten es übel genommen wenn wir Ihren Befehl übertreten hätten.

Ausnahmen.

1.) Drücket das nach einem *Parfait indéfini* stehende Zeitwort eine Handlung, welche immer geschieht, oder geschehen soll, aus; dann tritt das *Présent* an die Stelle des *Imparfait*. Z. B.

Allez demander à un viellard pourquoi plantez vous? il vous répondra: pour les Dieux immortels qui *ont voulu* et *que je profite* du travail de ceux qui m'ont précédés, et *que* ceux qui me suivront *profitent* du mien. Fraget einen Greis, wofür pflanzet ihr? so wird er euch zur Antwort geben: für die unsterblichen Götter, welche wollten, daß ich die Arbeit meiner Vorfahren genösse, und daß meine Nachkommenschaft die meinige auch geniessen sollte.

2.) Stellet das zweyte Zeitwort etwas vergangenes vor, und stehet das erste im *Parfait indéfini;* so wird das *Parfait* anstatt des *Plusqueparfait* gebraucht. Z. B. Il *a fallu* qu'il *ait sollicité* ses juges, et qu'il se *soit informé* de plusieurs autres affaires. Er muß seine Richter inständig gebeten, und sich nach vielen andern Sachen erkundigt haben.

Achte

Achte Abtheilung.

Von dem Gebrauche von *il y a*, *il est*, *il fait*, *il vaut*; Es ist, es giebt, es ist vorhanden.

Die deutschen Ausdrücke: Es ist, es giebt, es ist vorhanden, werden immer mit *il y a* gegeben.

Ausnahmen.

1.) Wenn auf Es ist, ein Beywort ohne Hauptwort, folget; so tritt *il est* an die Stelle von *il y a*. Z. B. *Il est juste*, - *bon*, - *beau* etc. Es ist billig, = gut, = schön.

Auch wenn man von der Zeit redet, ohne dieselbe weder zu zählen, noch zu vergleichen. Z. B. *Il est temps* de partir, es ist Zeit abzureisen; hingegen muß es heissen: *il y a temps* pour tout, eine jede Sache hat ihre Zeit. *Il est jour*, es ist Tag; aber *il y a* des jours plus beaux les uns que les autres, es giebt Tage, welche schöner sind, wie die andern. *Il est trois quarts* pour huit heures, es ist ein Viertel vor Acht; aber *il y a* trois quarts d'heure qu'il pleut, es hat schon drey Viertel Stund lang geregnet, u. d. g.

2.) Wenn Es ist nicht mehr unpersönlich gebraucht wird und man an dessen Stelle das ist setzen kann; so wird gemeiniglich *c'est* und bisweilen *il est* anstatt *il y a* gebraucht. Z. B. *C'est* mon ami, es ist, oder das ist mein Freund; *C'est* un honnète homme, es ist, oder das ist ein rechtschaffener Mann. *C'est* monsieur votre frere, es ist, oder das ist Ihr Herr Bruder. *Il est* homme à le faire, er ist der Mann der es thun kann. *C'est* (oder *il est*) l'homme qu'il nous faut, es ist der Mann dafür, u. d. g.

3.) Wenn von der Beschaffenheit der Luft, von dem Tageswechsel, von der Wohlfeilheit oder Theurung der Preise, von der Sicherheit oder Gefahr eines Orts die Rede ist, so muß

man

man, es ist, mit *il fait* übersetzen. Z. B. *Il fait-beau, froid, - mauvais - du brouillard* u. d. g. Es ist schön = kalt, = schlecht Wetter, es nebelt. *Il fait* bon vivre en Suisse, es ist gut in der Schweiz zu leben. *Il fait* à présent *nuit* de bonne heure, es wird jetzt bald Nacht. *Il fait cher* vivre à l'auberge, es ist theuer zehren in einem Wirthshause.

4.) Wenn im Deutschen das Nebenwort Besser nach Es ist stehet, so heißt im Französischen Es ist *il vaut*. Und wenn nach, es ist besser, zwo Sachen mit einander durch Infinitiven verglichen werden, so steht der erste im Nominativ und der zweite, welcher auf *que* folget im Genitiv. Z. B. *Il vaut mieux se taire* que *de parler* mal-a propos, es ist besser zu schweigen, als zur Unzeit zu reden.

Il vaut mieux se sacrifier pour sa patrie, que *de vivre* sans lui être fidelle, es ist besser sich für sein Vaterland aufzuopfern, als zu leben ohne ihm treu zu seyn.

Il vaut mieux tard que jamais, es ist besser zu spät als gar nicht. S. Aufg. Nro. 2. 4. u. s. w.

Neunte Abtheilung.

Von den Regimen der französischen Zeitwörter.

Wer von den Regimen der Zeitwörter unsrer Sprache umständlich und ausführlich handeln wollte, müßte sich dazu entschließen, aus einer Sprachlehre ein Wörterbuch zu machen; indem viele Zeitwörter nach der Verschiedenheit ihrer Bedeutung bisweilen zweyerley, auch wohl dreyerley Beugfälle regieren können. Z. B. *Jouer*, spielen; Jouer quelque chose, um etwas spielen; Jouer d'un instrument, auf einem Instrument spielen; Jouer aux échecs, Schach spielen, u. d. g. Daher muß man solche durch Uebung oder häufigen Gebrauch eines Wörterbuchs lernen. Es mag also genug seyn, folgende hier anzumerken.

No=

Nominativ.

Die Fälle, wo wir den Nominativ nach dem Zeitworte so wohl, als vor demselben setzen, kommt mit dem Deutschen überein.

Genitiv und Ablativ.

Folgende Zeitwörter regieren im Französischen den Ablativ oder Genitiv, ob sie gleich einen andern Beugfall im Deutschen nach sich erfordern. *q. q.* heißt quelqu'un, einen, und *q. c.* quelque chose, etwas.

Accuser q. q. de q. c., einen einer Sache beschuldigen.
abuser de q. c., etwas mißbrauchen.
accoucher d'un enfant, mit einem Kinde nieder kommen.
approcher, oder s'approcher de q. q. oder de q. c., sich einem oder etwas nähern.
avoir besoin de q. q. oder de q. c., etwas nöthig haben.
avoir peur de q. q. oder de q. c. sich vor einem, oder etwas fürchten.
avoir pitié, oder compassion de q. q., mit einem Mitleiden haben.
charger (se) de q. c., etwas auf sich nehmen.
desaccoutumer (se) de q. c., sich etwas abgewöhnen.
douter de q. c., an etwas zweifeln.
emprunter de q. q., bey einem borgen.
être amoureux de q. q., in einen verliebt seyn.
être content de q. q., oder de q. c., mit einem, mit etwas zufrieden seyn.
être en peine de q. q. oder de q. c., sich um einen, oder etwas bekümmern, oder wegen etwas in Sorgen seyn.
être faché de q. c.. über etwas betrübt seyn.
être obligé de q. c., für etwas verbunden seyn.
faire offre de q. c., etwas anbieten.
faire présent de q. c., etwas verehren, oder schenken.
honnorer de q. c., mit etwas beehren.
jouer d'un instrument, auf einem Instrument spielen.
jouir de q. c., etwas geniessen.
manquer de q. c., an etwas mangeln.
menacer de q. c., mit etwas drohen.

mou-

mourir de q. c., an etwas sterben.
remercier de q. c., für etwas danken.
se plaindre de q. c., sich über etwas beklagen.
priver de q. c., etwas entziehen.
profiter de q. c., sich etwas zu Nutze machen.
récompenser de q. c., etwas vergelten.
remplir de q. c., mit etwas anfüllen.
se réjouir de q. c., sich über etwas freuen.
se repentir de q. c, etwas bereuen.
répondre d'une chose, etwas versichern: répondre d'une personne, für einem Bürge seyn.
sortir d'un lieu, aus einem Orte heraus gehen.
se souvenir de q. c., sich an etwas erinnern.
se venger de q. q. oder de q. c., sich an einen, oder an etwas rächen.
venir d'un lieu, von einem Orte kommen.

Dativ.

Folgende Zeitwörter regieren im Französischen einen Dativ, und haben andere Beugfälle im Deutschen:

S'accoutumer à q. c., sich an etwas gewöhnen.
acquiescer à q. c., sich einer Sache bescheiden.
aller à . . . Nach . . . gehen.
s'amuser à q. c., sich mit einer Sache unterhalten.
apprendre à q. q., einen lehren.
s'attendre à q. c., sich einer Sache versehen.
croire à q. c. (z. B. aux revenants), an Gespenster glauben.
demander à q. q., einen fragen.
employer à q. c., zu etwas zu bringen; etwas gebrauchen, zu etwas anwenden.
emprunter à q. q., bey einem borgen.
enseigner à q. q., einen lehren.
être à la campagne, auf dem Lande seyn, u. d. g. wann auf eigentlich weder *sur*, noch *dans* heissen kann.
faire la cour à q. q., einem aufwarten.
jouer à un jeu, ein Spiel spielen.
manquer à q. q., einen beleidigen; à q. c., etwas unterlassen.
s'oppiniatrer à q. c., auf etwas eigensinnig beharren.

par-

parler à q. q., einen sprechen.
se plaire à q. c., sein Vergnügen an etwas finden.
se plaindre à q. q., sich bey jemanden beklagen.
s'en rapporter à q. q., einem etwas anheim stellen.
survivre à q. c., etwas erleben.
renoncer à q. c., sich einer Sache begeben.
répondre à q. c., eine Sache beantworten.
répondre à q. q., einem antworten.
travailler à q. ch., an etwas arbeiten.

Accusativ.

Alle thuende Zeitwörter regieren im Französischen einen Accusativ. Die folgenden auch:

Admirer q. c., sich über eine Sache wundern.
appeler q. q., einen rufen.
apprendre q. c., sich wegen einer Sache belehren.
approcher q. q., bey einem freyen Zutritt haben.
s'arroger q. c., sich einer Sache anmassen.
avertir q. q. de q. c., einem etwas anzeigen.
braver q. q., einem trotzen.
caresser q. q., einem liebkosen.
connoître q. c., von etwas wissen.
conseiller q. c. à q. q., einem zu etwas rathen.
contredire q. q., einem widersprechen.
courir après q. q., einem nachlaufen.
craindre q. c., sich einer Sache befahren, besorgen, befürchten.
demander q. q., nach einem fragen.
éclairer q. q., einem leuchten.
écouter q. q., einem zuhören.
épargner q. c., einer Sache überheben.
épargner q. q. oder q. c., eines, oder einer Sache schonen.
esperer en q. q., einer Person harren.
éviter q. c., etwas entgehen.
flatter q. q., einem schmeicheln.
gager q. c., um etwas wetten.
imiter q. q., einem nachahmen.
jouer q. c., um etwas spielen.
menacer q. q., einem drohen.

pas-

passer q. c. sous silence, etwas verschweigen.
prévenir q. q., einem zuvorkommen.
priver q. q. de q. c., einem etwas entziehen.
récompenser q. q. de q. c., einem etwas vergelten.
regarder faire q. q., einem zusehen.
remercier q. q., einem danken.
rencontrer q. q., einem begegnen, einem aufstoßen. Hier und bey dergleichen Fällen, wo im Deutschen ein Neben- und im Französischen ein gerades Regimen stehet, muß man auf den Sinn Acht geben, und betrachten, ob es nicht widersinnig sey, das gerade Regimen zu gebrauchen, in diesem Falle macht man aus dem Nominativ das gerade Regimen und umgekehrt, oder man verwandelt das thuende Zeitwort in ein leidendes. Z. B. Viele Schwierigkeiten sind mir aufgestoßen. Hier kann man nicht sagen, daß die Schwierigkeiten einen treffen, indem solche unthätig sind; also sagt man im Französischen: J'ai (deutsch. Reg. im Nominativ verwandelt) rencontré, oder trouvé bien des difficultés (deutsch. Nom. in Reg. verwandelt), oder, aber gar nicht zierlich, bien des difficultés ont été rencontrées par moi.
servir q. q., einem dienen.
suivre q. q., einem folgen.
valoir q. c., sich verlohnen.
vivre dans l'espérance, der Hoffnung leben.

Fünftes Hauptstück.

Von der Wortfügung der Nebenwörter.

I. Regel.

Je suis plus heureux qu'on ne pense, ich bin glücklicher, als man denket.

Was lehret uns diese Regel?

Sie lehret, daß im Französischen das Bindwort *que*, daß, wenn es nach einem Bey= oder Nebenworte im Comparativ stehet, die Verneinungspartikel *ne* nach sich haben will, so oft das darauf folgende Zeitwort weder im *Infinitif*, noch im *Circonstanciel*, noch im Mittelworte gebraucht wird. Z. B.

Il y a des auteurs qui écrivent *mieux* qu'ils *ne* parlent, il en est d'autres qui parlent *mieux* qu'ils *n'* écrivent, es giebt Schriftsteller, welche besser schreiben, als sprechen; andre aber die besser sprechen, als schreiben.

Les riches sont *plus* à plaindre *qu'* on *ne* croit, die Reichen sind mehr zu beklagen, als man meinet.

Les richesses sont souvent *plus funestes*, *que* la pauvreté *n'* est insuportable, die Reichthümer sind oft in einem höhern Grade verderblich, als die Armuth unausstehlich ist. S. Aufgaben Nro. 31. u. s. w.

II. Regel.

La chose est plus d' à moitié faite, die Sache ist über die Hälfte fertig.

Was lehret uns diese Regel?

Sie lehret, daß im Französischen, wenn nach einem Bey= oder Nebenworte im *Comparatif* ein Name folget, der eine bestimmte Vielheit andeutet, dieser Name im Genitiv gesetzt, und mit dem unbestimmten Artikel abgeändert wird. Z. B.

Il vint à moi tout courant, et me dit il est *plus d' à moitié* mort (und nicht plus qu' à moitié). Er lief eilig zu mir, und sagte: er ist schon mehr als halb todt.

J' ai vu les tailleurs occupés à retourner mon habit, ils n' en ont gueres *moins* fait *d' un tiers* (und nicht qu' un tiers), ich habe die Schneider gesehen, die mit dem Umwenden meines Kleides beschäftiget waren, und sie haben nicht viel weniger als ein Drittel davon fertig.

Elle est *moins* belle *de beaucoup*, sie ist bey weitem nicht so schön. S. Aufg. Nro. 27. 28. u. s. w.

III. Regel.

Vous n'en avez point? ni moi non plus, haben Sie nichts davon? ich auch nicht.

Was lehret uns diese Regel?

Sie lehret, daß im Französischen in den verneinenden Sätzen, niemals das deutsche Nebenwort auch mit *aussi*, sondern immer mit *non plus* gegeben werden müsse. Z. B.

Un babillard parle toujours quoiqu'on ne l'écoute point; et il n'écoute point *non plus* quand on lui parle, ein Plauderer spricht ohne Unterlaß, ob man ihm gleich nicht zuhöret; und er hört auch nicht zu, wenn man mit ihm redet.

L'ame du Cardinal Mazarin qui n'avoit pas la barbarie de celle de Cromwel, n'en avoit pas *non plus* la grandeur, die Gesinnung des Cardinals Mazarin, welche nicht so barbarisch, wie die von Cromwell war, hatte aber auch nicht die Erhabenheit von jener.

Ne soyons pas trop hardis, mais ne soyons pas *non plus* trop rampants, laßt uns nicht zu kühn seyn, aber auch nicht zu kriechend.

Anmerkungen.

über die Nebenwörter.

. *Auparavant*, zuvor, vorher, ehe als u. d. g. muß weder Regimen noch *que* nach sich haben. Z. B. Je vais partir, mais il faut que je boive un verre de vin *auparavant*, ich will so gleich weg, allein zuvor muß ich noch ein Glas Wein trinken (aber nicht auparavant que je parte, auch nicht auparavant mon voyage, ehe ich reise). Thut man ein Regimen hinzu, so fällt *auparavant* weg; und *avant* tritt an dessen Stelle. Z. B. *avant moi*, vor mir; *avant* que je *parte* ehe ich abreise, u. s. w.

Tant

Tant und *autant*, so, oder so viel, werden nur vor Haupt- und Zeitwörter; *aussi*, und *si*, so, vor Bey- und Nebenwörter gesetzt. Z. B.

Il y a *autant* de différence entre un savant et un ignorant, qu'il y en a entre celui qui se porte bien et celui qui est malade, der Unterschied zwischen einem Gelehrten und Unwissenden, ist eben so groß als zwischen einem Gesunden und Kranken.

Il l'a *tant battu*, qu'il en est malade, er hat ihn so viel geprügelt, daß er davon krank ist.

L'Afrique n'est pas *si* peuplée que l'Europe, Afrika ist nicht so bevölkert als Europa.

L'histoire est *aussi* instructive qu' agréable, die Geschichte ist eben so lehrreich als angenehm.

Im Vorbeygehen merke man, daß *autant* und *aussi* in den bejahenden; *tant*, aber, und *si* in den verneinenden Sätzen gebraucht werden.

Conformément, gemäß; *convenablement*, gebührender Weise; *privativement*, insbesondere; *préférablement*, vorzüglicher Weise; *relativement*, sich auf einander beziehend; einen Dativ nach sich. Z. B.

Il faut agir *convenablement à son état*, et *conformément à* l'évangile, man muß seinem Stande gemäß, und nach dem Evangelio handeln, u. s. w.

Davantage, mehr, kann kein Beywort modificiren und stehet immer am Ende des Satzes, welchem es zugehört. Z. B. La science est estimable; mais la vertu l'est bien *davantage*, die Wissenschaft ist schätzbar, allein die Tugend ist es noch mehr.

Weil *davantage* nur eine zwote Vergleichungsstuffe vorstellet, so würde es sehr fehlerhaft seyn, solches anstatt *le plus* zu gebrauchen. Also sagt man richtig: J'aime bien celui-ci, mais celui-là me plait *davantage*, dieses gefällt mir; doch jenes noch mehr. Aber nicht: de tous ces objets voilà celui qui me plait *davantage* (denn hier muß *le plus* gebraucht werden). Dies ist von allen diesen Gegenständen, was mir am meisten gefällt.

Man muß die Nebenwörter *dessus*, darauf u. d. g. *dessous*, darunter u. d. g. *dedans*, darin u. d. g. *dehors*, daraus u. d. g.; mit den Vorwörtern *sur* über oder auf; *sous*, unter, *dans*, in; *hors*, aus; nicht verwechseln. Jene können kein Regimen haben, es sey denn, daß mehrere davon mit einander verbunden sind; als *dessus et dessous* la terre on trouve des animaux, auf und in der Erde giebt es Thiere; oder daß vor denselben *de*, oder *au*, oder *par*, oder *en* stehe. Z. B. Man sagt nicht richtig: *dessus* la porte, *dessous* le lit, *dedans* la maison, *dehors* la chambre; sondern *par dessus* la porte, auf der Thüre; *de dessous* le lit, unter dem Bette; *en dedans* de la maison, inwendig im Hause; *en dehors* de la chambre, ausser dem Zimmer.

Près, nahe; *loin*, weit; *proche*, bey, regieren einen Genitiv; *près* und *proche* können auch in der gemeinen Rede einen Accusativ regieren, wenn das darauf folgende Hauptwort nicht einsylbig ist. Z. B. *près* de moi, nahe an mir; *loin de* toi, weit von dir, *proche* de *votre* maison, bey eurem Hause; *près*, oder *proche la porte* st. Nicolas, beym Nicolai-Thore.

Pret à, heißt, bereit; und *près de*, beynahe, fast.

Tout (nur wenn es ganz heißt), ist zwar ein Nebenwort, wird aber doch, im Falle es mit einem weiblichen Hauptwort verbunden ist, auch weiblich gebraucht. In der vielfachen Zahl aber, hat es kein S am Ende. Z. B. Elle est *toute* aimable, sie ist ganz liebenswürdig. Elles ont paru *toute* surprises, Sie schienen ganz erstaunt zu seyn.

Sech-

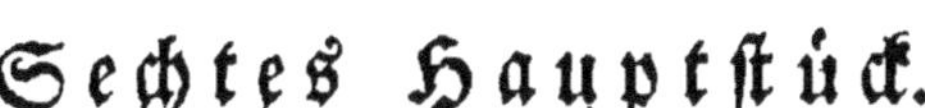

Sechtes Hauptstück.

Von der Wortfügung der Vorwörter.

Ein jedes französisches Vorwort erfodert immer einen Accusativ nach sich. Man rechne im Französischen zu den Vorwörtern nur diejenigen, welche wir in dem ersten Theile als solche angegeben haben; es giebt kein einziges weder mehr noch weniger, und man vergesse nicht, daß ein französisches Vorwort ohne ausgedrückte Ergänzung keinen deutlichen Sinn geben kann. Wir wollen hier diejenigen Vorwörter erklären, welche mit dem Deutschen nicht ganz überein kommen.

Chez, bey; führet immer die Idee eines Wohnsitzes mit sich; dieser Wohnsitz mag das Vaterland überhaupt, oder jemandes besonderer Aufenthaltsort seyn. Z. B. Je retourne *chez* moi, ich gehe wieder nach Hause. J'irai *chez* vous, ich werde zu euch gehen. C'étoit l'usage *chez* les Romains, es war bey den Römern der Gebrauch, u. s. w.

Anmerkung.

Das deutsche Wort bey hat im Französischen dreyerley Bedeutung: Es heißt bald *chez*, bald *auprès*, bald *avec*. Zur Erklärung dienet das folgende Beyspiel. Il avoit son frere *avec* lui, quand il vint diner *chez* mon pere; et j'étois assis *auprès* de lui à table, er hatte seinen Bruder bey sich, da er bey meinem Vater zu Mittag speisete, und ich saß bey ihm am Tische. Woraus man sieht, daß *avec* auf die Gesellschaft; *chez* auf den Aufenthaltsort, und *auprès* auf die Stelle Beziehung haben. Anstatt des ersten kann man auf deutsch mit; anstatt des zweyten zu Hause; anstatt des dritten neben setzen, ohne den rechten Sinn zu verstellen. In den übrigen Sätzen aber, wo bey keine von diesen Bedeutun-

gen

gen haben kann, wird es blos als ein mit dem Zeitworte verbundenes Regimen betrachtet, und bald mit einem Genitiv, bald mit einem Dativ gegeben.

Contre, gegen, wider, und auch bisweilen neben. Wenn es die zwo ersten Bedeutungen hat, so wird es im Französischen nie in einem eine Einigkeit bedeutenden Sinne verstanden. Man sagt also nicht: j'ai de l'amitié *contre*, (sondern *pour*) vous, ich habe Freundschaft gegen Sie. In andern Fällen aber findet solches statt. Z. B. Cela est *contre* l'état, contre l'honneur, *contre* le bon sens, das ist wider den Staat, gegen die Ehre, gegen die gesunde Vernunft. Sa maison est *contre* la mienne, sein Haus ist gleich neben dem meinigen.

Dans, in, auf. Bedeutet eigentlich einen inwendigen Platz, welcher mit etwas eingeschlossen ist, oder etwas, das man figürlich als einen solchen Platz betrachtet. Z. B. La politesse regne plus *dans* la capitale que *dans* les provinces, die Höflichkeit herrschet mehr in der Hauptstadt, als in den Provinzen. Il vit *dans* l'oisiveté, er lebt im Müßiggange, u. d. g. Man sage also nicht: Il est *sur* la cour, oder *sur* sa chambre, er ist auf dem Hofe, auf seinem Zimmer; sondern *dans*. Denn mit *sur* würde es heissen: über seinem Zimmer, über dem Hof.

Selon und *Suivant*, nach, zeigen alle beyde eine Gleichförmigkeit und Uebereinstimmung an, mit dem Unterschiede, daß *suivant* eine nothwendige, und *Selon* eine von der Meinung abhangende Gleichförmigkeit ausdrücket. Z. B. Un Chrétien doit se conduire *suivant* les regles de l'évangile, ein Christ muß seine Aufführung nach dem Evangelio einrichten; und je répondrai à mes critiques *selon* les objections qu'ils me feront, ich will meinen Tadlern nach Beschaffenheit ihrer Einwürfe antworten.

Durant und *Pendant*, während. Jenes bedeutet eine ununterbrochene Währung der Zeit, welche der Sache, wovon die Rede ist, zugeeignet werden kann; dieses hingegen eine Zeit, in welcher die Sache, wovon man spricht, nur sehr oft geschieht. Z. B. Les ennemis se sont tenus cantonnés *durant* la campagne, die Feinde wurden während des ganzen

Feld=

Feldzug zu in Dörfer verlegt. La fourmi fait *pendant* l'été les provisions dont elle a besoin *pendant* l'hyver, die Ameise sammelt den Sommer durch ihren Vorrath für den Winter.

Anmerkung.

Nach *pendant* setzt man wohl das Bindwort *que*, nie aber nach *durant*. Z. B. Travaillez *pendant que* vous êtes jeune, arbeitet so lang ihr jung seyd (und nicht *durant que*).

Hormis, ausser, wird selten gebraucht, und nimmt nur Personen und keine Sachen aus. Z. B. *Hormis* vous, ô mon pere, tout m'est indifférent, ausser Ihnen, mein Vater, ist mir alles gleichgültig.

Malgré, ohngeachtet, drücket einen hartnäckigen Widerstand aus; solcher mag gewaltsam oder nicht seyn; allein die Ergänzung des Vorworts muß auf solchen Widerstand gar nicht wirken. Z. B. *Malgré* ses soins et ses précautions l'homme subit toujours sa destinée, ohngeachtet aller Sorgfalt und Vorsicht; kann der Mensch seinem Schicksale nicht entgehen.

Non obstant, unangesehen, deutet nur einen geringen Widerstand an, der in der Ergänzung des Vorworts enthalten ist, auf welchen man aber nicht viel achtet. Z. B. Le scélérat ne respecte point les temples, il y commet le crime *malgré* la sainteté du lieu, der Gottlose ehret die Kirchen gar nicht, er begehet Verbrechen darin trotz der Heiligkeit des Orts.

Envers, gegen, wird nur gebraucht, wenn man von Personen spricht, und die Art, womit solche mit einander umgehen, vorstellen will. Z. B. La bonne éducation apprend à se bien comporter *envers* tout le monde, die gute Erziehung lehret, sich gegen einen jeden gut zu betragen.

Touchant, über, hat zu seiner Ergänzung nur den Gegenstand, worüber man entweder schreibt, oder spricht, oder berathschlagt. Z. B. La plus grande partie de ce qu'on écrit *touchant* l'éducation est plus systématique que pratica-

tica-

ticable'. Was man über die Erziehung schreibt, ist meistentheils mehr systematisch, als ausführbar.

Anmerkungen.

Man darf durchaus nicht die Vorwörter *devant* und *derriere* anstatt *avant* und *après* gebrauchen und umgekehrt. Jene beziehen sich auf den Sitz, diese auf die Ordnung. Z. B. Il courroit *devant* moi, oder *derriere* moi, heist, daß wir alle beyde liefen, allein daß er mir vor oder nach lief: und il courroit *avant* moi, heißt, daß ich noch nicht lief, da er anfing zu laufen; il courroit *après* moi, will sagen, daß ich schon lief, ehe er anfieng zu laufen; oder auch in einem andern Sinne; Er lief mir nach (in der Absicht, mich einzuholen).

Unterschied zwischen *dans* und *en*.

Dans zeiget etwas gewisses und bestimmtes, und *en* hingegen etwas weitschweifiges und unbestimmtes an. Z. B. Je suis *dans* ma chambre, ich bin auf meinem Zimmer; Je suis *en* chambre, ich wohne in einem gemietheten Zimmer: J'ai mes biens *dans* la partie septentrionale de la Flandre; ich habe meine Güter im nördlichen Theile von Flandern; J'ai mes biens *en* Flandre, ich habe meine Güter in Flandern; J'ai mis mon fils *dans* une pension honnête, ich habe meinen Sohn in eine gute Kostanstalt gethan. J'ai mis mon fils *en* pension, ich habe meinen Sohn in die Kost gethan, u. d. g.

Dans hat immer einen Artikel, oder ein Fürwort oder bisweilen auch ein Beywort nach sich. *En* hingegen mag weder Artikel, noch Fürwort, noch Beywort nach sich leiden, es sey denn, daß das Haupt- und Beywort, woraus die Ergänzung von *en* bestehet, so mit einander verknüpft sind, daß sie beyde nur ein zusammengesetztes Hauptwort auszumachen scheinen. Z. B. Man sagt zwar ganz richtig: *en rase campagne* auf dem platten Land; *en terre étrangere*, in einen fremdem Land: *en plein midi*, bey hellem Tage; *en pleine mer*, auf offenbarer See; *en bonne regle*, ordentlich; *en bonne conscience*, mit gutem Gewissen; aber es wäre sehr fehlerhaft zu sagen: *en fertile campagne*, im fruchtbaren Lande; *en terre pierreuse*, im steinigten Lande; *en beau midi*, beym schönen Mittage, *en profonde mer*, auf tiefer See, *en regles*

su-

sures, in sicheren Regeln; *en scrupuleuse conscience*, beym allzu zarten Gewissen.

Es folget daraus, daß die folgenden Redensarten u. d. g. worin sich ein Artikel nach *en* befindet, fehlerhaft sind: *en la* maniere accoutumée, nach der gewöhnlichen Art; *en l'* absence de ... bey der Abwesenheit von; mettons notre confiance en *la* miséricorde de Dieu, laßt uns unser Vertrauen auf Gottes Barmherzigkeit setzen; mettons nous *en la* présence de Dieu, laßt uns bedenken, daß uns Gott gegenwärtig ist. Man sage also: *de la* maniere accoutumée; *pendant* l'absence de ... mettons notre confiance *dans la* miséricorde de Dieu; mettons nous *en présence* de Dieu. *Être à* la ville, heißt in der Stadt seyn (wenn von einem die Rede ist, der bald auf dem Lande, bald in der Stadt wohnt) *être en* ville aber, nicht zu Hause seyn.

Siebentes Hauptstück.

Von der Wortfügung der Bindwörter.

Wir wollen hier die wahre Bedeutung, und den regelmässigen Gebrauch eines jeden Bindworts darstellen.

Die Namen der Bindwörter sind schon in dem ersten Theil erklärt worden.

Conjonctions copulatives.

ET. Stehet immer blos vor dem lezten Gliede derjenigen Sätze, die man vereinigen will; es sey denn, daß man der Rede einen besondern Nachdruck und Schwung geben will. Alsdann findet solches vor einem jeden Gliede eines Satzes, so gar vor dem ersten statt. Z. B. Ses freres, ses soeurs, ses cousins *et* tous ses parents l'ont abandonnée: und mit besondern Nachdruck: *Et* ses freres, *et* ses soeurs, *et* ses cousins, *et* tous ses parents l'ont abandonnée, Ihre Brüder, Schwestern, Vettern und alle Anverwandten haben sie verlassen.

Wenn

Wenn das Bindwort *et* zwo Sachen vereiniget, welche alle beyde nur ein Subjekt ausmachen, so muß dieses zweyfache Subject als vielfach betrachtet, und das darauf folgende Zeitwort und Regimen auch in der vielfachen Zahl gesetzt werden. Also sage man nicht: l'un *et* l'autre *est bon;* sondern l'un *et* l'autre *sont bons*, alle beyde sind gut.

Man hüte sich mit dem Bindworte *et* zwo Sachen zu vereinigen, die zu verschiedenen Arten der Redetheile gehören. Z. B. ein Beywort mit einem Hauptworte u. d. g. Denn solches Bindwort erfodert, daß die durch dasselbe zu vereinigenden Gegenstände unter einerley Art der Redetheile gehören. Also sage man nicht: David étoit *Roi et* prudent, David war König und klug; sondern: David étoit roi et homme prudent, und ein kluger Mann, u. s. w.

Ni, muß eben so oft in einem Satze erscheinen, als darinnen Dinge vorkommen, welchen man die Verneinung mittheilen will, z. B. Il n'a *ni* amis *ni* ennemis, *ni* vices *ni* vertus, er hat weder Freunde noch Feinde, weder Fehler, noch Tugenden. Es geht nicht mit *ni*, wie mit *et*, wenn jenes zwo Sachen, woraus das Subject bestehet, vereiniget. Bald muß nach diesem doppelten Subjecte die ein bald die vielfache Zahl gesetzt werden. Also, wenn das Bindwort die Sachen so verbindet, daß man nach diesem Subject entweder alle zusammen oder dies alles zusammen, ohne den rechten Sinn zu entstellen, sagen kann, so muß das Zeitwort und Regimen in der vielfachen Zahl gesetzt werden; kann man aber diese Worte nicht hinzufügen, weil das Bindwort *ni* einen sondernden Sinn ausdrücket; alsdann bleibt das Zeitwort und Regimen in der einfachen Zahl. Z. B. *Ni* l'or, *ni* la grandeur, *ni* les palais ne peuvent nous rendre heureux, weder Reichthümer, noch Würden, noch Palläste (alle zusammen) können uns glücklich machen. Le priuce et le Ministre ont raison chacun dans sa conduite et *ni l'un ni l'autre n'est obligé* d'en dévoiler le mystere, der Prinz und der Minister haben recht, ein jeder in seiner Art zu handeln; und weder der eine, noch der andre ist (hier gilt alle zusammen nicht) verbunden das Geheimniß davon zu offenbaren.

Augmentatives.

Deplus bezeichnet einen Begriff der Vermehrung in Hinsicht auf das, was vorher in den andern Gliedern des Satzes gesagt worden ist, ohne jedoch eine Verschiedenheit zwischen der Vermehrung, die man hinzusetzt und den Gegenständen, zu welchen man sie hinzusetzt anzuzeigen. Z. B. Il se donne bien du tourment pour se ruiner, et *deplus* pour se deshonnorer, er plagt sich sehr, um sich zu Grunde zu richten, ja so gar, um sich zu entehren.

Dailleurs zeigt ausser dem steigenden Wachsthume noch eine Verschiedenheit der Sachen und Bewegungsgründe an. Z. B. C'est un homme brusque, qui *dailleurs* est d'une probité reconnue, es ist ein ungestümer Mann, sonst aber von anerkannter Rechtschaffenheit.

Enoutre bezeichnet nicht nur ein Wachsthum über die vorhergehenden Glieder des Satzes; sondern es schliesset auch noch den Begriff einer Hauptsache in sich, worauf man die Aufmerksamkeit festhalten will. Z. B. Votre docteur est charmant, il est poëte, historien, politique, physicien, *enoutre* il est un peu médecin, ihr Doctor ist äusserst angenehm, er ist Dichter, Geschichtschreiber, Staatsmann, und obendrein auch ein wenig Arzt.

Diese drey Bindwörter stehen bald vor, bald nach ihrem Zeitworte; nur Uebung lehrt, ihre rechte Stelle ihnen anzuweisen.

Alternatives.

Ou wird gebraucht, um eine völlige Freiheit in der Wahl anzuzeigen. Z. B. Dites oui *ou* non, comme vous voudrez, saget ja oder nein, wie ihr wollt.

Sinon bezeichnet auch eine Wahl, zu der man aber genöthiget ist. Z. B. Obéissez, sinon vous serez puni, gehorchet, sonst werdet ihr gestraft werden.

Tan-

Tantôt zeiget eine Abwechselung der Sachen an. Z. B. Rien de plus inconstant que lui; *tantôt* il vous accable de caresses, *tantôt* il semble ne plus vous reconnoître, nichts ist unbeständiger, als er; bald überhäuft er einen mit Liebkosungen, bald thut er als ob einen gar nicht mehr kennte.

Hypothétiques.

Si kann zwey Arten von Voraussetzungen ausdrücken, nemlich eine der Bedingung und eine Ungewißheit und Unentschiedenheit. Die erste stellt eine Sache als einen Nebenumstand vor, woran der Erfolg einer andern Sache geknüpft ist. Die zweyte stellt eine Sache blos als zweifelhaft und unbekannt vor. Z. B. Nos soldats seront braves, *s'* ils sont bien commandés, unsere Soldaten werden tapfer seyn, wenn sie gut angeführt werden. L'homme ignore *s'* il est digne de la grace ou de l'animadversion de son Dieu, der Mensch weiß nicht, ob er der Gnade oder Ungnade Gottes würdig sey. Man sehe bey den *conjonctions périodiques* den Unterschied zwischen *si* und *quand.*

Soit bezeichnet eine aufgezählte Mannigfaltigkeit der Fälle, in deren jedem, die Sache, mit der man sie verbindet, auf gleiche Weise Statt findet. Z. B. Soit goût, soit raison, soit caprice, il se promene tous les jours à cheval, es sey nun Hang, oder aus Gründen genommene Maßregel oder Grille, genug er reitet alle Tage spazieren.

Pourvûque setzt eine Sache dermaßen voraus, daß sie entweder als ein begehrten Zweck oder ein zu den Erfolg nothwendiger Einfluß erscheint. Z. B. Bien des gens s'embarassent peu de la route, pourvû qu'elle les mene à la source des richesses, viele Leute sind wegen des Weges unbesorgt, wenn er sie nun nach der Quelle der Reichthümer hinführt. Ils le seront, pourvû qu'on les paye, sie werden es thuen, wenn man sie nur bezahlt.

Amoins de oder *a moinsque* nimmt einen Fall an, wo der Erfolg der Sache nicht Statt finden würde. Z. B. Je vous pro-

promets d'aller vous voir demain, *àmoins* d'un accident imprévu, ich verspreche Ihnen, Sie morgen zu besuchen, wofern mir kein unvorhergeseher Zufall begegnet. Jamais vous ne trouverez le vrai bonheur, *àmoins que* vous ne le cherchiez dans la pratique de la vertu, nie werdet ihr das wahre Glück finden, wenn ihr es nicht in der Ausübung der Tugend suchet.

Quand (in der Bedeutung: wenn auch) schließt den gerade entgegengesetzten Begriff von dem in sich, welcher *àmoins* eigen ist, es stellt nemlich eine Voraussetzung so vor, daß sie gar keine Ausnahme macht. Z. B. Je vous promets d'aller vous voir demain, *quand* même il me surviendroit un accident imprévu, ich verspreche Ihnen morgen meinen Besuch, wenn mir auch gleich etwas darein kommen sollte. *Quand* vous auriez gagné l'univers, à la mort en seriez vous plus riche? Hättet ihr auch die ganze Welt gewonnen, würdet ihr darum im Tode wohl reicher seyn.

Sauf- Drückt einen vorläufig vorausgesetzten Fall aus, vermittelst welches man zwey Dinge so verbindet, daß man annimmt, das eine thue dem andern keinen Eintrag. Z. B. J'irai lui porter ces livres, *sauf* à les rapporter s'il ne les veut pas, ich will ihm diese Bücher bringen, jedoch behalte ich mir vor, sie wieder mit zu nehmen, wenn er sie nicht haben will.

Ehe wir unsere Abhandlung von den bedingenden Bindwörtern beschließe, mussen wir noch bemerken, daß dieselben immer dem Gliede vorstehen müssen, welches sie mit dem vorigen verbinden. Si regiert immer den Indicativ; Soit, porvûuque, àmoins que, den Subjonctiv; quand einen Conditionnel; und sauf den Infinitiv im Dativ.

Adversatives.

Mais wäget, in Gestalt der Ausgleichung, Dinge gegen einander ab, und mildert den Nachtheil der einen Sache durch den Vortheil der andern, oder vermindert das Gute durch das es begleigleitende Uebel; bisweilen wäget es nur durch eine bloße ausdehnende Bejahung gegen einander ab, welche durch eine neue Sache zeigt, daß man Grund gehabt habe zu leugnen, daß die andere Sache die einzige war. *Mais* steht immer im Anfange des Glieds, zu welchem es gehört. Z. B. Cet ouvrage sera peut-être un peu sec; *mais* il sera utile, dieses Werk wird vielleicht ein wenig trocken vorkommen, aber doch nützlich seyn. Madame parle bien; mais elle parle beaucoup, diese Dame spricht recht gut, aber sehr viel. Non seulement il est instruit; *mais* encore il est modeste, er ist nicht nur gelehrt; sondern auch bescheiden.

Quoique zeiget die geringe Wirkung der einen Sache an, welche das Gegentheil der andern zu erfordern scheint. Es fängt das Glied des Satzes an, und regieret den Subjonctiv. Z. B. Il ne fait rien pour les richesses *quoiqu'* il en ait besoin, er thuet nichts Reichthümer zu erlangen, ob er gleich solche sehr nöthig hätte.

Es ist zu bemerken, daß wenn *quoi* und *que* nicht zusammen geschrieben werden, sie gar kein Bind- sondern ein unbestimmtes Fürwort sind. Z. B. quoi qu'il en soit, es mag seyn was es wolle, u. s. w.

Cependant und *pourtant* bejahen zu Gunsten der einen Sache, trotz der Einwendung oder des Widerspruches einer andern. Sie regieren alle beyde den Indicativ. *Pourtant* bejahet nachdrücklicher als *cependant*; wird fast immer nach dem Zeitworte, wenn solches in einer einfachen und zwischen dem Hülfszeit- und Mittelworte, wenn es in einer zusammengesetzten Zeit stehet, gesezt. *Cependant* folgt bald dem Zeitworte, bald gehet es ihm vor. Diese beyden Bindwörter beziehen sich sehr oft auf *quoique*, z. B. Quoiqu'il ait parlé avec beaucoup d'éloquence, il n'a *pourtant* pas persuadé, ob er gleich sehr beredt gesprochen hat, so hat er doch nicht überredet. Il est riche, *cependant* il emprunte, (oder il emprunte *cependant*; oder il a *cependant* emprunté) de tout le monde, er ist reich und doch borgt er von einem jeden (oder er hat doch von einem jeden geborgt.

Neam-

Néammoins bezeichnet eigentlich den Begriff der Verträglichkeit zwischen zwey Dingen, von denen man vermuthen könnte, daß eins dem andern entgegen wäre. Es bekommt die nemliche Stelle, wie *cependant*. Z. B. Ce livre eſt mal fait, *néammoins* on peut en tirer parti, dieses Buch ist nicht gut abgefaßt, nichts desto weniger kann man Nutzen daraus ziehen; oder on en a *néammoins* tiré parti, nichts desto weniger hat man Nutzen daraus gezogen.

Toutefois, scheinet nur als Ausnahme zu bejahen, und nur als Erfolg, einer Sache, die ganz einzig in ihrer Art ist oder sich doch nur selten zuträgt, ein ganz geringes Gegengewicht zu machen. Z. B. Cet homme a été toute ſa vie le jouet de ſes paſſions; *toutefois* il a ſu vaincre celle du jeu, dieser Mensch war in seinem ganzen Leben ein Spielball seiner Leidenschaften; und doch hat er die Leidenschaft zu dem Spiele zu überwinden gewußt.

Extenſives.

Jusque drückt eine fortschreitende Ausdehnung entweder von einem Orte oder von einem Zeitpunkte zum andern aus. Es regieret immer einen Dativ, oder Accusativ mit dem Vorworte *dans*, und steht im Anfange des Gliedes des Satzes, worin es sich befindet. Z. B. Il a pénétré *jusque dans le centre*, er ist bis in die Mitte gedrungen. Il a bu le calice *jusqu' à la* lie, er hat den Kelch bis auf den letzten Tropfen ausgetrunken.

Man merke, daß nach *jusque*, die drey Nebenwörter des Orts, ohne davor stehendes Bindwort *à* stehen müssen; also sage man *jusque-là*, bis dahin; *jusqu' ici*, bis hieher; *jusqu' où*, biswo?

Encore zeigt an, daß es etwas hinzufüget, welches noch lästiger ist, als das, was Anfangs vorgetragen worden war. Und nur in diesem Gebrauche ist das Wort ein Bindwort, sonst ein Nebenwort. Z. B. Ce malheureux vieillard n' a donné à ſon Dieu que les derniers moments de ſa vie, *encore* ſembloit-il ne le faire qu' à regret, dieser unglückliche Greis wid-

widmete seinem Gott nur die lezten Augenblicke seines Lebens und schien es noch mit Widerwillen zu thun.

Aussi legt einerley Subject zwey Handlungen bey, oder zwey Subjecten einerley Handlung. Es stehet nach dem Zeitworte, oder zwischen dem Hülfszeit- und Mittelworte, in den zusammengesetzten Zeiten. Z. B. Si Monsieur désire vous plaire, je le desire *aussi*, wünscht dieser Herr Ihnen zu gefallen, so wünsche ich es auch, oder Je l'ai *aussi désiré*, ich habe es auch gewünscht.

Même schließt eine besondere Vorstellung in sich, welche eine Ausdehnung als Erhöhung der einen Sache über die andere anzeigt. Folget nur ein Glied ohne ausgedrücktes Zeitwort, so behält es die erste Stelle; befindet sich aber ein Zeitwort dabey: so macht man es mit ihm, wie mit *aussi*. Z. B. Il passe pour avare, *même* pour fripon, er wird für einen Geizigen; ja für einen Spitzbuben gehalten. Il est mort pauvre, il n'a pas *même* laissé de quoi se faire enterrer, er ist so arm gestorben, daß er nicht einmal so viel hinterlassen hat, daß er davon begraben werden konnte.

Tant macht dadurch eine Erweiterung des Sinnes, daß es einen Begriff der Allgemeinheit oder der Nichtausschließung erregt und eine kleine Schattirung von Vergleichung macht. Es enthält in seinem Gliede zwey Theile, davon der zweite mit einem *que* anfängt. Z. B. La discorde nuit à tout le monde, *tant* aux grands *qu'* aux petits, die Uneinigkeit ist einem jeden schädlich, den Großen sowohl als den Geringen.

Nonplus verbindet durch eine ausgedehnte Verneinung und erregt in etwa die Idee einer Vergleichung. Es steht frey dasselbe im Anfang des Gliedes des Satzes oder am Ende desselben zu setzen. In diesem Fall folget kein *que* darauf; in jenem muß *que* folgen. Z. B. On n'a pas trouvé le maître, ni le domestique *nonplus*, man hat weder den Herrn, noch den Bedienten gefunden. Vous ne m'avez pas compris *nonplus que* lui, ihr habt mich nicht verstanden, er auch nicht.

Enfin bezeichnet eine aufgezählte Ausdehnung und verbindet das letzte Glied mit den vorhergehenden in Gestalt eines

Schluß-

Schlusses. Z. B. Cet enfant est doux, enjoué, spirituel, généreux, *enfin* très diligent, dieses Kind ist sanft, heiter, hat viel Kopf, ist freygebig, und endlich sehr fleißig.

Périodiques.

Lorsque stellt das, was es verbindet, wie einen blossen Umstand vor, welcher die Sache begleitet, ohne eine andere Nebenidee. Z. B. On s'expose a être humilié, *lorsqu'on* fait l'orgueilleux, man setzt sich der Gefahr aus, gedemüthiget zu werden, wenn man stolz ist.

Quand giebt das Zeitverhältniß genauer an, als lorsque. Z. B. Ne manquez pas de venir *quand* je vous le dirai, verfehlen Sie nicht zu kommen, wenn ich es Ihnen sagen werde.

Unterschied zwischen *quand*, und *Si* wenn.

Man muß sich anfänglich gewöhnen zu erwägen, ob das deutsche Wort wenn bloß eine Bedingung ausdrückt; alsdann ist das bedingende Vorwort *Si* durchaus nothwendig; bedeutet aber wenn oder wann eine Zeit, so muß schlechterdings *quand* gebraucht werden. Z. B. Ich will zu Ihnen gehen, wenn es schön Wetter ist. Soll dieser Satz bedeuten, daß man einen Tag bestimmt, so daß unser Hingehen von dem Wetter abhänget, so ist hier Wenn eine Bedingung, und man muß übersezen: J'irai vous voir s'il fait beau. Aber spreche ich bey einem schlechten Wetter oder im Winter, wo man nicht leicht gehen kann, alsdann ist es deutlich, daß das deutsche Wort auf die Zeit Beziehung habe, und Wenn muß also mit *quand* übersetzt werden J'irai vous voir *quand* il fera beau.

Dèsque wenn es eine Zeitverbindung ausdruckt, hat eine besondere Beziehung auf den Augenblick, wo die Sache anfängt und dadurch unterscheidet es sich von quand. Z. B. *Dèsque* l orage fut passé, notre crainte s'évanouit. Sobald das Ungewitter vorbey war, so verschwand unsere Furcht. Hat aber *dèsque* keine Beziehung auf die Zeit, so stellet es einen entscheidenden Einfluß vor. Z. B. Peut-on refuser, *dèsque* le prince demande? Darf man abschlagen, sobald der Fürst federt?

Tandisque wird vornemlich gebraucht, wenn zu übersetzen ist: so lange als, d. i. es bezeichnet die Uebereinstimmung der Zeit, auf eine solche Art, daß es deren Einerleyheit und Dauer ausdrücket. Z. B. Il faut battre le fer *tandis* qu'il est chaud, man muß das Eisen schmieden, so lang es heiß ist.

Diese vier Bindwörter stehen immer im Anfang ihres Satzes, und fordern den Indicativ nach sich.

Motivales.

Afin drückt einen letzten Beweggrund aus, welcher auf einen Zweck zielet. Wenn die mit *afin* verbundenen Zeitwörter Handlungen anzeigen, welche das nämliche Subject ausübet oder empfängt, so folget ein Infinitiv im Genitiv darauf; z. B. Partons, *afin d'arriver* avant les autres, laßt uns gehen, damit wir den andern zuvorkommen; haben aber die mit *afin* verbundenen Zeitwörter verschiedene Subjekte, so stehet nach *afin* das Bindwort *que*, worauf die verbindende Art folget. Z. B. Que la sagesse conduise nos pas, et nos paroles, *afin que* personne *n'ait* occasion de nous blamer, die Weisheit müsse unsre Schritte und Worte regieren, damit niemand Ursache haben möge uns zu tadlen.

Parceque zeigt einen unumschränkten, uns zum Handeln bestimmenden Beweggrund an. Z. B. il faut pardonner à ses ennemis *parceque* Dieu l'ordonne, man soll seinen Feinden vergeben, weil Gott es befiehlt.

Puisque stellet einen weniger allgemeinen Beweggrund vor, und enthält eine Art von Schlußfolge in sich. Z. B. *Puisque* ce juge a prononcé contre lui-même, il faut qu'il soit parfaitement juste, oder il faut que ce juge soit parfaitement juste *puisqu'il* a prononcé contre lui-même, weil dieser Richter wider seinen Vortheil gesprochen hat, so muß er ein ganz gerechter Mann seyn.

Unterschied zwischen *parceque* und *puisque*.

Die so eben über diese beyden Bindwörter gegebene Erklärung ist zwar genau genug; indessen finden die Anfänger so viele Schwierigkeiten in der richtigen Uebersetzung des deutschen Wor-

Wortes weil, daß wir es für unsere Schuldigkeit erachten, ihnen den Unterschied, welcher sich unter parceque und puisque findet, noch deutlicher zu zeigen. Denn sie mit einander zu verwechseln und einen Eingriff in ihre gegenseitigen Rechte zu thun, ist im Französischen ein großer Fehler. Die Entwickelung einiger Beyspiele wird sie in den Stand setzen, ihre gegenseitigen Ansprüche auf eine untrügliche Weise kennen zu lernen.

J'irai me promener *parcequ'*il fait beau (und nicht *puisqu'* il fait beau), ich will spazieren gehen, weil es schön Wetter ist. Man sieht hier leicht, daß es nur ein absoluter Grund ist, der mich bewegt spazieren zu gehen.

Allons donc nous promener *puisqu'*il fait si bebu (und nicht *parcequ'il fait si beau*), laßt uns spazieren gehen, weil (da) es so schön Wetter ist. Es fällt in die Augen, daß man die Nothwendigkeit das schöne Wetter zu benutzen dermaßen anerkennt, daß man so zu sagen Unrecht daran thäte zu Hause zu bleiben. Der Grund, der uns hier zum Spazierengehen bestimmt, kann demnach hier als ein Grundsatz betrachtet werden, dessen Folge der Spaziergang ist. Man spricht nicht mehr so allgemein, man muß spazieren gehen, da es so schön ist.

Léxil est un tourment, *parcequ'* on est loin de tous les objets qui interressent notre coeur (und nicht *puisqu'*on est loin). Die Verbannung ist eine Qual, weil man von allen den Gegenständen entfernt leben muß, welche unserm Herzen theuer sind.

In diesem Satze führe ich nur einen allgemeinen Grund an, welcher die Verbannung zur Qual macht.

Quel tourment d' être en éxil; *puisqu'* on est loin etc. (und hier nicht: *parcequ'* on est loin). Was für eine Qual ist es verbannet zu seyn, weil (da) man u. s. w. Hier bemerkt man auf den ersten Blick, daß der Bestimmungsgrund, der mich veranlaßt, die Verbannung als eine Qual anzusehen, nicht mehr als allgemein dargestellt ist. Ich könnte, auf gut logisch, eine ganz unmittelbare Folge daraus ziehen, wenn ich sagte: Ein Verbannter lebt von allem entfernt, was seinem Herzen theuer ist. Folglich ist die Verbannung eine wahre Qual.

Anmerkung.

Man muß sich sorgfältig hüten, puisque zu brauchen, um auf eine Frage zu antworten, wenn die Antwort nicht zwey mit einandern verbundene Glieder in sich faßt, von denen das eine gleichsam eine Folge des andern ist. Diese Bemerkung folgt unmittelbar aus der Erklärung, die wir über puisque gegeben haben. Es alsdann zu gebrauchen, wäre in der That eben so lächerlich, als wenn man eine Folge ziehen wollte, ohne Vordersätze vorausgeschickt zu haben. Wenn man mich also fragt: pourquoi faut-il donc que ce juge soit parfaitement juste? warum muß dieser Richter ganz gerecht seyn? so muß meine Antwort seyn: *Parcequ'* il a prononcé contre lui-même, (und nicht *puisque*). Pourquoi devons-nous donc aller nous promener? Warum sollen wir denn spazieren gehen? *parcequ'* il fait si beau (und nicht: *puisque*). Weiter: pourquoi êtes vous si gai? warum sind Sie so fröhlich? *parceque* je vais revoir mon pauvre pere (und nicht *puisque);* weil ich zu meinen Vater zurückkehre. Und Pourrois-je ne pas être gai, *Puisque* je vais revoir mon *pere* (und nicht *parceque*). Sollte ich nicht frohlocken, da ich zu meinen Vater zurückkehre? Man merk hier, daß ich consequent bin, wenn ich schließe: deswegen, weil ich im Begriff bin zu meinen Vater wieder zurückzukehren (erstes Glied des Satzes) muß ich fröhlich seyn. S. Aufg. Nro. 6. 8. 18. u. s. w.

Car stellet den Beweggrund entweder als eine unerläßliche Ursache der That, oder als einen bündigen Grund der Wahrheit dar. Z. B. Partons, *car* il est déja tard, laßt uns gehen, denn es ist schon spät. Tous les hommes sont fous, *car* ils travaillent tous à se rendre malheureux, alle Menschen sind Thoren; denn alle strengen sich an, einander unglücklich zu machen.

Dautantque bezeichnet einen Beweggrund der sich entweder darauf gründet, daß zwo Sachen einander dienlich sind, oder auf das Hinderniß, welches eine der andern verursachen kann. Z. B. Ne manquez pas de vous y trouver, *dautantque* vous y êtes nécessaire, unterlasset nicht dahin zu gehen, weil ihr da ganz nothwendig seyd. Le public doit me savoir gré de cet ouvrage, *dautant* que je n'ai en vue que de lui

etre

être utile, das Publikum muß mir für dieses Werk Dank wissen, weil ich blos auf seinen Nutzen sehe.

Comme deutet einen Beweggrund an, der blos auf der Wohlanständigkeit oder Vorsicht beruhet. Es steht beständig im Anfang des Gliedes eines Satzes, welchem es zugehört; und hat das Besondere an sich, daß das Glied, welches mit ihm anhebt, vor dem andern, womit es verbunden ist, stehen muß. *Comme* regieret immer den Indicativ. Z. B. *Comme* vous êtes honnête homme, vous tiendrez votre parole, da ihr ein ehrlicher Mann seyd, so werdet ihr euer Wort halten. *Comme* on pourroit nous attaquer, retirons nous, da man uns angreifen könnte, so wollen wir uns zurück ziehen.

Aussi dient die Verbindung der Wirkung mit der Ursache derselben, und umgekehrt anzuzeigen. Z. B. Cette affaire est importante, *aussi* s'efforce-t-il de la faire réussir, oder il s'efforce de faire réussir cette affaire, *aussi* est-elle importante, da diese Sache wichtig ist, so greifet er sich an, daß solche ihm gelinge.

Anmerkung.

Das französische Wort *aussi*, läßt sich unter dreyerley Gestalten vorstellen. 1. als ein Nebenwort der Grösse, 2. als ein ausdehnendes, und 3. als ein bewegendes Bindwort.

Attendu drücket blos einen von der Leichtigkeit, oder Gelegenheit hergenommenen Beweggrund aus. Z. B. *Attendu* la commodité, partez demain, in Betracht der Gelegenheit reiset morgen weg.

Conclusives.

Donc dienet entweder einen Satz als bewiesen vorzustellen, und den förmlichen Schluß eines Beweises zu machen, und alsdann fängt das Glied des Satzes mit ihm an. Z. B. Notre ame n' a point de parties; *donc* elle ne peut périr par leur dissolution, unsre Seele hat keine Theile; folglich kann sie nicht durch die Auflösung derselben zerstört werden. Oder es stellt die Folge von einer Handlung auf. Alsdann folget

es

es dem Zeitworte in den einfachen, und dem Hülfszeitworte in den zusammengesetzten Zeiten. Z. B. On veut nous voir; il *faut donc* nous montrer, man will uns sehen, wir wollen also uns sehen lassen; oder on a voulu nous voir; il *a donc fallu*, u. s. w.

Parconséquent drücket eben das aus, was *donc*, nur stärker.

Ainsi deutet eine nicht so absolute Folge an, als die beyden vorhergehenden. Es drückt mehr eine blosse Verbindung der Sachen unter einander aus, als die Hervorbringung einer Wirkung durch die Ursache. Z. B. Cet homme est humain, charitable et généreux; *ainsi* le pauvre peut s'adresser à lui avec confiance, dieser Mann ist menschenfreundlich, gutthätig und freygebig; also können sich die Armen mit Vertrauen zu ihm wenden.

Explicatives.

Entantque drücket eine gewisse Wahl unter den verschiedenen Gesichtspuncten aus, worunter man die Sache betrachten könnte, um einen davon abgesondert von den andern vorzustellen. Z. B. Jesus-Christ a un pere *entantque* Dieu, et une mere *entant* qu' homme, Jesus Christus als Gott hat einen Vater, und als ein Mensch hat er eine Mutter.

Comme hat bisweilen eben die Bedeutung als *entantque*. Z. B. Il l'auroit condamné *comme* juge, mais il l'a justifié *comme* témoin, er hätte ihn als Richter verurtheilt; aber als Zeuge, hat er ihn gerechtfertiget. Bisweilen erklärt es Dinge, indem es entweder eine Gleichheit oder Gleichförmigkeit mit ihnen vorstellt. Z. B. Ils se sont comportés *comme* des étourdis, sie haben sich wie unbesonnene Leute betragen.

Savoir stellt das bisweilen einzeln dar was schon vorher im Allgemeinen gesagt war; bisweilen benennet es auch eine Sache, welche blos angedeutet war. Z. B. Il y a quatre parties du monde, *Savoir* l'Europe, l'Asie, l'Afrique et l'Amérique, es giebt vier Welttheile, nämlich: Europa, Asia, Afrika und Amerika. Les géometres ont essayé de faire une découverte,

verte, *savoir* si la terre est applatie sous les pôles, die Meßkünstler haben versucht eine Entdeckung zu machen, nämlich ob die Erde unter den Polen platt sey.

Surtout erklärt, indem es eine Vorzugsweise gemachte Hinzuziehung bezeichnet. Es hat verschiedene Stellen in dem Satz. Z. B. C'est *surtout* le vrai que le philosophe doit rechercher, oder c'est le vrai que le philosophe doit *surtout* rechercher, Wahrheit muß der Weltweise hauptsächlich untersuchen.

Transitives.

Or zeigt die Folge eines Beweises an. Z. B. Tout homme est menteur, *or* mon cher ami vous êtes homme, ein jeder Mensch ist ein Lügner, nun, lieber Freund, ihr seyd ein Mensch.

Aureste drückt einen Uebergang aus, um durch einen letzten Satz zu schliessen, oder um durch eine neue Sache das zu unterstützen, was man schon vorgebracht hat. Z. B. Voyez votre pere, exposez lui votre plan avec sincérité, et sollicitez-le pour obtenir ce que vous désirez de lui; *aureste* n'oubliez pas combien grandes sont les ressources de la tendresse paternelle, gehet zu eurem Vater, stellt ihm euren Plan ganz aufrichtig vor, bittet ihn inständig um Bewilligung dessen, was ihr verlanget, und vergesset übrigens nicht, wieviel die väterliche Zärtlichkeit vermag.

Dureste bezeichnet einen Uebergang von etwas Allgemeinen und Unbestimmten, das man auf sich beruhen läßt, zu etwas entgegengesetzten Besondern und entscheidend Vorgetragenen, das man als wichtig vorgestellet hat. Z. B. Je ne demande à mes lecteurs que de lire tout, et de suite avant de juger: *dureste* qu'ils usent de tous leurs droits, nur eins begehre ich von meinen Lesern, daß sie alles und nach der Ordnung lesen, ehe sie urtheilen; im übrigen mögen sie sich aller ihrer Rechte bedienen.

Pour und *Quant* geben zu verstehen, daß man von mehreren Gegenständen nur einen vorstellen will. *Pour* stehet vor einem Subjecte oder geraden Regimen; *Quant* vor einem

Nebenregimen. Z: B. *Pour* lui, c'est un honnête homme, was ihn anbelangt, er ist ein rechtschaffener Mann. *Quant à moi,* j'en suis content, was mich angeht, so bin ich damit zufrieden.

La conjonction conductive QUE.

vereiniget zwey Gedanken, welche nur einen und den nämlichen Sinn bilden, und davon der erste nur einen unvollkommenen Sinn geben würde, wenn der andre nicht dabey stünde. Der Gebrauch dieses Bindworts ist dreyfach. Es machet den Sinn vollständig,

1stens indem solches etwas einschränkt; und alsdann steht die verneinende Partikel *ne* vor demselben. Z. B. Devant Dieu nous *ne* sommes *que* cendre et poussiere, vor den Augen Gottes sind wir bloßer Staub. Nous *n'* avons qu'un moment à vivre, et nous n'en profitons pas! wir leben nur einen Augenblick, und diesen Augenblick machen wir uns nicht zu Nutze.

2tens. Indem es etwas vergleicht, oder als ähnlich mit einer andern Sache vorstellet. Z. B. Les femmes, dit la Bruyere sont meilleures ou pires *que* les hommes, die Frauenspersonen, sagt Labruyere sind entweder besser oder schlimmer als die Mannspersonen. Charlemagne avoit autant de science *que* de piété, Carl der Große war eben so gelehrt als fromm.

3tens. In den übrigen Fällen, wo das Bindwort *que,* weder einschränkt noch vergleicht, bringt es den Sinn zu seiner Vollkommenheit, durch die Erfolgung (par voie de subséquence). Z. B. C'est à la vertu *que* j'aspire, nach der Tugend strebe ich. Aussitôt qu'il parut, tout fut dit, sobald er erschien, so wurde die Rede beendigt.

Anmerkungen

Ueber das leitende Bindwort *que*, und die deutschen Wörter Daß und So.

Bisweilen tritt das Bindwort *que* an die Stelle einiger Bindwörter, um die Wiederholung derselben zu vermeiden. Solche Bindwörter sind: *Si*, wenn; *quand*, wann, *parceque*, *puisque*, weil; *lorsque*, da, u. d. g. (man sehe die Regel: Venez que je vous que dise un mot).

Die übrigen Regeln über *que*, sind schon ausführlich in der Wortfügung vorgekommen.

Das deutsche Wort daß wird im Französischen bald ausgelassen, bald mit *pour*, bald auch mit andern Wörtern gegeben, wenn solches nicht mit *que* übersetzt werden muß. Man erinnere sich also an die letzte Anmerkung (4. Haupst. 1. Abth.) und vergesse nicht, daß wir im Französischen den Infinitiv den andern Arten vorziehen, so oft die von uns gegebenen Regeln es erlauben. Wir setzen hier noch ein Beyspiel davon her. Souvenez vous toujours *d'aimer* les hommes qui vivent avec vous, et faites tous vos efforts pour leur *procurer* leur bien être, laßt euch also das ja gesagt seyn, daß ihr alle Menschen, die um euch sind liebet, und so viel ihr könnt, dafür sorget, daß es ihnen wohl gehe. S. Aufg. Nro. 6. 8. u. s. w.

Als daß heißt im Französischen *pour*, worauf bald ein Infinitiv, bald ein que mit dem Subjonctiv folget. Z. B. Indessen versicherte uns diese rechtschaffene Frau, daß ihr Vergnügen zu groß sey, als daß es lange Bestand haben könnte. Dieser Satz wird so übersetzt: Cette honnête femme nous assuroit que son contentement étoit trop grand *pour pouvoir* (oder *pour qu'il pût*) être de longue durée.

Nichts=als daß heißt rien-sinon *que*, mit dem Indicativ. Z. B. Je n'ai *rien* entendu dire de mon pere, *sinon qu'il* avoit été un honnête homme, ich habe von meinem Vater weiter nichts sagen hören, als daß er ein rechtschaffener Mann gewesen ist. S. Aufg. Nro. 10. u. s. w.

Wenn man im Deutschen das Wörtchen So ohne den rechten Sinn des Satzes zu verändern, auslassen kann, also dann

wird

wird solches im Französischen nicht übersetzt. Z. B. Wenn ich ihn sehe, So will ich es ihm sagen, oder blos, will ich. Si je le vois, je le lui dirai. Wenn ich Geld hätte, So gäbe (oder gäbe) ich euch welches. Si j'avois de l'argent je vous en donnerois. S. Aufg. Nro. 4. 9. 12. u. s. w.

Ist So als ein Bindwort gebraucht, so heißt es *Si*. Z. B. So Gott will, *si* Dieu le veut. Ist es als ein beziehendes Fürwort gebraucht; alsdann wird es nach den Regeln über die beziehenden Fürwörter übersetzt. Z. B. Die Bücher, So ich gekauft habe. Les livres *que* j'ai achetés; die Gläser So ich brauche, les verres *dont* je me sers.

So auch heißt *quelque-que*. Z. B. So gelehrt er auch ist quelque savant qu'il soit.

Die folgenden Redensarten sind wohl zu bemerken, um sich im vorkommenden Falle helfen zu können.

Tel est son savoir, oder *tant* il est savant, so gelehrt ist er.
C'est *ainsi* qu'il parla (oder parloit,) so sagte er.
C'est bon comme cela, }
En voila assez, } so, oder so so.
De cette maniere, je le crois bien, ja so glaube ich es.
Si la chose est ainsi, c'est une autre affaire, ja so, das ist ein anders.
Comment donc? Wie so?
Voila comme je suis, ich bin nun so.
C'est aussi mon gout (oder ma folie), so ein Narr bin ich auch.

Fr. Comment cela va-t-il? Antw. tout doucement, Wie geht es? So (oder so so) ha, ha, so so, u. d. g.

Es kann geschehen, daß zwey Bindwörter die nämliche Sache verbinden. Hier setzen wir diejenigen her, welche auch andre Bindwörter bey sich leiden können.

Et kann mit *afin*, *aussi* (als ein ausdehnendes Bindwort) *autantque comme*, *dailleurs*, *deplus*, *jusque*, *méme*, *parceque*, *surtout*, verbunden werden.

Ni mit *afin, comme, enfin, entantque, jusque, lorsque, même, parceque, parconséquent, quand, que* und *tandisque.*

Ou, und *Soït* mit den nemlichen, wie *ni;* ausgenommen *tandisque* und *parconséquent.*

Sinon hat bisweilen *lorsque* und *quand* nach sich.

Mais vereiniget sich bisweilen mit *cependant, comme, pourtant* und *surtout.*

Tant mit *afin, jusque, parceque,* und *comme* (aber nur wenn dieses unterscheidet. Z. B. *Tant comme* homme que *comme* roi, sowohl als Mensch, denn als König).

Aussi (als ein ausdehnendes Bindwort) mit *afin, àmoins, comme, mais, cependant, pourtant, pourvuque, puisque, quand, quoique, sauf, si* und *soit.*

Or geht blos mit *donc.*

Que begleitet sehr oft *et* und *ou,* selten *ni,* und *comme* folget immer auf *afin* und *amoins,* es sey denn daß *de* an seine Stelle trete.

Die Wortfügung der französischen Zwischenwörter kommt mit dem Deutschen überein.

Achtes Hauptstück.

Von der Wortfügung der Partikel Que.

Die Partikel *que* stehet immer an der Spitze des Satzes: dadurch kann man sie von dem sich beziehenden *que,* und von dem

dem Bindworte *que* unterscheiden. Ist aber der Satz, welcher mit einem *que* anfängt fragend; so ist auch solches keine Partikel, sondern ein fragendes Fürwort.

Bald zeigt die Partikel *que* eine Verwunderung an. Z. B. Que l'homme est singulier! wie sonderbar ist der Mensch!

Bald macht sie Vorwürfe. Z. B. Que ne mettiez vous, à profit le temps qui vous restoit, warum benutztet ihr nicht die Zeit, die euch noch übrig war?

Sie dienet auch zum Befehlen, als: Qu'on me rende mon argent, man gebe mir mein Geld wieder.

Ferner werden die Wünsche damit ausgedrückt: z. B. Que le monde parle s'il veut, die Welt mag sagen, was sie will.

Anmerkung.

Que ist eine Partikel, so oft sich solches an der Spitze des Satzes befindet, und nicht eben so viel heißt als *quel*, was für ein, oder welcher; *quelle* was für eine oder welche; *quels*, und *quelles*, welche.

Drit=

Dritter Theil.

Von der französischen Construction.

Weil ein französischer Satz, entweder bejahet, als: *Le pere aime son fils*, der Vater liebet seinen Sohn; oder verneinet, als *Le pere n'aime pas son fils*, der Vater liebet seinen Sohn nicht; oder fraget; als *Le pere aime-t-il son fils?* liebet der Vater seinen Sohn? oder endlich eine Art von Verneinung bey der Frage enthält; als: *Le pere n'aime-t-il pas son fils?* liebet der Vater seinen Sohn nicht? so bringen wir, was wir über die französische Construction zu sagen haben, unter vier Klassen; und fügen denselben einige Bemerkungen über die französische Schreibart bey. Die erste Klasse wird das enthalten, was zu der bejahenden (Construction affirmative), die zwote was zu der verneinenden (Construction négative), die dritte was zu der fragenden (Construction interrogative), und die vierte, was zu der Frag- und Verneinungs Construction (Construction mixte gehört.

Anmerkungen.

Der ausführlichen Abhandlung einer jeden Gattung der Construction wollen wir einige allgemeine Regeln, welche jeden französischen Satz überhaupt betreffen, vorausschicken.

I.)

I.) Steht in einem Satze ein von andern Wörtern begleitetes Bey= oder Mittelwort; so kommt erst das Beywort, dann das Vorwort mit seiner Ergänzung (wenn ein Vorwort da ist) oder die andern Wörter, welche das Bey= oder Mittelwort entweder einschränken oder bestimmen oder erklären. Z. B. Un enfant *poli envers tout le monde*, ein gegen jedermann höfliches Kind. Cette femme *si fidelle à son mari*, diese ihrem Manne so getreue Frau. Notre Roi *aimé de son peuple*, unser von seinem Volke geliebte König.

Wird aber das deutsche Mittelwort von keinem Regimen; oder von einem Fürworte begleitet, das, nach der Regel: Je me fais un plaisir de le revoir, in ein verbindendes verwandelt werden sollte, alsdann ist im Französischen kein Mittelwort gebräuchlich; sondern ein beziehendes Fürwort schafft, in diesem Falle, dem deutschen Satze das französische Bürgerrecht. Z. B. Er fragte nach der Rechnung des getrunkenen Weins, Il demanda le compte du vin *qui avoit été bu* (oder *qu'on avoit bu* (und nicht du vin bu. Ich reitzte ihn gegen mich, indem ich die ihm gethanen Versprechungen nicht halten wollte, ne voulant pas remplir les promesses *que je lui avois faites*, je l'animai contre moi (und nicht les promesses *faites à lui*).

Beziehen sich die deutschen Mittelwörter, die aus der gegenwärtigen Zeit der unumschränkten Art herstammen, nicht auf das Subjekt des Satzes, so muß man sich wohl hüten, dieselben mit einem Circonstanciel présent zu übersetzen; ein beziehendes Fürwort kommt alsdann zu Hülfe. Z. B. Die römischen Soldaten ermordeten die in Italien befindlichen Weiber und Kinder der in römischen Kriegsdienste stehenden Ausländer, les soldats romains assassinerent tout ce qui se trouvoit en Italie de femmes et d'enfants des étrangers, *qui servoient* (und nicht servant) dans les armées romaines. (Siehe auch was wir S. 292 und 294. I. und IV. Anmerkung sagten.)

II.) Wir haben so ausführlich von den Bind= und Fürwörtern in der Wortfügung gehandelt, daß es gar nicht nöthig ist, hier ein mehreres davon zu sagen. Wir wollen also bloß bemerken, daß im Französischen immer und ohne Ausnahme ein

jedes

jedes beziehendes Fürwort seinem Vordersatz unmittelbar folgen müsse, wenn sich beyde in eben dem Gliede des Satzes befinden. Z. B. Il le fit, parceque ses *amis qui* se trouvoient auprés de lui, le lui conseillerent, er that es, weil es ihm seine Freunde riethen, die sich bey ihm befanden, u. s. w.

Aus dieser Regel folgt, daß, wenn im Französischen die unmittelbare Folge des beziehenden Fürwortes einen Satz zweydeutig, oder ganz unzierlich und unregelmäßig machen würde, wir einen Nebensatz, worin das Subjekt, vermittelst eines persönlichen Fürworts wieder erscheint, gebrauchen; wobey alsdann das beziehende Fürwort steht. Und dadurch wird die Verletzung der eben angeführte Regeln verhütet. Z. B. Es wäre zweydeutig und unzierlich zugleich, zu sagen: Le général commanda aussitôt *de se retirer aux rebelles qui* par leur insubordination venoient de faire manquer la réussite de son plan, oder Le général commanda aussitôt *aux rebelles qui* par leur insubordination venoient de faire manquer la réussite de son plan, *de se retirer*. Man sage also, nach dieser Bemerkung: Le général commanda aussitôt *aux tebelles de se retirer* (Hauptsatz) *eux qui*, par leur insubordination, venoient de faire manquer la réussite de son plan (Nebensatz). Sogleich, gab der Feldherr den Aufrührern Befehl zum Rückzug, die, durch ihren Ungehorsam, seinen Entwurf vereitelt hatten, u. d. g.

III.) Wenn sich im Deutschen mehrere Infinitiven befinden, welche in Verbindung mit einander stehen, so steht im Französischen derjenige vor, welcher im Deutschen der letzte ist. Z. B. *vouloir courir*, laufen wollen (wollen laufen), avoir pu *aller* promener (wörtlich, haben gekonnt gehen spazieren), spazieren gehen gekonnt haben. Stehen aber dieselben in keiner Verbindung mit einander; so werden sie gerade wie im Deutschen construirt.

IV.) Was die Nebenwörter angeht, so haben solche mehr Schwürigkeit.

Die Nebenwörter, worüber wir hier nichts besonderes anmerken, stehen vor ihrem Bey- oder Nebenworte, und nach ihrem Zeitworte, wenn solches in einer einfachen Zeit gebraucht

wird.

wird. Steht aber das Zeitwort in einer zusammengesetzten Zeit, alsdann nimmt das Nebenwort zwischen dem Hülfszeit- und Mittelworte Platz; im Fall solches das Zeitwort modificiret.

Diese Regel gilt schon für die Nebenwörter der Art und Weise, z. B. il *aime parfaitement* Dieu, er liebet vollkommen Gott; il a *parfaitement aimé* Dieu, er hat Gott vollkommen geliebt. Und vor einem Beyworte: il est *parfaitement sage*, er ist vollkommen weise; und il a été *parfaitement* sage, er ist vollkommen weise gewesen. Wenn aber das Nebenwort im *Superlatif relatif* gebraucht wird, steht es immer dem Zeitworte nach, dieses mag nun in einer einfachen oder zusammengesetzten Zeit stehen. Man sage also nicht: Il s' *est* le plus *sagement* du monde moutré dans cette occasion, sondern il s' *est montré* le plus *sagement*, u. s. w. Er hat bey dieser Gelegenheit ausserordentliche Klugheit bewiesen.

Besondere Anmerkung.

Man nehme nicht für Nebenwörter der Art und Weise, einige Ausdrücke, welche aus einem Vorworte und seiner Ergänzung bestehen. Man sage also nicht: il *a avec justice fait* cela, sondern il a fait cela avec justice, er hat hierin gerecht gehandelt.

Die Nebenwörter der Ordnung stehen bald vor, bald nach ihrem Zeitworte, nachdem es die Zierlichkeit der Rede erfodert. Stehen sie vor, alsdann entfernen sie sich willkürlich von ihrem Zeitworte; stehen sie aber ihm nach, so dürfen sie sich nicht weit von demselben entfernen. Man sagt z. B.: *Premierement* nous devons toujours *faire* notre devoir, *secondement* nous devons ne *prendre* que des plaisirs permis, oder nous devons *faire premierement* notre devoir, *secondement*, u. s. w. Fürs erste sollen wir unsre Pflicht erfüllen; und zweytens uns nur, auf eine erlaubte Weise, lustig machen.

Die

Die Nebenwörter der Zeit (*tôt*, *matin*, früh und *tard*, spät, ausgenommen, die dem Zeitworte immer folgen;) stehen eben so gut vor als nach ihrem Zeitworte, nie aber zwischen dem Hülfszeit- und Mittelworte. Z. B. *Aujourd'huy* il fait beau temps, *demain* il pleuvra, oder Il fait beau temps *aujourd'huy*, il pleuvra *demain*, es ist heute schön Wetter; es wird aber morgen regnen. On se ruine la santé à travailler *tard*; il vaut mieux se coucher plus *tôt*, et se lever *matin*, man verdirbt durch spätes Arbeiten seine Gesundheit; es ist besser, früh zu Bett zu gehen und wieder früh auf zu stehen.

Die Nebenwörter *comment*, wie; *où*, wo; *combien*, wie viel; *pourquoi*, warum; *quand*, wann; stehen immer nach dem Zeitworte. Z. B. *Pourquoi* vous enorgueillir de votre beauté? vous ne savez pas *combien* elle *durera*; et *quand* elle *dureroit* longtemps, devez vous vous enorgueillir d'une chose qui ne vous rend pas plus estimable? Warum seyd ihr auf eure Schönheit stolz? ihr wisset nicht, wie lange solche dauren wird, und sollte sie auch lange dauren, wolltet ihr auf eine Sache stolz seyn, die euch nicht achtungswürdiger macht? *Où* la passion *domine*, on n'entend plus la raison, wo die Leidenschaft herrschet, da giebt man der Vernunft kein Gehör.

V.) Die Vorwörter werden immer und ohne Ausnahme ihrer Ergänzung unmittelbar vorgesetzt. Z. B. Il m'a fait jouer *malgré moi*, *pendant* un jour tout entier, er hat mich wider meinen Willen, einen ganzen Tag, zum spielen gezwungen. *Malgré ses richesses*, seines Reichthums ohngeachtet.

Was aber die Stelle derjenigen Vorwörter anbelangt, die mit ihrer Ergänzung, einen Umstand ausdrücken, so muß man dieselben so nahe als möglich, vor die Wörter setzen, wovon sie einen Umstand vorstellen, und sich dadurch vor den Zweydeutigkeiten hüten, welche sehr oft von ihrer unrechten Stellung herkommen. Z. B. wollte ich aus dem Deutschen ins Französische folgenden Satz übersetzen: Man sieht Leute, welche bey vielem Verstand, doch grosse Fehler begehen. Sage ich: on voit des gens qui commettent de grandes fautes *avec beaucoup d'esprit*, so ist der Sinn ganz verändert;

 indem

indem das heißt, daß diese Leute grosse Fehler mit vielem Witze begehen. Ich muß also sagen: On voit des *gens qui avec beaucoup d'* esprit (Umstand) commettent de grandes fautes.

J'ai envoyé *à la poste* les lettres que vous avez écrites (und nicht que vous avez écrites *à la poste*, welches heißt, daß ihr die Briefe im Posthause geschrieben habt), ich habe nach dem Posthause die Briefe geschickt, die ihr geschrieben habt.

Croyez vous ramener *par la douceur* ces esprits égarés? (und nicht ces esprits égarés *par la douceur*, welches heißt, daß diese Gemüther mit guten Worten auf den unrechten Weg gebracht worden sind) Meinet ihr, daß ihr, mit guten Worten, diese auf unrechte Wege gerathene Gemüther wieder zurecht bringen werdet?

Erste Abtheilung.

Von der bejahenden Construction (Construction affirmative).

Allgemeine Regel für die vier Gattungen von Construktion

Man ordne im Französischen die Säze an, wie dieselben im Deutschen angeordnet werden, wenn keine besondere Regel es anders haben will.

In der bejahenden Construction, setzt man das Subjekt, darauf das Zeitwort, und endlich das Prädikat, oder Regimen. Wenn der Satz einfach ist, giebt es nichts leichteres. Z. B.

Le

Le pere aime son fils, der Vater liebet seinen Sohn.

Ist aber der Satz nicht einfach, so verstehet man unter dem Namen Subject, nicht nur das Haupt- oder Fürwort, wovon das Zeitwort etwas bejahet; sondern auch alle diejenigen Wörter, welche das Subjekt entweder bestimmen, oder erklären, oder einschränken. Sind nun diese das Subjekt begleitenden Wörter Hauptwörter; so folgen sie der Regel: Le livre de mon frere. 1.) Sind sie Beywörter oder zeitwörtliche Beywörter; so stehen sie bald vor, bald nach ihrem Hauptworte nach der Regel: Il aime le vin rouge et la bonne bierre. 2.) Ist ein Vorwort da, so richtet es und seine Ergänzung sich nach der so eben gegebenen V. Anmerkung. 3.) Findet sich in dem Satze etwas, das den Umstand des Subjekts ausdrücket; alsdann wird der Circonstanciel bey dem Hauptworte, und zwar bald vor, bald nach demselben gesetzt, nachdem es die Zierlichkeit und Deutlichkeit erfordern. 4.) Endlich, wenn ein beziehender, zufälliger Satz das Subjekt begleitet, so nimmt solcher, wo man den Circonstanciel setzt, Platz. 5.) Jetzt geben wir Beyspiele, nach der Ordnung der Zahlen, um diese Lehre verständlich und deutlich zu machen. Die Fortsetzung der angefangenen Beyspiele wird unten folgen.

1.) Tous les *environs* du jardin du Roi die ganze Gegend des Königlichen Gartens

2.) Un bon Roi *aimé* de ses peuples ein guter, von seinem Volke geliebter König

3.) Neptune *sur son char* Neptun auf seinem Wagen

4.) Le peuple *entendant* ces paroles, oder le peuple consterné, *ayant* entendu ces paroles indem das Volk dieses hörte, oder das Volk ganz bestürzt, als es dieses gehört hatte,

5.) Charon *dont la vieillesse éternelle est toujours triste et chagrine*, Charon, dessen immerwährendes Alter stets traurig und verdrüßlich ist,

Ist das hauptsächliche Zeitwort unbegleitet, so folgt es nach dem Subjekt; dabey findet sich keine Schwierigkeit. Wird es aber, von einem Nebenworte, oder Umstand- oder Vorworte, oder Infinitiv begleitet; so geht es mit dem Nebenworte nach der IVten, so eben gegebenen Anmerkung, (1. und 5.) der Umstand folget dem hauptsächlichen Zeitworte (2 und 4.) der Infinitiv steht unmittelbar nach demselben, wenn es nicht von einem Umstande, der nothwendiger Weise ihm beygesetzt werden muß, begleitet wird, sonst folget es dem Umstande, und endlich wenn ein Vorwort da ist, welches das Zeitwort modificirt, so nimmt solches auch nach dem Zeitworte Platz. 3.) Wir fahren mit den oben angefangenen Sätzen fort.

1.) ſont embellis au loin werden weit herum (verschönert)

2.) gouverne en choiſiſſant et en conduiſant regieret indem er (auswählt und führet)

3.) commandoit avec une puiſſance irréſiſtible befahl mit unwiderstehlicher Gewalt,

4.) ſe transporta, les yeux baignés de larmes et en pouſſant de longs gémiſſements begab sich mit benetzten Augen und tiefen Seufzern weg

5.) repouſſe impitoyablement stösset unbarmherzig (zurück)

Was das Regimen anbelangt, so macht es keine Schwierigkeit, wenn es einfach ist. Denn alsdann setzt man dieses Wort nach dem Zeitworte. Bestehet es aber aus mehreren Worten, so wird es mit ihnen gehalten, wie mit denjenigen, welche das Subjekt begleiten können. Wir setzen die noch übrigen Beyspiele vollends her.

1.) par des maiſons de plaiſances, mit Lusthäusern (verschönert).

2.) les perſonnes auxquelles il confie l'autorité. die Personen, welchen er die Gewalt anvertrauet (auswählt und führet).

3.) aux flots de la mer irritée de s'appaiſer, den Wellen des wüthenden Meers, sich zu stillen.

4.) vers l'endroit où l'orage avoit tout détruit, dahinwärts, wo das Ungewitter alles verwüstet hatte.

5.)

5.) une ſoule innombrable de morts privés de la ſépulture. eine unzählbare Menge Verſtorbener, die des Begräbniſſes beraubt worden waren, zurück.

Sind aber in einem Satze mehrere Regimen 1.) ſo ſteht das kürzeſte vor den andern; ſind ſie gleich lang, 2.) alsdann geht das gerade vor dem Nebenregimen; ſollte aber in dieſem Falle eine Zweydeutigkeit entſtehen, 3.) ſo ſetzt man das Nebenregimen vor, ohne Rückſicht, ob es das längſte iſt, oder nicht. (Auf dieſen Grundſatz gründet ſich die ächt franzöſiſche Schreibart) Z. B.

1.) Les hypocrites s'étudient à parer *des dehors de la vertu* (Neben- und kürzeſtes Regimen) les *vices les plus honteux et les plus décriés*, (gerades und längeres Regimen) die Heuchler bemühen ſich, die ſchändlichſten und abſcheulichſten Laſter mit der Larve der Tugend zu ſchmücken.

2.) L'ambition qui eſt prévoyante ſacrifie *le préſent* (gerad. Regim.) *à l'avenir;* (Nebenregimen) la volupté qui eſt aveugle, ſacrifie *l'avenir au préſent;* mais l'envie, l'avarice et les autres paſſions lâches empoiſonnent le préſent et l'avenir, der Ehrgeiz, welcher vorſichtig iſt opfert das Gegenwärtige dem Zukünftigen, die blinde Wolluſt, dem Gegenwärtigen das Zukünftige auf; der Neid aber, der Geiz und die andern, den Menſchen herabwürdigenden Leidenſchaften, vergiften die Gegenwart und die Zukunft zugleich.

3.) L'Évangile inſpire *aux perſonnes* qui veullent être véritablement à Dieu (Nebenregimen) *une* piété ſincere et non ſuſpecte (gerades Reg.), Das Evangelium flößet denjenigen, welche wünſchen Gott wahrhaftig anzugehören, eine aufrichtige und unverdächtige Frömmigkeit ein (und nicht inſpire *une* piété ſincere et *non ſuſpecte aux perſonnes*, u. ſ. w., weil man alsdann nicht wiſſen könnte, ob dieſe Frömmigkeit, in ſich, unverdächtig, oder nur für diejenigen unverdächtig wäre, welche wahrhaftig Gott anzugehören wünſchen.

Um die Richtigkeit dieſer Regeln zu beweiſen, ſetzen wir hier einen ſehr langen franzöſiſchen Satz her, der zwar kein Muſter der Zierlichkeit iſt; aber doch ein Muſter der Regelmäßigkeit ſeyn wird.

Ne-

Nominativ des Satzes.

Hauptwort mit seinem Beyworte .	Le tendre pere
Bestimmendes Hauptwort . .	de ces enfants
Bestimmung des zweiten Hauptw.	universellement aimés
Regimen des Mittelworts . .	de tous ceux qui les connoissent
Vorwort, welches dem Zeitwort zugehört.	depuis leur enfance,

Zeitwort des Satzes.

Zeitwort mit seinem Nebenworte	s'est continuellement efforcé,
Umstand des Zeitworts mit den Regimen dieses Umstands	en suivant les regles sures (gerades Reg.) d'une raison parfaitement saine et d'une religion féconde en ressources, (Nebenregimen).

Regimen des Satzes.

. . . . .	à former
Neben- und erklärender Satz	autant par ses exemples que par ses principes,
Gerades Regimen . .	leur coeur
Nebenregimen . .	à la vertu.

Der zärtliche Vater dieser von einem jeden rechtschaffenen Menschen, der solche, von ihrer Jugend an, kennt, allgemein geliebten Kinder, hat sich beständig bemühet, durch Befolgung der sichern Regeln einer gesunden Vernunft und hülfreichen Religion, und durch Beyspiel sowohl als seine Vorschriften ihre Herzen zur Tugend zu bilden.

Ausnahmen.

Will man aber der Rede Geschwindigkeit und Nachdruck verschaffen, so hebt bisweilen ein Satz mit dem Prädikate an; und dieses Prädikat wird vermittelst eines verbindenden Fürworts von neuem vor dem Zeitwort ausgedrückt. Z. B. Anstatt zu sagen: La postérité sait nous rendre *la justice* qui quel-

quelquefois nous est refusée par nos contemporains; sagt man viel nachdrücklicher: *La justice* qui, quelque fois, nous est refusée par nos contemporains, *la postérite* sait nous *la* rendre, die Nachkommenschaft wird uns die Gerechtigkeit wiederfahren lassen, die uns bisweilen von unsern Zeitgenossen versagt wird.

Ferner: Cette *grandeur* qui vous étonne si fort, *il la* doit a lui seul; ist besser als: Il doit à lui seul *cette grandeur*, u. s. w., diese Erhebung, welche euch so sehr in Verwunderung setzt, hat er sich ganz allein zu verdanken, u. s. w.

Sehr wichtige Anmerkungen.

Der Geist unsrer Sprache erfordert, daß die kürzesten Glieder einer Periode immer zuerst stehen, wenn der Sinn und die so eben gegebenen Regeln es erlauben. Also muß man sagen:

Sans admettre une autre vie, on ne sauroit concilier avec la justice divine le spectacle du vice qui triomphe, tandis que la vertu languit dans les fers. (und nicht on ne sauroit concilier u. s. w. *sans* admettre u. s. w.) Nimmt man nicht ein Leben nach dem Tode an, so kann man das Schauspiel des triumphirenden Lasters, während die Tugend in Ketten und Banden schmachtet, mit der Gerechtigkeit Gottes nicht reimen.

Quand on est vertueux, on ne peut haïr une religion qui ne prêche que la vertu. (und nicht on ne peut u. s. w. quand on est vertueux) wenn man tugendhaft ist, so kann man eine Religion nicht hassen, welche nichts anders als Tugend predigt.

Es ist im Französischen eine Zierlichkeit, das Bey-Mittel-Vorwort, Circonstanciel und andre einen Umstand bezeichnende Wörter, ein jedes, mit den von ihm abhangenden Wörtern, vor dem Subjekte oder Zeitworte, womit es verbunden ist, zu setzen, sowohl, dafern zu viel Regimen dem Zeitworte, und zu viele Nebengegenstände dem Hauptworte folgen sollten, als, wenn diese Anordnung dem Satze Wohlklang und Annehmlichkeit verschaffen kann. Wir wollen mehrere Beyspiele darüber geben; und zwar:

1.) Für

1.) Für ein Beywort, und die von ihm abhangenden Wörter.

Semblable à un rocher escarpé qui cache son front dans les nues, et qui se joue de la rage des vents, *Mentor* immobile dans ses sages desseins, se laissoit presser par Calypso (viel besser als Mentor immobile dans ses sages desseins, et *semblable* a un Rocher, u. s. w.) Gleich einem steilen Felsen, der sein Haupt in den Wolken verbirgt, und der Wuth der Winde spottet, war Mentor in seinen weisen Vorsätzen unerschütterlich, und hörte das dringende Zureden des Calypso gleichgültig an.

3.) Für ein Mittelwort und sein Regimen, vor dem Subjecte:

Enfin *touché* de la modération de Thélémaque *Mentor* lui dit en souriant etc., endlich aber durch die Bescheidenheit Thelemachs gerühret, sprach Mentor zu ihm lächelnd u. s. w. (anstatt Mentor touché u. s. w.)

3.) Für ein Fürwort und seine Ergänzung vor seinem Zeitworte.

Avec une apparence de douceur elle (*Astarbé*) avoit un coeur cruel et plein de malignité; mais elle savoit cacher ses sentiments corrompus par un profond artifice. Bey einer äusserlichen Sanftmuth hatte sie ein grausames Herz das voller Bosheit steckte, doch wußte sie diese verderbten Neigungen mit der grösten Schlauigkeit zu verbergen. (anstatt elle avoit avec u. s. w.)

A la lueur des éclairs, nous apperçumes d'autres vaisseaux exposés au même péril, et nous reconnumes bientôt que c'étoient les vaisseaux d'Énée. *) Bey dem Leuchten der Blitze wurden wir andrer Schiffe gewahr, die sich in eben den gefährlichen Umständen befanden, und erkannten gar bald daß es die Schiffe des Aeneas waren. (anstatt nous apperçumes . . . au même péril à la lueur, u. s. w.)

4.)

*) Wir stellen hier dies Beyspiel ausdrücklich vor, um noch einmal, in Rücksicht der Vorwörter daran zu erinnern, was wir, in der Vorrede S. VI. und in der Sprachlehre S. 198. 3. Absatz sagten.

4.) Für einen Circonstanciel vor einem Subjekte.

Enfin *se levant* brusquement, *Calypso* mena Télémaque seul dans un bois de Myrthe, pour savoir de lui si Mentor n'étoit point une divinité cachée sous la forme d'un homme (anstatt Calypso se levant brusquement, mena u. s. w.). Endlich stund Kalypso ungestüm auf, und führte den Thelemach allein in einen Myrthenwald, wo sie alles anwendete, um von ihm zu erfahren, ob nicht Mentor eine unter menschlicher Gestalt verborgene Gottheit seye, u. d. g.

5.) Für einen Umstand vor seinem Zeitworte.

Demain *quand l'Aurore avec ses doigts de roses entrouvrira les portes dorées de l'Orient, et que les chevaux du Soleil sortant de l'onde amere répandront les flammes du jour pour chasser devant eux toutes les étoiles du ciel*, nous reprendrons, mon cher Télémaque, l'histoire de vos malheurs. Morgen, wenn Aurora, mit ihren Rosenfingern die goldenen Pforten des Orients wieder öffnen, und die Pferde der Sonne, indem sie aus dem salzigen Meer hervor steigen, die Flammen des Tages verbreiten und vor sich her die Sterne des Himmels verjagen werden, wollen wir, mein lieber Thelemach, die Geschichte eurer Unglücksfälle wieder vor uns nehmen.

Zwote Abtheilung.

Von der verneinenden Construction (Construction négative).

Zu dieser Construction rechnen wir nicht nur die verneinenden Sätze sondern auch diejenigen, welche dem Geiste unsrer Sprache nach, die verneinende Partikel *ne* enthalten.

Was die verneinenden Sätze betrifft, so werden dieselben eben so construirt als die bejahenden; nur wird das Zeitwort des Satzes

Satzes von einem, oder mehreren Verneinungswörtern begleitet. Diese Wörter sind gemeiniglich *ne* und *pas*, *ne* und *point*, nicht, oder kein.

Regel.

Wenn man im Französischen eine Verneinung ausdrücken will, so setzt man vor dem Zeitworte, in den einfachen Zeiten und vor dem Hülfszeitworte, in den zusammengesetzten Zeiten, *ne*; und anstatt des deutschen Worts nicht, oder kein, das französische *pas*, oder *point*, gewöhnlich nach dem Zeitworte, vor welchem *ne* stehet. Z. B.

Hâtez-vous de prévenir ces barbares, *ne* perdez *pas* un moment pour retirer au dedans de vos murailles les riches troupeaux que vous avez dans la campagne. Säumet nicht diesen barbarischen Völkern zuvor zu kommen, verliehret keinen Augenblick, die zahlreichen Heerden, die ihr auf dem Lande habt, in eure Mauren in Sicherheit zu bringen.

J'avoue que je *ne connoissois point* encore assez l'art de régner, ich gestehe es, daß ich die Kunst zu herrschen noch nicht genug verstand.

Souvenez-vous qu'on *ne doit pas* ôter la vie à ceux dont on la tient, bedenket, daß man denen das Leben nicht nehmen darf, welchen man es zu danken hat.

Anmerkungen.

1.) Man läßt *pas* oder *point* aus, wenn eins der folgenden Wörter mit *ne* verbunden ist.

Ne.— jamais, nie, niemals. Z. B.	Je *ne* le dirai *Jamais*, ich werde es nie sagen.
Ne — gueres, nicht viel, wenig.	Il *n'a gueres* d'argent, er hat nicht viel Geld.
Ne — plus, kein mehr, nicht mehr.	Je *n'ai plus* de plaisir au monde, ich habe kein Vergnügen mehr auf der Welt.

Ne

Ne — aucun, kein. Je *ne* lui en avois donné *aucune* occasion, ich hatte ihm keine Gelegenheit dazu gegeben.

Ne — rien, nichts. Je *n'en sais rien*, ich weiß nichts davon.

Ne — personne, niemand. Je *ne* vois *personne*, ich sehe niemand.

Ne — ni ne, nicht, und nicht. Il *ne boit ni ne* mange, er trinkt nicht und isset nicht.

Ne — que, nur; nur noch; nicht mehr als; nicht anders als; niemand als; erst. Je *n'*ai *que* trois écus, ich habe nur drey Thaler.

Un jeune homme qui se livre à ses passions, *ne* transmet à la vieillesse *qu'*un corps usé, ein junger Mensch der seinen Leidenschaften nachhängt, überliefert seinem Alter, nur einen ausgemergelten Leib.

Cela *ne* peut *que* me plaire, das kann nicht anders als (das muß) mir gefallen. Il *n'*y a *que* la vertu qui me plait, es ist nichts als die Tugend, die mir gefällt. Il *ne* viendra *que* demain, er wird erst morgen kommen.

Ne — jamais-que, niemals, jemand. Je *n'ai jamais* aimé *que* vous, ich habe niemals jemanden geliebt als Sie.

Ne — que trop, mehr als zu, nur all zu. Il *n'*est *que trop vrai*, es ist mehr als zu, (nur allzu) wahr.

Ne — de, kein. Je *n'*ai *de* frere que celui-ci.

Ne — nullement, oder *aucunement*, keinesweges, gar nicht; ganz und gar nicht. Je *ne* l'avois *nullement* ordonné, ich hatte es keinesweges befohlen.

Ne — nulle part, nirgends. Z. B.	Je *ne* l'ai vu *nulle part,* ich habe ihn nirgendswo gesehen.
Ni — ni — ne } weder, *Ne — ni — ni* } noch.	*Ni* son orgueil, *ni* son avarice *ne* me plaisent, weder sein Stolz, noch sein Geiz gefallen mir. Ne croyez *ni* lui *ni* son frere, glaubet weder ihm noch seinem Bruder.
Ne — goutte, nichts.	Il *ne* voit goutte, er sieht gar nichts.
Ne — mot, kein Wort.	Il *ne* dit mot, er sagt kein Wort.

Ferner: nach der Partikel *que,* wenn solches eben soviel heißt als: daß doch, oder: wollte Gott! folget zwar *ne,* aber weder *pas,* noch *point.* Z. B. Que les hommes *ne* sont-ils plus sages! Wollte Gott, daß die Menschen weiser wären! oder: daß doch die Menschen nicht weiser sind!

Befindet sich in einem verneinenden Satze *amoins que,* oder *Si,* wenn solche, es sey denn daß, heissen; so wird *ne* mit dem darauf folgenden Zeitworte verbunden, und kein *pas* oder *point* nach demselben gesetzt: ist aber der Satz bejahend; dann werden auch *pas* und *point* gebraucht. Z. B. Je *n' irai pas* vous voir *amoins* qu'il ne fasse beau; (oder s'il ne fait bien beau). Ich werde nicht zu Ihnen gehen, wenn es nicht schönes Wetter ist. Aber: J'irai vous voir *amoins* qu'il *ne* fasse *pas* beau, Ich will Sie besuchen, den Fall ausgenommen, wenn kein gut Wetter seyn sollte.

Auch nach *depuis que,* seitdem; *il y a . . que,* es sind . . . daß, wenn eine vergangene Zeit darauf folget, läßt man *pas* oder *point* aus; nach einer gegenwärtigen Zeit aber, setzet man dieselben nach dem Zeitworte. Z. B. *depuis* que je *ne* vous *ai vu,* seitdem ich Sie nicht gesehen habe; oder *dequis que* je *ne* vous *vois pas,* seitdem ich Sie nicht sehe. *Il y a* deux mois *que* nous *ne* nous *sommes parlé,* es sind zwey Monate, daß wir uns nicht gesprochen haben; und *Il y a* deux mois *que* nous *ne* nous *parlons pas,* es sind zwey Monate, daß wir uns nicht sprechen.

Man

Man bemerke, daß man nicht, im Französischen, den Ausdruck: noch nicht, nach der deutschen Ordnung übersetzen; sondern so geben müsse, als wenn es nicht noch hieße, also *pas encore*, und nicht *encore pas*. Das nemliche gilt von der Verneinung, welche im Deutschen auf ein Nebenwort der Zeit folget; sie stehet nemlich im Französischen vor demselben. Z. B. Je n'écris pas aujourd'huy, ich schreibe heute nicht (und nicht: je n'écris aujourd'huy pas).

II.) In den folgenden und ähnlichen deutschen Redensarten, wo, nicht, mit keinem Zeitworte verbunden ist, drücken wir, im Französischen, das Zeitwort aus, welches im Deutschen darunter verstanden bleibt. Ich nicht; mehr nicht; heute nicht; nicht wahr, u. s. w. Z. B. Dort-il? oui; mais moi je ne *dors* pas, schläft er? Ja, ich aber nicht. Combien?en voulez vous? une aune; *n'* en *voulez* vous pas davantage? Wieviel wollen Sie davon haben? Eine Elle. Nicht mehr? Viendrez vous vous promener? Je n'*irai* pas aujourd'huy, Wollen Sie spazieren gehen? Heute nicht. Où est mon Couteau? Je vous l'ai rendu, *n'est-ce pas?* (vrai bleibt darunter verstanden. Man sagt auch: *n'est*-il pas vrai que, u. s. w. wenn mit dieser Frage der Satz anfängt) Wo ist mein Messer geblieben? Ich habe es Ihnen wieder gegeben, nicht wahr?

III.) Nach den Zeitwörtern *empêcher*, verhindern; *prendre garde*, sich hüten; steht nach dem Bindworte *que*, welches das zweyte Zeitwort mit dem ersten verbindet, die Verneinungspartikel *ne* und kein *pas* oder *point* darauf, so oft der Satz bejahend ist, ist er aber verneinend; so steht *ne* und *pas* oder *point* bey *empêcher* und *prendre garde*, aber weder *ne* noch *pas* oder *point* bey dem zweyten Zeitworte Z. B. *J'empêcherai* qu'on *ne* vous trompe, ich werde verhindern, daß man Sie nicht betriegt. *Prenez garde* qu'on *ne* vous vole, hüten Sie sich, daß man Sie nicht bestiehlt. Und verneinend: je n'*empêcherai pas* qu'on vous trompe; *ne prenez pas garde* qu'on vous vole, u. s. w.

IV.) Befindet sich *sans*, ohne (von einem *que* begleitet) in einem verneinenden Satze, so muß man vor dem Zeitworte,

worte, worauf sich *sans* beziehet, die Verneinungspartikel *ne* setzen, aber kein *pas* nach demselben. Ist aber der Satz bejahend, dann ist kein *ne* nothwendig. Z. B: Il *ne* peuvent parler de lui *sans* que les larmes *ne* leur viennent aux yeux. Sie können von ihm nicht reden, ohne daß ihnen dabey die Thränen in die Augen treten. Und bejahend: Ils peuvent parler de lui *sans* que les larmes leur viennent aux yeux.

V.) *Ne* ohne *pas* folget auch auf *craindre, avoir peur, appréhender*, fürchten, befürchten; *de crainte que, de peur que*, aus Furcht daß, wenn man das nicht verlangt, was das zweyte Zeitwort vorstellet; wünscht man es aber, so wird *pas* mit *ne* gebraucht. Z. B. Il *craint, il appréhende* que sa maladie *ne* soit mortelle, er befürchtet, daß seine Krankheit tödlich sey. Il a *peur* que son pere *n'* arrive *pas* assez tôt, er ist bange, daß sein Vater nicht früh genug ankommen möge. Suivez le *de peur* qu'il *ne* s'égare, folget ihm, damit er sich nicht verirre. Allein: suivez le *de peur* qu'il *ne reconnoisse pas* la maison, folget ihm, er möchte das Haus nicht wieder kennen.

VI.) Stehet vor *nier*, läugnen, die Verneinungspartikel *ne*; alsdann folget auch solche auf das darauf folgende Bindwort *que*. z. B. Je *ne nie pas* que je *ne* l'ai fait, ich läugne nicht, daß ich es gethan habe.

VII.) Man braucht auch *ne* nach dem Bindworte *que*, wenn vor diesem *autre*, anderer, und *autrement*, anders (siehe auch die Regel: Je suis plus heureux qu'on ne pense.) stehet, und nach ihm, ein Indicativ folget. Z. B. on méprise ceux qui parlent *autrement* qu'ils *ne pensent*, man verachtet diejenigen, welche anders sprechen als sie denken. On le voit ordinairement d'un *autre* oeil *qu'on ne voit* son prochain. Man betrachtet sich gewöhnlich selbst nicht mit eben den Augen, womit man die andern Menschen betrachtet.

VIII.) Sehr oft nach *oser*, dürfen, sich unterstehen; *cesser*, aufhören; *pouvoir*, können; *ne savoir*, nicht wissen; (wenn solches einen Zweifel oder eine Ungewißheit, aber keine Unwissenheit bedeutet) werden *pas* und *point* ausgelassen.

Z. B.

z. B. *Je n' osois* vous dire qu'il *ne cesse* de me tourmenter; cependant il *n' a pu* encore me fâcher. Ich wagte nicht, es Ihnen zu sagen, daß er nicht aufhöret mich zu quälen; er hat mich aber noch nicht ärgern können.

IX.) *Personne* und *rien* drucken, wie wir S. 274 und 275. bemerkten, im Französischen bald eine Verneinung aus, bald auch nicht. Im lezteren Falle heißt *Personne* Jemand und *rien* etwas; im ersterem dieses nichts und jenes Niemand. Sollen dieselben aber die Bedeutung Niemand und nichts haben, so nehmen sie noch die Partikel *ne*, doch ohne ein darauf folgendes *pas* oder *point* zu sich. Haben sie also die Partikel *ne*, nicht vor sich, so muß sie alsdann vor das darauf folgende Zeitwort gesetzt werden. Z. B. Man sagt Personne *ne* répondit, oder *n'* a rien répondu, es antwortete kein Mensch. Il *ne* répondit *rien*, oder il *n'* a *rien* répondu, er antwortete nichts; *Personne*, oder *rien ne* pouvoit lui résister, oder *Personne*, oder *rien n'* a été capable de lui résister, Niemand, oder nichts konnte ihm widerstehen.

X.) Es ist zu bemerken, daß *pas* nicht eben so stark verneinet als *point*. In der That, verneinet jenes nur in etwa, und mit Modification; dieses aber ganz. Z. B. Sage ich: Tous ces livres ne m'appartiennent *pas*; mon frere *ne joue pas*, so heißt das: nicht alle diese Bücher gehören mir; mein Bruder ist kein Liebhaber vom Spielen; setze ich aber *point* anstatt *pas*, so würde das heissen: daß keines von diesen Büchern mir zugehöre; daß mein Bruder nie spiele.

Drit-

Dritte Abtheilung.

Von der fragenden Construction (Construction interrogative).

In dieser Construction steht das Zeitwort seinem Subjecte vor. Wenn sich in einem fragweise zu gebrauchenden Zeitworte, eine Zeit befindet, deren Endigung ein stummes *e* ist; so verwandelt man dieses *e* in ein offenes, und sagt man nicht, z. B. *aime-je?* liebe ich? *mange-je?* esse ich? *dusse-je mourir*, wenn ich auch sterben sollte; sondern *aimè-je, mangè-je, dussè je*, u. s. w. Es wäre ein grosser Fehler einigen nach zu ahmen, die *ai* anstatt *e* schreiben.

Doch wäre es möglich, daß sich die Deutschen nicht völlig mit dieser Anmerkung helfen könnten; weil es im Französischen viele Wörter giebt, welche, der harten Aussprache wegen, nicht auf diese Art gebraucht werden können. Deswegen rathen wir es den Anfängern, sich zu einer eben so regelmäßigen, als leichten Art, zu gewöhnen, daß sie nemlich (aber nur in der ersten Person) anstatt *aimè-je, cours-je*, laufe ich; *romps-je*, breche ich; sagen: *est ce* que *j'aime, est-ce* que je *cours; est-ce* que je *romps?* u. s. w.

Wenn *on*, man; *il*, er; *elle*, sie; nach einem Zeitworte stehen, das sich mit einem Selbstlauter endiget, und mit demselben verbunden wird, so setzt man zwischen das Zeit- und Fürwort, den Buchstaben *T* zwischen zweyen Strichelchen. Z. B. *aime-t-on?* liebet man? *ira-t-il?* wird er dahin gehen? *joue-t-elle?* spielt sie? u. s. w.

Mit der fragenden Construction, werden die Fragen gemacht, wenn man nicht die von uns der Leichtigkeit halben, gegebene Art zu fragen, mit *est-ce que* gebrauchet.

In dieser Abtheilung handeln wir nicht nur von denen Redensarten, welche würklich fragend sind; sondern auch von

den-

denjenigen, die zwar keine Frage vorstellen, aber doch nach der fragenden Construction angeordnet werden.

Regel.

Wenn man etwas fragen will, und der Nominativ des Satzes ein Fürwort ist, so stimmt in beyden Sprachen die Construction überein. Ist aber der Nominativ ein Hauptwort, wovor kein *que* stehen sollte, alsdann wird im Französischen 1stens das Hauptwort mit seiner Gesellschaft; 2tens das Zeitwort, und 3tens ein Fürwort gesetzt, welches dieser Construction nach, an die Stelle des schon ausgedrückten Hauptworts tritt, und mit ihm im Geschlechte und in der Zahl überein kommt. Wir sagen also, wie die Deutschen *suis-je* votre ami? bin ich euer Freund? *sais-tu* ta leçon? kannst du deine Lection? *va-t-elle* se promener? geht sie spazieren? u. s. w. Aber nicht mehr: *est l'ame* de l'homme immortelle, sondern:

L'ame de l'homme (Hauptwort) *est* (Zeitwort) *elle* (Fürwort) immortelle? Ist die menschliche Seele unsterblich? Nicht: *sont vos freres* malades, sondern: *Vos freres sont-ils* malades? Sind eure Brüder krank?

L'homme aura-t-il toujours plus d'envie d'orner son corps que de former son esprit et son coeur? Wird der Mensch immer mehr Lust haben, seinen Körper zu schmücken, als seinen Verstand und sein Herz zu bilden?

Nimmt aber der Satz mit einem fragenden *que* seinen Anfang; so wird das Hauptwort selbst nach dem Zeitworte gesetzt. Z. B. *Que penseront* de vous *les honnêtes gens* si vous ne réprimez pas vos passions? Was werden die ehrlichen Leute von euch denken, wenn ihr eure Leidenschafften nicht im Zügel haltet? *Que* ne *feroit* pas *l'avare* pour entasser de l'or? was würde der Geizige nicht thun, um Gold auf einander zu häufen?

Ist aber das *que* eine Partikel, so folget der Satz der gemeinen Regel. Z. B. *Que nos maux ne finissent-ils* donc bientôt! Möchte sich doch unser Elend bald endigen!

Anmerkungen

1.) Das Subjekt steht auch seinem Zeitworte nach, wenn in einer Rede, eine sprechende Person eingeführt wird, wie auch nach einem Subjonctiv, der einen Wunsch ausdrücket, und eben so viel als: wenn auch, mit einem *Conditionnel* bedeutet. Z. B. Je ne me croirai heureux, *disoit un bon Roi*, qu' autant que je ferai le bonheur de mes peuples, ich werde mich nur in dem Grade für glücklich halten, sagte ein guter König, als ich mein Volk beglücken werde.

Si quelqu'un, *fut-il* un ange (oder *quand même il seroit un ange*) vous annonçoit autre chose que ce que nous vous avons annoncé qu'il soit anathême, *disoit saint Paul*, wollte einer, wäre es auch ein Engel, euch etwas anders predigen, als was wir euch gepredigt haben, der sey verflucht, sagte der Apostel Paulus.

2.) Fängt ein Satz mit *tel* oder *ainsi*, So oder Also an, dann steht auch das Subjekt nach seinem Zeitworte. Z. B. *Tel étoit son avis*, so war seine Meinung. *Ainsi fut terminée l'affaire*, also wurde die Sache geendiget.

3.) Die persönlichen Fürwörter, nebst *on* und *ce*, werden nach dem Zeitworte, zu welchem sie gehören, gesetzt; wenn solches mit *à peine*, kaum; *aumoins*, zum wenigsten; *aussi*, auch; *dumoins*, wenigstens; *envain*, umsonst; *peut-être*, vielleicht, verbunden ist. Z. B. *A peine étoit-elle* en marche qu'on l'arrêta, sie war kaum auf der Reise, als man sie anhielt. Man bemerke hier, daß, wenn im Französischen das erste Glied eines Satzes mit *à peine* anfängt, das zweyte immer ein *que* im Anfange haben müsse, z. B. A peine étoit-il mort que son fils arriva, er war kaum todt, so kam sein Sohn an. Il travailla bien, *aussi fut-il* récompensé, er arbeitete gut, und wurde auch gut belohnt. Dumoins, aurai-je de quoi vivre dans mon malheur, wenigstens werde ich doch in meinen Unglücke etwas zu leben haben. *Envain voudrions-nous* nous plaindre, on ne nous croira pas, wir würden uns umsonst beklagen; man wird uns keinen Glauben beymessen. Il a été humilié, *peut-être est-ce* un bien pour lui, er ist erniedriget worden, und vielleicht wird dieß zu seinem Besten gereichen. Il est bon de plaisanter, mais *aumoins doit-on* ménager l'honneur,

das

das Scherzen ist zwar gut, aber man muß wenigstens keinen an seiner Ehre angreifen.

4.) Das Subjekt folget gern auf sein Zeitwort, wenn jenes mehrere Worte bey sich hat, welche von ihm abhangen, und ein einzelnes, oder wenig begleitetes Zeitwort darauf folget. Eine solche Anordnung befördert die Zierlichkeit und Geschwindigkeit der Rede. Z. B.

D'un côté on voyoit une riviere où *se formoient des îles* bordées de tilleuls fleuris et de hauts peupliers. Von einer Seite, sah man einen Fluß, in welchen sich mehrere mit blühenden Linden- und hohen Pappelbäumen umgebene Inseln, bildeten (besser als où des îles bordées u. s. w. se formoient).

Nous écoutons avec docilité les conseils que *nous donnent ceux* qui savent flatter nos passions. Wir hören mit Aufmerksamkeit den Rath an, welchen uns diejenigen geben, die unsren Leidenschaften schmeicheln (besser als *que ceux* qui, u. s. w. nous donnent).

Il périt ce monarque aimé de ses peuples, craint et respecté de ses ennemis. Er starb, dieser König, den sein Volk liebte, den seine Feinde fürchteten und ehrten (besser als ce monarque aimé, u. s. w. périt).

Déja pour l'honneur de l'empire, *étoit entré* dans l'administration des affaires, *un homme* plus grand par son esprit et ses vertus, qu'il ne l'étoit par ses dignités. Schon übernahm zur Ehre des Reichs, ein Mann, die Verwaltung desselben, der größer war durch seinen Verstand und seine Tugenden als durch seine Würden (besser als un homme plus grand u. s. w. étoit entré dans u. s. w.).

Vier-

Vierte Abtheilung.

Von der Frag- und Verneinungs-Construction (Construction mixte).

Diese Construction entstehet blos aus der vorigen, wenn das Zeitwort von einem der Verneinungswörtchen begleitet wird, wovon wir in der zwoten Abtheilung gehandelt haben. Hiervon ein mehreres zu sagen, würde überflüßig seyn.

Will ich also diesen Satz: A-t-on jamais vu l'homme ſe contenter de ſon état? hat man jemals den Menschen mit seinem Zustand zufrieden gesehen? nach der Frag- und Verneinungs-Construction einrichten? so setze ich *ne* vor *a*, und darauf beurtheile ich, ob *pas* oder *point*, nach dem Zeitworte statt finden kann: ich bemerke bald, daß wo *jamais* mit *ne* verbunden wird, kein *pas* oder *point* nöthig ist; also sage ich: *n'a-t-on jamais* vu l'homme ſe contenter de ſon état? Hat man je einen Menschen mit seinem Zustand zufrieden gesehen?

Fünfte Abtheilung.

Anmerkungen über einige Wiederholungen und Auslassungen, welche bald nothwendig, bald der Zierlichkeit wegen gebraucht werden müssen.

Was die Wiederholung der Artikel angeht, das lehren die Regeln: La patience et l'eſpérance, le temps et la fortune rendent tout poſſible; und Les vieux et les nouveaux ſoldats firent bien leur devoir.

Man wiederholet die Fürwörter, welche als Subjekt vor den Zeitwörtern stehen, 1stens, wenn die Zeitwörter in verschiedenen Zeiten gebraucht werden; 2tens, wenn das erste bejahet und das andre verneinet und umgekehrt; 3tens, nach den Bindwörtern (*ET* und *NI* ausgenommen). Z. B.

Je soutiens, et je soutiendrai toujours, qu'on ne peut être heureux sans la vertu, ich behaupte, und werde immer behaupten, daß man nicht ohne Tugend glücklich seyn kann.

Il est défendu aux Juifs de travailler le jour du sabat *ils n'allument point* de feu et *ne* portent point d'eau; *ils sont* comme enchainés dans leur repos, es ist den Juden verboten, an dem Sabattage zu arbeiten, sie dürfen weder Feuer anmachen, noch Wasser tragen, und sind an ihre Ruhe wie gefesselt.

Le soldat ne fut point réprimé par autorité, *mais il s'arrêta* (und nicht mais s'arrêta) par satiété et par honte, dem Muthwillen der Soldaten steuerte man nicht mit Gewalt; sondern solcher hörte nur aus Ersättigung und Scham auf.

Ausser diesem dreyfachen Falle, werden die Fürwörter *il* er; *elle*, sie, nicht wiederholet. Also sagt man: *Il a pris* des villes, conquis des provinces, *subjugué* des nations entieres, er hat Städte eingenommen, Provinzen erobert, Völker bezwungen.

Die Fürwörter der zwey ersten Personen hingegen, lassen sich fast immer wiederholen. Z. B. *Je* vous nourrirai, *je* vous comblerai de bontés, et *je* serai pour vous un second pere, ich will Sie verpflegen, Sie mit Gutthaten überhäufen, und für Sie ein andrer Vater seyn.

Vous aimerez vos ennemis, *vous* bénirez ceux qui vous maudissent, *vous* ferez du bien à ceux qui vous persécutent, *vous* prierez pour ceux qui vous calomnient. Liebet eure Feinde, segnet die euch fluchen, thut wohl denen die euch verfolgen, bittet für die, die euch verläumden.

Man muß das Zeitwort wiederholen: 1tens, wenn das erste Glied des Satzes bejahet und das andre verneinet, und umgekehrt;

kehrt; 2tens, wenn in dem ersten Gliede das Zeitwort als ein thuendes, und in dem andern als ein leidendes oder fürwörtliches Zeitwort, gebraucht wird, und umgekehrt; 3tens nach einem wiederholten *Si*, wenn. Z. B.

Il faut tout *attendre* de Dieu et *ne* rien *attendre* de soi-même, man muß von Gott alles erwarten, von sich selbst aber nichts.

On n' estime point les fénéants, parce qu'on ne mérite point *d' être* estimé (und nicht: on ne mérite point *de l' être*) quand on ne remplit pas ses devoirs. Man achtet die Faullenzer nicht hoch, weil man keiner Hochachtung werth ist, wenn man seine Pflicht nicht erfüllet.

Un prince qui apprenoit à jouer des instruments, ayant touché une corde pour une autre, trouva mauvais que son maître l' en reprit. *Si c' est* comme Roi, lui dit le maître, vous avez raison; *Si c' est* comme musicien, (und nicht *si* comme musicien) vous faites mal. Ein Prinz, der Instrumentalmusik lernte, berührte die unrechte Saite, und nahm es übel als sein Lehrer ihn deswegen tadelte. Als König, erwiederte der Meister, können Sie es übel nehmen, nicht aber als Musikus.

Die Vorwörter werden wiederholt, wenn ihre Ergänzungen ganz verschiedene Sachen ausdrücken; aber nicht, wenn diese Ergänzungen, dem Sinne nach, fast übereinkommen. Z. B.

Rien n' est moins *selon Dieu* et *selon le monde* que d'appuyer par d' ennuyeux serments *tout* ce que l'on dit dans la conversation. Nichts hat den Beifall Gottes, und der Menschen weniger, als das mit langweiligen Schwüren zu bekräftigen, was man im Umgang sagt.

Le fils de Dieu est venu *pour racheter* les hommes, *et pour détruire* l'empire du Démon, der Sohn Gottes ist vom Himmel herab gestiegen, die Menschen zu erlösen, und das Reich des Teufels zu zernichten. Aber: Le fils de Dieu est venu *pour racheter* les hommes et les *délivrer* de la servitude du péché. Der Sohn Gottes ist vom Himmel herab

herab gestiegen, die Menschen zu erlösen, und dieselben von der Knechtschaft der Sünde zu befreyen.

Auslassungen.

Was die Auslassungen betrifft, so geschehen solche im Französischen sehr selten. Denn der Geist unsrer Sprache erfordert, daß alles genau ausgedrückt sey. Die Lesung guter Uebersetzungen, aus dem Französischen in's Deutsche, und umgekehrt, werden den besten Beweis davon liefern. Hier wollen wir den Anfängern eine einzige Bemerkung machen, welche, wegen der Beyspiele, womit sie erklärt wird, denselben gute Dienste leisten kann.

Will man seiner Schreibart Lebhaftigkeit und Ründung geben, so entfernt man die nicht ganz nothwendigen und schleppenden Verbindungen: als *car*, denn; *ainsi*, also; *desorte que*, dergestalt *si bienque*, so daß; *ce qui est*, welches ist; *que* (wenn es eine Ausrufung bedeutet) wie; u. d. g.; bisweilen die Geschlechtswörter (siehe die Regel: La patience et l'esperance, le temps et la fortune rendent tout possible) wie auch zuweilen das Für- und sein Zeitwort, so oft die Deutlichkeit des Sinnes nichts dabey leidet, z. B.

Für das ausgelassene Für- und Zeitwort:

De retour à Rome, Pline reprit ses affaires et ses emplois; *juge*, (anstatt *il étoit juge*) quand les loix l'y engageoient; *avocat*,) anstatt *il étoit avocat*) quand l'intérêt public et le besoin de ses amis ou l'honneur le demandoit. Nach seiner Rückkunft nach Rom, lag Plinius seinen Geschäfften und Aemtern wieder ob; er war Richter, wenn ihm die Gesetze dazu nöthigten, er war Advokat, wenn es der allgemeine Nutzen, oder die Umstände seiner Freunde und seine Ehre erforderten.

Für

Für die ausgelassenen Verbindungen. Anstatt zu sagen:

Chacun se retira chez soi *quand* l'assemblée fut finie, ein jeder gieng nach geendigter Versammlung wiederum nach Hause.

Il refusa les honneurs du triomphe, *étant* content de les mériter, er schlug die Ehre des Triumphes aus, in dem er zufrieden war, solche zu verdienen.

Que le peuple qu'un sage roi gouverne *est* heureux! Wie glücklich ist das Volk, welches von einem weisen Könige beherrschet wird!

Ils ont corrompu les coeurs, *ce qui est* un forfait à jamais exécrable. sie haben die Herzen verderbet, welches eine Missethat ist, die immerwährenden Abscheu verdienet.

Saget man viel zierlicher:

Lassemblée finie, chacun se retira chez soi.

Il refusa les honneurs du triomphe, content de les mériter.

Heureux le peuple qu'un sage roi gouverne!

Ils ont corrompu les coeurs, forfait à jamais exécrable.

Um diese Anmerkung noch deutlicher zu machen, wollen wir, ein Beyspiel anführen, worüber man selbst ein Vergleichung anstellen kann. Bleiben die, mit andern Buchstaben abgedruckten Wörter stehen, so ist die Schreibart schleppend: schafft man aber dieselben weg, alsdann wird der Satz lebhaft, und bekommt Ründung.

On sait en quel état se trouvoit alors la ville de Rome. Quels ravages *on y fit! dans* quelle désolation *on y étoit! on n'y avoit* nul repos, *on y formoit* nulle espérance de paix et de tranquilité. La république *se voyoit* renversée et presque anéantie; les nations barbares *étoient* déchainées contre elle, l'empire romain *se trouvoit* en proie à ses ennemis. Man weiß, in was für einem Zu-

Zustande sich damals die Stadt Rom befand; was für Verwüstungen allda begangen wurden; welche Trostlosigkeit darin herrschte, es war da keine Sicherheit, keine Hoffnung zum Frieden und zur Ruhe, die Republik sahe sich gestürzt, und beinahe vernichtet; die barischen Nationen zogen wider dieselbe los, und das römische Reich stand seinen Feinden offen.

Auf-

Aufgaben,

um sich im Uebersetzen aus dem Deutschen in's Französische zu üben.

Anmerkungen.

1.) Wer aus dem Deutschen in's Französische übersetzen will, muß sich wohl daran erinnern, daß es in der französischen Sprache keinen Satz giebt, welcher nicht sein ausgedrücktes Subject, Zeitwort und Prädikat, oder Regimen haben sollte. (Die letzte Anmerkung der vorigen Abtheilung macht die einzige Ausnahme von dieser Regel) Deswegen muß man Acht auf das Deutsche haben und sehen, ob alles darinnen ausgedrücket ist, oder nicht. In diesem Falle, macht man den Deutschen Satz vollständig, ehe man solchen in's Französische zu übersetzen anfängt. Z. B. Meine Briefe an Sie, enthalten beynahe einerley. Es ist offenbar, daß diese Worte: meine Briefe an Sie einen würklich unvollkommenen, aber doch dem Deutschen verständlichen Satz ausmachen: nun, was fehlt da? die Briefe, welche ich an Sie schreibe. Also: les lettres que je vous écris, contiennent presque toutes la même chose, u. s. w. S. Aufg. Nro. 1. 3. 4. 5. 13. u. s. w.

2.) Da die französischen Zeitwörter, nicht immer einerley Regimen mit den deutschen haben, so muß man auch solche Regimen, wenn sie verschieden sind, wiederholen; also sagt man wohl

wohl im Deutschen, ich habe ihn gesehen und gesprochen; weil das Zeitwort sprechen, eben so wie sehen, einen Accusativ regieret: wir aber müssen übersetzen: Je l'ai vu et *lui* ai parlé, weil *parler*, in diesem Sinn gebraucht, im Französischen einen Dativ regieret.

3.) Wenn im Deutschen eine Beziehungspartikel sich auf das Folgende, und nicht mehr auf das Vorhergehende, beziehet, so wird sie im Französischen ausgelassen. Z. B. Ich will darauf bedacht seyn, euch zu befriedigen; je songerai à vous satisfaire. Ich mache mir ein Vergnügen daraus, Ihnen zu dienen, Je me fais un plaisir de vous servir. Ich denke nicht daran, daß es schon zehen geschlagen hat, Je ne songe pas que dix heures sont déja sonnées. Ich finde es gleichfalls sonderbar, daß sie nicht kommt, Je trouve aussi fort singulier qu'elle ne vienne pas.

Wir wollen jetzt einige Aufgaben geben, welche, weil sie mit den nöthigen Anmerkungen versehen sind, den Anfängern, die Uebersetzung erleichtern werden. Und damit wir die Richtigkeit unserer Regeln beweisen, so geben wir von einem jeden Worte, der 10 ersten Aufgaben die Gründe an.

Auszüge

Aus Rollin's Historie alter Zeiten und Völker.

Nro. I.

Ueber den Phönix.

1 2 3 4 5 6 7 8 9
Herodotus und andre nach ihm, erzählen eine Sache, die
13 14 15 16 17 18 10 12
im Tempel zu Heliopolis, in Nieder-Egypten, soll vorgegan-
11. 1 2 3 4 1 2 4 5
gen seyn. Es betrifft den Phönix. Wenn man den Alten
glau-

3 8 6 7 9 10 11 12 13 1
glaubet, so ist der Vogel Phönix der einzige in seiner Art. Er
2 4 5 3 6 7 8 9 10 11
wird in Arabien geboren, und lebet fünf bis sechs hundert
12 1 2 3 4 5 6 1 2 3 4
Jahre. Er hat die Grösse eines Adlers. Er hat einen Kopf,
5 8 9 10 11 7 6 12
welcher mit einem auserlesenen Federbusche gezieret ist; die
13 14 15 16 17 18 19 20
Federn am Halse sind vergoldet, andre purpurfarbicht; der
21 22 23 25 27 26 24
Schwanz ist weiß, mit fleischfarbichten Federn untermischet,
28 29 30 31 32 33 1 2 5 4 3
und die Augen funkeln als Sterne. Wenn er alt genug ist,
6 8 10 9 7 13 11 12 14 15 16
und sein nahes Ende merket, so macht er sich ein Nest aus
18 17 19 20 21 22 24 23
wohlriechenden Hölzern und Harzen, und alsdann stirbt er.
1 2 3 4 5 6 7 8 9
Aus seinen Gebeinen und aus seinem Marke, entstehet ein
10 11. 1 2 3 4 5 6 8
andrer Phönix. Seine erste Sorge gehet dahin, daß er seinem
9 10 11 12 13 7 1 2 3
Vater die Ehre des Begräbnisses erweiset. Zu dem Ende,
5 4 10 11 12 13 14 5 6 7 8
verfertiget er eine Kugel, oder ein Ey von vielen Myrrhen und
9 15 16 17 18 19 20 21 22 24 23
Weihrauch so schwer als er glaubet, daß er es tragen kann.
1 4 2 3 6 7 5 9 10 11 12
Hierauf hölet er es zum Theile aus, leget den Leib seines
13 8 14 15 17 18 19 20 21
Vaters dahinein, und machet die Oeffnung mit Myrrhen und
22 23 16 1 3 2 4 5 6
andern Rauchwerke zu. Alsdann nimmt er diese kostbare Bürde
7 8 9 10 12 11 13 14 15 16 17
auf seine Schultern, und trägt sie auf dem Altar der Sonne,
18 19 20 21 22 23 24 25
in der Stadt Heliopolis, wo er sie verbrennet.

Er-

Erklärung.

Wir werden von dem, was mit dem Deutschen ganz überein kommt, nichts sagen.

andre (s. die 1ste Anmerkung S. 388. und man bemerke daß hier Geschichtschreiber darunter verstanden ist. S. weiter die VI. Regel Seite 216.) nach ihm (s. was für ein Regimen die französ. Vorwörter nach sich erfodern S. 335.) eine Sache die (s. was für ein beziehendes Fürwort hier, nach den S. 252. u. folg. gegebenen Erklärungen zu gebrauchen sey.) im Tempel (s. ob in mit en oder dans übersetzt werden müsse S. 338.) Tempel zu Heliopolis (s. 1. Anmerkung S. 224.) in Nieder-Egypten (s. wie oben S. 338. und weiter die V. Regel S. 215.) vorgegangen seyn (s. 10. Abth. S. 179.) Wenn (s. den Unterschied zwischen si und quand S. 347.) den Alten glaubet (s. was für einen Beyfall die thuenden französ. Zeitw. nach sich haben wollen. S. 329.) So ist (s. die 1ste Anmerkung über So S. 355.) seiner Art (s. die Anmerkung S. 98.) In Arabien (Ist hier en oder dans gebräuchlich? s. wie oben S. 338.) sechs hundert Jahre (s. 1. Anmerkung S. 85.) Er hat einen Kopf (s. VIII. Regel S. 221.) welcher (Was für ein beziehendes Fürwort ist hier zu gebrauchen. s. die Erklärung über dieselben S. 251. u. folg.) mit einem Federbusche geziert ist (s. was für ein Regimen die leidenden Zeitwörter nach sich haben wollen S. 108.) auserlesenen Federbusche (s. III. Regel S. 230. Nro. 3.) Die Federn am Halse (s. I. Regel S. 223.) sind vergoldet (s. 1. Regel S. 210.) Andre purpurfarbicht (s. 1stens ob hier der Theilungsartikel statt finden kann oder nicht, 3. Abtheil. S. 54. darauf die II. Regel S. 111. und 2tens bemerke man, daß im Deutschen das Zeitwort nicht ausgedrückt ist.) der Schwanz ist weiß (wie oben S. 210. und darauf s. die 2. Anmerkung S. 248.) mit Federn (s. VI. Regel S. 216.) fleischfarbichten Federn (s. III. Regel S. 230. Nro. 2.) mit fleischfarbichten Federn untermischt (s. 1. Anmerkung S. 360.) die Augen (s. 2. Anmerk. S. 248.) Sterne (s. VI. Reg. S. 216) Wenn er . . . ist (s. den Unterschied zwischen quand und si S. 347.) alt genug (s. die Stelle der Nebenwörter 4. Anmerkung S. 361.) sein nahes Ende (wie oben S. 210.) so macht er sich (1stens s. 1. Anmerkung über So, S. 355. und 2tens II. Regel S. 240.) ein

ein Nest aus wohlriechenden Hölzern (s. I. Regel S. 223. darauf VI. Regel S. 216. und endlich III. Regel S. 230. Nro. 3.) Harze (ibid. S. 223 und 216.) dessen erste Sorge (s. die Erklärung über die beziehenden Fürwörter S. 254. und darauf II. Regel S. 211.) geht dahin, daß er erweise (s. die 3. Anmerkung S. 389. und da das Deutsche Zeitwort geht hier im Französ. est heißt, so s. man auch die II. Regel S. 280.) zu dem Ende (s. 2. Anmerk. S. 248.) von vielen Myrrhen und Weihrauche (s. VII. Regel S. 219.) so schwer als (s. die Anm. S. 80.) er glaubt daß er ... kann (s. die Reg. S. 277.) es tragen (s. wie oben S. 240.) hölet er es aus (ibid.) dahin (s. die Erklärung über Y S. 257.) und machet zu (hier ist im Französischen ein beziehendes Fürwort nothwendig, das das Wort Oeffnung bestimme. s. also die Erklärung über en S. 259.) mit Myrrhen und anderm Rauchwerke (s. VI. Regel S. 216.) trägt sie (s. II. Regel S. 240. und darauf I. Regel S. 210.) in der Stadt Heliopolis (s. erstens ob en oder dans hier zu gebrauchen sey; und 2tens I. Regel S. 223. 1. Anmerk.) sie verbrennet (wie oben S. 240.).

Herodotus. Hérodote.
der Geschichtschreiber, l'historien.
vorgehen, se passer.
Nieder-Egypten, la basse Égypte.
Es betrifft den Phönix, c'est au sujet du Phoenix.
glauben, en croire.
die Alten, les anciens.
der einzige, l'unique.
die Art, l'espece,
geboren werden, naître.
fünf bis sechs, cinq ou six.
Arabien, l'Arabie.
die Größe haben, être de la grandeur.
auserlesen, superbe.
Federbusch, aigrette.
zieren, orner.
vergoldet, doré.
purpurfarbicht, pourpré.
fleischfarbicht, couleur de chair.
untermischen, mêler.
funkeln, étinceler.
Alt genug seyn, être fort vieux.
merken, sentir.
nahe, prochain.
das Ende, la fin.
wohlriechend, odoriférant.
das Holz, le bois.
Harz, la gomme.
Aus, de.
Gebein, l'os.
das Mark, la moëlle.
entstehen, naître.

die

die Sorge, le soin.
geht dahin daß, est de.
die Ehre des Begräbnisses, les honneurs funebres.
erweisen, rendre.
zu dem Ende, pour cela, oder à cette fin.
verfertigen, composer.
die Kugel, la boule.
das Ey, l'oeuf.
die Myrrhe, la myrrhe.
der Weihrauch, le parfum.
schwer, pesant.
glauben, croire.
tragen, porter.
können, pouvoir.
hierauf, ensuite.
aushölen, vuider.
zum Theile, en partie.
Einlegen, mettre.
zumachen, fermer.
die Oeffnung, le trou.
Rauchwerk, parfum.
kostbar, précieux.
die Bürde, le fardeau.
verbrennen, bruler.

Nro. II.

Von den Pyramiden.

Eine Pyramide ist ein dichter oder auch holer Körper, der einen breiten und insgemein viereckigten Fuß hat, und zuletzt spitzig zu gehet. In Egypten waren absonderlich drey Pyramiden vor allen andern berühmt, die nach dem Berichte des Diodorus Siculus, werth waren, daß man sie, in die Zahl der sieben Weltwunder setzte. Sie befanden sich, nicht gar weit von der Stadt Memphis. Hier werde ich ganz allein, von der größten unter diesen dreyen reden. Sie war, wie die andern, auf einen Felsen gebauet, der ihr zum Grunde dienete, von Fuße aus viereckigt, von aussen, Stuffenweise, abgesetzt, und wurde immer, je höher, je schmäler und spitziger. Sie war von ungemein großen Steinen erbauet, davon die kleinsten dreißig Schuhe waren. Man hatte sie mit besonderer Kunst ausgearbeitet, und mit hieroglyphischen Figuren bedeckt. Wie einige der alten Scribenten davor halten, so hatte jede Seite 800 Schuhe in der Breite, und eben so viel in der Höhe. Das oberste an der Pyramide, welches von unten auf so spitzig, als eine Nadel zu seyn schien, war ein schöner ebener Platz, von zehn oder zwölf großen Steinen, und jede Seite dieses ebenen Platzes war sechszehn bis siebenzehn Schuhe lang. Hundert tausend Werkleute arbeiteten an diesem Werke, und von drey Monaten zu drey Monaten wurden sie, durch eben so viele abgelöset. Man brach=

brachte zehn ganze Jahre zu, nur die Steine, entweder in Arabien, oder in Aethiopien zu brechen, und sie nach Egypten zu führen; und andre 20 Jahre wurden zur Auferbauung dieses ungeheuren Gebäudes angewendet, welches inwendig eine unzählige Menge Behältnisse und Säle hatte. Man bemerkte auf der Pyramide, mit ägyptischen Buchstaben, was sie nur allein an Knoblauch, Zwiebeln und andern dergleichen Zugemüßen, womit man die Arbeiter verpfleget, gekostet hatte; und diese Summe belief sich auf 1600 Talente Silbers, oder auf eine und eine halbe Million Thaler. Woraus man nun leicht den Ueberschlag machen kann, wie ungeheuer die Kosten im übrigen müssen gewesen seyn.

Erklärungen.

Ein Dichter . . . holer Körper . . . einen breiten und . . . viereckigten Fuß (s. III. Regel S. 230. Nro. 2.) In Egypten waren (Siehe S. 325. 8. Abth. und den Gebrauch des Imparfait) vor allen andern berühmt (1stens das Regimen der französ. Verwörter S. 335. 2tens bey den gleichbedeutenden Wörtern das Wort *Tout*; und 3tens die 1. Anm. über die Mittelwörter S. 360.) des Diodorus Siculus (s. IV. Regel S. 213. und darauf 3. Anm. S. 224. Nro. 3.) werth waren daß man . . . setzte (Regel je voudrois pouvoir vous rendre heureux S. 277.) Stadt Memphis (s. I. Regel S. 223. 1. Anmerkung) ganz allein (heißt hier, ohne Zweifel eben soviel als nur; also siehe S. 372. 1. Anmerkung) die größte unter (siehe die Vorstellung des Gebrauchs der Beywörter S. 82.) Sie war gebauet (siehe die Regel über den Gebrauch des Imparfait oder Parfait défini) diente (ebenfalls) deren die kleinsten (siehe die Erklärung über die beziehenden Fürwörter S. 254.) man hatte sie ausgearbeitet (s. die II. Regel S. 240. und die I. Regel S. 296.) bedeckt (eben die I. Regel S. 296.) so hatte (siehe die 1. Anmerkung über so S. 355.) in der Breite, in der Höhe (siehe I. Regel Seite 223. Nro. 8.) das oberste an der Pyramide (s. I. Regel S. 223.) so spitzig als (s. die Anmerkungen über die Nebenwörter S. 333. und die Vorstellung des Gebrauchs der Beywörter S. 82.) zu seyn schien s. 1. Anmerkung über den Infinitiv im Nominativ und Accusativ S. 278.) war 16 bis 17 Schuh lang (s. I. Regel S. 223.

223. Nro. 8.) arbeiteten an diesem Werke (s. die Regimen der Zeitwörter S. 329.) wurden abgelößt (s. II. Regel S. 299.) man brachte zu (s. den Gebrauch des Imparfait und der Parfaits) zu brechen und zu führen (s. I. Reg. S. 283.) in (s. den Unterschied zwischen *en* und *dans* S. 338.) unzählige Menge Behältnisse und Säle (s. VII. Regel S. 219.) was sie nur gekostet hatte (s. II. Regel S. 262.) eine und eine halbe Million (s. I. Anmerk. S. 90.) wie (heißt hier eben so viel als wieviel).

Die Pyramide, la pyramide.
insgemein, ordinairement.
spitzig zu gehen, se terminer en pointe.
absonderlich, entre autres.
nach dem Berichte des Diodorus Sikulus, selon Diodore de Sicile.
werth seyn, mériter q. ch. oder mit dem Ifinitiv im Genitiv.
in die Zahl setzen, mettre au nombre.
das Weltwunder, la merveille du monde.
nicht gar weit, pas bien loin.
ganz allein von . . . reden, ne parler que de . . .
zum Grunde dienen, servir de base.
von Fuße aus, depuis le bas.
von aussen, en dehors.
Stuffen weise abgesetzt, taillée par dégré.
ungemein groß, prodigieusement grand.
ausarbeiten, perfectionner.
hieroglyphische Figur, hiéroglyphe.
davor halten, le prétendre.
in der Breite, de largeur.
das oberste, le haut.
von unten auf, d'en bas.
der ebene Platz, la platte forme.
der Werkmann, l'ouvrier.
von drey Monathen zu . . . de trois mois en . . .
ablösen, remplacer.
die Steine brechen, couper les pierres.
anwenden zur Auferbauung, employer à bâtir.
das Gebäude, l'édifice.
inwendig, audedans.
das Behältniß, la chambre.
mit egyptischen Buchstaben, en caracteres égyptiens.
sich belaufen auf, monter à.
den Ueberschlag machen, calculer.

Nro. III.

Von dem Labyrinthe.

Das Labyrinth war nicht so wohl nur ein Pallast, als vielmehr ein prächtiger Haufen von 12 Pallästen, die regelmäßig angebracht waren und aus deren einem man in den andern, und so fort kommen konnte. 1500 Gemächer, mit untermengten Haufen von Rasen aufgeworfen, umgaben 12 Säle und liessen denjenigen keinen Ausgang zu, die sich es vornahmen sie zu besichtigen. Eben so viel Gebäude waren unter der Erde. Diese unterirrdischen Gebäude waren zum Begräbnisse der Könige bestimmt; ja noch mehr, (kann man es auch ohne Scham, und ohne die Blindheit des menschlichen Verstandes zu beweinen sagen?) man ernährte daselbst die geheiligten Krokodille, welche, ein sonst so kluges Volk zu Göttern machte.

Erklärung.

War nicht (für dieses und die andern deutschen Imparfaits siehe die Regeln über den Gebrauch des franz. Imparfait und der Parfaits) liessen denjenigen . . . die (s. II. Regel S. 262.) keinen Ausgang (s. VII. Regel S. 219.) sie zu besichtigen (s. 1stens II. Regel S. 240. und darauf I. Regel S. 279.) waren bestimmt (s. II. Regel S. 299.) ja noch mehr (s. 1. Anm. S. 388.) ohne zu bereuen (s. 4. Anm. S. 279.) menschlichen Verstandes (s. III. Regel 230. 6 Nr.) daselbst (s. die Erklärung über Y S. 257.) geheiligten Krokodillen (s. III. Regel Nro. 1. S. 230.).

Das Labyrinthe, le Labyrinthe.
war nicht sowohl . . . als vielmehr, n'étoit pas tant . . . que . . .
anbringen, disposer.
und aus deren (bis an dem Punct) et qui communiquoient ensemble.
mit untermengten Haufen von Rasen aufgeworfen, entremélées de terrasses.
umgeben, s'arranger autour de . . .
sich vornehmen, s'engager.
besichtigen, visiter.
das Begräbniß, la sépulture.

be=

bestimmen, (zu etwas) destiner à q. ch.
ja, noch mehr, et qui plus est.
ohne Scham, sans rougir.
beweinen, déplorer.
welche ... zu Göttern machte, dont ... faisoit des dieux.

Nro. IV.

Begräbnißgebräuche bey den Aegyptiern.

1.) Wenn jemand in einem Geschlechte verstarb, so legten alle Freunde und Anverwandten ihre gewöhnliche Kleidung ab, und nahmen Trauerkleider. Sie enthielten sich vom Baden und Wein, und allen niedlichen Speisen. Die Trauer dauerte vierzig bis siebzig Tage, nach dem es etwan der Stand der Person erfoderte. Es waren drey Arten die Leichname einzubalsamiren. Die prächtigste gehörte für die ansehnlichsten Leute, und die Ausgabe dabey belief sich auf ein Talent Silbers, das ist, auf tausend Thaler. Es wurden verschiedene Diener zu diesem Gebrauche bestellt. Einige zogen das Gehirn durch die Nasenlöcher, mit einem Eisen, welches ausdrücklich dazu gemacht war. Andre nahmen das Eingeweide heraus, wozu sie in der Seite eine Oeffnung mit einem äthiopischen Steine machten, der so scharf und schneidend als ein Scheermesser war. Hierauf erfüllten sie diesen leeren Raum, mit Speccereyen, und allerhand wohlriechenden Salben. Da diese Ausleerung, die nothwendiger Weise mit einer Zerschneidung vergesellschaftet war, etwas unmenschliches und gewaltthätiges an sich zu haben schien, so mußten diejenigen, die daran gearbeitet hatten, die Flucht ergreifen, wenn die Arbeit vorbey war, und sie wurden von den Anwesenden mit Steinwürfen verfolgt. Denjenigen, denen es zukam, die Leiber einzubalsamiren, wurde sehr höflich und ehrerbietig begegnet. Sie füllten dieselben mit Myrrhen, mit Zimmetrinden, und mit allerley Gewürzen. Nach einiger Zeit, wickelten sie dieselben in Bänder von sehr feiner Leinwand ein, die sie mit einer Art eines sehr dünnen Harzes zusammen klebten, und hernach noch mit den auserlesensten Speccereyen überstrichen. Man glaubet, daß sich auf diese Art die gänzliche Gestalt des Körpers auch die Gesichtszüge, so gar bis auf die Augenbraunen und Augenwimpern vollkommen erhalten. Wenn nun der Leib dergestalt einbalbalsamiret war, so übergab man ihn den Verwandten, die ihn in einem offenen Kasten aufbehielten, welchen man nach dem Maaße des Verstorbenen hatte verfertigen lassen. Diesen setzten sie hierauf aufrecht in die Höhe an die Wand, sowohl in Gräbern, wenn sie deren hatten, als auch in ihren Häusern. Man nennet dieses Mumien.

Erklärung.

Begräbnißgebräuche (s. die Anmerkung S. 229.) wenn (s. den Unterschied zwischen si und quand) verstarb (s. für dieses und die übrigen Imparfaits die Regeln über den Gebrauch des Imparfait und der Parfaits) in einem Geschlechte (s. den Unterschied zwischen *dans* und *en* S. 338.) Trauerkleider (wie oben die Anmerkung S. 229.) niedlichen Speisen (siehe III. Regel S. 230. Nro. 2.) Es waren (s. 8. Abth. S. 325.) Arten einzubalsamiren (s. die II. Regel S. 281.) ansehnlichsten Leute (s. III. Regel S. 230. Nro. 6.) dabey (s. die Erklärung über EN S. 259.) wozu sie machten (s. die Regel S. 291.) diesen leeren Raum (s. III. Reg. S. 230. Nro. 3.) mit Specereyen (s. VI. Regel S. 216. (allerhand wohlriechenden Salben (s. 3. Anm. S. 224.) mit . . . vergesellschaftet war (s. die Regimen der leidenden Zeitwörter S. 108.) zu haben schien (s. die 1. Anm. S. 278.) sie wurden von den Anwesenden verfolgt (s. die Erklärung über das leidende Zeitwort S. 108.) Sie füllten mit (s. die Regimen der Zeitwörter S. 328.) Myrrhen, Zimmetrinde und mit allerley u. s. w. (wie oben S. 216 und 224.) in Bänder (s. den Unterschied zwischen *dans* und *en* S. 338.) man glaubt daß sich . . . erhalten (s. I. Reg. S. 318.) Gesichtszüge (wie oben S. 229.) so übergab (siehe 1. Anmerk. über so S. 355.) diesen setzten sie hierauf (siehe II. Regel S. 240.) deren hatten (s. die Erklärungen über *y* und *en* S. 257.).

Begräbnißgebräuche, cérémonies des funérailles.
das Geschlecht, la famille.
ablegen, quitter.
Trauerkleider, des habits lugubres.
sich enthalten, s'abstenir.
niedliche Speisen, mets exquis.
nachdem es etwan . . . erfoderte, apparemment selon . . .
einbalsamiren, embaumer.
prächtig, somptueux.
gehörte für, n'étoit que pour.

Es

es wurden ... zu diesem Gebrauche bestellt, on employoit.
Diener, ministre.
durch die Nasenlöcher, par les narines.
ausdrücklich dazu, exprès pour cela.
wozu sie machten, en faisant.
scharf und schneidend, aigu et tranchant.
Speccrey, aromates.
wohlriechende Salben, parfum.
Ausleerung (muß hier opération heissen).
die Zerschneidung, dissection.
vergesellschaften, accompagner.
die Flucht ergreifen, prendre la fuite.
vorbey seyn, être fini.
mit Steinwürfen verfolgen, poursuivre à coups de pierre.
es zukommen, être chargé.
es wurde begegnet, on traitoit.
Myrrhe, la Myrrhe.
Gewürz, aromates.

einwickeln, envelopper.
das Band, la bandelette.
die Leinwand, la toile.
die Art, l' espece.
das Harz, la gomme.
zusammen kleben, coller.
überstreichen, enduire.
auf diese Art, par là.
auch die Gesichtszüge, même les traits du visage.
sogar bis, et jusqu'aux.
wenn nun, lorsque.
übergeben, rendre.
der Kasten, la niche.
aufbehalten, conserver.
das Maas, la grandeur.
der Verstorbene, le defunt.
verfertigen lassen, faire faire.
Aufrecht in die Höhe, debout et droit.
an die Wand, contre la muraille.
das Grab, le caveau.
deren, en.
man nennt dieses Mumie, voilà ce qu'on appelle Momie.

Nro. V.

Fortsetzung.

2. Das gemeine Wesen sollte die Tugenden der Verstorbenen erkennen, indem sie erst ein feyerliches Gericht über sich müßten halten lassen, ehe man sie zu der geheiligten Freystätte der Gräber zuließ. Und dieser Umstand bey den Begräbnißen der Aegyptier ist eins der merkwürdigsten Dinge die sich in der alten Historie finden. Die Heyden fanden bey ihrem Sterben einen Trost darin, wenn sie ihren Namen in Hochachtung bey den Menschen hinterliessen, und sie glaubten unter allen menschlichen

lichen Gütern sey dieses das einzige, das uns kein Tod rauben kann. Doch in Egypten war es nicht erlaubt, alle Todte ohne Unterschied zu loben, man mußte diese Ehre durch einen öffentlichen richterlichen Ausspruch erlangen. Die Versammlung der Richter geschah jenseits eines Sees, über den sie mit einem Kahne fuhren. Der sie übersetzte hieß auf Aegyptisch Charon, und hieraus haben die Griechen, welche von dem Orpheus, der sich in Aegypten aufgehalten hatte, unterrichtet waren, ihre Fabel von Charonsnachen erfunden. Sobald als ein Mensch gestorben war, so führte man ihn vor's Gericht; der öffentliche Ankläger wurde gehört. Bewies er, daß sich der Verstorbene übel aufgeführet habe, so wurde sein Andenken verdammet, und er selbst des Begräbnisses beraubt . . . konnte man dem Verstorbenen keines Fehlers überführen, so begrub man ihn mit vielen Ehrenbezeugungen.

Erklärung.

Ehe man sie . . . zu ließ (s. II. Regel S. 240. und 2. Anmerk. S. 281.) bey den Begräbnissen (hier fehlt das Zeitwort s. 1. Anmerk. S. 388.) eins der merkwürdigsten Dinge (s. die Anmerk. der III. Regel S. 213.) in der alten Geschichte (s. 1stens den Unterschied zwischen *dans* und *en*, 2tens III. Regel S. 230. N. 7.) fanden (s. die Regel über den Gebrauch des Imparfait) bey ihrem Sterben (siehe die 3. Anmerk. S. 293.) wenn sie hinterliessen (ibid. S. 293.) und sie glaubten . . . es sey (s. 4. Anmerk. S. 302.) unter allen Gütern (s. die Vorstellung des Gebrauchs der Beywörter S. 82.) nicht erlaubt . . . zu loben (s. I. Regel S. 279.) öffentlichen Ausspruch (s. die III. Regel S. 230. Nro. 5.) der sie so übersetzte (S. II. Regel S. 262. das übrige wie im Deutschen; allein es ist wohl auf die deutschen Imparfaits Acht zu geben.)

Das gemeine Wesen, le public.
indem sie nun ein feyerliches Gericht über sich mußten halten lassen, qui devoient subir un examen solemnel par devant la justice.
ehe, avant que.
geheiligte Freystätte, l'asyle sacré.
bey ihrem Sterben, en mourant.

einen

einen Trost, un motif de consolation.
Seinen Namen in Hochachtung hinterlassen, laisser un nom respectable.
bey den Menschen, à la postérité.
der richterliche Ausspruch, la sentence du juge.
geschah, se tenoit.
führen mit ... passer sur...
übersetzen, faire passer.
sich aufhalten, demeurer.
Charonsnachen, la barque de Charon.
vor's Gericht führen, amener en jugement.
der öffentliche Ankläger, l'accusateur public.
überführen, convaincre.

Nro. VI.

Fortsetzung.

3. Das erstaunungswürdigste, bey dieser öffentlichen Untersuchung, die man wider die Todten anstellte, war, daß auch der Thron keinen davon befreyen konnte. Die Könige wurden in ihrem Leben geschont, weil es die gemeine Ruhe so erfoderte; aber sie waren nicht von derjenigen Beurtheilung ausgenommen, die man nach dem Todte über sich mußte ergehen lassen, und einige wurden des Begräbnisses verlustig. Wenn nun der Urtheilsspruch für den Verstorbenen wohl ausfiel, so schritt man zu dem Gepränge des Begräbnisses. Man hielt ihm eine Lobrede, ohne daß man etwas von seiner Abkunft einfliessen ließ, denn ganz Aegypten ward für edel gehalten. Man rechnete nichts unter wahre und gründliche Lobsprüche, als die man dem persönlichen Verdienste des Verstorbenen gab. Man lobte ihn, daß er in seiner Jugend eine unvergleichliche Erziehung gehabt habe, und daß er bey reiferem Alter, die Frömmigkeit, in Absicht auf die Götter, die Gerechtigkeit, die Gelindigkeit, die Bescheidenheit, die Mäßigung und andre Tugenden, die einen rechtschaffenen Mann ausmachen, gegen die Menschen ausgeübt habe. Hierauf bezeugte alles Volk seinen Beyfall, und ertheilte dem Toden das prächtigste Lob alsdann, weil er nunmehr verdiene, daß es im Reiche des Pluto, der Gesellschaft der Tugendhaftesten Menschen auf ewig zugesellet werde.

Er=

Erklärung.

Bey (heißt hier eben so viel als in *dans*) davon befreyen (s. die Erklärung über *y* und *en* S. 257.) wurden geschonet (s. II. Regel S. 299.) weil (s. den Unterschied zwischen *parceque* und *puisque* S. 348.) wurden verlustig (hier ist wohl zu bemerken, ob das Imparfait oder das Parfait défini zu gebrauchen sey) als die (s. II. Regel S. 262.) dem persönlichen Verdienste (s. III. Regel S. 230. Nro. 6.) man lobte ihn (s. II. Regel 240.) daß er . . . gehabt habe (s. die Regel S. 277. und die Anmerkung über daß S. 355. man läßt aber zierlich solche deutsche Redensarten aus, welche im Französischen schleppend sind; und nimmt blos das Regimen derjenigen, die auf das Zeitwort folgen; besonders, wenn der Sinn keine Veränderung dabey leidet. Z. B. man lobte die unvergleichliche Erziehung, welche er in seiner Jugend gehabt hatte.) daß er . . , ausgeübet habe. (wie so eben gesagt) daß er . . . zugesellet werde (s. die Anmerkung über daß S. 355.) der tugendhaftesten Menschen (s. III. Regel S. 212. Anmerkung.)

Erstaunungswürdig, surprenant.
eine Untersuchung wider jemand anstellen, faire subir un examen à q. q.
Auch der Thron, le trône même.
schonen, épargner.
so erfoderte, l'exigeoit ainsi.
ergehen, prononcer.
verlustig werden, être privé.
wohl ausfallen, être favorable.
Zu dem Gepränge des Begräbnisses schreiten, procéder aux cérémonies de l'inhumation.
Man hielt ihm eine Lobrede, on faisoit son panégyrique.
einfliessen lassen, mêler.
war für edel gehalten, étoit censé noble.
man rechnete nichts unter wahre und gründliche Lobsprüche, on ne regardoit comme véritables et légitimes éloges.
unvergleichliche Erziehung, bonne éducation.
in Absicht auf die Götter, envers les Dieux.
gegen die Menschen ausgeübt haben, à l'égard des hommes.
seinen Beyfall bezeugen, donner son approbation.
alsdenn weil er verdiene, qui méritoit.
einer Gesellschaft zugesellet werden, être associé (à).

Nro. VII.

Die Aegyptier hatten bis auf die Regierung des Königs Psammitichus geglaubt, daß sie das älteste Volk der Erde wären.

ren. Dieser König wollte sich davon selbst versichern, und gebrauchte eine seltsame Probe dazu, wo anders die ganze Geschichte einigen Glauben verdient. Er gab zwey neu geborene Kinder, von armen Eltern, in eine verschlossene Hirtenhütte auf dem Lande zur Auferziehung, und befahl einem Hirten, daß er sie durch Ziegen (andre sagen durch Ammen, denen man die Zunge abgeschnitten hatte) sollte ernähren lassen, unter den ausdrücklichen Verbote, niemanden in diese Hütte hinein zu lassen, noch jemals in ihrer Gegenwart ein Wort zu reden. Da nun diese Kinder zwey Jahr alt waren, und der Schäfer einsmal hinein trat, um ihnen dasjenige, was sie brauchten, zu bringen, so schrien sie beyde mit aufgehobenen Händen ihren Pflegevater an Bekkos, Bekkos. Der Hirt, der sich über diese Sprache, die ihm noch ganz neu vorkam, und die sie hernachmals oft wiederholten verwunderte, gab dem Könige Nachricht davon, der dieselben herbey holen ließ, um selbst ein Zeuge von der Wahrheit dieser Sache zu seyn. Und da fingen sie beyde von neuem an in seiner Gegenwart ihren kindischen und unverständlichen Mischmasch herzulallen. Nun kam es nur darauf an, daß man ausfindig machte, bey welchem Volke dieses Wort im Gebrauche sey, und man fand, daß die Phrygier das Brod also nannten. Von der Zeit an, genossen dieselben unter allen Völkern die Ehre des Alterthums, oder vielmehr desjenigen Vorzugs, welchen auch selbst Aegypten, so sehr es darüber hielt, ihnen seines langen Besitzes ungeachtet, abtreten mußte. Da man zu diesen Kindern Ziegen brachte, die sie ernähren sollten, und man keine Nachricht hat, daß sie taub gewesen, so glauben einige, daß sie wohl nach dem Geblöcke dieser Thiere dieses Wort Bek, oder Beckos nachmachen konnten.

Erklärung.

Bis auf die Regierung (s. Conjonctions extensives S. 345.) geglaubt (s. II. Regel S. 299.) Er gab zwey u. s. w. der ganze Satz (man gebe hier auf die Construction besonders Acht, und vermeide Zweydeutigkeiten) auf dem Lande (s. die Regimen der Zeitwörter S. 328.) und befahl, daß . . . er sollte lassen (s. II. Regel S. 281. 5. Anmerk.) durch Ammen (s. VI. Regel S. 216.) abgeschnitten hatte (s. I. Regel S. 296.) hinein zu lassen (s. 1stens I. Regel S. 279. und darauf bey den gleich bedeutenden Wörtern faire und laisser) zu reden (auch S. 279.) alt waren (s. die Regel über das Imparfait und das Parfait défini S. 304 und 305.) herein trat (wie so eben sowohl für dieses als für die übrigen deutschen Imparfaits) mit aufgehobenen Händen (s. die Regel 291. 3. Anmerk.) der Hirt der sich über . . . verwunderte (s. die Auslassungen S. 385.) davon (Regeln über *en* und *y* S. 257.) dieselben holen ließ (s. 1stens die letzte Anmerkung über die persönlichen Fürwörter, S. 244. und darauf wie oben laisser und faire) selbst (s. Anm. über die persönlichen Fürwörter S. 244.) herzulallen (s. V. Anmerk. S. 286.) bey (s. VI. Hauptst. S. 335.) im Gebrauche seyn (s. 4. Anmerk. S. 305.) Vorzug, welchen (die Construction dieses etwas schweren Satzes ist diese: Vorzug welchen Aegypten auch selbst (elle-même) so sehr es darüber hielt, mußte ihnen abtreten, ungeachtet seines langen Besitzes) Ziegen (wie oben S. 216.) daß sie taub gewesen (s. I. Regel S. 322.) konnten (s. den Gebrauch des Plusqueparfait S. 308.)

Geglaubt, daß sie waren, s'étoient cru.
eine seltsame Probe, une experience fort extraordinaire.
dazu, pour cela.
wo anders, si pourtant.
einigen Glauben verdienen, paroître digne de foi.
zur Auferziehung geben, faire élever.
unter dem ausdrücklichen Verbothe, avec défense expresse.
hinein lassen, laisser entrer.
zwey Jahr alt seyn, avoir deux ans.
anschreyen, s'écrier.
mit aufgehobenen Händen, en étendant les mains (vers).
die ihm noch ganz neu vorkam, nouveau pour lui.
Nachricht geben, donner avis.
herbey holen, apporter.
ihren kindischen und unverständlichen Mischmasch herzulallen, à bégayer leur petit jargon.
nun kam es nur darauf an, il ne s'agissoit plus que de.
ausfindig machen, vérifier.
im Gebrauche seyn, être usité.
Vorzug, primauté.
so sehr es darüber hielt, quelque jalouse qu'elle en eût toujours été.
Geblökke, le cri.

Nro.

Nro. VIII.

Geschichte des Milo.

Pausanias, der Geschichtschreiber, saget, Milo der Crotoner, sey in den Pythischen Spielen, siebenmal siegreich gewesen, einmal noch als ein Kind; er habe 6 Siege bey den Olympischen Spielen davon getragen, alle im Ringen. Und da er sich zum siebenten mal zu Olympia zum Ringen dargestellet habe, so habe er nicht streiten können, weil sich kein Gegner für ihn finden wollen. Er nahm einen Granatapfel dergestalt in die Hand, daß er ihn, ohne ihn zu zerdrücken, so fest faßte, daß er ihn, trotz der Bemühung derjenigen, die da suchten, ihm selbigen herauszureißen, dennoch zurückhielt. Er hielt sich auf einer Kugel, die man noch mit Oehl bestrichen hatte, um selbige schlüpfriger zu machen, dergestalt fest, daß es unmöglich war, ihn darauf wankend zu machen. Er band sich einen Strick, gleich einem Stirnbande, um den Kopf, und wenn er hierauf seinem Othem stark an sich hielt; so schwollen die Adern seines Hauptes so sehr auf, daß sie auch endlich den Strick zerrissen . . . Alles dieses war an dem Milo nichts als eine eitle und kindische Prahlerey mit seiner Stärke. Ein ungefährer Zufall verschaffte ihm eine Gelegenheit, wobey er sie lobenswürdiger anwenden konnte.

Erklärung.

Man sage: Milo . . . sey . . ., er habe . . . so habe . . . wolle (s. 4. Anmerk. S. 305.) einmal noch als ein Kind (hier ist ein Umstand auszudrücken; und das Zeitwort ist im Deutschen ausgelassen: also 1stens 1. Anm. S. 388; 2tens 3. Anmerk. S. 293. und 3tens 2. Abth. S. 371.) und da er sich . . . dargestellt habe. (1stens 3. Anmerk. S. 293. 2tens ist nicht zu vergessen, was wir 10. Abth. S. 179. gesagt haben.) Er nahm u. s. w. (s. die Regel über das Imparfait und die Parfaits S. 304 und 305.) ihm selbige (s. V. Regel S. 265.) suchten zu reissen (s. I. Regel S. 279.) er hielt sich (s. 2. Reg. S. 240.) um selbigen . . . zu machen (ibid.) ihn darauf (s. VI. Regel. S. 266.) wenn er . . . an sich hielt (s. die Regel S. 291. 3. Anmerk.) so sehr daß sie . . . zerrissen (s. die

1. An=

1. Anmerk. über daß S. 355.) war nichts (s. 2. Abth. S. 371.) Prahlerey mit seiner Stärke (s. I. Regel S. 223.) verschafte (hier gebe man wohl auf die Regel des Imparfait und Parfait défini Acht) Gelegenheit, wobey er konnte (s. I. Regel S. 283.)

Milo der Crotoner, Milon le Crotoniate, oder de crotone.
die pythischen Spiele, les jeux pythiens.
in einem Spiele siegreich seyn, être victorieux à un jeu.
noch als, n'étant encore qu'
einen Sieg davon tragen, remporter une victoire.
im Ringen, à la lutte.
streiten, combattre.
weil sich kein Gegner für ihn finden wollte, faute d'antagoniste.
in die Hand nehmen, empoigner.
zerdrücken, endommager.
trotz, malgré.
herausreissen, arracher.
zurück halten, retenir.
die Kugel (hier) le disque.
mit Oehl bestreichen, huiler.
ihn darauf wankend zu machen, de l'y ébranler.
sich um den Kopf binden, se ceindre la tête (mit den Genitiv)
hierauf, après quoi.
an sich halten, retenir.
so sehr daß, jusqu'au point de.
zerreissen, rompre.
alles dieses, tout cela.
die Prahlerey, l'ostentation mit de.
ein ungefährer Zufall, le hazard.
anwenden, faire usage (mit den Genitiv.)

Nro. IX.

Eines Tages, als er die Lehren des Pythagoras hörte, (denn er war einer von seinen emsigsten Schülern,) und die Säule, welche die Decke des Hörsaals hielt, auf einmal, ich weiß nicht, durch was für einen Zufall, erschüttert ward, so erhielt er sie allein, gab den Zuhörern Zeit, sich hinweg zu begeben, und rettete sich selbst, nachdem er die andern in Sicherheit gebracht hatte . . . Seine Gefräßigkeit konnte kaum mit 20 Pfund Fleisch und eben so viel Brodt gestillt werden. Athenäus berichtet, er habe einmal die ganze Rennbahn, mit einem Ochsen auf den Schultern, durchlaufen, ihn mit einem Faustschlage getödtet, und auch an selbigen Tage ganz aufgegeßen;

geßen. Als ihm auf dem Wege einstmals eine alte Eiche aufstieß, die durch einige Keile, die man mit Gewalt hineingetrieben hatte, war aufgespalten worden, so unternahm er sich, dieselbe vollends mit seinen Händen auseinander zu reißen. Doch da die Gewalt, die er dabey anwendete, die Keile losmachte, so wurden seine Hände, von der Zusammenschließung der beiden Theile des Baumes, die sich wieder zusammen thaten, gefangen, und eingequetschet; so daß, da er sich nicht mehr losmachen konnte, er von den Wölfen gefressen wurde.

Erklärung.

Lehre des Pythagoras (s. IV. Regel S. 213.) von seinem emsigsten Schülern (s. III. Regel S. 212. Anmerk.) die Säule ... erschüttert war (s. die Regel S. 291.) E (s. die Anm. über so S. 355.) er erhielt (s. die Regel über das Parfait défini S. 305.) Zeit geben (s. II. Regel S. 211.) rettete (wie oben S. 305.) nachdem er ... gebracht hatte (siehe 4. Anmerkung S. 279.) zwanzig Pfund Fleisch ... und Brodt (s. VII. Regel S. 219.) berichtet er habe (s. 3. Anm. S. 305.) Bemerkung über den ganzen Satz. Nachdem ich der so eben angeführten Anmerkung gemäß, das im Deutschen ausgelassene daß ausgedrückt habe, werde ich gleich gewahr, daß hier zwey Umstände die hauptsächlichen Handlungen, nämlich des Tödtens und Aufessens des Ochsens begleiteten. Nun: um diese richtig nach dem Geiste der französischen Sprache zu übersetzen; gebrauche ich den Circonstanciel passé für den ersten Umstand. Man sieht leicht die Ursache warum; der zweyte Umstand ist dem ersten gegenwärtig, indem Milo mit dem Ochsen auf den Schultern durch lief; also findet hier das Circonstanciel présent statt, und darauf kommen die beyden und mit einem Bindworte vereinigten Parfaits définis, alsdann ist der Satz nach der französischen Ordnung construirt) ihm eine Eiche aufstieß (s. die Regimen der Zeitwörter S. 330.) unternahm er sich ... auseinander zu reissen (s. I. Regel S. 278.) da die Gewalt ... losmachte, so wurden ... gefangen und eingequetschet (s. den Gebrauch des Parfait antérieur S. 307.) gefangen und eingequetscht (s. die II. Regel S. 299.) da er sich nicht ... konnte (s. die Regel S. 291.) wurde gefressen (s. die Regel des Parfait défini S. 305.)

Eines

Eines Tages als er ... hörte, un jour qu'il écoutoit. Diese Redensart ist wohl zu bemerken.
der Pythagoras, Pythagore.
die Decke, le plafond.
des Hörsaals, de la salle où. l'auditoire étoit assemblé.
der Zufall, l'accident.
erhalten, soutenir.
allein, lui seul.
sich hinweg begeben, se retirer.
in Sicherheit bringen, mettre en sureté.
die Gefräßigkeit, la voracité.
stillen, appaiser, (mit den Genitiv).
berichten, rapporter.
die Rennebahn, le stade.
der Faustschlag, le coup de poing.
auf dem Wege, en son chemin.
treiben, enfoncer.
mit Gewalt, de force.
aufspalten, entr'ouvrir.
sich unternehmen, entreprendre.
vollends entzwey zu reissen, achever de fendre.
doch, mais.
die Gewalt, l'effoir.
dabey, pour cela.
losmachen, dégager.
gefangen werden, se trouver pris.
die Zusammenschliessung, le ressort.
sich zusammen thun, se rejoindre.
einquetschen, serrer.
sich los machen, se débarrasser.
fressen, dévorer.

Nro. X.

Als einmal Solon nach Milet reisete, um dem Thales zu besuchen, so war das erste, das er ihm sagte, dieses: er verwundere sich, daß er niemals weder Weib noch Kinder begehret habe. Thales antwortete ihm zur Zeit nichts darauf. Aber einige Tage darauf richtete er einen Fremden ab, der vorgeben mußte, er käme nur allererst von Athen, von wo er seit 10 Tagen abgereiset sey. Sogleich fragte ihn Solon, ob nichts neues vorgegangen sey, da er abgereiset. Der Ausländer, den man schon seinen Spruch hatte lernen lassen, versetzte, er wisse nichts, als daß ein junger Mensch gestorben sey, dessen Leichenbegängnisse, die ganze Stadt beygewohnt habe, welcher, wie man sagte, ein Sohn des tugendhaftesten Mannes in der Stadt sey, der sich dazumal abwesend befand. Ach! unterbrach Solon, wie ist dieser arme Vater nicht zu bedauern! Aber wie hieß er denn? Ich habe ihn nennen hören, versetzte der Fremdling, aber sein Name ist mir entfallen. Ich erinnere mich nur, daß

man

man von seiner Weisheit und Tugend redete. Sollte es wohl sagte der Gesetzgeber, der Sohn des Solons seyn? ganz recht, eben dessen, gab der andere zur Antwort. Solon zerriß, bey diesen Worten, seine Kleider, schlug an seine Brust, und überließ sich dem lebhaftesten Schmerze. Nunmehro nahm ihn Thales bey der Hand, und sagte lächelnd zu ihm: getrost; dieses alles ist erdichtet. Da siehest du, warum ich mich nicht habe verheyrathen wollen, nämlich mir dergleichen Leiden zu ersparen.

Erklärung.

Reisete (S. die Regel über das Parfait défini S. 305.) um zu besuchen (s. I. Regel S. 288.) den Thales (s. IV. Regel S. 213.) war (sowohl als die übrigen deutschen Imparfaits wie oben S. 305. u. s. w.) sagte er, verwundere sich (s. 4. Anmerk. S. 305.) niemals weder . . . noch . . . (s. 1. Anmerk. S. 372.) daß er wolle (s. 4. Anmerk. bey den Regeln über das Imparfait S. 305.) vorgeben mußte er käme (wie oben S. 305.) ob nichts sey (s. 2. Anmerk. S. 304.) als er abgereiset (s. den Gebrauch von *en* S. 259.) nichts als daß (s. Anmerk. über daß S. 355.) gestorben sey (1. Anmerkung S. 308.) dessen (s. die Regel über dont S. 254.) beywohnet habe (s. 1. Anmerkung S. 308.) ein Sohn (s. VIII. Regel S. 221.) Mannes in der Stadt (s. I. Regel S. 223.) sey (s. 4. Anmerk. S. 305.) wie (s. 8. Hauptst. S. 357.) nicht zu bedauren (man bemerke daß dieser Satz eigentlich nicht verneinend ist. Also den Regeln der französ. Construction nach muß hier im Französischen keine Verneinung seyn) daß man . . . redete (s. I. Regel S. 318.) sollte es wohl seyn? (hier fehlt ein Zeitwort und 2tens s. 2. Anmerk. S. 310.) nahm ihn (s. 2. Regel S. 240.) zu ersparen. (s. I. Regel 288.)

Als einsmals Solon . . . reisete, un jour que Solon alla.

nach (wenn man, reisen mit *partir* übersetzt; so folget immer *pour*; mit *aller* aber setzt man *à* darauf)

das erste, la premiere chose.

war dieses, ce fut.

antwortete ihm sogleich nicht darauf, ne lui répondit rien sur l'heure.

abrichten, apostier.

vorgeben, dire.

nun

nur allererst, tout récemment.
von da, d'où.
ob nichts neues vorgegangen sey, s'il n'y avoit rien de nouveau.
einem seinen Spruch lernen lassen, faire la leçon à q. q.
versetzen, répondre.
Leichenbegängniß, le convoi.
beywohnen, accompagner.
sich abwesend finden, être absent.
wie, que.
heissen, s'appeler.
versetzen, répliquer.
entfallen, échaper.
sollte es wohl sein, ne seroit-ce pas.
ganz recht, c'est cela même.
darauf zur Antwort geben, reprendre.
bey diesen Worten, à ces mots.
an seine Brust schlagen, frapper sa poitrine.
bey der Hand nehmen, prendre par la main.
getrost, rassurez vous.
ist erdichtet, n' est qu' une fiction.
da siehest du warum, voilà pourquoi.
nämlich, c'est.
Leiden, chagrin.

Nro. XI.

Die Art, mit welcher Apelles mit dem Protogenes, einem berühmten Mahler seiner Zeit bekannt wurde, und in eine vertraute Freundschaft gerieth, ist sehr merkwürdig und verdient wohl erzählt zu werden. Protogenes lebte zu Rhodus, und war dem Apell, nur dem Ruhme nach, und durch das Aufsehen, welches seine Schilderungen machten, bekannt. Dieser wollte sich von der Schönheit seiner Werke, durch seine eignen Augen versichern, und that daher ausdrücklich eine Reise nach Rhodus. Als er bey dem Protogenes angekommen war, traf er niemanden, als eine alte Frau an, welche auf die Werkstatt des Künstlers Achtung gab. In gleicher Zeit fand er eine Tafel auf dem Staffelete, auf welcher noch nichts gemacht war. Als ihn die Alte um seinen Namen fragte, antwortete er ihr: hier will ich ihn hersetzen, und sogleich ergriff er einen Pinsel mit Farbe, und zeichnete etwas mit den allerfeinsten Strichen. Protogenes erfuhr bey seiner Wiederkunft von der Magd, was vorgegangen war. Er brauchte nicht lange Zeit den Verfertiger derselben zu errathen. Das ist Apelles, rief er aus, er ist der einzige auf der Welt, der eine so feine und freye Zeichnung machen kann.

Er.

Erklärung.

In dieser Aufgabe muß man besonders auf die Regeln über das Imparfait und Parfait défini sowohl, als über die sich beziehenden Fürwörter Acht geben.

die Art, mit welcher, la maniere dont.
Apell, Apelle.
der Protogenes, Protogene.
berühmt, fameux.
bekannt werden, faire connoissance.
und in eine vertraute Freundschaft gerieth, et dont il forma avec lui les noeuds de l'amitié la plus intime.
einem bekannt seyn, être connu.
dem Ruhme nach, de réputation.
das Aufsehen, le bruit.
daher, à cette fin.
ausdrücklich, exprès.
als er . . . angekommen war, (S. die Anm. über die Auslassungen S. 385. oder die Regel über den Circonstanciel).
die Werkstatt, l'attelier.
auf etwas Achtung geben, garder q. ch.
Tafel (heißt hier la toile.)
der Staffelet, le chevalet.
einen um seinen Namen fragen, demander à q. q. son nom.
hier will ich ihn hersetzen, je vais le mettre ici.
mit Farbe (s. die VI. Regel S. 216.)
etwas mit den allerfeinsten Strichen, quelques traits des plus délicats.
bey seiner Wiederkunft, à son retour.
was (s. die II. Regel S. 262.
betrachten, considerer.
die feine Zeichnung, la finesse de ces coups de pinceau.
lange Zeit brauchen, être longtems à . . .
derselben (s. die Erklärung über y und en.)
das ist, c'est.
auf der Welt, au monde.
der kann (s. 1. Anmerkung S. 312.)
so (s. die Anm. über die Nebenwörter S. 314.)
eine feine und freye Zeichnung, des traits fins et hardis.

Nr. XII.

Fortsetzung.

Hierauf nahm er von einer andern Farbe, und faßte eben diese Striche mit einer noch feinern und künstlichern Zeichnung ein. Zu seiner Haushälterinn aber sagte er, sie sollte dem Fremden, wenn er wieder käme, nur zeigen, was er gemacht hätte, und ihm zu gleicher Zeit sagen, daß dieses die Arbeit des Mannes wäre, den er suchte. Apelles kam bald darauf wieder. Als er aber zu seiner Beschämung sah, daß ihm sein Nebenbuhler überlegen wäre, nahm er von einer dritten Farbe, und zeichnete zu den gemachten Strichen einige andre, welche so künstlich und erstaunlich waren, daß er das feine in der Kunst ganz und gar dabey erschöpfte. Kaum hatte Protogenès diese letztern Striche in Augenschein genommen; so sagte er: ich bin überwunden, ich muß eilen und meinen Ueberwinder umarmen. In der That floh er auch den Augenblick nach dem Hafen. Hier fand er seinen Nebenbuhler, und gieng mit ihm eine vertraute Freundschaft ein, welche nach der Zeit niemals gebrochen wurde.

Erklärung.

In dieser Aufgabe muß man besonders auf die Regeln über den Gebrauch der Zeiten und Arten, der sich beziehenden Fürwörter und auf die Construction der Sätze Acht geben.

Hierauf, ensuite.
einfassen, peindre autour de quelque chose.
eben diese Striche, ces mêmes traits.
mit einer noch feinern und künstlichern Zeichnung, mais son ouvrage étoit plus fin et plus artistement tracé.
sagen, recommander.
nur zeigen, ne monter que.
zu gleicher Zeit, en même temps.

daß dieses wäre, que c'étoit.
bald darauf, peu de temps après.
zu seiner Beschämung, à sa honte.
daß ihm sein Nebenbuhler überlegen wäre, que son rival l'avoit surpassé.
zu den gemachten Strichen zeichnen, ajouter aux traits déjà faits.
erstaunlich, frappant.

das

das Feine in der Kunst, ce que l'art a de plus fin.
in Augenschein nehmen, appercevoir.
ich muß eilen und umarmen, il faut que je coure embrasser.
fliehen, voler.
den Augenblick, aussitôt.
nach, sur.
hier. (s. die Erklärung über *y* und *en* S. 257.)
flog, fand und gieng ein (s. die Regel über das Présent de l'indicatif S. 303.)
mit einem eine vertraute Freundschaft eingehen, s'unir à q. q. d'une amitié intime.
nach der Zeit, dans la suite.

Nro. XIII.

Jugendgeschichte des Cyrus.

Der Vater des Cyrus war Kambyses, der König der Perser, und seine Mutter Mandane, des Medischen Königs Astyages Tochter. Cyrus hatte einen schönen Körper, aber noch vortreflichere Eigenschaften des Geistes: er war voller Sanftmuth und Leutseligkeit, voller Eifer zu lernen, voller Begierde nach Ruhm. Er scheuete sich vor keiner Gefahr, und keine Arbeit war ihm zu schwer, wenn es darauf ankam Ehre zu erwerben. Er wurde nach den Gesetzen der Perser erzogen, die damals zur Erziehung der Jugend ganz vortreflich eingerichtet waren. Das Wohl des Staats, das allgemeine Beste, war der Grund und der Endzweck aller ihrer Gesetze. Die Erziehung der Kinder wurde als die wichtigste Pflicht und der nothwendigste Theil der Staatsverwaltung angesehen. Man überlies sie nicht dem Gutdünken der Aeltern, die oft aus Unverstand, und blinder Zärtlichkeit ihre Kinder verderben; sondern der Staat nahm die Sorge auf sich. Sie wurden gemeinschaftlich und auf gleiche Weise erzogen. Alles hatte dabey seine bestimmte Ordnung: der Ort und die Dauer der Uebungen, die Zeit der Mahlzeiten, die Beschaffenheit der Speisen und des Getränks, die Anzahl der Lehrer, die verschiedenen Arten der Strafen. Ihre ganze Nahrung, sowohl für die Kinder als für die Jünglinge, war Brod, Kresse und Wasser: denn man wollte sie frühzeitig zur Mäßigkeit und Nüchternheit gewöhnen; und ausserdem stärkte diese einfache und sparsame Nahrung, ohne alle künstliche Zubereitung, ihren Körper, und verschaffte ihnen eine Gesundheit, welche die härtesten Beschwerlichkeiten des Krieges bis ins höchste Alter aushalten konnte.

Erklärung.

In dieser Aufgabe braucht man nur auf den rechten Gebrauch der Geschlechtswörter, besonders auf die Zeiten der Zeitwörter, und auf die rechte Wahl der Vorwörter, Acht zu geben.

Jugendgeschichte, histoire de la jeunesse.
Cyrus, Cyrus.
der Vater des Cyrus . . . (in diesem Satze und dergleichen, ziehen wir die folgende Anordnung der gegenwärtigen deutschen vor: Cyrus war ein Sohn des u. s. w. Cyrus étoit fils de Cambyse roi des Perses, et de Mandane fille etc. . . .)
einen schönen Körper haben, être bien fait de corps.
aber noch vortreflichere Eigenschaften des Geistes, mais les qualités de son esprit l' emportoient encore sur la beauté de son corps (s. nach dem was wir 1. Anmerk. S. 388. gesagt haben.)
er war voller, plein (mit dem Genitiv s. nach der Bemerk. über die Auslassungen S. 385.)
Begierde nach Ruhm, ardeur pour la gloire.
sich vor etwas scheuen, être effrayé de q. ch.
keine Arbeit war ihm zu schwer, ni rébuté d'aucun travail.
darauf ankommen, s' agir.
nach, selon.
zur Erziehung, par rapport à l'éducation.
vortreflich eingerichtet seyn, être excellent.
das allgemeine Beste, l' utilité commune.
nothwendig, essentiel.
die Staatsverwaltung, le gouvernement.
einen dem Gutdünken der Aeltern überlassen, s'en reposer sur l' attention des peres et des meres.
aus, par.
der Unverstand, l' incapacité.
verderben, gâter.
auf sich nehmen, se charger (de q. ch.)
gemeinschaftlich, en commun.
auf gleiche Weise, d' une maniere uniforme.
die Beschaffenheit, la qualité.
Arten der Strafen, (s. 3. Anmerk. S. 224.)
ihre ganze Nahrung, toute leur nourriture.
frühzeitig, de bonne heure.
die Nüchternheit, la sobriété.
sparsam, frugale.

die

die künstliche Zubereitung, l'assaisonnement artificiel.	bis ins höchste Alter, jusque dans l'âge le plus avancé.

Nro. XIV.

Fortsetzung.

Sie giengen in die Schule, um daselbst die Gerechtigkeit zu lernen, wie man sonst hineingeht, Lesen, und Schreiben und die Wissenschaften zu lernen; und das Laster, welches man darinnen am härtesten bestrafte, war die Undankbarkeit. In der Klasse der Kinder war man bis ins sechszehnte oder siebenzehnte Jahr; und hier lernte man mit dem Bogen schiessen, und mit dem Wurfspieße werfen. Darauf kam man in die Classe der Jünglinge. Diese wurden am strengsten gehalten, weil dieses Alter einer genauen Aufsicht am nöthigsten hat. Sie blieben zehn Jahre in dieser Classe. Während dieser Zeit brachten sie alle Nächte auf der Wache zu, theils zur Sicherheit der Stadt, theils um die Beschwerlichkeiten gewohnt zu werden. Den Tag über richteten sie die Befehle ihrer Vorgesetzten aus, begleiteten den König, wenn er auf die Jagd gieng, und suchten sich in den Leibesübungen vollkommener zu machen. Cyrus wurde auf diese Weise erzogen, und that es immer seinen Kameraden zuvor, sowohl in der Leichtigkeit zu lernen, als in der Herzhaftigkeit, und der Geschicklichkeit dasjenige auszurichten, was er unternahm.

Erklärung.

Diese Aufgabe giebt Gelegenheit, sich in dem Gebrauche des sich beziehenden Fürworts *y*, und der Beugfälle des Infinitiv häufig zu üben. Das Imparfait und Parfait défini veranlaßt auch darin Ueberlegung.

Daselbst (s. die Anm. über *y* und *en* S. 257.) hineingehen (ibidem). zu lernen (s. bey dem Gebrauche des Infinitif).	am härtesten, le plus sévèrement. bis ins 16te oder 17te Jahr, jusqu' à seize ou dix-sept ans.

ler=

lernen, former.
Bogen schießen, tirer de l'arc.
Wurfspieß werfen, lancer le javelot.
darauf, ensuite.
kommen, passer.
die Jünglinge, les adolescents.
am strengsten, de la maniere la plus sévere.
am nöthigsten haben, exiger.
genaue Aufsicht, attention particuliere.
auf der Wache, dans les corps de garde.
theils zu, tant pour.
theils, que.
gewohnt werden, s'accoutumer.
ausrichten, obéir, (mit dem Dativ).
suchen, tâcher.
sich vollkommen machen, se rendre adroit.
die Leibesübung, l' exercice du corps.
auf diese Weise, de la sorte.
es zuvor thun, surpasser.
seinen Kameraden, ceux de son âge.
ausrichten, exécuter.

Nro. XV.

Fortsetzung.

Als er ungefähr zwölf Jahr alt war, nahm seine Mutter Mandane ihn mit sich nach Medien zu seinem Großvater Astyages, den das viele Gute, das er von diesem jungen Prinzen hörte, sehr begierig gemacht hatte, ihn zu sehen. Er fand an diesem Hofe ganz andere Sitten, als in seinem Vaterlande. Cyrus ließ sich von allem diesen Glanz nicht verblenden, und ohne etwas daran auszusetzen oder zu tadeln, wußte er sich in den Grundsätzen, die man ihm von Kindheit an beygebracht hatte, zu erhalten. Er bezauberte seinen Großvater durch seine witzigen und lebhaften Einfälle, und gewann alle Herzen durch sein edles und gefälliges Betragen. Aus folgender Begebenheit mag man auf das Uebrige schließen.

Erklärung.

Diese Aufgabe wird zur Uebung der persönlichen, verbindenden, zueignenden, anzeigenden und sich beziehenden Fürwörter, besonders dienen. Man findet auch darin die Anwendung der Regeln über das Imparfait, Parfait défini, Parfait antérieur, und das Mittelwort.

Un-

Ungefähr 12 Jahr alt seyn, atteindre l'âge de douze ans.
einen mit sich nehmen, mener q. q. avec soi (man untersuche ob soi hier zu gebrauchen sey S. 244.)
nach, en.
zu, chez.
den das viele Gute, qui d'après tout le bien.
ganz andere, toutes differentes.
Pracht und Ueppigkeit, le luxe et le faste.
sich verblenden, être ébloui.
aussetzen, critiquer.
tadeln, condamner.
beybringen, inspirer.
von Kindheit an, dès son enfance.
bezaubern, charmer.
witzige und lebhafte Einfälle, saillies pleines d'esprit et de vivacité.
Betragen, manieres (pluriel feminin).
gefällig, engageant.
aus, par.
auf das Uebrige schliessen, juger du reste.

Nro. XVI.

Fortsetzung.

Astyages, der seinem Enkel gern die Lust benehmen wollte, in sein Vaterland zurückzukehren, ließ ein prächtiges Gastmahl anrichten, in welchem alle mögliche kostbare und leckere Speisen im Ueberfluß verschwendet wurden. Cyrus bewies sich bey allen diesen prächtigen Anstalten ganz gleichgültig. „O, mein lieber Großpapa, rief er aus, als er die Menge von Gerichten sah, wie viel Mühe haben Sie beym Essen, wenn Sie nach allen diesen Schüsseln die Hände ausstrecken, und von allen diesen Speisen essen müssen! Wie? versetzte Astyages, gefällt dir denn diese Mahlzeit nicht weit besser, als eure Persischen? Ganz und gar nicht, antwortete Cyrus: wir nehmen, statt so vieler Umstände und Umwege, den Hunger zu stillen, einen viel kürzern Weg, um zu dem nehmlichen Zwecke zu gelangen; ein wenig Brodt und Kresse führt uns dahin."

Erkärung.

In dieser Aufgabe findet man eine Uebung in den Theilungsartikel sowohl, als in den Circonstanciels. Man muß

auch

auch auf den rechten Gebrauch der Zeiten der Zeitwörter Acht geben.

Die Lust benehmen, faire perdre l'envie.
ließ anrichten, fit préparer.
Gastmahl, festin.
in welchem, où.
alle möglichen kostbaren und leckern Speisen, tout . . . soit pour la rareté, soit pour la quantité des viandes.
im Ueberfluß verschwenden, prodiguer.
sich ganz gleichgültig beweisen, regarder avec des yeux indifférents.
prächtige Anstalten, fastueux appareil.
ausrufen, s'écrier.
wie viel Mühe haben Sie beym Essen, que de peine il vous doit couter à table.
nach etwas die Hände ausstrecken, porter la main à q. ch.
gefällt dir denn diese Mahlzeit nicht, est-ce que ce repas ne te plait pas.
eure Persischen, vos repas de Perse.
ganz und gar nicht, nullement.
statt, au lieu de.
Umstände, détours.
Umwege, circuits.
zu einem Zwecke gelangen, arriver à un but.

Nro. XVII.

Fortsetzung.

Cyrus fragte den Astyages, ob er ihm erlauben wolle, mit alle dem Fleische zu machen, was ihm gutdünkte, und als er seine Bitte bewilligte, theilte er es gleich unter die Bedienten des Königs aus; dem einen, weil er ihn reiten lehrte; dem andern weil er ihm einen Wurfspies geschenkt; dem dritten, weil er seinen Großvater gut bediente; dem vierten, weil er seiner Mutter viel Ehre erwies; Sakas der Mundschenke, war der einzige, welcher nichts bekam. Dieser hatte ausserdem noch das Amt, diejenigen, die mit dem Könige sprechen wollten, bey ihm einzuführen; und da es ihm nicht möglich war, den Cyrus so oft zu dem Astyages zu lassen, als er verlangte, so hatte er das Unglück, ihm zu mißfallen. Astyages fragte ihn also: und dem Sakas, den ich vor allen andern in Ehren halte, giebst du nichts? Und warum mein lieber Großpapa, versetzte Cyrus,

rus, ehren sie diesen Mann so sehr? Siehst du denn nicht, sagte Astyages, wie schön es ihm ansteht, wenn er mir einschenkt? O wenn weiter nichts nöthig ist, fiel ihm Cyrus ein, Ihre Gunst zu gewinnen, so werde ich sie bald ganz besitzen. Befehlen Sie nur dem Sakas, daß er mir den Becher gibt, ich werde es eben so gut machen als er.

Erklärung.

Diese Aufgabe enthält eine Uebung in den Beugfällen des Infinitivs, in den Circonstanciels, und in dem Mittelworte. Man muß auch auf die Fürwörter, die sich darin befinden, seine ganze Aufmerksamkeit richten.

Ob er wolle (s. 2. Anmerk. S. 302.)
mit alle dem Fleische, de toutes ces viandes.
gutdünken, plaire (s. 2. Anm. S. 302.).
als er seine Bitte bewilligte, et voyant sa priere exaucée.
es, les.
gleich, sur le champ.
reiten, monter à cheval.
schenken, faire présent (de q. ch.).
viel Ehre erweisen, témoigner un grand respect.
der Mundschenke, l'échanson.
dieser, cet officier.
ausserdem, outre la charge d'échanson.
anführen, introduire.
mit dem König sprechen, être admis à l'audience du Roi.
den Cyrus so oft zu den Astyages zu lassen als er verlangte, d'accorder cette faveur à Cyrus aussi souvent qu'il le désiroit.
mißfallen, déplaire.
den ich vor allen andern in Ehren halte, que j'honnore plus que tous les autres.
so sehr, fort.
siehest du dann nicht, n'as tu pas remarqué.
wie schön es ihm ansteht, avec quelle adresse.
einschenken, servir à boire.
wenn weiter nichts nöthig ist, ne faut-il que cela.
einem einfallen, interrompre.
Gunst, les bonnes graces.
besitzen, gagner.
daß er mir . . . giebt (s. 3. Anm. S. 282.
der Becher, la coupe.

Nro. XVIII.

Fortsetzung.

Sogleich gab man ihm den Becher; er machte alles wie er vom Sakas gesehen hatte, und überreichte den Becher, auf drey Fingern, mit so vielem Anstande, daß Astyages und Mandane sich nicht satt lachen konnten. Hierauf fiel er seinem Großvater um den Hals, küßte ihn und rief: O Sakas, armer Sakas, du bist verlohren. Ich werde künftig dein Amt bekommen. Denn ich mache es nicht nur schöner, sondern ich trinke auch selbst den Wein nicht aus. Die königlichen Mundschenken hatten nämlich die Gewohnheit, ehe sie den Becher dem König überreichten, vorher etwas Wein in ihre linke Hand zu gießen, und zu trinken, damit der König niemals fürchten möchte, daß sie den Wein vergiftet hätten. Warum aber, sagte Astyages, da du dem Sakas in allen übrigen Stücken so genau nachahmtest, hast du denn nicht auch den Wein vorher gekostet? Weil ich befürchtete, daß Gift in dem Becher seyn mögte. Gift? wie so? Ja mein lieber Großpapa; denn neulich, als Sie auf ihrem Geburtstage ihre Freunde tractirten, erfuhr ich bald, daß der Sakas Ihnen Gift eingegossen hatte. Denn als Sie davon getrunken hatten, kamen sie alle von Sinnen und Vernunft. Wie? versetzte Astyages, wiederfährt denn das deinem Vater nicht auch, wenn er getrunken hat. — Ganz und gar nicht. Und was wiederfährt ihm denn? Er hört auf Durst zu haben, das ist alles.

Erklärung.

Man muß bey der Uebersetzung dieser Aufgabe auf die Nebenwörter, besonders der Vielheit, den Gebrauch des Theilungsartikels, die Regel der verbindenden Art und auf parceque und puisque Acht geben.

Wie er es vom Sakas gesehen hatte, ce qu'il avoit vu faire à Sacas.

auf, avec.

der Anstand, la grace.

sich nicht satt lachen konnten, ne pouvoient cesser d'en rire.

einem um den Hals fallen, sauter au cou de q. q.

ru=

rufen, s' écrier.
ich werde künftig dein Amt bekommen, j'aurai ta charge.
nicht nur, non seulement.
sondern auch, mais en outre.
austrinken, boire.
die königlichen Mundschenken hatten die Gewohnheit, c' étoit l'usage des échansons.
Ehe sie (man muß hier auf die Anordnung des Satzes Acht geben).
fürchten möchte (s. die 3. Anmerk. S. 313.).
da, puisque.
einem nachahmen, imiter q. q.
vorher kosten, goûter.
seyn möchte (wie oben S. 313.)
wie so, et pourquoi,
neulich als Sie auf ihrem Geburtstage, dernierement, lorsque pour célébrer la fête de l'anniversaire du jour de votre naissance.
einen tractiren, donner un festin à q. q.
erfahren, étre convaincu.
eingiessen, présenter.
als Sie . . . hatten (s. die Regel über das Parfait antérieur).
von Sinnen und Vernunft kommen, perdre la tête et la raison.
wiederfährt denn das deinem Vater nicht auch, n'arrive-t-il pas la même chose à votre pere?
aufhören, cesser.
das ist alles, et voilà tout ce qui arrive.

Nro. XIX.

Fortsetzung.

Als Mandane wieder nach Persien zurückkehren wollte, bat Astyages den Cyrus, noch länger bey ihm zu bleiben; und Cyrus willigte mit Freuden in diese Bitte, weil er gern recht reiten lernen wollte. Während daß er sich an dem Hofe seines Großvaters aufhielt, erwarb er sich die allgemeine Liebe und Hochachtung der Meder. Als er aber ungefähr 16 Jahr alt war, rief ihn sein Vater Kambyses zurück, damit er die übrigen Jahre in den Uebungen der Perser vollenden mögte. Er reisete sogleich ab, damit weder sein Vater noch Vaterland Ursach haben mögten, über ihn zu klagen. Bey dieser Gelegenheit sah man wie zärtlich er geliebt wurde. Jedermann, jung und alt, und Astyages selbst zu Pferde, begleiteten ihn sehr weit, und als sie sich trennen mußten, war keiner, der nicht Thränen vergossen hätee.

Er=

Erklärung.

In dieser Aufgabe findet man besonders eine Uebung über den Gebrauch des Infinitivs, im Nominativ, im Genitiv und Dativ; über die Circonstanciels und Fürwörter.

noch länger, encore quelque temps.
in eine Bitte willigen, y consentir.
während daß er sich am . . . aufhielt, pendant son séjour à . . .
sich erwerben, se concilier.
zurück rufen, rappeller.
vollenden, achever.
die übrigen Jahre, le nombre d'années.
in den Uebungen, destinées aux exercices.
über einen klagen, se plaindre de q. q.
bey dieser Gelegenheit sah man, ce fut dans cette occasion que l'on vit.
zu Pferde, à cheval.
war keiner, il n'y eut personne.
Thränen vergiessen, répandre des larmes.

Nro. XX.

Aus dem Lucian. (5. Theil.)

Klisthenes, Fürst zu Sicyon, machte bekannt, daß er seine Tochter Agariste demjenigen zur Gemahlin geben würde, von dem er überzeugt wäre, daß er unter den edelsten Jünglingen des ganzen Griechenlandes der vorzüglichste sey. Unter den Freyern, die diese Einladung von allen Orten und Enden herbeyzog, waren auch Hypokleides Tisanders, und Megakles Alkmeons Sohn von Athen. Klistenes behielt sie alle ein ganzes Jahr lang bey sich, probirte sie auf alle mögliche Art, und endschied sich endlich in sich selbst, nachdem seine Wahl eine Zeitlang zwischen Megakles und Hypokleides geschwebt hatte, für den letztern. Endlich kam der bestimmte hochzeitliche Tag, an welchem Klisthenes, seine Wahl bekannt machen wollte. Er stellte ein großes Gastmahl an, wobey noch verschiedene Wettstreite in der Beredsamkeit und Musik zwischen den Freyern vorfielen. Endlich wandelte den Hypokleides die Eitelkeit an, auch seine Geschicklichkeit im Tanzen sehen zulassen, wovon dtr

Schwie-

Schwiegerpapa unglücklicher Weise kein Liebhaber war. Indessen sagte dieser doch nichts, so lang der junge Herr die edle und feyerliche Art von Tanz, die zu Athen Emmeleia genannt wurde tanzte. Wie er sich aber in diesen seinen Künsten so wohl gefiel, daß er nun auch allerley wilde und komische Sprünge machte, und zuletzt gar auf dem Kopfe tanzte, so gieng dem alten Fürsten die Geduld aus, und er rief ihm etwas lebhaft zu: Sohn Tisanders, du hast dich um meine Tochter getanzt. Das läßt sich Hypokleides nicht kümmern, antwortete dieser ganz ruhig, und man fand diese Antwort so sonderbar, daß sie zum Sprüchwort wurde. Klisthenes gab nun seine Tochter dem Alkmeon, und sie hatte die Ehre die Urgroßmutter des berühmten Perikles zu werden.

Erklärung.

Diese Aufgabe gewährt eine häufige Uebung in dem Gebrauch der Zeiten, besonders aber des Parfait défini

Klisthenes, Clistene.
bekannt machen, faire publier.
eine zur Gemahlin geben, donner en mariage.
von dem er überzeugt wäre, daß er . . . sey, qu'il reconnoitroit pour être . . .
der Freyer, le prétendant.
von allen Orten und Enden, de tous côtés.
Hypokleides, Hypoclide.
Tisander, Tisandre.
Megakles, Mégacle.
Athen, Athênes.
probirte sie auf alle mögliche Art, leur fit subir toutes les épreuves possibles.
sich für Jemand entscheiden, se décider enfaveur de q. q.
schweben, partager.
der hochzeitliche Tag, le jour des noces.
ein Gastmahl anstellen, donner un festin.
wobey Wettstreite zwischen . . . vorfielen, où l'on proposa des défis . . aux.
die Eitelkeit wandelt einen an q. q. a la vanité.
Schiegerpapa, beau pere.
die edle und feyerliche Art von Tanz, les danses honnêtes et graves.
Emmeleia (ist ein griechisches Wort).
sich in etwas so wohl gefallen, trouver tant de plaisir a q. ch.
wilde und komische Sprünge,

des sauts malhonnêtes et comiques.
auf dem Kopfe tanzen, danser sur sa tête.
etwas lebhaft, avec un peu d' animosité.
sich um etwas tanzen, perdre q. ch. en dansant.
das läßt sich Hypokleides nicht kümmern, Hypoclide s' en met peu en peine.

Nro. XXI.

Dionysius von Syrakus, dessen Hof von Philosophen, witzigen Köpfen und Talenten aller Art wimmelte, hatte unter andern Prätensionen auch die Grille, ein Poet zu seyn, und machte Tragödien. Wie man leicht denken kann, empfing er darüber große Complimente von seinen Höflingen. Der einzige Philoxenus hatte den Eigensinn, die hochfürstlichen Verse elend zu finden. Dionysius ließ ihn, um ihn bessere Mores zu lehren, in den Steinbruch abführen, verzieh ihm aber doch bald wieder, berief ihn an seinen Hof zurück, und las ihm ein neues Stück vor, um zu sehen, ob sich sein Geschmack gebessert habe. Der Fürst hatte kaum etliche Verse gelesen, so stand Philoxenus auf und sagte: führet mich in den Steinbruch zurück.

Erklärung.

In dieser Aufgabe findet man die Anwendung der Regel über die richtige Stellung der Beywörter, den Unterschied zwischen faire nnd laisser, der Anmerkung über den Gebrauch des französischen Plusqueparfait, u. s. w.

Dionysius von Syrakus, Denis de Syracuse.
witzige Köpfe, beaux esprits.
wimmeln, fourmiller.
Prätension, la prétension.
die Grille, la fantaisie.
darüber, sur son ouvrage.
den Eigensin haben, être assez bisare pour.
hochfürstlichen, du prince.
Elend finden, trouver pitoyable.
abführen lassen, faire conduire.
einen bessere Mores lehren, apprendre à mieux vivre, à q. q.
der Steinbruch, la carriere.
wieder verzeihen, pardonner.
wieder berufen, rappeler.

vorlesen, lire.
ein neues Stück, une piece nouvelle.
der Geschmack, le goût.
sich gebessert habe, étoit devenu meilleur.
zurück führen, reconduire.

Nro. XXII.

Fabel.

Die Glieder des menschlichen Körpers wurden einmal überdrüssig, sich einander zu dienen, und wollten es nicht mehr thun. Die Füße sagten: warum sollen wir allein euch andern alle tragen und fortschleppen? Schafft euch selbst Füße, wenn ihr gehen wollt. Die Hände sagten, warum sollten wir allein für euch andern alle arbeiten? Schafft euch selbst Hände, wenn ihr welche braucht. Der Mund brummte, ich müßte wohl ein großer Narr seyn, wenn ich immer für den Magen Speisen kauen wollte, damit er sie nach seiner Bequemlichkeit verdauen möge; schaffe sich selbst einen Mund, wer einen nöthig hat. Die Augen fanden es gleichfalls sehr sonderbar, daß sie allein für den ganzen Leib beständig auf der Wache stehen und für ihn sehen sollten. Und so sprachen auch alle die übrigen Glieder des Leibes, und eins kündigte dem andern den Dienst auf. Was geschah? da die Füsse nicht mehr gehen, die Hände nicht mehr arbeiten, der Mund nicht mehr essen, die Augen nicht mehr sehen wollten; fing der ganze Köper in allen seinen Gliedern an zu welken, und allmählich abzusterben. Da sahen sie ein, daß sie thöricht gehandelt hätten, und wurden eins, daß es künftig nicht wieder geschehen sollte. Da diente wieder ein Glied dem andern, und alle wurden wieder gesund und stark wie sie vorher gewesen waren.

Erklärung.

Hier gebe man Acht, auf die sich beziehenden fürwörtlichen Zeitwörter, auf die II. Regel über die verbindenden Fürwörter, das deutsche persönliche Fürwort s i ch, den Theilungsartikel, die VII. Regel S. 267., den Gebrauch des Subjonctiv, die fragende Construction, u. s. w.

Ueber=

Ueberdrüßig werden, se lasser.
einander, les uns les autres.
fortschleppen, trainer avec soi.
sich schaffen, se procurer.
gehen, marcher.
wenn ihr welche braucht, si vous en avez besoin.
brummen, dire en murmurant.
sehr sonderbar finden, trouver étrange.
beständig, continuellement.
auf der Wache stehen, faire sentinelle.
einem den Dienst aufkündigen, refuser de servir q. q.
welken, dépérir.
absterben, perdre la vie.
einsehen, reconnoître.
eins werden, se promettre d' un commun accord.

Nro. XXIII.

Aus dem Lucian.

Wie die Thrazischen Weiber den Orpheus in Stücken zerrissen hatten, warfen sie seinen Kopf und seine Leyer in den Hebrus, der beyde dem schwarzen Meere zutrug. Der Kopf, sagt man, schwamm über der Leyer, und gab traurige Töne, gleich einem Klageliede über den Tod des göttlichen Sängers, von sich, die vom Winde bewegten Saiten der Leyer, stimmten harmonisch in diesen Trauergesang ein, und so wurden beyde singend mit einander an das Ufer von Lesbos getrieben, wo sie von den Einwohnern aufgefangen, und der Kopf an dem Orte, wo dermalen der Tempel des Bacchus steht begraben, die Leyer aber dem Apollo in seinem Tempel geheiliget, und viele Jahre lang daselbst aufbewahrt wurde. Endlich trug es sich in der Folge zu, daß ein gewisser Neanthus, der alle die Wunderdinge, die von der Leyer des Orpheus erzählt worden, als, wie sie bey seinem Leben, Thiere, Bäume und Felsen nach sich gezogen, und sogar nach seinem Tode noch von sich selbst gesungen hätte, gehört hatte, grosse Lust bekam diese Leyer zu besitzen, und endlich Mittel fand, einen Priester mit schwerem Geld zu bestechen, daß er eine andre ähnliche an ihren Platz unterschob und die ächte Leyer des Orpheus ihm in die Hände lieferte. Wer war froher als Neanthus, da er sich Meister von diesen wundervollen Instrumente sah, wodurch er, ohne das mindeste von der Musik zu verstehen, der Erbe des Talents eines Orpheus zu seyn glaubte. Er war so vollkommen hiervon überzeugt, daß er aus Furcht, daß die Sache ruchtbar werden möchte, sich nicht getrauete bey Tage und in der Stadt die Probe damit zu machen. So bald aber die Nacht eingebrochen war, verbarg er die Leyer unter seinen Mantel, begab sich an einen einsamen Ort vor der Stadt, und fing an mit aller Ungeschicklichkeit eines jungen Menschen, der in seinem Leben keine Leyer angerühret hatte, auf den Saiten herum zu klimpern, nicht zweifelnd, daß sie Harmonie von sich geben würden, wodurch alle lebendigen und leblosen Dinge bezaubert werden müßten; bis endlich eine Menge Hunde, die das Geklimper aus der ganzen Gegend herbey gezogen, über ihn hergefallen seyn, und ihn in Stücken zerrissen haben sollen; so daß der arme Jüngling, wenigstens in diesem Stücke, dem Orpheus nur gar zu ähnlich wurde, und durch den Zauber seiner Musik, wenigstens Hunde, wie wohl zu seinem Unglück herbey zog.

Erklärung.

Diese Aufgabe bietet häufige Uebung dar, über den Circonstanciel; die IV. Regel S. 213.; die Stellung der Beywörter; das Reginien der Fürwörter; die 1. Anmerk. der Construction; den Gebrauch von *y* und *en*; die VII. Regel S. 219.; die frag- und beziehende Fürwörter und Beygfälle des Infinitiv.

Die thrazischen Weiber, les femmes Traces.
in Stücken zerreissen, déchirer.
Hebrus, l'Ebre.
Töne geben, faire entendre des tons.
das Klagelied, l'élégie (weiblich.).
bewegen, agiter.
einstimmen, seconder.
harmonisch, avec harmonie.
singend, en formant ces accords.
treiben, pousser.
an das Ufer, sur la côte.
auffangen, recueillir.
begraben, enterrer.
aufbewahren, conserver.
heiligen, consacrer.
sich zutragen, arriver.
Wunderding, la chose merveilleuse.
als, savoir par exemple.
fort singen, continuer de chanter.
große Lust bekommen, avoir grande envie.
mit schwerem Gelde bestechen,

corrompre à force d'argent.
unterschieben, substituer.
in die Hände liefern, remettre.
wer war froher als . . . qui pourroit être plus content que ne le fut . . .
wundervoll, admirable.
wodurch, avec lequel.
ohne das mindeste von . . . verstehen, sans avoir la moindre connoissance de . . .
ruchtbar werden, être découvert.
bey Tage, en plein jour.
die Nacht bricht ein, il fait nuit.
einsam, écarté.
vor der Stadt, hors de la ville.
herum klimpern, faire résonner.
wodurch . . . bezaubert werden mußten, qui enchanteroit . . .
bis endlich, mais alors.
das Geklimper, les sons discors.
herbeyziehen, attirer.
herfallen, assaillir.
so daß, de façon que.
in diesem Stücke, en ce point.
der Zauber, les charmes.

Nro. XXIV.

von den Planeten.

Die Rangordnung der Planeten, wie sie von den Astronomen jetzt angenommen wird, ist folgende: In der Mitte steht die Sonne, dann kömmt der Merkur, dann die Venus, dann die Erde, mit ihrem Trabanten, dem Mond, dann der Mars, dann der Jupiter, mit 4 Trabanten, dann der Saturn mit 7 Trabanten, und endlich der Uranus mit 2 Trabanten. Man nennt die Bewegung eines Planeten um die Sonne, die Revolution. Die Planeten haben außer dieser Bewegung um die Sonne noch eine andere, um sich selbst, die man Rotation nennt. Die Zeit der Bewegung der Planeten um die Sonne, ist folgende: Merkur 87 Tage, 23 Stunden, 14 Minuten, 33 Sekunden. Venus 224 Tage, 16 Stunden, 41 Minuten, 27 Sekunden. Erde 365 Tage, 5 Stund. 48. Min. 48 Sek. Mond unbekannt. Mars 1 Jahr, 321 T. 16 St. 18 Min. 27 Sek. Jupiter 11 Jahr, 312 Tage, 20 St. 39 Min. 2 S. Saturn 29 Jahr, 154 Tage, 13 St. 16 Min. 15 Sek. Uranus

nus 83 Jahr, 52 Tage, 4 St. Was die Zeit der Rotation angeht, so braucht die Sonne 25 Tage, 14 St. 8 Minuten. Merkur unbekannt. Venus 23 St. 22 Min. Erde 24 St. Mond 27 Tage, 8 St. Mars 24 St. 39 Min. 21 Sekunden. Jupiter 9 St. 55 Min. 34 Sek. Saturn 6 St. und einige Minuten. Uranus unbekannt.

Erklärung.

Diese Aufgabe und die folgenden dienen zur Uebung der Zahlwörter und des Gebrauchs des un- und bestimmten Artikels.

Die Rangordnung der Planeten, l'ordre des planettes entr' elles.
wie, tel.
angenommen, reçu.
ist folgende, est le suivant.
steht, se trouve.
dann kommt der Merkur, dann die Venus, après lui viennent de suite Mercure, Vénus etc.
der Trabant, le satellitte.
die Bewegung, le mouvement.
um die Sonne, autour du soleil.
die Revolution, la révolution.
um sich selbst, sur leur axe.
Rotation, rotation.
die Zeit der Bewegung des Planeten um die Sonne ist folgende, le temps qu' emploient les planettes à faire leur révolution est.
Merkur, pour Mercure u. s. f.
was die Zeit angeht, pour ce qui est du temps.
die Sonne braucht, le soleil y met.

Nro. XXV.

Von der Sonne.

Die Sonne ist eine Kugel, da sie uns unter jeder Lage, als eine runde Scheibe erscheint, ihr Durchmesser ist 194490 Meilen groß. Sie selbst ist beynahe $1\frac{1}{2}$ Millionen mal so groß als die Erde. Auf ihr erblickt man mehrere dunkle Flecken, oft einzeln, oft in mehrerer Anzahl zerstreuet, oft gruppenweise und von verschiedenen, von Zeit zu Zeit veränderlichen Größsen. Die größern haben in der Mitte einen dunklern Kern, und sind gewöhnlich mit einem Nebel oder bloßen Schatten umgeben. Auch giebt es, vorzüglich in der Nachbarschaft des Sonnenrandes länglichte Streifen, die ein anderes Licht als die Sonne haben. Die Sonne hat eine Atmosphäre, die sich noch bis jenseits der Marsbahn erstreckt, diese Atmosphäre hat ein weißlichtes Licht, wie die Milchstraße.

Erklärung.

Hier muß man auf die I. Regel S. 210., in Ansehung der Haupt- Bey- und Fürwörter und auf die erste Regel S. 223. Acht geben.

Die Kugel, le globe.
die Scheibe, le disque.
ist groß, est de.
die Meile, le mille d'allemagne.
einzeln, seules.
zerstreuet, parsemées.
gruppenweise, rassemblées.
von Zeit zu Zeit veränderlich, variable.
die größten, les plus considérables.
haben einen dunkeln Kern, on voit . . . une obscurité plus grande.
umgeben, environner.
vorzüglich, surtout.
die Nachbarschaft, la partie voisine.
der Sonnenrand, l'extrémité du disque du soleil.
länglichte Streifen, des traces allongées.
bis jenseits, jusqu'au de là.
Marsbahn, le cercle de la révolution de Mars.
weislicht, blanchâtre.
wie, comme celle.
die Milchstraße, la voie lactée.

Nro. XXVI.

Fortsetzung.

Daß die Sonne ein leuchtender Körper sey, ist keine Frage, ob sie ein Feuer sey, ist schwerer auszumachen. Wenn sie aber auch ein Feuer wäre, so müßte doch dasselbe von unserm Feuer auf dem Heerde sehr verschieden seyen. Denn ob man gleich durch ein Brennglas Holz anzünden kann, so wird doch das

Glas

Glas selbst gar nicht merklich heiß. Ueberdies verwickelt man sich in große Schwierigkeiten, wenn man die Sonne für ein Feuer hält, in Rücksicht auf die Nahrung desselben. Es ist denkbar, daß die Sonne eine feuerlose Kugel ist, auf deren Oberfläche Länder und Meere (vielleicht auch Geschöpfe) sich befinden, die nur die Lichtmaterie im Weltraum an sich zieht. Indem die an sich kalten Lichtstrahlen der Sonne auf die Erde kommen, treffen sie in dem untern Theile der Atmosphäre derselben, und auf der Oberfläche der Erde Feuerstoffe, mit welchen sie sich verbinden, und durch eine chemische Wirkung Wärme erzeugen. Auf den hohen Bergen ist es eben deshalb kalt, weil, obgleich dort die Lichtstrahlen der Sonne eben so gut als tiefer unten hinkommen, sie doch in der höhern Atmosphäre der Berge nicht so viel Feuerstoff finden. Die Sonnenflecken wären nach dieser Hypothese von Lichtmaterie entblößte Stellen, die entweder das Licht nicht zurückwerfen, sondern verschlucken, wie z. B. Meere, oder wo Wolken den Durchgang des Lichtes hindern.

Erklärung.

Diese Aufgabe enthält eine Uebung in dem Gebrauch der verbindenden Art, des Infinitivs und Conditionnels sowohl, als der sich beziehenden Fürwörter.

leuchtender, lumineux.
ist keine Frage, il n'y a point de doute.
ob, que.
schwer auszumachen, difficile de décider.
wenn auch, quand bien même.
so, du moins.
von unserm Feuer auf dem Heerde, du feu de nos foyers.
durch ein Brennglas, avec une loupe.

merklich, d'une maniere sensible.
sich verwickeln, s'engager.
etwas ... für halten, croire q. q.
in Rücksicht, par rapport.
es ist denkbar, on peut croire.
feuerlos, froid.
die Oberfläche, la surface.
die Lichtmaterie, la matiere lumineuse.
der Weltraum, l'espace.
an sich kalt, froid de sa nature.
indem ... kommen ... en s'élancant.

tref=

treffen, rencontrer.
Untertheil, la partie inferieure.
der Feuerstoff, la matiere ignée.
sich verbinden, s'amalgamer.
erzeugen, produire.
es ist kalt, il fait froid.
eben deshalb, précisément.
eben so gut als tiefer unten hinkommen, ont beau y arriver aussi bien que plus bas sur leur pente.
sie doch . . . nicht . . . finden, ils n'y trouvent pas.
nach, d'après.
verschlucken, absorber.
den Durchgang hindern, intercepter le passage.

Nro. XXVII.

Vom Merkur.

Der Merkur ist 8 Millionen Meilen von der Sonne und in der größten Nähe 11, und in der größten Entfernung 30 Millionen Meilen von der Erde entfernt. Sein Durchmesser ist 697 Meilen, und er selbst ist 6 mal kleiner als die Erde. Sein Jahr ist ungefähr 88 Tage lang. Die Sonne sieht er 6 mal größer und heller als wir. Daß er der Sonne so viel näher ist als wir, daraus folgt, nach der oben angeführten Hypothese nicht, daß es um so viel heißer auf ihm sey, als bey uns.

Die gröste Nähe von der Erde, le périgé.
die größte (oder weiteste) Entfernung von der Erde, l'apogé.
88 Tage lang seyn, renfermer quatre-vingt huit jours.
daß, què de ce que.
so viel näher er, d'autant plus près.
daraus folgen, s'en suivre.
oben angeführten, que nous avons annoncée plus haut.
um so viel, d'autant plus.
heiß seyn, faire chaud. (oder être chauffé)

Nro.

Nro. XXVIII.

Von der Venus.

Die Venus ist 18 Millionen Meilen von der Sonne, von der Erde hingegen in der größten Nähe über 5 Millionen, und in der weitesten Entfernung über 36 Millionen Meilen entfernt. Ihr Durchmesser ist 1688 Meilen, und sie ist also um ein Zehntel kleiner als die Erde. Ihr Jahr ist ohngefähr 224 Tage lang. Man hat auf ihr mehrere Unebenheiten (Berge) und eine Atmosphäre entdeckt. Sie ist der schönste Stern am Himmel, und der einzige Stern, den man mit bloßen Augen am Tage sieht. Wenn sie am stärksten erleuchtet ist, ist ihr Licht nur um 3000 mal schwächer als das Licht des Vollmonds, und kömmt den Schein einer Kerze in einer Entfernung von etwa 250 Fuß gesehen, ziemlich gleich. Geht sie des Morgens vor der Sonne her, so heißt sie der Morgenstern, folgt sie ihr des Abends nach, der Abendstern. Man erkennt durch Fernröhre, daß bey ihr, wie bey dem Monde, bald die volle Scheibe, bald nur ein sichelförmiger Theil derselben, bald gar nichts zu sehen ist.

entfernt seyn, être éloigné.
um ein Zehntel kleiner, plus petit d'un dixieme.
Unebenheit, l'élévation.
(Berge c'est à dire des montagnes.)
mit bloßen Augen, sans instruments.
am Tage, pendant le jour.
nur um ... schwächer, n'est que de ... plus foible.
gleich kommen, ressembler.
in einer Entfernung, à la distance.
von etwa, d'environ.
hergehen vor ... précéder.
der Morgen, le matin.
nachfolgen, suivre.
der Abend, le soir.
erkennen, remarquer.
durch Fernröhre, à l'aide du télescope.
daß bey ihr wie beym Monde ... zu sehen ist, qu'on en voit comme de la lune.
ein sichelförmiger Theil, un croissant.

Nro. XXIX.

Von der Erde.

Die Erde ist 18 Millionen Meilen von der Sonne entfernet, ihr Durchmesser ist 1719 Meilen. Sie hat eine kugelförmige Gestalt; dies erhellt 1.) aus den Mondfinsternissen, wo ihr auf den Mond geworfener Schatten in allen möglichen Stellungen rund erscheint, welches nur von einer Kugel möglich ist; 2) aus den Umsegelungen der Erde nach einer Richtung. Die Seefahrer segelten gewöhnlich nach Westen, änderten diese Richtung nicht ab, und langten in den Hafen ihrer Abfahrt wieder an; 3.) muß die Oberfläche der Erde gekrümmt seyn, weil wir die Thürme, Masten der Schiffe u. s. w. immer eher sehen, als die niedern Gegenstände; mehrere andre Gründe zu geschweigen. Sie ist aber keine vollkommne Kugel, sondern aus neuern Messungen ergiebt sich, daß sie unter den Polen abgeplattet ist. Ihre Umwälzung um die Sonne geschieht in einer Zeit von etwas mehr als 365 Tagen und 5 Stunden, und also in jeder Stunde 12500 Meilen. Der Umfang der Erde ist 5400 Meilen, ihre Oberfläche ist aber 9 Millionen Quadratmeilen, und ihr körperlicher Inhalt ist 2654 Millionen Cubikmeilen. Die Erde ist bis auf eine Höhe von 10 Meilen mit Luft umgeben, und diese wird die Atmosphäre oder der Luftkreis genannt. Er gehört zur Erde, und hat mit derselben eine, und dieselbe Bewegung.

Sie hat eine kugelförmige Gestalt, elle est ronde.
erhellet, paroit.
aus, d'après.
geworfen, placé.
welches (s. S. 254.).
die Umsegelung, le voyage que l'on peut faire en cinglant.
nach einer Richtung, vers la même direction.
segeln, faire voile.
der West, l'ouest ou l'occident.
wieder anlangen, rentrer.
ihrer Abfahrt, d'où ils étoient partis.
muß die Oberfläche (hier muß man auf die französische bejahende Construction Acht geben.)
eher als die, avant les . . .
mehrere andre Gründe zu verschweigen, nous passerons sous silence les autres preuves.
ergiebt sich, il résulte.
applatten, aplatir.

ge=

geschicht, se fait.
und also in jeder Stunde . . . Meilen, elle parcourt par conséquent par heure . . . milles . . .
Oberfläche, la superficie.
eine Quadratmeile, un mille quarré.
der körperliche Inhalt, le volume.
eine Kubikmeile, un mille cubique.
bis eine Höhe, à la hauteur.
umgeben, environner.
der Luftkreis, l'athmosphere.
es gehört zu, est uni à . . .

Nro. XXX.

Von dem Monde.

Der Mond ist der Trabant der Erde. Von der Erde ist er 51000 Meilen entfernt, sein Durchmesser ist 465 Meilen, sein Flächenraum ein Vierzehntel des Flächenraums der Erde, und sein körperlicher Inhalt ist ein Funfzigstel von dem der Erde. Er bewegt sich in 27 Tagen 8 Stunden um die Erde, und da er uns immer dieselbe Seite zeigt, so muß er in eben der Zeit sich auch um seine Axe drehen. Dreht er uns seinen ganz erleuchteten Theil zu, so daß die volle Scheibe sichtbar ist, so heißt er Vollmond, dreht er uns die unbeleuchtete Seite zu, so daß wir nichts von ihm sehen, so heißt er Neumond. Sehen wir von der erleuchteten Seite des Monds die Hälfte und zwar nach der rechten Seite zu, so ist dies das erste Viertel, ist er nach der linken Seite halb erleuchtet, so nennen wir dies das letzte Viertel.

Der Flächenraum, la superficie.
ist ein Vierzehntel, est d'un quatorzieme.
des Flächenraums der Erde (s. 2. Ausnahme S. 263.)
ein Funfzigstel, un cinquantieme.
sich um die Erde bewegen, faire sa révolution autour de la terre.
sich um seine Axe drehen, completter son mouvement de rotation.
dreht er uns seinen . . . quand la lune a sa partie . . . tournée vers nous.
so daß, de maniere que.
heißt, on l'appelle.
Vollmond, la plein lune.
Neumond, la nouvelle lune.
das erste Viertel, le premier quartier.

das

das letzte Viertel, le dernier quartier.

halb erleuchtet, à demi éclairé.

Nro. XXXI.

Fortsetzung.

Schon mit bloßen Augen entdeckten wir eine Menge Flecken im Monde, die man durch ein Fernrohr noch deutlicher wahrnehmen kann. Man entdeckt darin Berge und auch Gebirgsreihen. Man hat durch Berechnungen gefunden, daß einige Berge auf dem Monde zwey Drittel einer deutschen Meilen zur senkrechten Höhe haben, so wie er wiederum Gruben von 18000 Fuß Tiefe hat. Ob der Mond eine Atmosphäre habe, darüber sind die Astronomen uneinig, wenn eine vorhanden ist, so ist sie wenigstens wolkenleer. Vom Monde aus gesehen, scheint die Erde 13 mal größer, und mit 13 mal so starkem Lichte, als uns der Mond. Wenn wir Neumond haben, ist dem Monde die Erde im vollem Lichte.

Im Monde, sur la lune.
wahrnehmen, appercevoir.
Berge, des montagnes.
Gebirgsreihen, des chaînes de montagnes.
durch Berechnung finden, calculer.
zur senkrechten Höhe, de hauteur perpendiculaire.
Gruben, des précipices.
ob . . . darüber sind die Astronomen uneinig, les Astronomes ne s' accordent pas à dire.
wenn eine vorhanden ist, mais quand bien même il y en auroit une.
wolkenleer, sans nuages.
von . . . aus, de près.
als uns der Mond, que la lune ne nous paroit être.
ist dem Monde die Erde im vollen Licht, la lune voit tout le disque de la terre éclairé.

Nro. XXXII.

Vom Mars.

Der Mars ist von der Sonne über 31 Millionen Meilen entfernt, seine größte Entfernung von der Erde ist über 55 Millionen Meilen, seine kleinste über 6 Millionen Meilen, sein Durchmesser ist 1041 Meilen, und er selbst ist ein Viertel so groß als die Erde. Er sieht die Sonne etwa nur halb so groß wie wir, die Erde und der Mond sieht er nie voll, die Erde erscheint ihm so groß wie uns die Venus. Er hat ein feuerrothes Licht, mehrere dunkle Flecken und einen dicken Dunstkreis. Trabanten hat man bey ihm nicht entdecken können, und wenn er welche hat, müssen sie sehr klein seyn, da er selbst nur klein ist. Er ist unter den Polen abgeplattet. Seine Revolution dauert 1 Jahr 322 Tage.

Ist über . . . est de plus de . . .
ein Viertel so groß als, d'un quart plus grand.
etwa nur halb so groß, à peu près à moitié aussi gros.
wie wir, que nous le voyons.
wie uns die Venus, que Vénus l'est pour nous.
feuerroth, couleur de feu.
wenn er welche hat, et s'il en a.
er ist unter den Polen abgeplattet, il est aplati sous les poles.

Nro. XXXIII.

Vom Jupiter.

Der Jupiter ist 108 Millionen Meilen von der Sonne entfernt. Seine größte Entfernung von der Erde beträgt über 134 Millionen, die kleinste über 81 Millionen Meilen. Er hat 4 Trabanten. Er ist der größte unter allen Planeten, sein Durchmesser ist 19566 Meilen, und er ist also 1474 mal größer als die Erde. Er sieht die Fläche der Sonne 27 mal so klein wie wir. Unter den Polen ist er abgeplattet. Man sieht durch Fernröhre auf ihm helle und dunkle Streifen. Es giebt auf ihm vorzüglich 4 dunkle Streifen, die aber mancherley Veränderungen zeigen. Auch hat man mehrere Flecken an ihm entdeckt. Man hält diese Streifen für Wolken und giebt also dem Jupiter eine Atmosphäre. Er hat ein gelbliches Licht. Seine Revolution geschieht in 11 Jahren 312 Tagen.

ist . . . se trouve à.
beträgt über, est à.
er sieht die Fläche der Sonne, le disque du soleil est pour lui.
so, plus.
Streifen, des traces.
die mancherley Veränderungen zeigen, qui éprouvent divers changemens.
man hält . . . für, on croit que . . . sont . . .
gelblicht, jaunâtre.

Nro. XXXIV.

Vom Saturn.

Saturn erscheint uns mit einem bleichen röthlichen Lichte. Er ist von der Sonne 199 Millionen Meilen entfernt, und sieht die Fläche derselben nur $\frac{1}{90}$ so groß, wie wir. Seine größte Entfernung von der Erde beträgt über 230 Millionen Meilen, die kleinste über 166 Millionen Meilen. Sein Jahr ist 29 Jahr und 166 Tage lang. Unter den Polen ist er abgeplattet. Er hat 7 Trabanten. Ihn umgiebt überdies ein frey schwebender Ring, dessen Schatten man auch zuweilen auf dem Saturn bemerkt. Ja Herschel will sogar bemerkt haben, daß er zwey über einanderliegende, aber von einander abgesonderte Ringe habe. Der Ring hat 40500 Meilen im Durchschnitt, 127000 Meilen im Umfange und eine Breite von 5800 Meilen, seine Dicke muß ansehnlich seyn, ob man sie gleich nicht genau bestimmen kann.

Ein bleiches röthliches Licht, une lueur d'un rouge pale.
$\frac{1}{90}$, un quatre-vingt dixieme.
ihn umgiebt überdies, outre cela il est environné.
frey schwebender Ring, un anneau suspendu dans son athmosphere.
dessen man auch bemerkt, dont on apperçoit.
ja, bien plus.
absondern, séparer.
der Umfang, la circonférence.

Nro. XXXV.

Vom Uranus.

Herr Herschel entdeckte diesen Planeten den 13ten März 1781 zu Bath in England. Er gleicht, mit bloßen Augen gesehen, einem Fixstern, sechster Größe. Von der Sonne ist er 398 Millionen Meilen entfernt, und ihre Fläche erscheint ihm nur $\frac{1}{364}$ so groß als uns. Seine Revolution geschieht in 83 Jahren und 150 Tagen. Sein Durchmesser ist 7528 Meilen, und er ist also 83 mal so groß als die Erde. Herschel hat 1787 zwey seiner Trabanten entdeckt.

Gleichen, ressembler.
mit bloßen Augen gesehen, vu à l'oeil.
sechster Größe, mais six fois plus grandes qu'elles ne sont ordinairement.
$\frac{1}{364}$ so, un trois cent soixante quatrieme aussi.
so groß als die Erde, plus gros que la terre.
entdecken, découvrir.

Nro. XXXVI.

Bemerkungen des Kapitain Kook in Hinsicht der neu entdeckten Völker.

Eine der wichtigsten Folgen, welche die Entdeckungsreise Cooks für die Menschheit hat, ist, daß wir durch sie eine weit richtigere Kenntniß von dem Zustande unserer Brüder, welche noch nicht das Beglückende und das Verderbende der Civilisirung kennen, erlangt haben, als wir sie vor ihm hatten. Theils hat er ganz neue Völker entdeckt, theils über die schon früher entdeckten richtigere Nachrichten uns gegeben, welche Beweise seines philosophischen Beobachtungsgeistes sind. Wir wollen das Wichtigste, was er selbst hierüber aufsetzt, doch so, daß wir andere Reisebeschreibungen dabey benutzen, unsern jungen Lesern mittheilen, und glauben dadurch nicht weniger für ihr Vergnügen, als für ihre Belehrung zu arbeiten. Unter den Namen Wilde verstehet man Menschen, welche noch nicht in einer, unter Gesetzen gebildeten Staatsverfassung stehen, und welche die Produckte der Natur noch ohne künstliche Zubereitung geniessen. Daß unter diesen Wilden verschiedene Abstuffungen statt finden; daß einige Colonien derselben mehr, andere weniger sich dem Zustande einer gebildeten Nation nähern, ist schon zu vermuthen, da alles in der Natur, also auch der Mensch Stuffenweise seiner Vervollkommnerung sich nähert.

Erklärungen.

Da diese Aufgabe mehr Schwierigkeiten als die anderen hat, so geben wir deswegen umständlichere Erklärungen darüber.

Erstens muß man sich in Ansehung der Anordnung der Sätze und der Regeln über das Mittelwort, wohl in Acht nehmen. Hiernächst sehe man die Anmerkung S. 299. die II. Regel S. 262. die Regel über den Theilungsartikel, die Circonstanciels; die II. Regel S. 284. die Anmerk. über die persönlichen Fürwörter S. 244. u. s. w.

In Hinsicht, sur.
welche die ... für die Menschheit hat, qu' ait procurées à l' humanité ...
ist, daß, consiste en ce que.
richtig, exact.
den Zustand, l' état.
das Beglückende, le bonheur.
das Verderbende, les principes de corruption.
der Civilisirung, attachés à la civilisation.
erlangen, acquérir.
theils, et.
früher, avant lui.
Nachrichten, éclaircissements.
philosophischer Beobachtungsgeist, un esprit judiceux et philosophique.
das wichtigste was er selbst hierüber aufsetzt, l' essenciel de ses remarques sur cet objet.
doch so, pourtant encore.
benutzen, se servir.
mittheilen, communiquer.
in einer unter Gesetzen gebildeten Staatsverfassung stehen, vivre sous un gouvernement étayé par des loix.
ohne künstliche Zubereitung, sans les préparer avec art.
die Abstuffung, classe.
statt finden, il y a.
eine gebildete Nation, une nation policée.
ist schon zu vermuthen, il est à présumer.
da alles, la raison en est que tout.
stuffenweis, par proportion graduée.

Nro.

Nro. XXXVII.

Fortsetzung.

Die Hauptzüge in dem Charakter der wilden Nationen, sind Erbitterung gegen sämmtliche fremde mit ihnen nicht in Verbindung stehende Menschen, und eine Rachsucht gegen ihre Feinde, die nur durch das Blut des Beleidigers befriedigt werden kann. Aber auf der andern Seite findet man bey ihnen gewöhnlich auch eine unverbrüchliche Treue und Anhänglichkeit an ihr Volk, und eine liebenswürdige Gutmüthigkeit gegen jeden, der ihr Zutrauen einmal sich erworben hat. Ihre Begriffe von allem, was ausser den Kreis ihrer unmittelbaren Erfahrung liegt, sind freilich kindisch. Ihre Religion ist Aberglaube und sie können vielleicht nicht in Worten ausdrücken, ob sie einen Unterschied zwischen Recht und Unrecht erkennen. Aber man glaube nur nicht, daß die innere Empfindung dieses Unterschiedes ihnen fehle, wäre dies, so wären sie keine Menschen. Denn nur darin besteht der wahre Unterschied des Menschen vom Thiere, daß dieser nicht bloß nach Trieben, sondern nach Vorstellungen von Recht und Unrecht handeln muß und kann, dieses hingegen nur eine vom Instinkte regierte Maschiene ist.

Erklärung.

In dieser Aufgabe muß man auf den rechten Gebrauch des Vorworts gegen Acht geben. Sie verschaffet auch noch eine häufige Uebung in Ansehung der Fürwörter; was die Zeit- Haupt- und Beywörter angeht, so ist es nur eine Wiederholung der vorher angeführten Erklärungen. Die Anordnung verdient aber eine besondere Aufmersamkeit.

Die Hauptzüge, les traits principaux.
ihre Erbitterung, leur animosité.
mit einem in Verbindung stehen, être l'allié de q. q.
eine Rachsucht gegen einen, la fureur de poursuivre q. q.
befriedigen, appaiser.
auf der andern Seite, d'ailleurs.
bey, en.
nur unverbrüchlich, inviolable,
die Abhängigkeit, l'attachement.
das Volk, la nation.

die

die Gutmüthigkeit, la bonté de coeur.
sich erwerben, s'attirer.
der Begriff, l'idée.
von allen, surtout.
unmittelbare Erfahrung, l'expérience immédiate.
ausser . . . liegen, dépasser.
kindisch, puérile.
ist, n'est-que.
Recht, le bien.
Unrecht, le mal.
man glaube nur nicht, ne croyons cependant pas.
die innere Empfindung, le sens intime.
wäre dies, si cela étoit.
der Trieb, la simple impulsion.
die Vorstellung, l'idée.

Nro. XXXVIII.

Fortsetzung.

Die Wilden äußern diese innige Empfindung, wie die Europäer, aber nur in andern Handlungen. Und das Verbrechen bey den Wilden, ist von dem Laster der civilisirten Völker nur der Art nach verschieden. Und gerade diese Europäer, welche so stolz die Menschheit diesen gutmüthigen Söhnen der Natur absprechen, entehren die Würde der menschlichen Natur am meisten.

Ueberhaupt müssen unsre junge Leser früh sich dies merken, daß das Urtheil, welches jemand über die Güte und Verderbtheit des Charakters eines andern fällt, gewöhnlich aus Eigenliebe entspringt, daß die meisten Menschen nur den gut nennen, der ihnen nützlich ist, und den böse, der ihnen schadet. So beurtheilten die Europäer die Wilden. Sie verlangten, daß ihr weniger civilisirter Bruder von ihnen jede Ungerechtigkeit, jede Gewaltthätigkeit ruhig dulden sollte, und waren äußerst aufgebracht, wenn diese das Vergeltungsrecht ausübten, welches nach den Begriffen eines Wilden nichts ungerechtes seyn kann.

Erklärung.

Es ist in dieser Aufgabe nichts besonders zu bemerken, als daß sie auch in einer feineren Schreibart übersetzt werden muß. Die bey derselben anzuwendenden Regeln sind schon häufig vorher vorgekommen.

Aeus=

Aeußern, manifester.
nur, mais seulement.
der Art nach, dans l'espece.
gutmüthig, bon.
stolz absprechen, refuser avec dédain.
entehren, sont ceux qui deshonnorent.
überhaupt müssen . . . sich dies merken daß . . . que . . . remarquent la vérité suivante.
fällt, porte.
entspringen, prendre sa source.
aus, dans.
die meisten Menschen, la plupart des hommes.
den, que ce que.
nützlich, avantageux.
schaden, être préjudiciable.
so beurtheilten, tel est le jugement qu' on porte.
die Wilden, sur les sauvages.
äusserst aufgebracht seyn, être furieux à l'excès.
das Vergeltungsrecht ausüben, user de represailles.
welches, ce que.

Nro. XXXIX.

Aufgaben sich in einem erhabenen Style zu üben.

Trostbrief von Gellert.

1. Also haben Sie ihren besten Freund, Ihren L . . . verlohren? Sie dauern mich unendlich, und ich wünschte, daß selbst diese Versicherung etwas zu ihrer Beruhigung beytragen möchte; denn was habe ich sonst, womit ich Sie aufrichten könnte? Gott! wer hätte das vor wenig Monaten bey unsrer Zusammenkunft in Merseburg denken sollen, daß dieser so muntere und vor uns allen belebte Freund der erste und nächste zum Tode seyn sollte! Und er war es in diesem Jahre noch. Vater der Menschen! wie flüchtig ist das Leben, das wir so sehr lieben, und als dein Geschenk auch lieben müssen! Ich weine indem ich dieses schreibe; ich weine mit Ihnen, mein lieber B... und wünsche, daß mich niemand diese Stunde in meinen Thränen und in meinen menschlichen Empfindungen stören mag. Wie könnte ich die letzten Augenblicke vom Jahre, die noch übrig sind, glücklicher anwenden, als wenn ich sie dem Mitleiden, den Gedanken des Todes und der Seele des Verstorbenen schenke. — Er ist also in dem Schooße der Ewigkeit und der unaussprechlichsten Ruhe? — Was muß ein Geist, von der Erde wegge-

nommen, bey dem ersten Eintritte in das Land der Vollkommenen fühlen! welche göttliche Wollust! — Geleitet von der Hand des Allmächtigen, überschaut er die Welten der Seligkeiten; entzückt von den Strahlen der Gottheit, preißt er den Tag der Geburt und des Todes zugleich und fühlet, daß der Herr Gott ist. — Nun sieht er den göttlichen Erlöser, und verliert sich in dem Meer seiner Liebe, und wird trunken von den Geheimnissen der Erlösung. — Er fängt die ewigen Loblieder Gottes und der Tugend an. — Die kleinste gute That auf Erde stellt sich ihm nunmehr im heiligen Lichte vor, und eine jede edle Absicht wird ihm zur Belohnung vor dem Allwissenden, und bleibt ihm ein ewiger Ruhm in dem Angesichte der Vollkommnen.

Erklärung.

In dieser und folgenden Aufgabe, welche so zu sagen alle Regeln der Sprachlehre, enthalten, welche die Feinheit der franz. Sprache erfodert, um eben das im Französischen auszudrücken, was die empfindliche Seele des Verfassers im Deutschen ausgedrückt hat. Ein unerfahrener Steuermann leidet hier sehr leicht Schiffbruch, deswegen wollen wir so frey seyn und es unsern Schülern rathen, doch nicht zu eilen, um sich an diese Uebersetzung zu machen. Wir haben hier unsere französische Uebersetzung so viel als möglich nach dem Deutschen eingerichtet; ohne doch jenes von aller Zierlichkeit zu entblößen. Vergleichung der beyden Sprachen findet bey diesen Stücken statt.

Sie dauren mich, je vous plains.

und ich wünschte daß ... beytragen möchte, et puisse ... contribuer.

einen aufrichten, adoucir la peine de q. q.

wer hätte ... denken sollen, qui auroit pu penser.

Zusammenkunft, l' entrevue.

munter, bien portant.

belebt, plein de vie.

der erste und nächste zum Tode seyn sollte, étoit le premier que frapperoit la mort, et qu' il étoit si près du tombeau.

flüchtig, fragile.

dein Geschenk, un présent qui nous vient de vous.

menschliche Empfindungen, sentiments de la nature.

glück=

glücklicher anwenden, mieux employer.
als wenn ich sie schenke, qu'en les donnant tout entiers.
der Schooß, le sein.
unaussprechlich, ineffable.
was muß fühlen, que ne doit pas sentir . . .
von der Erde weggenommen, qui quitte cette terre d' éxil.
bey dem ersten Eintritt, et fait son entrée.
der Vollkommne, l'élu.
welche göttliche Wollust, quelles délices divines, doivent être son partage.
überschauen, promener ses regards.
die Welten der Seligkeiten, sur ces demeures bienheureuses.
zusammen preisen, chanter tout à la fois.
fühlet daß der Herr Gott ist, et elle reconnoit que le maître de ce séjour est Dieu lui même.
das Meer, l'océan.
wird trunken, elle s'enivre.
auf Erden, qu'elle a faite sur la terre.
das Licht, l'éclat.
eine jede edle Absicht, et chaque noble dessein qu'elle a formé ici bas.
vor dem Allwissenden, aux yeux de l'éternel.
bleibt ihm ein ewiger Ruhm, et sera a jamais pour elle un sujet de gloire.

Nro. XL.

Fortsetzung.

2. Nehmen Sie mein lieber B . . . diese Bilder der Einbildung zu Hülfe, wenn Sie mit Ihren Gedanken dem Seligen folgen. Sollte er nicht so glücklich seyn, als ich gesagt habe? Er ist es gewiß, und ich preise Gott in diesem Augenblicke, daß er es ist. Wollen Sie wohl Ihren L . . . wenn es bey Ihnen stünde, von diesem Glücke auch nur eine Stunde zurück halten? Heben diese Gedanken die natürliche Empfindung in den Stunden der Wehmuth, und das Verlangen nach denen die wir lieben und lieben müssen, nicht auf: so machen sie unsre Betrübniß doch zur Tugend, indem sie ihr die gehörigen Schranken geben. Und welcher Trost ist stärker und erhabener, als der: der Herr hat ihn gegeben, der Herr hat ihn genommen! Er erhalte Sie in dem Jahre, das wir anfangen, gesund und zufrieden, und

schenke Ihnen diese Wohlthat noch in vielen folgenden. Er lasse Sie die Freude der glücklichsten Väter erleben, und Sie, in den Sitten und Handlungen Ihrer Söhne, das liebenswürdige Herz einer nicht mehr vorhandnen Mutter, und stets den Lohn einer sorgfältigen Erziehung erblicken. Ich wünsche dieses mit dem aufrichtigsten Herzen, und bin Zeitlebens ꝛc.

Nehmen Sie zu Hülfe, aidez vous.
Bilder der Einbildung, tableaux de l'imagination.
sollte er nicht seyn, ne seroit-il pas?
er ist es, il l'est.
daß ers ist, du bonheur qu'il goûte.
wenn es bey Ihnen stünde, en cas que vous en fussiez le maître.
aufheben, faire taire.
das Verlangen nach, et qu' elles n'éteignent pas nos désirs de revoir . . .
zur Tugend machen, faire de q. ch. une action méritoire.
als der, que celle que nous procure cette pensée.
gesund, en bonne santé.
die Freude erleben, goûter le bonheur.
erblicken, reconnoître.
einer nicht mehr vorhandnen Mutter, d'une mere qui n'est plus.
der Lohn einer sorgfältigen Erziehung, la récompense de leur éducation, que vous avez suivie avec tant de soins.
mit dem aufrichtigsten Herzen, c'est du plus sincere de mon coeur.
Zeitlebens, pour la vie.

Nro.

Nro. XLI.

Lob des Vaterlandes.

Du kleiner Ort wo ich das erste Licht gesogen,
Den ersten Schmerz, die erste Lust empfand,
Sey immerhin unscheinbar, unbekannt,
Mein Herz bleibt ewig doch vor allen dir gewogen,
Fühlt überall nach dir sich heimlich hingezogen,
Fühlt selbst im Paradies sich doch aus dir verbannt.

Traduction françoise des Thêmes allemands.

Extraits de l'histoire ancienne de l'abbé Rollin.

Nro. I.

Sur le Phoenix.

*) *Hé*-ro-do-te *et* a-près lui d'au-tres *h*is-to-ri-ens ra-con-ten*t* u-ne cho-s*e* qu'on di-soi*t* s'é-tre pa*ſ*-ſé*e* dans le temple d' *H*é-li-o-po-lis dans la ba*ſ*-s*e* É-gyp-te. C'es*t* au ſu-je*t* du Phoe-nix (ſprich Fehnix aus). Si on en croi*t* les an-cien*s*, cet oi-ſeau eſt u-ni-que dans ſon es-pe-ce. Il nai*t* dans l'A-ra-bie, e*t* vi*t* cinq ou ſi*x* cen*ts* ans. Il es*t* de la gran-deur d'un ai-gle. Sa tê-t*e* est or-né*e* d'u-ne ai-gre*t*-te ſu-per-b*e*; les plu-m*es* de ſon cou ſont do-rée*s*, et le*s* au-tres ſon*t* pour-pré*es*. Sa queue e*ſt* blan-ch*e* e*t* mé-lé*e* de plu-me*s* de cou-leur de chair. Ses yeux é-tin-ce*l*-le*nt* com-*me* des é-toi-l*es*. Lors-qu'il e*ſt* for*t* vieu*x*, e*t* qu'il voit a*p*-pro-che*r* ſa fin, il ſor-m*e* un ni*d* de bois e*t* de go*m*-mes a-ro-ma-ti-que*s*, a-prè*s* quoi il meur*t*. De ſes os e*t* de ſa moë-le nait un au-tre Phoe-nix

*) Wir trennen bey den 3 erſten Nummern die Sylben von einander, damit ſich die Anfänger bey dem franzöſ. Buchſtabiren helfen, und an daſſelbe leichter gewöhnen können. Die mit beſondern Typen gedruckten Buchſtaben werden zwar beym Buchſtabiren ausgeſprochen, aber beym Leſen gar nicht.

nix. Son pre-mier ſoin est de ren-dre à ſon pe-re les hon-neurs de la ſé-pul-tu-re. Pour ce-la il com-po-ſe u-ne bou-le, ou un oeuf a-vec de la myr-rhe et des par-fums, et la fait du poids qu'il ſe ſent ca-pa-ble de por-ter, puis il la vui-de en par-tie y dé-po-ſe le corps de ſon pe-re et en fer-me l'en-trée a-vec de la myr-rhe et d'au-tres par-fums. A-lors il char-ge ſes é-pau-les de ce pré-ci-eux far-deau et va le por-ter ſur l'au-tel du ſo-leil dans la vil-le d'Hé-li-o-po-lis où il le brû-le.

Nro. II.

Des Pyramides.

U-ne py-ra-mi-de est un corps ſo-li-de ou creux qui a u-ne ba-se lar-ge et or-di-nai-re-ment quar-rée et qui ſe ter-mi-ne en poin-te. Il y a-voit en É-gyp-te trois py-ra-mi-des plus dis-tin-guées que tou-tes les au-tres et qui ſe-lon Di-o-do-re de Si-ci-le ont mé-ri-té d'ê-tre mi-ſes au nom-bre des ſept mer-veil-les du mon-de. El-les n'é-toient pas bien loin de la vil-le de Mem-phis. Je ne par-le-rai i-ci que de la plus gran-de des trois. Com-me les au-tres el-le é-toit ba-tie ſur un ro-cher qui lui ſer-voit de ba-ſe. El-le é-toit quar-rée de-puis le bas, tail-lée en de-hors par dé-grés, et de-ve-noit tou-jours plus é-troi-te et plus poin-tue à me-ſu-re qu'el-le s'é-le-voit. El-le é-toit fai-te de pier-res pro-di-gi-eu-ſe-ment groſ-ſes; les plus pe-ti-tes a-voient tren-te pieds. On l'a-voit per-fec-ti-on-née a-vec un art par-ti-cu-lier et cou-ver-te d'hi-é-ro-gly-phes. Cha-que cô-té a-voit, com-me le pré-ten-dent quel-ques an-ciens his-to-ri-ens huit cents pieds de lar-ge, et au-tant de haut. Le haut de cet-te py-ra-mi-de qui d'en bas ſem-bloit ê-tre auſ-ſi poin-tu qu'u-ne ai-guil-le é-toit u-ne bel-le plat-te-for-me de dix ou dou-ze gran-des pier-res, et cha-que cô-té de cet-te plat-te for-me a-voit ſei-ze à dix-ſept pieds de lon-gueur. Cent mil-le ou-vri-ers tra-vail-loient à cet ou-vra-ge et de trois mois en trois mois é-toient rem-pla-cés par un nom-bre é-gal. Dix an-nées en-tie-res fu-rent em-ploy-ées ſeu-le-ment à cou-per les pier-res ſoit en A-ra-bie ſoit en É-thi-o-pie et à les am-me-ner en É-gyp-te, et vingt au-tres à cons-truire ce vas-te é-di-fi-ce qui au de-dans a-voit u-ne in-fi-nité de cham-bres et de sal-les. On voy-oit é-crit sur la pyra-mi-de, en ca-rac-te-res é-gyp-ti-ens, ce qu'el-le a-voit cou-té, sim-ple-ment pour les aulx, les oi-gnons et d' au-tres lé-gu-mes sem-bla-bles, em-ploy-és pour nour-rir les ou-vri-ers: et cet-te som-me se mon-toit à sei-ze cents ta-lents d'ar-gent, c'est-à-di-re à un mil-li-on et de-mi d'é-cus. On peut d'a-près cet-te som-me fa-cil-le-ment cal-cu-ler que la dé-pen-se pour le res-te a-voit du ê-tre im-men-se.

Nro. III.

Du Labyrinthe.

Le La-by-rin-the n'é-toit pas tant un seul pa-lais qu'un ma-gni-fi-que a-mas de dou-ze pa-lais dis-po-sés ré-gu-li-e-re-ment et qui com-mu-ni-quoient en-sem-ble. Quin-ze cents cham-bres en-tre-mé-lées de ter-ras-ses, s'ar-ran-geoient au-tour de dou-ze sal-les et ne lais-soient point de sor-tie à ceux qui s'en-ga-geoient à les vi-si-ter. Il y a-voit au-tant de bâ-ti-ments sous ter-re et ces bâ-ti-ments é-toient des-ti-nés à la sé-pul-tu-re des rois, et qui plus est (peut-on le di-re sans rou-gir, et sans déplo-rer l'a-veu-gle-ment de l'es-prit-hu-main) on y nour-ris-soit les Cro-co-di-les sa-crés, dont un peu-ple d'ail-leurs si sa-ge fai-soit des Dieux.

Nro. IV.

Cérémonies des funérailles chez les Égyptiens.

1. Quand quelqu'un étoit mort dans une famille, tous les parens et tous les amis quittoient leurs habits ordinaires, et prenoient des habits lugubres; ils s'abstenoient du bain, du vin et de tout mets exquis. Le deuil duroit quarante ou soixante jours, apparemment selon la

qua-

qualité des perſonnes. Il y avoit trois manieres d'embaumer les corps. La plus ſomptueuſe n'étoit que pour les perſonnes les plus diſtinguées, et les dépenſes qu'elle occaſionnoit, ſe montoient à un talent d'argent, c'eſt à dire à Mille écus. On employoit differents Miniſtres pour cette opération. Les uns tiroient la cervelle par les narines, avec un fer qui étoit fait exprès pour cela; les autres faiſoient ſortir les entrailles hors du corps, en faiſant une inciſion dans le côté, avec une pierre d'Éthiopie fort aigue, et auſſi tranchante qu'un raſoir: ils rempliſſoient enſuite ce vuide avec des aromates et des parfums de toute eſpece. Mais comme cette opération d'evoit néceſſairement être accompagnée d'une diſſection, et paroiſſoit par là renfermer en ſoi quelque choſe de cruel et de violent, ceux qui y avoient travaillé étoient obligés de prendre la fuite, auſſitôt leur ouvrage fini, car les aſſiſtans les pourſuivoient à coup de pierres. On traitoit honnêtement et honorablement ceux qui étoient chargés d'embaumer les corps. Ils les rempliſſoient de myrrhe, de canelle et de toute ſorte d'aromates. Quelque temps après ils l'enveloppoient dans des bandelettes d'une toile très ſine, qu'ils uniſſoient avec une eſpece de Gomme fort claire, et qu'ils enduiſoient enſuite des parfums les plus exquis. On croit que par là, la forme entiere du corps, ainſi que les traits du viſage, et jusqu'aux ſourcils et aux cils, ſe conſervoient parfaitement. Lorsque le corps étoit ainſi embaumé, on le rendoit aux parens qui le conſervoient dans une eſpece de niche faite pour la grandeur du défunt; puis ils le plaçoient de bout et droit contre la muraille, ſoit dans un caveau, quand ils en avoient un, ſoit dans leur maiſon. Voila ce qu'on appelle Momie.

Nro. V.

Continuation.

2. Le public devoit reconnoître les vertus des défunts, qui étoient obligés de ſubir un examen ſolemnel par devant la juſtice, avant qu'il leur fut permis d'entrer

dans

dans l'asyle sacré des tombeaux. Cette circonstance qui accompagnoit les funérailles des Égyptiens, est une des choses les plus remarquables que nous présente l'histoire ancienne. Les payens trouvoient en mourant, un motif de consolation, en pensant qu'ils laissoient un nom respectable à la postérité et ils étoient persuadés que, de tous les biens d'ici bas, c'étoit le seul que la mort elle même ne peut nous ravir. Il n'étoit pas permis en Égypte de louer indistinctement tous les morts; il falloit auparavant obtenir cet honneur par une sentence publique des juges. L'assemblée de ces juges se tenoit en de là d'un lac qu'ils traversoient sur une barque; celui qui la leur faisoit passer s'appelloit en langue égyptienne. Charon; et c'est de là que les grecs, instruits par Orphé qui avoit demeuré en Égypte, avoient inventé leur fable de la barque de Charon. Aussitôt qu'un homme étoit mort, ou l'amenoit en jugement: l'accusateur public étoit écouté. S'il prouvoit que la conduite du mort eut été mauvaise, on en condamnoit la mémoire, et il étoit privé de la sépulture. Si aucontraire on ne pouvoit le convaincre d'aucun crime, on lui accordoit les honneurs funebres avec des témoignages de vénération.

Nro. VI.

Continuation.

3. Ce qu'il y avoit de plus surprenant dans cet examen public qu'on faisoit subir aux morts, c'étoit que le trône même ne pouvoit en exempter. Les Rois pendant leur vie étoient épargnés; la tranquillité publique l'exigeoit ainsi; mais il n'y avoit point pour eux d'exception pour la sentence qu'ils devoient faire prononcer sur leur conduite après leur mort. Quelques uns même d'entre eux furent privés de la sépulture. Si le jugement que l'on prononcoit se trouvoit favorable au défunt, on procédoit aux cérémonies de l'inhumation. On faisoit son panégyrique, mais sans y rien mêler de sa naissance; car toute l'Égypte étoit censée noble. On ne regardoit comme véritables et legitimes éloges, que ceux qui é-

toient

toient donnés au mérite perſonnel du mort. On louoit la bonne éducation qu'il avoit reçue dans ſa jeuneſſe; Sa piété envers les dieux dans un âge plus avancé, ainſi que la juſtice à l'égard des hommes, ſa douceur, ſa modeſtie, ſa temperance et toutes les autres vertus qui font l'homme de bien. Après cela le peuple donnoit ſon approbation, et faiſoit l'éloge le plus pompeux du défunt, qui méritoit alors d'être éternellement aſſocié dans le regne de Pluton, à la compagnie des hommes les plus vertueux.

Nro. VII.

Jusqu'au regne de Pſammitique les Égyptiens s'étoient toujours cru le plus ancien peuple de la terre. Il voulut s'en aſſurer par lui même, et pour cela il employa une expérience fort extraordinaire, ſi pourtant ce fait doit paroître digne de foi. Il fit élever à la campagne, dans une cabanne fermée, deux enfans nés tout récemment de pauvres parens, et il chargea un berger de les faire nourrir par des chevres (d'autres diſent par des nourrices à qui l'on avoit coupé la langue), avec défenſe de laiſſer entrer aucune perſonne dans cette cabanne, ni de prononcer jamais lui même devant eux aucune parole. Quand ces enfans furent parvenus à l'âge de deux ans, un jour que le berger entra pour leur donner ce qui leur étoit neceſſaire, ils s'écrierent, tous deux, en entendant les mains vers leur pere nourricier, *beccos, beccos*. Le berger ſurpris de ce langage, nouveau pour lui, et qu'ils répéterent dans la ſuite pluſieurs fois, en donna avis au Roi, qui ſe les fit apporter, pour être témoin lui même de la vérité du fait: et ils recommencerent tous deux en ſa préſence à begayer leur petit jargon. Il ne s'agiſſoit plus que de vérifier chez quel peuple ce mot étoit uſité: et il ſe trouva que c'étoit chez les Phrygiens, qui appellent ainſi du p a i n. Ils eurent depuis ce temps la, parmi tous les peuples, l'honneur de l'antiquité, ou plutôt de la primauté que l'Égypte elle même, quelque jalouſe qu'elle en eût toujours été, fut obligée de leur céder malgré ſa longue poſſeſſion. Comme on

ame-

amenoit à ces enfans des chevres pour les nourrir, et qu'il n'est point marqué qu'ils aient été sourds; quelques uns croyent qu'ils avoient pu, d'après le cri de ces animaux, former ce mot *bec* ou *beccos*.

Nro. VIII.

Histoire de Milon.

Pausanias l'historien raconte que Milon le Crotoniate fut sept fois vainqueur aux jeux Pythiens, une fois entr' autres n'étant encore qu'un enfant; qu'il remporta six victoires aux jeux Olympiques, toutes à la lutte; et que s'étant présenté une septieme fois à Olympie pour la lutte, il ne put y combattre, faute d'Antagoniste. Il empoignoit une Grenade, de maniere que sans l'endommager, il la serroit suffisamment pour la retenir contre tous les efforts de ceux qui tâchoient de la lui arracher. Il se tenoit si ferme sur un disque, qu'on avoit huilé pour le rendre plus glissant, qu'il étoit impossible de l'y ébranler. Il ceignoit sa tête d'une corde comme d'un Diademe; et retenant fortement son haleine, les veines de sa tête s'enfloient jusqu' au point de rompre la corde. . . . Tout cela n'étoit dans Milon qu' une vaine et puérile ostentation de ses forces: le hazard lui fournit une occasion d'en faire un usage bien plus louable.

Nro. IX.

Continuation.

Un jour qu'il écoutoit les leçons de Pythagore, (car il étoit un de ses disciples les plus assidus) la colonne qui soutenoit le plafond de la salle où l'auditoire étoit assemblé, ayant été tout d'un coup ébranlé, par je ne sais quel accident, il la soutint lui seul, donna aux auditeurs le temps de se retirer, et après avoir mis les autres en sureté, il se sauva lui même. . . . Sa voracité pouvoit à peine être rassasiée de vingt livres de viande, et d'autant

tant de pain. Athénaeus rapporte qu'une fois, ayant parcouru toute la longueur du Stade, portant un boeuf sur ses épaules il assomma ce boeuf d'un coup de poing, et le mangea tout entier dans la journée. . . . Un jour qu'il voyageoit, il rencontra en son chemin un vieux chêne entrouvert parquelques coins qu'on y avoit enfoncés de force, il entreprit d'achever de le fendre avec ses mains; mais dès que l'effort qu'il fit pour cela eut dégagé les coins, ses mains furent prises et serrées par le ressort des deux parties de l'arbre qui se rejoignirent; de maniere que ne pouvant plus se débarrasser, il fut dévoré par les loups.

Nro. X.

Un jour que Solon alla à Milet, pour voir Thalès la premiere chose qu'il lui dit, ce fut, qu'il s'étonnoit de ce qu'il n'avoit jamais voulu avoir ni femme ni enfans. Thalès ne lui répondit rien sur l'heure, mais quelques jours après, il aposta un étreanger qui devoit se dire arriver tout récemment d'Athenes; d'où il étoit parti depuis dix jours; Solon lui demanda s'il n'y avoit rien de nouveau lorsqu'il en étoit parti. L'étranger à qui Thalès avoit fait la leçon, répondit, qu'il n'y avoit autre chose, que la mort d'un jeune homme, dont toute la ville avoit accompagné le convoi, parceque c'étoit disoit-on le fils du plus honnête homme de la ville, et qui pour lors étoit absent. Ah! interrompit Solon que ce pauvre pere est à plaindre! mais comment l'appelloit-on? Je l'ai oui nommer, répliqua l'étranger; mais son nom m'est échapé. Je me souviens seulement qu'on ne parloit que de sa sagesse et de sa vertu Ne seroit-ce point, dit le legislateur, le fils de Solon? C'est cela même, reprit l'autre. Solon à ces mots. déchirant ses habits, et frappant sa poitrine, s'abandonna à la plus vive douleur. Alors Thalès le prenant par la main, lui dit en souriant, rassurez-vous, tout-ceci n'est qu'une fiction. Voilà pourquoi je n'ai point voulu me marier, c'est pour m'épargner de pareils chagrins.

Nro. XI.

La maniere dont Apelles fit la connoiſſance de Protogene, peintre fameux de ſon temps, et dont il forma avec lui les noeuds de l'amitié la plus étroite, eſt très remarquable, et mérite bien d'être racontée. Protogene vivoit à Rhôdes, et n'étoit connu d'Apelles que de réputation et par le bruit que faiſoient ſes peintures. Celui-ci voulut s'aſſurer par ſes propres yeux, de la beauté de ſes ouvrages, et fit exprès un voyage à Rhôdes. Arrivé chez Protogene, il ne trouva qu'une vieille femme qui gardoit l'attelier de l'artiſte. Il trouva en même temps ſur le chevalet une toile ſur la quelle il n'y avoit encore rien de peint. Lorsque la vieille lui demanda ſon nom, il lui répondit: je vais le mettre ici, et auſſitôt il prit un pinceau avec de la couleur, et deſſina quelques traits des plus fins. Protogene à ſon retour apprit de ſa ſervante, ce qui s'étoit paſſé. Il conſidéra avec admiration la fineſſe de ces coups de pinceau et ne fut pas long-temps à en deviner l'auteur. C'eſt Appelles, s'écria-t-il, il eſt le ſeul au monde, qui puiſſe faire un deſſein ſi délicat et ſi hardi.

Nr. XII.

Continuation.

Il prit enſuite d'une autre couleur: et peignit autour de ces mêmes traits; mais ſon ouvrage étoit plus fin et plus artiſtement tracé. Il recommanda à ſa ménagere de ne montrer à l'étranger, s'il revenoit, que ce qu'il venoit de faire, et de lui dire en même temps que c'étoit l'ouvrage de l'homme qu'il cherchoit. Appelles revint peu de temps après, mais voyant à ſa honte que ſon rival l'avoit ſurpaſſé, il prit d'une troiſieme couleur, et ajouta aux traits déja faits quelques autres traits ſi artiſtement peints et ſi frappants, qu'il y avoit abſolument épuiſé tout ce que l'art a de plus fin. A peine Protogene eut-il apercu ces derniers traits qu'il dit: je ſuis vaincu, il faut que je courre embraſſer mon vainqueur. En effet, il il vole auſſitôt ſur le port, y trouve ſon rival et s'unit à lui d'une amitié intime qui, dans la ſuite, ne fut jamais rompue.

Nro. XIII.

Hiſtoire de la jeuneſſe de Cyrus.

Cyrus étoit fils de Cambyſe roi des perſes, et de Mandane fille d'Aſtyage roi des Medes. Il étoit bien fait de corps; mais les qualités de ſon eſprit l'emportoient encore ſur la beauté de ſon corps. Plein de douceur, d'humanite, de déſir d'apprendre et d'ardeur pour la gloire, il ne fut jamais affrayé d'aucun péril, ni rebuté, d'aucun travail, quand il s'agiſſoit d'acquérir de l'honneur. Il fut élevé ſelon les loix des Perſes qui, pourlors, étoient excellentes, par rapport à l'éducation de la jeuneſſe. Le bien public, l'utilité commune etoient la baſe et le but de toutes leurs loix. L'éducation des enfans étoit regardée comme le devoir le plus important, et la partie la plus eſſentielle du gouvernement. On ne s'en repoſoit pas ſur l'attention des peres et des meres qui, ſouvent gâtent leurs enfans par incapacité et par une aveugle tendreſſe; mais l'état lui même ſe chargeoit de ce ſoin. Ils étoient élevés en commun d'une maniere uniforme. Tout y étoit réglé; le lieu et la durée des exercices, le temps du repas, la qualité du boire et du manger, le nombre des maîtres, les différentes ſortes de châtiment. Toute leur nourriture, auſſi bien pour les enfans que pour les adoleſcents étoit du pain, du creſſon et de l'eau; car on vouloit de bonne heure les accoutumer à la tempérance et à la ſobriété. Dailleurs cette ſorte de nourriture ſimple et frugale, ſans aucun aſſaiſonnement artificiel, leur fortifioit le corps et leur procuroit une ſanté capable de ſoutenir les plus dures fatigues de la guerre, jusque dans l'age le plus avancé.

Nro. XIV.

Ils alloient à l'école pour y apprendre la justice comme ordinairement on y va pour apprendre à lire, à écrire, et pour y acquérir la connoissance des sciences. Le crime qu'on y punissoit le plus séverement étoit l'ingratitude. On restoit dans la classe des enfans jusqu' à seize ou dix-sept ans. Là on les formoit à tirer de l'arc et à lancer le javelot; ensuite on passoit dans la classe des adolescents. Ceux-ci étoient tenus de la maniere la plus févere, parceque cet âge exige une attention particuliere. Ils restoient dans cette classe pendant dix ans. Pendant ce temps ils passoient toutes les nuits dans les corps de garde tant pour veiller à la sureté de la ville que pour s'accoûtumer à la fatigue: pendant le jour ils obéissoient aux commandements de leurs chefs, ou ils accompagnoient le roi à la chasse, et tâchoient de se rendre de plus en plus adroits dans les exercices du corps. . . . Cyrus fut élevé de la sorte, et surpassa toujours ceux de son âge soit par sa facilité à apprendre, soit par son courage et par son adresse à executer tout ce qu'il entreprenoit.

Nro. XV.

Continuation.

Qnand Cyrus eut atteint l'âge de douze ans, sa mere Mandane le mena avec elle en Médie chez Astyage son grand pere qui, d'après tout le bien qu'il avoit entendu dire de ce jeune prince avoit une grande envie de le voir. Il trouva dans cette cour des moeurs toute différentes de celles de sa patrie. Le luxe et le fasté y régnoient en souverains. . . . Cyrus ne fut point ébloui de cet éclat, et sans rien critiquer ni condamner, il sut se maintenir dans les principes qu'il avoit reçus dès son enfance. Il charmoit son grand pere par ses saillies pleines d'esprit et de vivacité, et gagnoit tous les coeurs par ses manieres nobles et engageantes. On peut juger du reste par l'avanture suivante.

Nro. XVI.

Continuation.

Aſtyage voulant faire perdre à ſon petit fils l'envie de retourner dans ſa patrie, fit préparer un feſtin magnifique, où tout fut prodigué ſoit pour la rareté ſoit pour la qualité des viandes. Cyrus regarda avec des yeux indifférens tout ce faſtueux appareil. „O mon cher grand papa, s'écria-t-il, en voyant cette quantité de mets, que de peine il vous en doit coûter à table ſi vous devez porter la main à tous ces plats et manger de toutes ces viandes! Comment, reprit Aſtyage, eſt-ce que ce repas ne te plait pas beaucoup plus que vos repas de Perſe? — Nullement répondit Cyrus : aulieu de tant de détours et de circuits pour appaiſer la faim, nous prenons un chemin bien plus court pour arriver au même but; un peu de pain et de creſſon nous y conduiſent."

Nro. XVII.

Continuation.

Cyrus ayant demandé à Aſtiage s'il vouloit lui permettre de faire de toutes ces viandes ce qu'il lui plairoit, et voyant ſa priere axaucée, les diſtribua ſur le champ aux officiers du roi; à l'un parcequ'il lui apprenoit à monter à cheval, à l'autre parcequ'il lui avoit fait préſent d'un javelot; à celui-ci parcequ'il ſervoit bien ſon grand pere; à celui-là parcequ'il témoignoit un grand reſpect à ſa mere. Sacas échanſon du roi fut le ſeul auquel il ne donna rien. Cet officier outre la charge d'échanſon avoit encore celle d'introduire chez le roi ceux qui devoient être admis à ſon audience, et comme il ne lui étoit pas poſſible d'accorder cette faveur à Cyrus auſſi ſouvent qu'il le déſiroit, il eut le malheur de déplaire à ce jeune prince. Aſtyage lui dit: ne donnes-tu donc rien à Sacas que j'honore plus que tous les autres? Cyrus lui répondit: „Pourquoi donc, mon grand papa, honorez vous ſi fort cet homme?— N'as-tu pas remarqué, répartit Astyage. avec quelle adresse il me sert à boire? — Ne faut-il que cela, mon papa, interrompit Cyrus, pour gagner vos bonnes graces, je les aurai bientôt gagnées: ordonnez à Sacas de me donner la coupe, je me fais fort de vous servir aussi bien que lui."

Nro. XVIII.

Continuation.

Aussitôt on lui donna la coupe et il fit exactement ce qu'il avoit vu faire a Sacas. Il présenta la coupe de trois doigts et avec tant de grace qu' Astyage et Mandane ne pouvoient cesser d'en rire. Quand cela fut fait, il se jetta au cou de son grand pere, et le baisant, il s'écria plein de joie: „O Sacas, pauvre Sacas, te voilà perdu, j'aurai ta charge, car non seulement je la remplis mieux que toi; mais en outre, je ne bois pas non plus du vin que je presente (c'étoit l'usage des échansons royaux de verser un peu de vin dans leur main gauche et de le boire avant de présenter la coupe à leur maitre, afin que par là le roi ne craignit pas qu'ils eussent empoisonné la liqueur.) „Pourquoi donc, lui demanda Astyage, puisque „tu as si exactement imité Sacas en tout point, n'as-tu „pas goûté le vin? — C'est parceque je craignois, qu'il „n'y eût du poison dans la coupe. — Et pourquoi — „dernierement lorsque pour célébrer la fête de l'anniver„saire de votre naissance, vous donniez un festin a vos „amis, je fus bientôt convaincu que Sacas vous avoit „donné du poison; car quand vous en eûtes bu, vous „perdîtes la tète et la raison. — Comment, reprit Asty„age, la même chose n'arrive-t-elle pas a ton pere, „quand il a bu? — Jamais répondit Cyrus — et que „lui arrive-t-il donc? — Quand il a bu, il cesse d'avoir „soif, et voilà tout...."

Nro.

Nro. XIX.

Continuation.

Mandane voulant partir pour retourner en Perſe, Aſtyage engagea Cyrus à reſter encore quelque temps avec lui, et Cyrus y conſentit avec plaiſir, parcequ'il vouloit apprendre à bien monter a cheval. Pendant ſon ſéjour a la cour de ſon grand pere, il ſut ſe concilier l'amour et l'eſtime des Medes. Quand il eut a peuprès ſeize ans, ſon pere Cambyſe le rappella, pour lui faire achever le nombre d'années deſtinées aux exercices des Perſes. Il partit donc auſſitôt afin que ni ſon pere ni ſa patrie n'eûſſent occaſion de ſe plaindre de lui. Ce fut dans cette circonſtance, que l'on vit combien il étoit aimé. Tout le monde, les jeunes gens et les viellards, Aſtyage lui-même à cheval, le reconduiſirent très loin, et quand il fallut ſe ſéparer, il n'y eut perſonne qui ne répandit des larmes.

Nro. XX.

Extrait de Lucien.

Cliſtene prince de Sicyone fit annoncer, qu'il donneroit ſa fille Agariſte en mariage à celui, qu'il reconnoitroit pour être le plus parfait des jeunes gentils hommes de toute la Grece. Parmi les prétendans que cette invitation attira de tous côtés, ſe trouvoient Hypoclide fils de Tiſandre; et Mégaſe fils d'Alcméon, tous deux d'Athênes. Cliſtene les retint un an tout entier à ſa cour, leur fit ſubir toutes les épreuves poſſibles, et ſon choix ayant été long-temps partagé entre Mégacle et Hypoclide, il ſe décida, ſans en rien dire à perſonne, à donner la préférence à celui-ci. Enfin arriva le jour fixé pour les nòces, jour où Cliſtene vouloit faire connoître celui qu'il avoit choiſi. Il donna un grand feſtin, où l'on propoſa encore aux prétendans des défis dans la muſique et l'éloquence. Hypoclide eut la vanité de vouloir montrer ſon adreſſe en danſant; mais par malheur le beau pere n'ai-

moit

moit pas la danſe. Cliſtene ne dit rien, tout le temps que le jeune Hypoclide ne danſa que ce, que les Athéniens appeloient Emméleya (c'étoient des danſes honnêtes et graves.) Mais ce jeune homme, qui trouvoit tant de plaiſir à exercer ſon talent dans cette partie, s'étant permis des ſauts malhonnêtes et comiques, s'aviſa enfin de danſer ſur ſa tête; ce fût alors que la patience échappa au vieux prince, et que lui addreſſant la parole avec un peu d'animoſité, il lui dit: Fils de Tiſandre tu as perdu ma fille en danſant. Hypoclide s'en met peut en peine, lui répondit tranquillement ce jeune homme. Cette réponſe parut ſi ſinguliere, qu'elle paſſa en proverbe. Cliſthene donna alors ſa fille en mariage à Alcmeon, et elle eut l'honneur d'être la byſayeule du célebre Periclès.

Nro. XXI.

Denys de Syracuſe dont la cour fourmilloit de philoſophes et de beaux eſprits, et qui étoit le centre des talens de toute eſpece, avoit entr'autres prétentions la fantaiſie de vouloir être poëte: il compoſoit des tragédies. On peut aiſément croire, qu'il recevoit beaucoup d'applaudiſſemens de la part de ſes courtiſans. Philoxene fut le ſeul, qui fut aſſez bizarre pour trouver pitoyables les vers du tyran. Denis pour lui apprendre à mieux vivre, le fit conduire à la carriere. Il lui pardonna à la verité bientôt après, le rappela à ſa cour, et lui lut une piece nouvelle, pour voir, ſi ſon goût ſeroit devenu meilleur. A peine le prince eut-il lu quelques vers, que Philoxene ſe levant, dit: reconduiſez moi vite à la carriere.

Nro. XXII.

Fable.

Les membres du corps humain ſe laſſêrent un jour de ſe ſervir les uns les autres, et ne voulûrent plus le faire. Les pieds dirent aux autres membres: pourquoi ſerions-nous ſeuls obligés de vous porter et de vous trainer avec nous? procurez vous des pieds, ſi vous voulez marcher. Les mains dirent auſſi: pourquoi devrions nous ſeules travailler pour vous tous? cherchez des mains, ſi vous en avez beſoin. La bouche dit à ſon tour en murmurant: Il faudroit, que je fuſſe bien folle pour macher toujours la nourriture à l'eſtomac, afin qu'il n'ait plus qu'à la digérer à ſa commodité. Que celui donc à qui une bouche eſt néceſſaire, cherche à s'en procurer une. Les yeux trouverent de même fort étrange, qu'eux ſeuls dûſſent ſans ceſſe être en ſentinelle pour tout le corps, et voir pour lui. Et c'eſt ainſi qu'en agirent entr'eux les membres du corps humain, l'un refuſoit de ſervir l'autre. Qu'arriva-t-il alors? Comme les pieds ne vouloient plus marcher, ni les mains travailler, ni la bouche manger, ni les yeux voir; bientôt tous les membres du corps dépérirent et perdirent inſenſiblement la vie. Ils reconnûrent pour lors la folie de leur procédé, et ils ſe promirent unaniment que cela n'arriveroit plus. Ils ſe ſervirent donc les uns les autres; et chacun d'eux redevint bien portant, et auſſi fort, qu'il l'avoit été auparavant.

Nro. XXIII.

Extrait de Lucien.

Les femmes Traces ayant taillé en piece le malheureux Orphé, jetterent ſa tête et ſa Lyre dans l'Ebre, qui les porta toutes deux jusqu'à la mer noire. On dit, que la tête nageoit ſur la lyre, et que d'elle même elle faiſoit entendre des ſons triſtes, que l'on eut dit être une élégie ſur la mort de ce chantre divin. Les cordes de la lyre agitées par le vent, ſecondoient avec harmonie ce chant lugubre, et c'eſt ainſi que l'une et l'autre, en formant ces triſtes accords, furent pouſſées ſur la côte de Lesbos. Les habitans de cette ville les recueillirent, et entérerent la tête dans l'endroit où ſe trouvoit alors le temple de Bachus; mais pour la lyre, ils la conſacrerent à Apollon, et la dépoſerent dans ſon temple, où elle fut conſervée pendant long temps. Or il arriva dans la

ſuite

ſuite, qu'un certain Néanthe, ayant entendu toutes les choſes merveilleuſes qu'on racontoit de la Lyre d'Orphé, ſavoir, par exemple, qu'avec elle, il avoit pu pendant ſa vie attirer à lui des animaux, des arbres et des rochers, et qu'après ſa mort, cette Lyre avoit encore d'elle même continué de rendre des ſons harmonieux; un certain Néanthe, dis-je, conçut un deſir ardent de la poſſéder. Il trouva enfin moyen de corrompre à force d'argent un des miniſtres du temple, pour le déterminer à lui livrer la véritable lyre et a en ſubſtituer une ſemblable à ſa place. Qui pourroit être plus content, que ne le fut Néanthe, quand il ſe vit poſſeſſeur de cet inſtrument admirable, avec lequel il ſe croyoit l'héritier des talens d'un Orphé, ſans avoir la moindre connoiſſance de la muſique. Il étoit ſi parfaitement dans cette idée, que dans la crainte de voir le myſtere découvert, il n'oſa ſe hazarder d'en faire l'épreuve ſoit en plein jour, ſoit à la ville; mais à peine fit-il nuit, qu'il cacha ſoigneuſement la lyre ſous ſon manteau, ſe rendit dans un lieu écarté hors de la ville, et là, avec toute la maladreſſe d'un jeune homme, qui jamais de ſa vie n'a touché une lyre, il commença à en faire réſonner les cordes, ne doutant pas que d'elles-mêmes, elles n'allâſſent produire une harmonie capable d'enchanter les bêtes et les êtres inanimés. Mais dans ce moment, une quantité de chiens que ces ſons discors eurent bientôt ramaſſés de tous les environs, l'aſſaillirent, et le mirent en mille morceaux. De façon que le malheureux jeune homme ne reſſembla que trop en ce point à Orphé, et attira, quoique pour ſon malheur, au moins des chiens à lui, par les charmes de ſa muſique.

Nro. XXIV.

Des Planetes.

L'ordre des Planetes entr'elles tel qu'il eſt reçu aujourdhuy parmi les Aſtronomes, eſt le ſuivant: Au milieu ſe trouve le ſoleil, après lui viennent de ſuite, Mercure, Vénus, la Terre avec la Lune ſon ſatellite, Mars, Ju-

Jupiter et ſes quatre ſatellites, Saturne avec ſept ſatellites, et enfin Uranus avec deux ſatellites. On appelle révolution d'une planete, ſon mouvement autour du ſoleil. Outre ce mouvement, les planetes en ont encore un autre ſur leur axe, et il s'appelle mouvement de rotation. Le temps qu'emploient les planetes pour faire leur révolution eſt: pour Mercure, de quatre-vingt-ſept jours, vingt-trois heures, quatorze minutes trente-trois ſecondes; pour Vénus, de deux cent-vingt-quatre jours, ſeize heures, quarante-une minutes, vingt-ſept ſecondes; pour la terre de trois cent ſoixante-cinq jours, cinq heures, quarante-huit minutes, quarante-huit ſecondes. Nous ne connoiſſons pas le temps qu'emploie la lune pour faire ſa révolution. Pour Mars, d'un an, trois cent vingt-et-un jours, ſeize heures, dix-huit minutes, vingt-ſept ſecondes; pour Jupiter, de onze ans, trois cent douze jours, vingt heures, trente-neuf minutes, deux ſecondes; pour Saturne, de vingt-neuf ans, cent cinquante-quatre jours, treize heures, ſeize minutes, quinze ſecondes; pour Uranus de quatre-vingt-trois ans, cinquante deux jours, quatre heures. Pour ce qui eſt du mouvement de rotation, le ſoleil y met vingt-cinq jours, quatorze heures, huit minutes. Celui de Mercure eſt inconnu. Vénus, vingt-trois heures, vingt-deux minutes; la Terre vingt-quatre heures; la Lune vingt-ſept jours huit heures. Mars vingt-quatre heures, trente-neuf minutes, vingt-une ſecondes; Jupiter neuf heures, cinquante-cinq minutes, et à peu près trente-quatre ſecondes; Saturne ſix heures et quelques minutes. Celui d'Uranus eſt inconnu.

Nro. XXV.

Du Soleil.

Le ſoleil doit être un globe, puisque dans toutes ſes poſitions il nous préſente un disque. Son diametre eſt de cent quatre-vingt-quatorze mille, quatre cent quatre-vingt-dix milles d'allemagne. Il eſt presque d'un million et demi plus gros que la terre n'eſt groſſe. On remarque fur fa furface plufieurs taches obfcures d'une grandeur différente et variable, fouvent feules, fouvent parfemées en plus grand nombre et fouvent raffamblées. On voit au milieu des plus confidérables une obfcurité plus fombre que dans les autres, et elles font ordinairement environnées d'une efpece de brouillard, ou fimplement d'ombre. Il y a dans la partie voifine de l'extrémité du disque du foleil des traces allongées, qui rendent une autre lumiere que cet aftre. Le foleil a une Athmofphere, qui s'étend jusqu'au de là du cercle, que décrit Mars dans fa révolution, et la lumiere que rend cette Athmofphere, eft blanchâtre à peuprès comme celle de la voie lactée.

Nro. XXVI.

Continuation.

Il n'y a point de doute, que le foleil ne foit un corps lumineux, mais il eft plus difficile de décider, s'il eft un globe de feu, et fuppofons, qu'il en foit un, du moins ce feu devroit être différent du feu de nos foyers: car quoi qu'avec une loupe on puiffe allumer du bois, la loupe cependant ne s'échauffe pas pour cela d'une maniere fenfible: et dailleurs, croire le foleil un globe de feu, c'eft s'engager dans une foule de férieufes difficultés par rapport à l'aliment qui feroit néceffaire à ce feu. On peut croire, que le foleil eft un globe froid, fur la furface du quel fe trouvent des terres, des mers (et peutêtre auffi des habitans) et qu'il ne fait qu'attirer à foi la matiere lumineufe de l'efpace. Les rayons du foleil froids de leur nature, en s'élançant fur la terre, y rencontrent, dans la partie inférieure de fon Athmofphere, ainfi que fur fa furface, une matiere ignée à laquelle, ils s'amalgament, et produifent la chaleur par un effet chimique. En effet il fait froid fur la cime des hautes montagnes, précifément parceque les rayons du foleil ont beau y arriver auffi bien que fur leur pente, ils ne trouvent pas dans l'Athmofphere fuperieure de ces hautes montagnes autant de matiere ignée que plus bas. Dans cette hypothefe, les taches du foleil feroient des places dépour-

vues

vues de matiere lumineuſe, lesquelles, ou ne répandroient point de lumiere, mais au contraire l'abſorberoient, (telles, par exemple, que des mers) ou des places au deſſus desquelles des nuages intercepteroient le paſſage de la lumiere.

Nro. XXVII.

De Mercure.

Mercure eſt à huit millions de milles d'allemagne du ſoleil: dans ſon périgé il eſt à plus de onze millions de milles de la terre, et dans ſon apogée il en eſt éloigné de plus de trente millions. Son diametre a ſix mille quatre-vingt-dix-ſept milles d' allemagne, ainſi Mercure eſt parconſéquent ſeize fois plus petit que la terre. Son année renferme quatre-vingt-huit jours. Il voit le ſoleil ſix fois plus gros et d' autant plus lumineux que nous. Il ne s' en ſuit pas d' après l' hypotheſe que nous avons annoncée plus haut, que de ce que Mercure ſoit d' autant plus près que nous du ſoleil, il doive en être d' autant plus échauffé.

Nro. XXVIII.

De Vénus.

Vénus placée à dix-huit millions de milles d' allemagne du ſoleil, eſt, dans ſon périgé, à plus de cinq millions de milles de la terre, et dans ſon apogée elle en eſt à plus de trente-ſix millions. Son diametre étant de ſeize cent quatre-vingt-huit mille, elle eſt par conſéquent d' un dixieme plus petite que la terre. Son année eſt d' àpeuprès deux cent vingt-quatre jours. On a remarqué ſur Vénus pluſieurs élévations, c'eſt à dire des montagnes, et une athmoſphere. Elle eſt la plus belle étoile du ciel, et la ſeule qu' on puiſſe y voir ſans inſtruments pendant le jour. Lorsqu'elle eſt le mieux éclairée, ſa lumiere n' eſt que de trois mille fois plus foible que celle de

la

la pleine lune, et elle reſſemble aſſez à la lueur d'une chandelle, qu'on voit à la diſtance d'environ deux cent cinquante pieds. Précede-t-elle le ſoleil à ſon lever, on l'appelle l'étoile du matin, (le Phosphore) le ſuit-elle à ſon coucher, elle porte le nom d'étoile du ſoir (l'Hespéride) à l'aide du teléscope on remarque que tantôt on eu voit comme de la lune le disque plein, tantôt ſeulement un croiſſant, tantôt rien du tout.

Nro. XXIX.

De la Terre.

La Terre eſt éloignée du ſoleil de dix-huit millions de milles d'allemagne, et elle en a mille ſept cent dix-neuf de diametre. Elle eſt ronde: cela paroit 1) d'après les éclipſes de lune, où l'ombre de la Terre placée dans toutes les poſitions poſſibles ſe montre ronde, ce que produit un globe. 2) D'après les voyages que l'on peut faire en cinglant autour de la Terre vers une même direction. Des marins ont fait voile vers l'occident, n'ont pas changé de direction, et ſont enſuite rentrés dans le même port, d'où ils étoient partis. 3) La ſurface de la Terre doit être circulaire, puisque toujours nous voyons les tours, les mats des vaiſſeaux avant les objets qui ſont au deſſous d'eux. Nous paſſons ſous ſilence les autres preuves. La Terre n'eſt cependant pas parfaitement ronde, et il reſulte des nouvelles obſervations, que l'on a faites, quelle eſt aplatie ſous les poles. Sa rèvolution ſe fait en un peu plus de trois cent ſoixante-cinq heures. Elle parcourt par conſéquent par heure douze mille cinq cents milles d'allemagne. La Terre a cinq mille quatre cents milles d'allemague de circonference; ſa ſuperficie eſt de neuf millions de milles quarrés, et ſon volume eſt de deux mille ſix cent cinquante-quatre millions de milles cubiques. La Terre, à la hauteur de dix milles, eſt environnée d'air, c'eſt là ce, qu'on appelle athmoſphere; cette athmoſphere lui eſt unie et a le même mouvement qu'elle.

Nro.

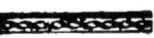

Nro. XXX.

De la Lune.

La Lune eſt le ſatellite de la terre, et elle en eſt éloignèe de cinquante-un mille de milles d'allemagne. Elle a quatre cent ſoixante-cinq milles de diametre. Sa ſuperficie fait un quatorzieme de celle de la terre, et ſon volume en fait un cinquantieme. Elle fait ſa révolution autour de la terre en vingt-ſept jours huit heures, et comme elle nous préſente toujours le même côté, elle doit employer le même temps pour completter ſon mouvement de rotation. Quand la Lune a ſa partie toute éclairée tournée vers nous, de maniere que nous voyons ſon disque en entier, alors on l'appelle pleine Lune; nous tourne-t-elle la partie oppoſée, de maniere que nous ne puiſſions nullement la voir, alors nous avons la nouvelle Lune. Ne voyons nous que la moitié de ſa partie éclairée? Quand cette moitié ſe tourne du côté droit, nous avons le premier quartier, ſi elle ſe trouve du côté gauche, c'eſt le dernier quartier.

Nro. XXXI.

Continuation.

Rien qu'avec nos yeux nous découvrons déja une grande quantité de taches dans la Lune, taches que l'on apperçoit bien plus diſtinctement à l'aide du télescope, on y découvre des montagnes, et même des chaines de montagnes. On a ſupputé, qu'il y avoit ſur la Lune quelques montagnes dont la hauteur perpendiculaire eſt de deux tiers de milles d'allemagne ainſi que des précipices de dix-huit mille pieds de profondeur. Les Aſtronomes ne s'accordent pas a dire, qu'il y ait une Athmoſphere autour de la Lune; mais quand bien même il y en auroit une, du moins cette planete eſt inhabitée. Si l'on voyoit la terre depuis la Lune, elle paroitroit treize fois plus groſſe et plus éclairée que la Lune ne nous paroit l'être; et lorsque nous avons nouvelle Lune, la Lune voit la terre et tout ſon disque éclairé.

Nro. XXXII.

De Mars.

Mars eſt éloigné du ſoleil de plus de trente-un millions de mille d'allemagne. Son apogée eſt de plus de cinquante-cinq millions, et ſon périgé de plus de ſix millions de milles. Il a mille quarante-et-un milles de diametre, et il eſt d'un quart plus grand que la terre. Il ne voit le ſoleil qu'à moitié auſſi gros, que nous le voyons; quant à la terre et à la lune, jamais il ne les a pleines; et celle-là eſt auſſi grande pour lui que Vénus l'eſt pour nous. Sa lueur eſt de couleur de feu. On remarque ſur ſon disque plusieurs taches obſcures, et il eſt environné d'une athmoſphere épaiſſe. On n'a pu encore lui decouvrir de ſatellites et en ſuppoſant, qu'il en ait, ils doivent être fort petits puisque lui même eſt petit. Ses poles ſont aplatis. Sa révolution ſe fait en un an, trois cent vingt-deux jours.

Nro. XXXIII.

De Jupiter.

Jupiter ſe trouve à cent-huit millions de milles du ſoleil, dans ſon apogée il eſt à cent trente-quatre millions de la terre, et dans ſon périgé à quatre-vingt-un. Il a quatre ſatellites. C'eſt la plus grande de toutes les planetes. Comme Jupiter a dix-neuf mille cinq cent ſoixante-ſix milles d'allemagne de diametre, il eſt par conſéquent mille quatre cent ſoixante et quatorze fois plus grand que la terre. Le disque du ſoleil eſt pour lui vingt-ſept fois plus petit que pour nous. Ses poles ſont aplatis. A l'aide du télescope, on découvre ſur ſa ſuperficie des ſillons d'une lumiere brillante, on en découvre d'autres d'une lueur obſcure. On en remarque principalement quatre obſcures, mais qui eprouvent divers changemens. On y a vu pluſieurs taches. On croit, que ces ſillons ſont des nuages et delà on en conclut, que Jupiter a une athmoſphere. Sa lumiere eſt jaunâtre. Il fait ſa révolution dans l'eſpace de onze ans trois cent douze jours.

Nro.

Nro. XXXIV.

De Saturne.

Saturne dont la lueur nous paroit d'un rouge pale eſt à cent quatre-vingt dix-neuf millions de milles du ſoleil, qu'il voit un quatre-vingt dixieme de fois plus petit que nous. Son périgé eſt à plus de deux cent trente millions de milles, et ſon apogé a plus de cent ſoixante-ſix millions des milles de la terre. Son année dure vingt-neuf ans et cent ſoixante-ſix jours. Il eſt aplati ſous les poles: il a ſept ſatellites, il eſt entouré d'un anneau ſuſpendu dans ſon Athmoſphere et dont on apperçoit quelque fois l'ombre ſur Saturne. Herſchel prétend même avoir apperçu, qu'il avoit deux anneaux placés l'un ſur l'autre; mais ſéparés l'un de l'autre. Cet anneau a quarante mille cinq cent milles d'allemagne de diametre, il en a cent vingt-ſept mille de circonférence, et cinq mille huit cent de largeur. Son épaiſſeur doit être conſidérable quoiqu'on ne puiſſe préciſément la déterminer.

Nro. XXXV.

D'Uranus.

Monſieur Herſchel découvrit cette planete à Bath en Angleterre le treize de Mars mil ſept cent quatre-vingt-un, elle reſſemble à vue d'oeil à une étoile fixe; mais elle eſt ſix fois plus grande, qu'elles ne le paroiſſent ordinairement. Elle eſt éloignée du ſoleil de trois cent quatre-vingt dix-huit millions de milles, et elle en voit le disque trois cent ſoixante quatre fois plus petit que nous. Elle emploie quatre-vingt-trois ans et cent cinquante jours pour faire ſa révolution, elle a ſept mille cinq cent vingt-huit milles d'allemagne de diametre, et doit être par conſéquent quatre-vingt-trois fois plus groſſe que la terre. Herſchel a découvert en mille ſept cent quatre-vingt-ſept deux de ſes ſatellites.

Nro.

Nro. XXXVI.

Reflections du Capitaine Koock ſur les peuples nouvellement découverts.

Une des ſuites les plus importantes qu'ait procurés à l'humanité les découvertes du Capitaine Koock dans ſes voyages, conſiſte en ce que par elles nous avons acquis des notions bien plus exactes que celles, que nous avions avant lui, ſur l'état de ceux de nos freres, qui ignorent encore le bonheur, et les principes de corruption attachés à la civiliſation. Il a découvert et des peuplades nouvelles, et nous a transmis ſur celles, qui étoient connues avant lui, des éclairciſſements plus précis. Ces éclairciſſements ſont la preuve d'un eſprit judicieux et philoſophique: nous allons communiquer à nos jeunes lecteurs l'eſſentiel de ſes remarques ſur cet objet, en nous ſervant pourtant encore des notions, que nous ont données d'autres voyageurs; et nous croyons par là ne pas moins travailler pour leur agrément que pour leur inſtruction. Par le nom de Sauvages on entend des hommes qui vivent ſans avoir un gouvernement étayé par des loix, et qui jouiſſent des productions de la nature, ſans les préparer avec art. Il eſt à prèſumer que parmi ces ſauvages, il y a pluſieurs claſſes différentes; que quelques unes de leur colonies s'approchent plus, les autres moins de la forme d'une nation policée; et la raiſon en eſt que tout dans la nature, l'homme lui même, s'approche par une proportion graduée de l'état de perfection.

Nro. XXXVII.

Continuation.

Les traits principaux du caractere des nations ſauvages ſont leur animoſité contre tout étranger qui n'eſt pas leur allié, et la fureur de pourſuivre leurs ennemis; fureur qui ne peut être aſſouvie, que par le ſang de l'agreſſeur. D'ailleurs on trouve ordinairement en eux une ſidélité et un attachement inviolable à leur nation, ainſi

ainſi qu'une aimable bonté de coeur pour ceux qui une fois ont ſu s'attirer leur confiance. Leurs idées ſur les choſes, qui dépaſſent la ſphere de leur expérience immédiate ſont vraiment puériles. Leur Religion n'eſt que ſuperſtition et peut-être ne peuvent-ils exprimer verbalement, s'ils reconnoiſſent une différence entre le bien et le mal. Ne croyons pourtant pas, que le ſentiment intime de cette différence ne ſoit pas en eux. Si cela étoit, ils ne ſeroient plus hommes; car la véritable diſtinction de l'homme d'avec la brute conſiſte en ce que celui-là doit et peut agir non ſeulement par une ſimple impulſion, mais d'après l'idée du bien et du mal; tandis que celui-ci n'eſt qu'une machine, que conduit ſon inſtinct.

Nro. XXXVIII.

Continuation.

Les ſauvages manifeſtent ce ſens intime comme les Européens, mais ſeulement dans leurs autres actions, et le crime chez eux ne differe du crime chez les nations policées, que dans l'eſpece; et les Européens qui avec dédain refuſent l'humanité à ces bons habitans de la nature, ſont précisément ceux, qui deshonnorent le plus la dignité de la nature humaine. Que nos jeunes lecteurs remarquent de bonne heure la vérité ſuivante. Le jugement que quelqu'un porte ſur la bonté et ſur la méchanceté du caractere d'un autre prend ordinairement ſa ſource dans l'amour propre; qu'ils faſſent attention en outre que la plupart des hommes n'appelle *bon*, que ce qui leur eſt utile, et *mauvais* que ce qui leur eſt préjudiciable. Tel eſt le jugement, que les Européens ont porté ſur les ſauvages. Ils prétendoient que leurs freres moins civiliſés qu'eux duſſent ſouffrir tranquillement toutes leurs injuſtices et leurs violences, et ils étoient furieux à l'excès, quand les ſauvages uſoient de repreſailles à leur égard; ce que d'après leurs idées ils ne pouvoient trouver injuſte.

Nro.

Nro. XXXIX.

Thêmes pour s'exercer dans un ſtyle plus relevé. (La traduction eſt un peu plus libre que pour les thêmes précédents.)

Lettre de Gellert.

1. Vous avez donc perdu votre meilleur ami, votre cher L... Je vous plains infiniment, et puiſſe l'aſſurance de ce ſentiment que je vous exprime, contribuer en quelque choſe à votre conſolation, car, dailleur, quel autre moyen puis-je employer pour adoucir votre peine. Dieu, qui eut pu penſer, il y a quelques mois, lorsque nous nous ſommes vus à Merſebourg, que cet ami ſi bien portant, et celui d'entre nous, qui promettoit la plus longue vie, dut être le premier que frapperoit la mort, et qu'il étoit ſi près du tombeau! helas, tel étoit il encore cette année. O pere commun des hommes, qu'elle eſt fragile cette vie, que nous aimons tant, et que, comme un préſent qui nous vient de vous, nous devons tant aimer! J'arroſe ma lettre de mes larmes, je mêle ces larmes aux vôtres, mon cher B..., et je ſouhaite, que perſonne ne vienne me troubler pendant ces inſtans, que je conſacre aux pleurs, et aux ſentiments de la nature. Comment pourrois-je mieux employer les derniers momens de cette année, qui nous échappe, qu'en les donnant tout entiers à la commiſération, à la penſé de la mort, et à l'ame du défunt. . . . Le voila donc enfin dans le ſein de l'éternité et du repos le plus inéffable! Que ne doit pas ſentir une ame, qui quitte cette terre d'exil, et fait ſon entrée dans la patrie des élus? Quelles delices divines doivent être ſon partage! Conduite par le tout puiſſant, elle promene ſes regards ſur les demeures bienheureuſes; ravie à l'aſpect des rayons de gloire de la divinité, elle chante toute-à la fois et le jour de ſa naiſſance, et celui de ſa mort, et reconnoit que le maître de ce ſéjour eſt Dieu lui même. - - - Elle jouit du bonheur de voir ſon divin rédempteur; elle nage dans l'Océan de ſon amour; elle s'enivre des myſteres de la rédemption; elle entonne les cantiques éternels; elle

chante

chante des hymnes en l'honneur de ſon Dieu et à la vertu. La moindre bonne action qu'elle a faite ſur la terre ſe préſente à elle dans un ſaint éclat, et chaque noble deſſein qu'elle a formé ici-bas devient pour elle un mérite que le tout puiſſant récompenſe, et ſera auſſi à jamais pour elle un ſujet de gloire aux yeux des élus.

Nro. XL.

Continuation.

2.) Aidez vous, mon cher B . . . de ces tableaux de l'imagination; lorsque vous ſuivez en penſée votre ami défunt. Pourroit-il ne pas être auſſi heureux que je viens de le dépeindre? ah, pardonnez moi, il l'eſt très certainement, et je rends grace à Dieu, dans ce moment, du bonheur que goûte votre ami. Voudriez vous, en cas que vous en fuſſiez le maître, retenir, ſeulement pour une heure votre cher L . . . éloigné de cette félicité? . . . Suppoſons que de telles penſées ne faſſent pas taire les ſentimens de la nature dans les accès d'une grande douleur; ſuppoſons qu'elles n'éteignent pas nos deſirs de revoir ceux que nous aimons et que nous devons aimer; dumoins elles font de notre triſteſſe un acte de vertu, en lui fixant de juſtes bornes. Et où trouver une conſolation plus grande et plus relevée que celle de ſe dire: le ſeigneur l'avoit donné, le ſeigneur l'a repris . . . Qu'il vous accorde, (ce Dieu de bonté) une ſanté parfaite et une ſatisfaction entiere pendant le cours de cette année que nous allons commencer, et que ce bienfait de ſa part ſe prolonge encore pendant longtemps en votre faveur. Qu'il vous accorde de goûter le bonheur qui fait les peres les plus heureux, en vous laiſſant reconnoître dans les moeurs et la conduite de vos fils un coeur ſemblable à celui de leur aimable mere qui n'eſt plus; et y trouver la récompenſe d'une éducation que vous avez ſuivie avec tant de ſoin. C'eſt du plus ſincere, de mon coeur que je forme ces voeux pour vous. J'ai l'honneur d'être pour la vie etc.

Nro. XLI.

Au lieu qui me vit naître.

Petit ſéjour, où je vis la lumiere pour la premiere fois, où mon ame ſentit la premiere douleur, et ou elle s'ouvrit au premier plaiſir, tout inconnu, tout reſſerré que tu es, tu poſſedes néammoins excluſivement mon coeur: toujours il ſe ſent attire vers toi par un penchant ſecret; et fût-il même dans un paradis terreſtre, l'idée qu'il ne peut te revoir, l'empêcheroit d'y goûter le bonheur.

Verzeichniß

der französischen Hauptwörter, welche mit einerley Buchstaben geschrieben werden, und nach Verschiedenheit ihres Geschlechts eine verschiedene Bedeutung haben.

Männlich.	Weiblich.
Aide, Helfer.	Aide, Hülfe.
Aigle, Adler.	Aigle, eine römische Fahne.
Ange, Engel.	Ange, Weinmücke.
Aune, oder aulne, Erlenbaum.	Aune, Elle.
Barbe, barbarisches Pferd.	Barbe, Bart.
Capre, Seeräuber.	Capre, Kapern.
Carpe, Vorderhand.	Carpe, Karpfe.
Cartouche, Schnitzwerk.	Cartouche, Patrone.
Coche, Wagen.	Coche, Sau.
Cornette, Kornet.	Cornette, art Haube.
un couple, ein Paar, wenn man von lebendigen Wesen, welche entweder die Natur, oder die Liebe, oder die Ehe vereiniget hat die Rede ist. Z. B. heureux couple, glückliches paar.	une couple, ein paar. Wenn es nur von einer gewissen Gattung zwey bedeutet, welche aber nicht nothwendiger Weise beysammen seyn müssen. Z. B. une couple d' oeufs, de pommes, ein Paar Eyer, Aepfel u. s. w.
Cravatte, Pferd aus Kroatien,	Cravatte, Halstuch.

Männlich.	Weiblich.
Drille, z. B. un Drille, ein lustiger Bursche.	Drille, verdorbenes Zeug, welches zum Papiermachen dienet.
Enseigne, Fähndrich.	Enseigne, Fahne, Pannier.
Exemple, Beyspiel.	Exemple, Muster.
Foudre, Fuder.	Foudre, Donner.
Garde, Beschützer.	Garde, Wache.
Garderobe, Vortuch.	Garderobe, Kleiderkammer.
Givre, Rauhfrost.	Givre, Viper.
Geubles, die rothe Farbe in Wappen.	Geuble, Propfreis.
Guide, Wegweiser.	Guide, Leiterin.
Héliothrophe, Sonnenblume.	Héliotrophe, orientalischer Jaspis.
Hymne, Lobgesang.	Hymne, Kirchengesang.
Livre, Buch.	Livre, Pfund.
Lys, Lilie.	Lys, Liß. (Fluß)
Loutre, der Hut von Fischotter Haaren.	Loutre, Fischotter.
Manche, Stiel.	Manche, Ermel.
Manoeuvre, Taglöhner.	Manoeuvre, Manövre.
Mémoire, Rechnung.	Mémoire, Gedächtniß.
Mestre de camp, Obrister.	Mestre de camp, Leibkompagnie eines Reuterregiments.
Mode, (in der Philosophie) die Art des Wesens.	Mode, Mode.
Moule, Landfeste in einem Seehafen.	Moule, der Muschelfisch.
Mousse, Schiffsjung.	Mousse, Mooß.
Oeuvre, eine Sammlung von Kupferstichen oder Musik.	Oeuvre, eine That.
Office, Dienstpflicht.	Office, Gesindestube.
Page, Edelknabe.	Page, Seite.
Palme, Maaß von 9 Zoll.	Palme, Palmzweig.
Pâque, Osterfest.	Pâque, Osterlamm.
Parallelle, Vergleichung.	Parallelle, Parallele.
Peigne, Kamm.	Peigne, Stück Tuch womit die Einwohner von Guinäa ihre Blöse bedecken.

Männ=

Männlich.	Weiblich.
Pendule, Perpendikel einer Uhr.	Pendule, Wanduhr.
Période, höchster Punkt, wozu eine Sache gelangen kann.	Période. Periode.
Perche, (Provinz in Frankreich).	Perche, Stange, oder Barsch.
Pique, Schüppen (in Kartenspiel)	Pique, Spitze.
Pivoine, Gichtrose.	Pivoine, Gimpel.
Plane, Ahornbaum.	Plane, Glatthobel.
Poele, Stubenofen.	Poele, Pfanne.
Polaque, Polake.	Polaque, Spähschiff.
Ponte, vierter Trumph im L'omberspiel.	Ponte, Eyerlegender Vogel.
Poste, der Posten.	Poste, Post, Posthaus.
Pourpre, Scharlach Fieber.	Pourpre, Purperfarbe.
Quadrille, L'omberspiel zu 4 Personen.	Quadrille, eine kleine Compagnie im Turniren.
Régale, Recht der Könige in den Bisthümern.	Régale, Wasser so das Gold auflöset.
Satyre, Satyr (Thier)	Satyre, Spottschrift.
Serpentaire, Schlangenträger.	Serpentaire, Schlangenkraut.
Somme, Schlaf eines Menschen.	Somme, Last.
Souris, Lächeln.	Souris, Maus.
Temple, Tempel.	Temple, Schläfe.
Tour, Umkreis.	Tour, Thurn.
Triomphe, Triumph.	Triomphe, Trumph.
Trompette, Trompeter.	Trompette, Trompette.
Vase, Geschirr.	Vase, Schlamm.
Voile, Schleier.	Voile, Segel.

Ende.

Erstes Register.

Summarischer Inhalt dieser Sprachlehre.

§. 2.

Zweyter Theil.

An-

§. 4.

Un=

Dritter Theil.

Zwei-

Zweites Register.

Verzeichniß der in der Wortfügung enthaltenen Regeln.

Avez

Druckfehler.

In der Vorde.

Ste.	Zle.	anstatt	lies.
II.	5.	gegrundeten, Anspruch	gegründeten Anspruch.
VII.	6.	de bon fruits	de bons fruits
X.	22.	Strand	Stand
XII	5.	von unten, zwanzig	zehn

In der Sprachlehre.

5.	13 und S. 6. Z. 11. v.u. gedehnten		offenen
9.	15. Ommlell		Ommlát.
12.	3. u. 4. v. u. unitè, iniquitè		unité, iniquité,
ebend.	in der Note héros, lorsqu' à		héros lorsqu' à
14.	12. v. u. Jö		jö
ebend.	lezte Zeile anstatt das B		anstatt des B
19.	9. les bas neuf		les bas neufs
22.	11. houyau		hoyau
ebend.	25. heroisme		héroïsme
ebend.	10. v. u. Kirmés . . . Kam		Kermès . . . Kan
ebend.	7. v. u. sogenannte das nasse L . . .		sogenannte nasse L (l' L mouillée)
24.	9. bull=je		bull=jr
ebend.	9. v. u. Pual		Půall
32.	14. Parri, Paris nápa		Paaris, Parri nápa
33.	19. v. u. und mit derselben anfangenden Wörtern; 2tens in den u. s. w.		Und mit denselben anfangenden Wörtern; 2tens wenn s oder x ihr vorstehet; 3tens in den u. s. w.
38.	2. v. u. je plains les jaloux		je plains les jaloux

Ji S

Ste. Zle.	anstatt,	lies.
46. 13.	seinem ihm als Regimen nachstehenden Fürworte.	seinem ihm nachstehenden Fürworte.
ebend. 14. v. u.	en-est-ce	en est-ce
65. 6.	Wust	der Wust,
68. 10. 11. 12.	roues, ocuvres, papier	nones, oeuvres, papiers
69. 5.	un chef-d'-oeuvre	un chef-d' oeuvre
7. 5. v. u.	Ovid	Ovids
ebend. 4. v. u.	Ovid	Ovide
ebend. 1. v. u.	von Ovid	von Ovide
80. 6. v. u.	gerade so; stehet	gerade so steht
81. 7.	come	comme
84. 9. v. u.	d' ouze	douze
87. 2.	trent deuxieme	trente deuxieme
93. 12. 13. 15. 17. 19.	eux mêmes elles mêmes	eux-mêmes elles-mêmes
ebend. 6. v. u.	iustifiés	justifiés
95. 3.	je dirai à vous.	je dirai à vous.
104. 1.	ab Solus	absolus
108. 13.	thronen est assi	thronet est assis
114. 4.	uzammengesetzt	zusammengesetzt
118. 7. v. u.	Hülfsworte	Hülfszeitworte
145. 2.	Von den Fürwörtern	Von den Zeitwörtern
149. 4.	que nous conquissons	que nous conquissions
155. 13.	ils siéra	il siéra ils
161. 16.	j' crois	je crois
168. 23.	zer	ren,
169. 3. v. u.	ioindrai	joindrai
197. 10.	nehme ich von dem folgenden Satze	in dem folgenden Satze
216. 1.	ihre Gegenstände	ihrer Gegenstände
217. 4. v. u.	il des voit gens	il voit des gens
220. 5. v. u.	überkommen	überein kommen
221. 11. und 12 v. u.	ein oder eine welches	ein oder eine befindet, welches
222. 6.	nach dem Zeitworte: haben, die die Eigenschaft	nach dem Zeitworte haben die Eigenschaft
223. 2	Beyspiel. Le grotte	La grotte
227. 2.	und die zwote	und die dritte

Ste.

Ste. Zle. anstatt,	lies.
236. 6. une goutte d'eau,	une vapeur une goutte d'eau
ebend. Anstatt Anmerkung	IV. Regel
241. Anstatt IV. Regel	Anmerkung.
246. 10. v. u. qu'ils n'habitassent	qu'ils habitassent
276. 7. viellesse	vieillesse
281. 3. in Ermangelung desselben,	in Ermangelung desselben persönlich gebraucht wird,
289. 12. ſut	fut
292. 5. irrete	irret
ebend. 10. Là ou	La on
294. 16. vainquers	vainqueurs
300. 5. v. u. cette guere a couté	cette guerre a coûté
302. 3. v. u. noch jung	noch jünger
305. 14. v. u. erzählen wollte	erzählen wolle
309. 14. v. u. nach dem Bindworte, wenn um	nach dem Bindworte wenn, um
310. 11. v. u. circonstanciels	conditionnels
310. 10. v. u. ſasse	fasse
314. 5 u. 6. quelque-que, quoi-que	quelque que, quoique
321. 8. Circonstanciel	conditionnel
324. 14. Viellard	vieillard
— 17. précedés	précédé
333. 17. v. u. einen Dativ nach sich	wollen einen Dativ nach sich haben.
342. 13. v. u. aprice	caprice
343. 7. v. u. pourvûuque	pourvûque
349. 12. il fait si bebu	il fait si beau
— 10 u. 17. v. u. éxil	exil
355. 7. v. u. rien-sinon	rien sinon
363. 14. nach dem Zeitworte	vor dem Zeitworte
366. 9. v. u. maisons de plaisances	maisons de plaisance
367. 13. v. u. qui veullent	qui veulent
370. 12. 3) Für ein Mittelwort	2) Für ein Mittelwort
— 17. Für ein Fürwort	Für ein Vorwort
391. 11. v. u. II. Regel S. 111.	II. Regel S. 211.

Ste.

Ste.	Zle.	anstat,	lies.
402.	4.	v. u. être assoeié	être associé
408.	1.	en son chemin	dans son chemin
408.	10.	l'esloir	l'effort
410.	17.	chagriu	chagrin
444.	19.	ausgedrückt hat. Ein unerfahrener Steuermann leidet hier sehr leicht Schiffbruch, deswegen	ausgedrückt hat, leidet sehr leicht ein unerfahrener Steurmann Schiffbruch; deswegen
448.	6,	v. u. doreés	dorées
451.	12.	d'evoit	devoit
452.	13.	en langue égyptienne.	en langue égyptienne
488.	1.	Athénaeus	Athénarus
ebend.	5.	en son chemin	dans son chemin
ebend.	No. X. Z. 5.	étreanger	étranger
466.	3.	rassamblées.	rassemblées.
468.	7.	en voit	en voit
469.	5.	v. u. dumoins cette planete est inhabitée	umoins elle est sans nuages.

Und vielleicht noch einige ausgelassene oder versetzte Accente.

Nachricht.

Da uns die Menge der Werke, welche wir gegenwärtige Ostermesse liefern müssen, nicht erlaubt, den Anhang dieser Sprachlehre mit der Sprachlehre zugleich dem Publikum zu übergeben, so benachrichtigen wir die Käufer derselben, daß sie diesen Anhang in etlichen Wochen werden haben können. Er wird besonders gedruckt und auch verkauft werden. Diese Trennung ist dem Verfasser um so lieber, weil er besorgt, daß einige Artikel der Synonymen für die Jünglinge, die er besonders bey Abfassung seiner Sprachlehre im Auge hatte, ein wenig zu abstrakt und zu hoch seyn mögen. Dies kann übrigens nicht den geringsten Nachtheil haben, da diejenigen, welche die Sprachlehre vollständig verlangen, sich dieselbe immer werden verschaffen können. Die Synonymen werden drey oder vier Bogen betragen, und um den Preis von 4 Ggr. verkauft werden.
Dortmund im Monat April 1798.

Französische
Sinnverwandte Wörter.

Ein Auszug

aus den Werken der Herrn Girard und Beauzée, welchen diejenigen französischen Wörter beygefügt sind, so im Deutschen einerley Bedeutung zu haben scheinen.

Als
Anhang
zur
neuen französischen Sprachlehre.

Von

J. B. Daulnoy.

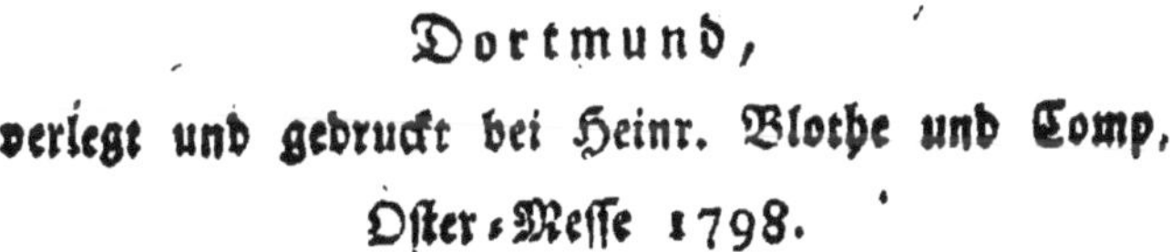

Dortmund,
verlegt und gedruckt bei Heinr. Blothe und Comp,
Oster-Messe 1798.

A.

ABANDONNER, DELAISSER verlassen.

Abandonner wird von Sachen und Personen, délaisser nur von Personen gesagt. Wir verlassen (nous abandonnons) was wir nicht besorgen; wir verlassen (nous délaissons) die Elenden, welchen wir nicht helfen. Abandonner ist gebräuchlicher, als délaisser. Dieses, wenn es allein steht, bezeichnet eine allgemeine Verlassung; jenes hingegen, muß noch andere Worte bey sich haben, wenn es dies bezeichnen soll. Also sagt man bloß: il est délaissé; und il est abandonné de tout le monde, er ist von einem jeden verlassen.

ABDIQUER, SE DÉMETTRE abdanken.

Diese beyden Zeitwörter kommen fast mit dem deutschen Ausdrucke überein: der Unterschied liegt nur darin, daß man eine Würde abdankt (abdique), welche sehr ansehnlich ist, oder die man freywillig niederleget, man danket aber eine Würde ab, (on se démet) die an sich gering ist, oder die uns mit Gewalt abgenommen wird. Also die schwedische Königinn Katharina, dankte die Königl. Würde ab; (abdiqua) mit dem Acc. und Eduard II. König von England wurde genöthiget dieselbe abzutreten (se démettre mit dem Génit.)

ABHORRER, DÉTESTER, verabscheuen.

Man verabscheuet (on abhorre) alles was man nicht ausstehen kann, und der Gegenstand der natürlichen Abneigung ist; man verabscheuet (on déteste) was man mißbilliget und verdammet. Der Kranke verabscheuet (abhorre) die Arzeneyen; der gottlose Unglückliche verabscheuet (déteste) den Tag seiner Geburt. Ein rechtschaffenes Herz verabscheuet (abhorre) alles was niederträchtig; eine tugendhafte Seele verabscheuet (déteste) alles was lasterhaft und ungerecht ist.

ABOLIR, ABROGER, abschaffen.

Abolir wird mehr von den Gewohnheiten; abroger mehr von den Gesetzen gesagt. Hört ein Gebrauch auf, so ist es schon genug, um eine Sache abzuschaffen (abolir). Es wird aber ein Gesetz erfordert, wenn das Abschaffen (l'abrogation) statt finden soll. Also der Gebrauch der Turniere u. d. g. ist abgeschaffet (aboli) und die bestätigte Landes-Ordnung (la Pragmaticque sanction) ist durch das Concordat abgeschaffet worden (abrogée).

ABOMINABLE, DÉTESTABLE, EXÉCRABLE, abscheulich.

Diese drey Beywörter drücken eine Eigenschaft aus, die im höchsten Grade schlecht ist. Ihr Unterschied besteht darin, daß sich abominable, auf die Sitten; détestable auf den Geschmack und exécrable auf die Gestalt beziehet.

ABROGER S. ABOLIR.

ABSORBER, ENGLOUTIR, verschlingen.

Ein Ding wird verschlungen, (absorbe) wenn solches ganz, aber nach und nach zernichtet wird; dasselbe aber wird verschlungen, (engloutie) wenn es ganz und plötzlich verschwindet. Also le feu absorbe, l'eau engloutit.

ACCOMPAGNER, ESCORTER, begleiten.

Man begleitet einen (on accompagne) entweder aus Hochachtung, um demselben Ehre zu bezeigen; oder aus Freundschaft, und Behagen an seinem Umgange; man begleitet aber (on escorte) denjenigen, für dessen Sicherheit man bange ist, oder den man beschützen will. Ist die Begleitung (la compagnie) zahlreich; alsdann wird das Beywort nombreuse gebraucht; ist die Begleitung (l'escorte) zahlreich; dann wird forte dem Hauptworte beygefüget.

AC-

ACCOUCHER, ENFANTER, ENGENDRER.

Ueber die eigentliche Bedeutung dieser drey Zeitwörter haben wir hier nichts zu erinnern; im figürlichen Verstande aber braucht man Enfanter, wenn von Geistes= oder Hände=Werken die Rede ist. Accoucher wird von Producten des Witzes gesagt und hat immer Beziehung auf den Augenblick selbst, in welchem solche hervorgebracht worden sind: was Engendrer anbelangt; so drücket dasselbe immer eine Wirkung der Laune aus. Also sagt man im Französischen: Es ist für einen Schriftsteller viel rühmlicher ein einziges gutes Werk zu schreiben (enfanter) als viele, die nicht gut sind. Die Gewinnsucht und der Luxus erfinden (enfantent) täglich allerley Weiber=Putz. Der Dichter N. hat neulich ein kleines Gedicht gemacht (est accouche d'un). Allzu große Gemeinschaft bringet (engend) Verachtung. Ce facétieux personnage n'engend pas la melancolie, dieser kurzweilige Mann ist immer lustig.

ACCUSATEUR, DÉNONCIATEUR, Ankläger.

Der Ankläger (l'Accusateur) fordert einen vor Gericht, er mag es als Partheу in der Sache, oder als Beschützer der Gesellschaft thun; seine Absicht ist den Angeklagten strafen zu lassen; der Ankläger (le Dénonciateur) entdeckt der Obrigkeit ein heimliches Verbrechen, und macht derselben den Verbrecher bekannt. L'accusateur muß von seiner Anklage Beweise angeben; le dénonciateur aber nicht.

ACHAT, EMPLETTE, Einkauf.

Achat stellt einen wichtigen und kostbaren; Emplette ei= einen minder beträchtlichen Einkauf vor. Also sagt man von einem Gute, von einem Hause, l'achat d'une terre, d'une maison; von einem Kleide aber u. d. g. l'emplette d'un habit. Emplette wird zierlich von einem Beyworte begleitet; achat leidet solches sehr selten bey sich; deswegen sagt man sehr richtig un emplette utile, un emplette de gout; ein nützlicher, ein geschmackvoller Einkauf; und nicht un achat utile. etc.

ACTE, ACTION, Handlung.

Handlung (Action) drückt alles aus, was wir thun; und Handlung (Acte) dasjenige nur was wir merkwürdiges verrichten. Also würde man richtig sagen; wir sollen bey allen unsern Handlungen (actions, die Gegenwart des Geistes behalten, und uns bestreben,

daß

daß solche, so oft als möglich ist, Handlungen der Gütigkeit und der Billigkeit werden. (des actes de bonté et d'équité.)

ACQUIESCER (à. q. c.) CONSENTIR (à. q. c.) bewilligen.

Wir bewilligen (nous consentons) das, was andere verlangen, indem wir es genehmigen und erlauben: wir bewilligen (nous aquiesçons), was uns vorgeschlagen wird, indem wir unser Verhalten darnach einrichten. Die Bewilligung (le Consentement) scheint etwas Ueberlegenheit, und die Bewilligung (l'Acquiescement) etwas Unterwürfigkeit voraus zusetzen. Die Eltern bewilligen (consentent) die Heirath ihrer Kinder; die Partheyen in einer Sache bewilligen, (acquiescent) was ihr Schiedsrichter entscheidet.

ACTION S. ACTE.

ADRESSE, DEXTERITÉ, Geschicklichkeit.

La Dextérité bezieht sich auf die Art, womit man etwas ausführet; l'Adresse aber auf die zur Ausführung der Sache gebrauchten Mittel. Also mit wenigen natürlichen Gaben, und vieler Uebung in Betreibung eines Geschäfts erwirbt man sich Geschicklichkeit (de la dextérité) zum Gelingen desselben; und Geschicklichkeit (de l'adresse) dasselbe nach Wohlgefallen auszuführen.

ADULATEUR, FLATTEUR, Schmeichler.

L'Adulateur und le Flatteur trachten mit Hintansetzung der Wahrheit, den andern zugefallen; allein man schmeichelt (on flatte) dem Herzen, und man schmeichelt (on adule) dem Verstande. Le Flatteur mißbilliget nichts, er rechtfertiget, was tadelhaft ist, und bestrebt sich sogar das Laster unter der Gestalt der Tugend vorzustellen. L'Adulateur lobet alles, er vertheidiget alles, was schlecht ist, und schämt sich nicht, die größte Thorheit mit Beyfalle zu überhäufen. Der Schmeicheley (la flatterie) ist es natürlich, die Leidenschaften; der Schmeicheley aber (l'adulation) die Eitelkeit zu nähren.

ADVERSAIRE, ANTAGONISTE, Gegner.

Diese Worte zeigen ein Entgegenseyn zwischen zwo oder mehreren Personen an. Solches Entgegenseyn aber kommt nicht aus Haß. Les Adversaires widersprechen einander, verfolgen

sich

sich zuweilen heftig, thun es aber öfterer aus Eigennutz als wahrer Feindschaft. Les Antagonistes treten auf entgegengesetzte Partheyen, behandeln sich manchmal sehr übel; aber ihre Erbitterung entspringt doch bloß aus der Absicht, die Oberhand zu behalten. L'Adversaire will saus Habsucht seinen Gegner um etwas bringen, um sich dasselbe zuzueignen. Les Antagonistes widersetzen sich einander; und einer bestrebt sich den andern zu überwinden.

AFFLICTIONS, CROIX, PEINES, Widerwärtigkeit.

Les Afflictions stellen eine seltenere und härtere Widerwärtigkeit als les Peines vor. Les Croix drückt eben dasselbe aus, was die zwey ersten Worte ausdrücken, wird aber nur von den Leiden der Christen gebraucht. Es scheint, daß uns die Widerwärtigkeiten (les Croix) von der Vorsehung Gottes darum geschickt werden, die Christen und ihre Gelassenheit beym Leiden zu prüfen; daß dieselben (les Peines) Folgen des Standes und der Lage, worinn man sich befindet, sind; und endlich, daß (les Afflictions) aus Zufällen entspringen, welche entweder das Ungefähr, oder die Bosheit der Menschen, oder ein in unserer Aufführung begangener Fehler verursacht hat.

AFFLIGÉ, ATTRISTÉ CONTRISTÉ, FÂCHE, betrübt.

Alle diese Worte bezeichnen einen mißvergnügten Zustand der Seele. Der Unterschied zwischen denselben beruhet bloß auf dem Grunde solches Mißvergnügens; affligé und fâché drükken die Empfindung aus, welche in uns ein Uebel, das uns persönlich, oder unsern Freunden begegnet ist, erreget. Affligé setzt ein empfindlicheres Leiden als fâché voraus. Also ist man betrübt (affligé) über den Tod seines Vaters, oder sonst eines von uns geliebten Gegenstandes, über eine uns quälende Krankheit, u. d. g. und fâché über einen ziemlich wichtigen Verlust im Spiele; oder eine verfehlte angestellte Lustbarkeit u. d. g. (être attristé oder contristé stellt eine traurige Empfindung vor, welche Uebel verursachen, die uns nicht persönlich betreffen. Die Freude und das Vergnügen werden zwar dadurch vertrieben; unsre innere Zufriedenheit aber nicht. Attristé heißt nicht so viel als contristé. Also ist man betrübt (attristé) über ein zu lange fortdaurendes schlimmes Wetter, über einen unglücklichen Zufall, der uns aber nicht nahe geht; u. s. w. betrübt (contristé) über

über ein allgemeines Unglück, über eine ansteckende, und um uns herum verheerende Krankheit u. d. g.

AFFRANCHIR, DELIVRER, befreyen.

Man befreyet (on affranchit) einen Sklaven, welcher der unsre ist, indem man demselben seine Freyheit schenkt; man befreyet (on délivre) einen Sklaven, wenn man ihn den Händen und der Gewalt der Feinde entweder entreißet, oder loskauft. In dem figürlichen Sinne befreyet man sich (on s'affranchit) von der Beschwerlichkeit des Ceremoniels (des servitudes du cérémoniel), von einer kindischen Furcht, von den pöbelhaften Vorurtheilen; man befreyet sich (on se délivre) von Ueberlästigen, Neugierigen und Tadlern.

AFFRONT, INSULTE, OUTRAGE, Schimpf, Beleidigung.

Der Schimpf (l'Affront) schließt einen Vorwurf oder eine Verachtung in sich; er geschieht vor Zeugen, beleidiget, und kränket, wenn man für seine Ehre besorgt ist. L'Outrage greift uns trotzig an; l'Outrage füget zu dem Schimpfe (l'Insulte) noch Gewaltthätigkeit hinzu, welche erbittert.

AGIR, FAIRE, thun, handeln.

Das Wort faire setzet ausser der That der handelnden Person, nach einen Gegenstand, welcher zu diesem Thun antreibt, und die Wirkung desselben seyn soll, voraus. Agir erstreckt seine Bedeutung nicht weiter als auf die That selbst und die Bewegung, die zu derselben nöthig ist. Also on *fait* une chose; on *agit* pour la *faire*. Weiter: die Weisheit erfordert, daß wir uns bey allen unsern Thaten (dans tout ce que nous faisons) bedenken sollen (nous agissions avec réflexion).

AGRÉMENTS, GRACES, Annehmlichkeit.

Die Annehmlichkeit (les Graces) wird von dem Körper, les Agréments von dem Verstande gebraucht; denn man sagt diese Person geht, tanzt, singt annehmlich (avec graces) und ihr Umgang ist voller Annehmlichkeit (agréments).

AINSI-

AINSIQUE, DEMÊMEQUE, COMME, eben so.

De mêmeque zeigt eigentlich eine Vergleichung an, welche die Art und Weise der Sachen; ainsique eine Vergleichung, welche die Wirklichkeit der Sachen und endlich comme eine Vergleichung, welche die Eigenschaften der Sachen betrift. Man sage demnach: die Franzosen denken eben so, wie die andern Völker; betragen sich aber nicht eben so, (de mêmeque) weil hier die Art, wie die Franzosen, mit jener, wie andre Völker denken und sich betragen, verglichen wird. Es giebt Weltweisen, die der Meinung sind, daß die Thiere eben so wohl, als die Menschen, denken können (pensent ainsi que les hommes) Weil hier von der Würklichkeit des Denkens, welches den Thieren so wohl als den Menschen zugeeignet wird, und nicht mehr von der Art zu denken die Rede ist. Dieser Mensch ist eben so kühn als ein Löwe, (comme un lion) weil hier die Vergleichung bloß Eigenschaften zum Gegenstand hat. Wir wollen hier bemerken, daß, so oft sich eins von diesen Wörtern im Anfange eines Satzes befindet, dieser Satz zwey Glieder enthalten muß: und dann fängt das erste mit ainsique oder comme, das andere mit ainsi an; fängt das erste mit de même que an, so hebt auch das andere mit de même an; z. B. *Deméмeque* l'ambitieux n'est jamais content, *de méme* le débauché n'est jamais satisfait. *Ainsique* l'ordonne la providence, *ainsi* va la fortune des états et des particuliers, des princes et des sujets. *Comme* les hommes vieillissent par le nombre des années, *ainsi* vieillissent les empires par le nombre des siecles: tout a un terme prescrit audelà duquel il ne passe point.

AIMER, CHÉRIR, lieben.

Wir lieben (nous aimons) alles was uns gefällt, es mögen Personen oder Sachen seyn; wir lieben (nous chérissons) nur Personen, oder was, so zu sagen, zu unserer Person gehört; z. B. unsre Meinungen, Vorurtheile, so gar unsre Irrthümer. Chérir drücket mehr als aimer aus. Bisweilen geschieht es, daß das geliebteste Kind (l'enfant chéri) dasjenige ist, das seine Eltern am wenigsten liebet (aime).

AIMER MIEUX, AIMER PLUS, lieber haben.

Aimer mieux zeigt blos einen Vorzug in der Wahl an, und setzt keine Zueignung voraus; aimer plus bezeichnet ausser dem

Vor=

Vorzug in der Wahl, auch noch die Idee einer Zueignung. Hat man von zwey Gegenständen einen lieber als den andern, (aime - t - on mieux) so zieht man jenen vor, diesen setzt man nach; hätte man denselben lieber (l'aimeroit on plus) alsdann werden alle beide geschätzt, der eine nur mehr wie der andere. Ein ganz gerechter Mann würde lieber (aimeroit mieux) sterben, als eine Ungerechtigkeit begehen, weil er den Tod lieber hat als mit Schande gebrantmarkt zu leben (aime plus).

AIR, MINE, PHYSIONOMIE, äusserliches Ansehen.

L'Air, bezeichnet sowohl das äusserliche Wesen als das gute oder schlechte Anseh̄n des Leibes und des Gesichts; es hat mehr Beziehung auf das Aeusserliche des Körpers als auf das Innere. Z. B. dieser Mensch sieht ganz ernsthaft aus (a l'Air grave), das heist, daß der Ton der Stimme, die Gebärden, der Gang, das ganze Betragen desselben ernsthaft sind. Spricht man nur von den Aeusseren einer Person, alsdann kann la Mine an die Stelle l'Air treten. Z. B. un homme de bonne mine ein Mann der gut aussieht. Ist aber die Rede von den Eigenschaften der Seele, so bedeutet la Mine auch etwas Inneres. Z. B. il a la mine méchante er sieht bös aus. La Physionomie erstreckt seine Bedeutung nicht weiter als aufs Gesicht; man kann bisweilen aus demselben den Verstand und die Gemüthsart eines Menschen errathen. Deswegen sagt man: une physionomie heureuse, une physionomie spirituelle.

AISÉ, FACILE, LÉGER, leicht.

Facile schließt in seiner Bedeutung die Mühe, welche von den Hindernissen und vom Widerstande; Aisé jene, die von der natürlichen Beschaffenheit der Sachen selbst herkommet, aus. Also sagt man: l'entrée est facile der Eingang ist leicht, wenn Niemand verhindert herein zu gehen; und l'entrée est aisée, wenn derselbe breit und gemächlich ist. Léger heist leicht an Gewicht; Léger in einen figürlichen Sinne: leichtsinnig.

ALLÉGUER, CITER, anführen.

Man führet (on cite) Schriftsteller und (on allégue) Thaten und Grundsätze an. On cite um sich Glauben und seinen Beweisen Kraft zu verschaffen; on allégue aber um sich zu wehren.

ALLER,

ALLER A LA RENCONTRE, ALLER AU DEVANT, entgegen gehen.

Aller à la rencontre heißt einem entgegen gehen, um denselben früher zu sehen, oder ihm die Mühe zu ersparen weiter zu uns zu kommen. Das erste geschieht aus bloßer Freundschaft oder Neugierde; das andere aus Höflichkeit. Aller au devant heißt einem entgegen gehen in der Absicht ihm Ehre zu erweisen. Das geschieht nur aus Ehrfurcht, und für die Vornehmen.

ALLIANCE, CONFÉDÉRATION, LIGUE, Bund oder Bündniß.

Aus dem Bande der Verwandschaft oder Freundschaft; den Vortheilen eines guten Vernehmens, und der Versicherung in der Noth Hülfe zu finden, entstehen die Bündnisse, (les Alliances). Man vereiniget sich (on se ligue) in der Absicht einen allgemeinen Feind zu bezwingen, oder sich gegen ihn zu vertheidigen. Les Confédérations erstrecken sich nicht weiter als auf einige besondere Verrichtungen. Zwischen Potentaten finden die Bündnisse (les Alliances) statt; die Dauer derselben wird darin nicht bestimmt. An Bündnissen (les Ligues) nehmen Privatpersonen sowohl als Potentaten Antheil; und diese Bündnisse setzen keine lange Dauer voraus. Aus Privatpersonen entstehen meistentheils die confédérations, welche nur so lange dauern, bis daß der Zweck derselben erreicht ist.

AMENER, APPORTER, bringen oder mitbringen.

Amener hat im Französischen mit apporter, gar keine Aehnlichkeit in der Bedeutung. Jenes wird nur von Personen gesagt oder von Thieren, welche selbst gehen können, und welche wir begleiten oder führen. Apporter aber bedeutet, daß man etwas lebloses, oder ein Kind, oder sonst etwas, so nicht von selbst gehen konnte, mit sich bringt. Also sagt man: J'ai *apporté* mon petit chien, et j'ai amené sa mere, weil ich würklich das Hündchen trug, indem mir seine Mutter nachfolgte.

AMPHIBOLOGIQUE, ÉQUIVOQUE, zweideutig.

Jeder Satz, welcher einen Doppelsinn haben kann, ist Amphibologique und derjenige ist équivoque, der zweierlei Sinn

hat

hat, von denen aber einer ihm eigenthümlich zu sein scheint, und von den Zuhörern nach diesem eigentlichen Sinne verstanden wird, obgleich der Sprechende, sowohl als diejenigen, denen er seine besondere Absicht mittheilet, es anders verstehen. Es ist also zweideutig (amphibologique) zu sagen l'ennemi de mon pere que j'aime, weil man daraus nicht errathen kann, ob ich den Feind, oder meinen Vater liebe: und (équivoque) von einem Einäugigen zu sagen: il voit tout le monde d'un bon oeil weil das, nach der eigentlichen französischen Bedeutung heißt: er ist einem jeden Menschen gut: und der Sprechende vielleicht im Sinne hat zu sagen, daß er einäugig ist.

AMPOULE, BOUILLON, BULLE, VESSIE, Blase.

Diese vier Hauptwörter sind im Französischen gar nicht gleichbedeutend, allein da sie im Deutschen mit dem Worte Blase übersetzt werden können, muß ein Anfänger wissen, daß Ampoule eine Wasserblase heißt, welche an den Theilen unsres Körpers entstehet. Bouillon zeigt die Blase an, welche auf dem kochenden oder aufstossenden Wasser erscheinen: Bulle drücket mehrentheils eine künstlich gemachte Wasserblase aus; als z. B. eine Seifenblase une bulle de savon: la Vessie ist ein Theil des Körpers bei den Menschen und Thieren, und heißt eigentlich die Urinblase.

AN, ANNÉE, Jahr.

An scheint zum Rechnen besonders bestimmt zu seyn. Deswegen nimmt es gewöhnlich bey dem Datum mit den Hauptzahlen (aber nicht mit den Ordnungszahlen) Platz; sehr selten hat es ein Beywort bey sich; Année hingegen kann sehr gut ein Eigenschaftswort bey sich haben. L'An ist ein Element der Zeit: es verhält sich zu der Dauer wie der Punkt zu der Weite. Daher kommt es, daß man eben so das Jahr (l'An) ohne Rücksicht auf die Weite betrachtet; obschon immer das Jahr (l'Année) als eine bestimmte und in seinen Theilen theilbare Dauer angesehen wird: das Jahr (l'an) 1792. wurde für uns Geistlichen ein unglückliches Jahr (année malheureuse) Heute vor 10 Jahr (il y a aujourd'huy dix ans) ging ich in mein 22stes Jahr (que je suis entré dans ma vingtdeuxieme année).

ANCÈTRES (NOS) AYEUX (NOS) PERES (NOS).

Nos Ancètres heißt auf deutsch unsre Vorfahren, nos Ayeux unsre Voreltern, nos Peres unsre Eltern.

An-

ANCIEN, ANTIQUE, VIEUX, alt.

Diese Wörter drücken stuffenweise, ancien mehr als vieux, und antique mehr als ancien aus. Eine Sache wird alt (vieille) wenn solche anfängt nicht mehr gebraucht zu werden; alt (ancienne) wenn dieselbe aus dem Gebrauche ist; und alt (antique) wenn sie schon lange alt (ancienne) gewesen ist.

ANCIENNEMENT, JADIS, AUTREFOIS, ehemals oder sonst.

Man bedient sich derselben, um eine ganz verflossene, und mit der gegenwärtigen gar nicht mehr verbundene Zeit anzuzeigen. Anciennement stellt eine lang verflossene; Jadis eine von der jetzigen nur abgebrochene; und autrefois eine nicht nur von der gegenwärtigen getrennte, sondern auch in Ansehung der Umstände verschiedene Zeit vor. Jadis ist nur in der gemeinen Rede gebräuchlich. Also sagt man im Französischen: Les guerres coutoient *anciennement* plus de ſang quelles n'en coutent de nos jours. *Jadis* on preſſoit les convives à boire, aujourd'huy on ne les y invite pas même. Nous étions *autrefois* dans notre patrie bien autrement que nous ne ſommes en exil.

ANNÉE. S. AN.

ANIMER, ENCOURAGER, EXCITER, aufmuntern.

Exciter heißt das Verlangen zu etwas oder eine Leidenschaft erwecken; animer, zu dem Angefangenen antreiben, und also machen, daß in dem Angefangenen nicht nachgelassen werde. Encourager, die Furcht oder Blödigkeit durch die Hoffnung eines leichten glücklichen Fortgangs vertreiben, und durch Beweggründe des Ruhms oder des Nutzens die Gefahr und den Schrecken besiegen Also: Es giebt harte Seelen, die man nicht zum Mitleiden bewegen (exciter) kann. Wir würden den Sieg nicht erfochten haben, hätte uns der General nicht ermuntert (animé) Jener wird durch den ersten glücklichen; dieser durch den ersten unglücklichen Vorfall angetrieben (encouragé).

ANTAGONISTE S. ADVERSAIRE.

ANTRE, CAVERNE, GROTTE, Höhle.

Dies sind abgesonderte einsame Orte, welche die Natur selbst gebildet hat, oder die den natürlichen Hölen nachgemacht werden,

und

und worin man vor dem Ungestüm des Wetters sicher ist. Antre und Caverne sind dunkle gräßliche Höhlen, die zum Aufenthalt der wilden Thiere dienen. Caverne drücket etwas mehr als Antre aus. Grotte aber kann eine Wohnung der Menschen seyn; und solche sind von der Natur geziert. Polyphem bewohnte eine Höhle (un antre); die Löwen halten sich in Höhlen (cavernes) auf; die Beschreibung der Höhle (de la grotte) der Calypso stellt dieselbe reizender als manche Pallaste vor.

APOTHÉOSE, DÉIFICATION, Vergötterung.

Man vergötterte (on faisoit l'Apothéose mit dem Génit.) die römischen Kaiser, welche nach ihrem Tode zu der Zahl der Götter gerechnet wurden; man vergötterte (on déifioit mit dem Acc.) bloße Geschöpfe, die man für Götter hielt. Die Aegyptier vergötterten (déifioient) sogar Ochsen und Zwiebeln.

APPARITION, VISION, Erscheinung.

L'Apparition rühret unsre Sinne von aussen durch einen uns wärklich erscheinenden Gegenstand; la Vision geschieht bloß in unserer Einbildung. Also: Joseph wurde durch eine Erscheinung (vision) ermahnet, nach Aegypten zu flüchten; und Magdalena nahm die Auferstehung des Heilands durch eine Erscheinung (apparition) wahr.

APPAS, ATTRAITS, CHARMES, Reitz.

Werden diese Wörter in der gegenwärtigen Bedeutung genommen; so haben sie keine einfache Zahl. Les Attraits stellen etwas natürliches; les Appas etwas künstliches und les Charmes etwas einnehmendes und ausserordentliches bey dem Reitze vor. Man sagt de grands attraits; de puissants appas; und des charmes invincibles .... Die Tugend hat Reitze, (des attraits) welche von dem Lasterhaftesten selbst gepriesen werden. Die irdischen Güter haben Reitze (des appas), welche uns zuweilen anlocken, das Interesse der Pflicht vorzuziehen. Das Vergnügen hat Reitze (des charmes), welche uns überall zu demselben ziehen.

APPOINTEMENT, GAGES, HONORAIRE, Besoldung.

Gages ist die Besoldung der Knechte und anderer Arbeitsleute; Appointements die Besoldung derjenigen, welche eine Staatsstelle be-

bekleiden; und honoraire die Besoldung der in einer Wissenschaft oder den freien Künsten unterrichtenden Lehrer, so wohl als derjenigen, die man zu Rathe zieht, um ihre Kenntnisse zu benutzen.

APPORTER S. AMENER.

APPRÉHENDER, AVOIR PEUR, CRAINDRE, befürchten.

Man befürchtet (on craint) aus Abneigung gegen das Uebel, weil man glaubt, es möchte uns treffen; man befürchtet (on (appréhende) aus Verlangen zum Glück, weil uns bange ist, solches möchte uns entgehen; man befürchtet (on a peur) aus Schwachheit des Geistes, aus Besorgniß für seine Erhaltung, die man in Gefahr zu sehen glaubt. Die Muthlosigkeit macht bange (fait craindre), die Ungewißheit des Fortgangs würket die Furcht, (fait appréhender) die Einbildung jagt uns Furcht ein, (nous fait avoir peur).

APPRIVOISÉ, PRIVÈ, zahm.

Ein Thier nennen wir zahm, (privé) welches zahm geboren; und (apprivoisé) welches seine Wildheit durch Erziehung verloren hat und zahm geworden ist. Der Hund, der Ochs, das Pferd sind privés; der Bär, der Löwe u. d. g. können bisweilen apprivoisés werden.

APPUI, SOUTIEN, SUPPORT, Stütze.

L'Appui verschaft Stärke; sie wird gesetzt, um dem Anstoßen fremder Körper zu widerstehen: le Soutien trägt; es wird untergesetzt, damit der Körper nicht unter der Last erliege. Le Support hilft; es steht nur an einem Ende, und dienet zum Pfeiler. Eine Mauer wird von Gewölbpfeilern (appuyé), ein Gewölbe von Säulen (soutenue), das Dach eines Hauses von den dicken Mauern unterstützet (supporté).

ATTRAITS S. APPAS.

ATTRISTÉ S. AFFLIGE.

AUBERGE, HÔTELLERIE, Wirthshaus.

Une Auberge ist ein Wirthshaus, worinn diejenigen, die sich von der Sorge einer Haushaltung befreien wollen, ihre

Mahl-

Mahlzeit für Geld halten können; une Hôtellerie ist zur Bequemlichkeit der Reisenden bestimmt, damit sie das haben können, was sie bedürfen.

AUTORITÉ, POUVOIR, EMPIRE, Macht.

Es ist zu bemerken, daß wir die verschiedenen Bedeutungen dieser Wörter bey Seite setzen, und dieselben in so fern betrachten, als sie diejenige Macht anzeigen, wodurch wir uns bey unsern Nebenmenschen geltend machen. L'Autorité überläßt mehr Freiheit in der Wahl, le Pouvoir scheint stärker als l'Autorité zu seyn; l'Empire ist unumschränkter. L'Autorité kommt immer von einigen Vorzügen entweder des Verstandes, oder der Geburt oder des Standes, le Pouvoir gemeiniglich von der Vertraulichkeit des Umganges; und l'Empire von einem herrschenden Ansehen, welches wir uns über andere ungebührlich angemaßet, oder das die Andern uns über sich aus Schwachheit gegeben haben, her. Lasset einem weisen Freunde Macht über uns haben (de l'autorité), einem Guten und Verständigen (du pouvoir) und uns keiner andern Macht (empire) als der der Vernunft unterwerfen.

AUTREFOIS S. ANCIENNEMENT.

AVANT, DEVANT, s. die Sprachlehre S. 338)

AVENIR, FUTUR, zukünftig.

Le Futur beziehet sich auf das nothwendig Erfolgende, l'Avenir auf das zufällig Erfolgende. Deswegen kann man mit Gewißheit von dem Zukünftigen (des choses futures) sprechen, und etwas darüber mit den bloß natürlichen Verstande vorher sagen: das Zukünftige aber (l'avenir) nur muthmaßen, denn es ist unmöglich dasselbe ohne eine besondere Offenbarung vorher zu verkündigen.

AVEU, CONFESSION, Bekenntniß.

L'Aveu setzt eine Frage voraus; la Confession eine Beschuldigung. Man bekennet, (on avoue), was man verborgen halten wollte, man bekennet (on confesse) das Unrecht, was man begangen hat.

AVIS, OPINION, SENTIMENT, Meinung, Gedanken.

Dire son sentiment hat mehr Beziehung auf die Berathschlagung; donner son avis auf die Entscheidung; und aller

aux

aux opinions auf die in Rechten vorgeschriebene Weise. Es kann geschehen, daß ein Richter genöthiget ist seine Meinung (son avis) gegen son sentiment zu geben; und sich nach der Meinung (opinions) der andern Richter zu richten.

AVOIR, POSSEDER, besitzen.

Eine Sache besitzen (avoir) heißt nicht, daß man dieselbe jetzt bey der Hand habe und mit derselben schalten und walten könne; diese Bedeutung führet aber besitzen (posseder) mit sich. Also: ein Geitziger kann wohl in seinen Kasten Reichthümer besitzen (avoir); er ist aber dem ohngeachtet kein Herr derselben, seine Reichthümer besitzen (possedent) sein Herz und seinen Kopf.

AVOIR, RECEVOIR, bekommen.

Diese Wörter sind im Französischen gar nicht gleichbedeutend. on reçoit dasjenige nur, was man uns entweder giebt oder schicket z. B. j'ai reçu de l'argent; j'ai reçu une lettre; wird aber bekommen nicht in dem so eben bemerkten Sinne genommen; alsdann wird solches in vielen Redensarten mit avoir z. B. il a eu la petite vérole; nous aurons du beau temps; vous avez eu un bon chemin. u. d. gl. gegeben.

AVOIR PEUR S. APPRÉHENDER.

AYEUX, S. ANCETRES.

B.

BATTRE, FRAPPER, schlagen.

On bat, wenn man mit Absicht mehrere Schläge giebt; und um zu schlagen (pour frapper) ist schon ein Schlag genug. Nie wird man geschlagen (battu), ohne geschlagen (frappé) zu werden; man kann aber frappé werden, ohne battu zu seyn. Cäsar, um seine Feinde zu schlagen (battre), gab seinen Soldaten Befehl, sie sollten sie ins Gesicht schlagen (frapper).

BÉATITUDE, BONHEUR, FÉLICITÉ, Glückseligkeit,

Der Unterschied zwischen diesen Wörtern bestehet darin, daß Bonheur mehr auf das Vermögen, vermittelst welches man sich

Vergnügen verschaffen, und solches genießen kann, Beziehung hat. La Félicité, drücket den Zustand des Herzens aus; sie macht uns geschickt, das Vergnügen zu kosten, und dasselbe in dem, was man besitzet, zu finden. Béatitude, zeiget den Zustand einer ungestörten Wonne an. Die äusserlichen Dinge dienen zu unsrer Glückseligkeit (bonheur), der Mensch aber selbst soll seine Glückseligkeit (félicité) wirken, und um seine Seligkeit (la béatitude) zu Gott beten. Die erste gehört den Reichen; die zwote den Weisen, und die dritte denjenigen, welchen Jesus Christus dieselbe in der auf dem Berge gehaltenen Predigt verheißt, (glückselig seyd ihr, die ihr u. s. w. Matth. 5, v. 3. u. s. w.)

BÉNÉFICE, GAIN, LUCRE, ÉMOLUMENT, Gewinnst.

Le Gain scheint etwas zufälliges zu seyn, es setzet Gefahr und Ohngefähr voraus. Man braucht dieses Wort von den Spielenden und Handelsleuten. Le Profit stellet etwas sicheres vor, und bezeichnet den Ertrag entweder von unsern Gütern oder von unserer Geschicklichkeit; also sagt man le profit du jeu, wenn man von denjenigen spricht, welche den Spielenden, Billard oder Karten u. d. g. schaffen, le Lucre ist eine Art allgemeines Gewinnstes. Z. B. man sagt von einem Gewinnsüchtigen: il aime le lucre, aber die andern Ausdrücke würden hier nicht statt finden. L'Émolument wird gebraucht, wenn von Aemtern die Rede ist. Es führet nicht nur die Idee der Besoldung derselben, sondern auch alles dessen, was dabey zu gewinnen ist, mit sich.

BÊTE, IDIOT, STUPIDE, dumm.

Man ist dumm (bête), weil es uns an Verstande, (stupide) weil es uns an Gefühl, und idiot weil es uns an Wissenschaften fehlt. Umsonst würde man einen Dummen (bête) etwas lehren; er kann nichts verstehen. Alle Mühe ist bey einem Dummen (stupide) vergeblich, wenn man nicht geschickt genug ist, seinen Eifer zu erwecken, und ihn ein wenig aufzumuntern; nur mit einer eisernen Geduld kann man hoffen einen Dummen (idiot) etwas zu lehren; weil man sich bestreben muß, sich nach seinen schwachen Verstande zu richten, um denselben nach und nach das beyzubringen, was er lernen soll.

BIEN, FORT, TRÈS, sehr.

Très zeigt eigentlich blos eine dritte Stuffe an, fort drücket

eben

eben dieselbe aus, allein es bezeichnet noch zugleich eine Art Bejahung und bien füget dem Vorhergesagten noch eine Art Bewunderung bey. Also sagt man: Gott ist sehr gerecht (très juste); die Menschen sind sehr bös (fort mauvais); die Vorsicht ist sehr groß (bien grande).

BONHEUR, S. BÉATITUDE.

BONHEUR, PROSPÉRITE, Glück.

Le Bonheur ist eine Wirkung des Ohngefährs, es kommt unerwartet; la Prospérité gründet sich auf Wohlverhalten, sie kommt nach und nach. Man sagt (un grand bonheur) und une prospérité rapide. Die Narren sind bisweilen glücklich (ont du bonheur); die Weisen sind nicht immer glücklich (ne prosperent pas toujours).

BORNES, LIMITES, TERME, Ende oder Gränzen.

Le Terme ist das, bis wohin man gehen kann; les Limites was man nicht überschreiten darf; les Bornes was verhindert weiter zu gehen. Ich sehe kein anderes Ende (terme) in unserm Unglücke, als das Ende unsers Lebens. Die Wünsche haben keine Gränzen (limites). Wir sind nur alsdann glücklich, wenn die Gränzen (les bornes) unsers Genusses, die von unsrer Begierde sind.

BOUILLON, S. AMPOULE.

BOURGEOIS, CITOYEN, Bürger.

Bourgeois zeigt an, daß man eine Stadt bewohnt und von dem Mittelstande ist. Citoyen hat Beziehung auf die politische Gesellschaft und bedeutet ein Glied des Staats, welches alle ihm gebührende Stellen in einer Republik bekleiden kann. Die ächte Höflichkeit ist nur bey den Höflingen und besten Bürgern (bourgeois) in den ansehnlichen Städten zu finden. In einer Republik geht der Titel Bürger (citoyen) über alles.

BOUT, EXTRÉMITÉ, FIN, Ende.

Le Bout ist einem andern Ende (bout); l'Extrémité dem Mittelpunkte, und la Fin dem Anfange entgegengesetzt. Also sagt man: le bout de l'allée; das Ende des Ganges; des Königreichs l'extrémité du royaume; des Lebens la fin de la vie.

BRAVOURE, VALEUR, Tapferkeit.

La Bravoure findet nur im Kriege; la Valeur überall, wo eine Gefahr zu überwinden ist, oder wo sich Gelegenheit zeiget, sich Ruhm zu erwerben, statt. La bravoure ist für einen Soldaten eine Pflicht; la valeur ist die Tugend der Weisen und Helden.

BREF, COURT, SUCCINCT, kurz.

Bref wird nur von der Dauer gesagt, die Zeit allein ist kurz (bref), court wird der Dauer und Weite beygelegt. Die Materie und die Zeit ist kurz (court), succinct wird gebraucht von der Kürze des Ausdrucks. Eine Rede ist kurz (succinct). On prolonge le bref; on allonge le court; on étend le succinct.

BULLE, S. AMPOULE.

BUT, DESSEIN, VUE, Absicht.

Le But bezeichnet das bestimmte Ziel, wohin man gelangen will; les Vues drückt das aus, was man sich verschaffen will, le Dessein ist der feste Vorsatz, welchen man vollziehen will. On se propose un but, on a des vues, on forme un dessein. Der wahre Christ hat keine andere Absicht (d'autre but) als den Himmel zu erwerben; (d'autre vue) als Gott zu gefallen; (d'autre dessein) als selig zu werden.

C.

CABARET, TAVERNE, Schenke.

In einer Schenke (Cabaret) wird Wein flaschenweise verkauft, er mag entweder da getrunken oder weiter gebracht werden; in einer Schenke (Taverne) versammeln sich Trunkenbolde, sich da zu betrinken, und zu schwelgen.

CADENAS, CHÂTEAU, PLATINE, SERRURE, Schloß.

Das deutsche Wort Schloß hat im Französischen vier Bedeutungen, die ganz von einander verschieden sind. Drücket Schloß ein Vorleg- oder Anhängschloß aus, dann heißt dasselbe Cadenas; das Schloß, worinn vornehme Herrn wohnen, ist Château;

teau; dienet ein Schloß zum Schließen einer Thüre, so heißt solches Serrure; und endlich das Schloß an einem Schießgewehr wird Platine genennt.

CANTIQUE, CHANSON, Lied.

Le Cantique wird dem Gottesdienste besonders gewidmet, dasselbe wird zur Ehre Gottes oder der Heiligen verfertiget und gesungen, oder um seine Dankbarkeit zu beweisen, für die von Gott erhaltenen Wohlthaten. La chanson ist ein weltliches Lied. Also sagt man le cantique de Moyse; la chanson des Bossus.

CAPRICIEUX, QUINTEUX, eigensinnig.

Derjenige ist eigensinnig (capricieux), der sich aus Unbestande oder plötzlicher Veränderung der Laune; der ist quinteux, der sich zu gewissen Epochen aus seltsamer Gemüthsart von der gewöhnlichen Art zu denken und zu handeln entfernt. Le capricieux zeigt das Starrsinnige, le quinteux das Wunderliche an.

CAVERNE, S. ANTRE.

CÉLEBRE, FAMEUX, ILLUSTRE, RENOMMÉ, berühmt.

Das Wort fameux stellet eine bloße Erhebung über das Gemeine, wodurch einer sehr weit herum bekannt wird, vor; dieses Bekanntseyn kann sowohl in einem guten als bösen Verstande genommen werden. Illustre setzet ausser einem Verdienste noch eine Würde oder ein Ansehen voraus, welches nicht nur den berühmten Gegenstand bekannt, sondern auch hochachtungswürdig macht. Célebre hat mehrentheils auf den Verstand oder die Wissenschaften Beziehung; und renommé zeigt bloß ein Gerücht an, und entspricht dem deutschen Worte bekannt. Also Robespierre ist fameux; Friederich der Große, König von Preussen, illustre; Klopstock célebre, und Bolongaro renommé.

CELERITÉ, PROMPTITUDE, VITESSE, Geschwindigkeit.

La Promptitude, fängt ungesäumt an; la Célerité setzt die Arbeit geschwind fort; la Vitesse macht sich alle Mittel thätig zu Nutze. La promptitude schliesset alle Verzögerung aus, la célerité handelt ununterbrochener Weise. La vitesse mag keine Langsamkeit leiden. Laßt uns ungesäumt (avec promptitude) dienstfertig seyn;

seyn; unsre Geschäfte geschwind (avec célérite) verrichten; und den Elenden geschwind (avec vitesse) zu Hülfe kommen.

CENSURE, CRITIQUE, Tadel.

La Critique bezeichnet die gegründete Prüfung und Beurtheilung eines Werkes, es mag für eins seyn, welches es nur will; la Censure der bestimmte Tadel desjenigen, was der Wahrheit oder einem Gesetze entgegen ist. Also kann man theologische Werke beurtheilen (critiquer) und nur fehlerhafte Litteratur-Werke tadeln (censurer). Man muß mit Geschmack beurtheilen (critiquer) und mit Bescheidenheit tadeln (censurer).

Cependant, **néammoins**, **pourtant**, **toutefois**, s. die Sprachlehre S. 344. und 345.

CHAIR, VIANDE, Fleisch.

Das Wort Viande, führet eine Idee der Nahrung mit sich, Chair aber nicht. Will man von den Bau des Körpers sprechen; so schickt sich chair, aber nicht viande. Also sagt man, daß der Fisch und das Gemüse Fleisch für die Fastentage sind (viande de carême; daß das Feldhuhn ein kurzes und zartes Fleisch hat (la chair courte et tendre). Noch ist zu bemerken, daß chair nur von weichen Theilen, viande aber von den weichen und harten Theilen ohne Unterschied gesagt werde, wie es aus dem Sprüchworte: il n'y a point de viande sans os erhellet. Viande wird auch in einem allgemeinern Sinn als chair genommen. Denn man sagt zwar: de la chair de perdrix, de poulet, de lievre u. s. w. und von diesen allen, daß dieselben des viandes sind; ob man gleich nicht sagen würde, viande de perdrix, de poulet u. s. w. Dies kommt vielleicht daher, (nach der Bemerkung des Herrn Girard) weil ehemals viande und aliments in der Bedeutung überein kamen. In der That, alles Fleisch (viande) wird gegessen, und es giebt Fleischarten (des chairs), die nicht gegessen werden. Man sagt viande de boucherie, und nicht chair de boucherie.

CHANGE, ÉCHANGE, TROC, Tausch.

Le Change drücket eigentlich den Tausch, überhaupt betrachtet, aus; L'Échange findet statt, wenn man von Gütern und Personen und Erbgütern; le Troc wenn man von Dingen die zum Gebrauch dienen und von Geräthschaften spricht. Also sagt man nicht:

le

le change d'une chose, ob man gleich richtig sagen kann: beym Tausche gewinnen oder verlieren (perdre ou gagner au change). Man tauschet (on fait des trocs) Pferde, Juwelen u. d. gl. man tauschet (on échange) ein Stück Land gegen ein anderes, man wechselt die Gefangenen aus (on échange les prisonniers)

CHANGEMENT, VARIATION, Veränderung.

La variation bestehet darin, daß man bald so, bald anders ist; le changement, daß man aufhöret so oder so zu seyn. Man verändert (on varie) seine Meinung, wenn man dieselbe verläßt, um solche bald darauf wieder anzunehmen; man verändert dieselbe (on change), wenn man sie verläßt, um eine andere anzunehmen.

CHANSON S. CANTIQUE.

CHANTEUR, CHANTRE, Sänger.

Chanteur wird nur von dem weltlichen und Chantre von dem geistlichen Sänger gebraucht. Also sagt man chanteur à l'opéra, und un chantre de cathédrale.

CHAQUE, TOUT, jeder.

Tout setzet eine Gleichförmigkeit in den Theilen voraus, und schließet die Ausnahme aus; chaque hingegen zeigt durchaus an, daß die Theile unter sich verschieden sind. Z. B. jeder Mensch (tout homme) hat Leidenschaften, dies liegt in seiner Natur; jeder Mensch (chaque homme) hat seine herrschende Leidenschaft; dies liegt in der Verschiedenheit der Temperamente.

CHARGE, FARDEAU, FAIX, Last.

La Charge ist die Last, die man tragen soll oder kann, daher das Sprüchwort: la charge d'un baudet n'est pas celle d'un éléphant; le Fardeau ist das, was man entweder physisch oder moralisch trägt, deswegen sagt man le fardeau d'un homme oder d'un animal; le fardeau des affaires. Le Faix ist eine auf den tragenden Körper zu sehr drückende Last; daher sagt man plier sous le faix; la charge est forte; le fardeau est lourd; le faix accable.

CHARMES, S. APPAS.

CHATEAU, S. CADENAS.

CHA-

CHATIER, PUNIR, strafen.

Man strafet (on chatie) denjenigen der gefehlt hat, damit er nicht mehr fehlen soll; man will ihn bessern: man strafet on punit) den Verbrecher, ihn sein Verbrechen büßen zu lassen. Man will dadurch den andern ein Beyspiel zur Warnung geben. Die Eltern u. d. gl. strafen chatient) ihre Kinder: die Richter lassen die Verbrecher strafen (punir) Gott strafet uns (nous chatie) auf dieser Welt, als ein guter Vater, damit er uns nicht als ein Richter ewig zu strafen braucht (punir).

CHEMIN, ROUTE, VOIE, Weg.

Route deutet die gewöhnliche und stark betretene Straße nach einem Orte hin an. Z. B. la route de Berlin, la route de France; Voie hat auf die verschiedene Art, wie man reisen kann, Beziehung. Also sagt man, ich will mit der Post (par la voie de la poste) zu Wasser (par la voie de l'eau) u. d. gl. reisen; man sagt auch mataphorischer Weise les souffrances sont la voie du ciel (der Weg nach dem Himmel). Le Chemin drücket eigentlich den Weg, den man folget, und auf welchen man gehet, aus. Deswegen sagt man: die Abwege (les chemins de traverse) sind zuweilen die kürzesten, die Landstraße aber (le grand chemin) ist der sicherste Weg.

CHERIR, S. AIMER.

CHEVEUX, CRIN, POIL, Haar.

Les Cheveux sind die Hauptthaare der Menschen; les Crins die Pferdehaare; und man nennt Poils die Haare am Leibe der Menschen und Thiere (diese letzte Erklärung leidet für die Thiere einige Ausnahme, die sich aber in den Wörterbüchern findet.)

CHEVILLE, CLOU, ONGLE, Nagel.

Une Cheville ist ein hölzerner oder eiserner Nagel, welcher die mit Zapfenlöchern vereinigten Stücke fest hält: un Clou ist ein eiserner Nagel, welcher mit Gewalt in ein Stück Holz oder in eine Wand, u. d. gl. geschlagen werden kann; un Ongle ist der Nagel an den Fingern oder Zehen.

CHOISIR, FAIRE CHOIX; OPTER, wählen.

On choisit, indem man die Sachen vergleicht, weil man die beste haben will; on opte indem man sich zu einer Sache entschließet, weil man sie nicht alle haben kann. On fait choix (man wählet) eigentlich diejenigen Personen, welche man zu einem Amte oder einer Würde bestimmt. Man sage demnach: Hätte ich zwischen zwey Freunden, von welchen der eine sehr dienstfertig, doch unbescheiden und der andere nicht so dienstfertig, aber bescheidener wäre, zu wählen (choisir). Der Pabst wählte (fit choix de) den Herrn Abt Mauri, als seinen Gesandten bey der Krönung des Kaysers Franz II.

CITER, S. ALLÉGUER.

CITOYEN, S. BOURGEOIS.

CIVIL, HONNÊTE, POLI, höflich.

Man ist höflich honnête, wenn man die Wohlanständigkeit und den Ton der guten Gesellschaft beobachtet; civil, so fern man denjenigen hochachtungsvoll begegnet, bey welchen man sich befindet; poli, wenn man ein angenehmes und so zu sagen schmeichelhaftes Wesen in seinem Umgange hat. Les manieres honnêtes zeigen etwas Zuvorkommendes an; les manieres civiles dienen, unsre Ehrerbietigkeit zu erweisen; und les manieres polies sind ein Beweis unserer Ergebenheit. Laßt uns honnêtes sans cérémonie, civils sans importunité und polis sans fadeur seyn.

CLOU, S. CHEVILLE.

COLORIS, COULEUR, Farbe.

La Couleur ist eigentlich die rothe, blaue, grüne u. s. w. Farbe; le Coloris ist die besondere Wirkung, welche in einem Gemälde, aus der Feinheit und dem künstlichen Gebrauche der Farben entstehet. Also die Gemälde des Titian haben ihren Vorzug in der schönen Mischung der Farben (du coloris) und man sagt, daß dieselben diesen Vorzug der besondern Kunst des Mahlers, die Farben (les couleurs) zu mischen und anzuwenden, zu verdanken haben.

COMMANDEMENT, ORDRE, INJONCTION, JUSSION, Befehl.

Das Wort Commandement zeigt den Gebrauch der Macht ausdrücklicher an; on commande in der Absicht, daß uns gehorhorchet werde. Ordre geht mehr auf die Vorschriften der unter uns Stehenden, on donne des ordres, damit dieselben vollzogen werden: Injonction bedeutet einen Befehl von einer Regierung, und findet besonders bey der Verordnung einer die Aufführung betreffenden Einrichtung statt. Das Jussion bezeichnet einen willkührlichen Befehl oder Machtspruch; es führet eine Idee unumschränkter Gewalt mit sich.

COMME S. AINSIQUE.

COMMENTAIRE, GLOSSE, Auslegung.

La Glosse ist eine buchstäbliche oder wörtliche Auslegung; le Commentaire weicht mehr von den Buchstaben ab.

COMMERCE, NÉGOCE, TRAFIC, Handel.

Le Négoce betrift den Handel mit Geld oder Waaren; le Commerce und Trafic nur den mit Waaren. Der Unterschied zwischen den beyden letzten bestehet darin, daß le commerce mehr durch Kaufen und Verkaufen; le trafic mehr durch Tauschen getrieben wird.

CONFÉDÉRATION S. ALLIANCE.

CONFESSION S. AVEU.

CONSENTIR S. ACQUIESCER.

CONSERVER, OBTENIR, erhalten.

Man erhält (on conserve) was man schon in den Händen hat; man erhält (on obtient) was man begehrte. Man sagt also: Er hat 1000 Thaler erhalten (obtenu) und erhält solche sorgfältig (conserve)

COULEUR, S. COLORIS.

COUPLE, PAIRE, Paar.

Wir haben schon in der Sprachlehre (S. 477.) den Unterschied bezeichnet, der sich zwischen un Couple und une Couple befindet. Das Wort Paire bezeichnet entweder zwo durch einerley Gebrauch vereinigte Sachen; als Strümpfe, Schuhe, Strumpfbänder, Handschuhe, Manschetten, Stiefeln, Ohrringe, Pistolen

u. d.

u. d. gl. oder blos eine aber aus zwey Theilen nothwendiger Weise bestehende Sache, als Scheere, Brille, Hosen u. d. gl.

COUPLET, VERS, VERSET, Vers.

Un Vers ist ein nach den Regeln der Dichtkunst gemachter Vers. Un Verset ist das Theilchen eines so in Theile abgetheilten Werks als die Bibel. Un Couplet ist die Anzahl der Verse (des Vers), woraus die Strophe eines Liedes bestehet.

COURT S. BREF.

COUTUME, HABITUDE, Gewohnheit.

La Coutume hat auf den Gegenstand; l'Habitude auf die Handlung selbst Beziehung. Die Arbeit, an welche man sich gewöhnt hat (on est accoutumé) ist viel leichter zu verrichten. Das, woran man sich gewöhnt hat (ce qui est tourné en habitude) wird für uns eine zwote Natur, und geschieht bisweilen unwillkührlich. Man gewöhnt sich (on s'accoutume) an den Anblick häßlicher Gesichter aus Gewohnheit (par l'habitude) dieselben zu sehen.

COUTUME, USAGE, Gebrauch.

L'Usage scheint etwas allgemeineres, la Coutume aber etwas älteres zu seyn. Was die meisten Leute ausüben ist gebräuchlich (en usage). L'usage wird eingeführt (s'introduit) und verbreitet sich; er macht etwas zur Mode: La Coutume kommt auf (s'établit) und wird allmählich mächtig, daraus entstehet die Gewohnheit (l'habitude).

CRAINDRE, S. APPRÉHENDER.

CRITIQUE S. CENSURE.

CROIX S. AFFLICTIONS.

CROYANCE, FOI, Glaube.

La Croyance ist eine aus bestimmten Beweggründen, solche mögen deutlich oder nicht seyn, herstammende Ueberzeugung. La Foi ist der Glaube, der auf das bloße Wort des Sprechenden gegründet ist. Daher kommt es, daß dasjenige,

woran

woran das gemeine Volk glaubet (ajoute foi) nicht immer von den Weisen geglaubt zu werden verdient (ne mérite pas toujours que l'homme sage lui donne sa croyance).

CURE, GUERISON, Kur.

La Cure beziehet sich mehr auf das Uebel, und die Handlungen des den Patienten Pflegenden; la Guérison aber auf die Gesundheit und den Zustand des Patienten, welchen man pflegt. Es scheint, daß la cure nur die anhaltenden und gewöhnlichen Krankheiten; la guérison auch die kleinen und nicht dauerhaften Uebel zum Gegenstande habe.

D

D'AILLEURS, DE PLUS, OUTRE, CELA, oder EN-OUTRE (s. die Sprachlehre S. 341.)

DANGER, PÉRIL, RISQUE, Gefahr.

Danger bezeichnet das Uebel, welches geschehen kann, Péril und Risque das Gute, welches man verlieren könnte, mit dem Unterschiede, daß péril etwas näheres, und risque etwas entfernteres anzeiget. Daher sagt man: In Todesgefahr seyn (en danger de mort). Bey Lebensgefahr (au péril de la vie); Gefahr laufen (courir les risques). Ein beherzter Soldat ist vor der Gefahr nicht bange (ne craint point de danger) er setzt sich der Gefahr aus (il s'expose au péril) und begiebt sich standhaft in Gefahr, die mit seinem Stande verbunden ist (et court avec courage les risques de son métier).

DANS, EN, (s. die Sprachlehre S. 338.)

DECÈS, TRÉPAS, MORT, Tod.

Die zwey ersten werden nur von Menschen, das letzte von Menschen und Thieren gesagt. Trépas ist poetisch und schließt die Idee eines Hingehens aus diesem Leben in ein anderes in sich. Mort ist in der gemeinen Rede gebräuchlich, und bedeutet blos das Aufhören zu leben. Décès ist erhabener als mort, und wird am meisten im gerichtlichen Style gebraucht, es zeigt blos das Ausscheiden aus der Reihe der Lebendigen an. Ein

rühm-

rühmlicher Tod (un trépas glorieux) ist einem schmählichen Leben vorzuziehen. Der Tod (la mort) ist das allgemeine Ende eines jeden lebendigen Wesens auf der Erde. Erst nach dem Tode (au moment du décès) fängt das Erbrecht an. Le trépas stellt der Einbildung nichts schreckliches vor: Le décès führet blos die Idee eines die Trennung von einer uns theuern Person begleitenden unangenehmen Gefühles mit sich: La mort aber hat etwas schreckliches an sich.

DÉFIANCE, MÉFIANCE, Mistrauen.

La Méfiance ist eine gewöhnliche Furcht, betrogen zu werden. La Défiance ist der Zweifel, ob sich die uns entweder nützlichen oder angenehmen Eigenschaften, bey den Menschen oder Dingen, oder in uns selbst befinden. La méfiance ist die Wirkung einer bangen und argwöhnischen Gemüthsart. La défiance ist in uns die Wirkung der Erfahrung und Ueberlegung. Le méfiant beurtheilet die andern nach sich, und fürchtet dieselben. Le Défiant hat keine große Meinung von ihnen und hoffet von ihnen nicht viel.

DÉIFICATION S. APOTHÉOSE.

DÉLAISSER S. ABANDONNER.

DÉLIÉ, MENU, MINCE, dünn.

Le menu hat bisweilen blos auf die ihm fehlende Dicke (*) (grosseur), bisweilen auf die Größe, woran es überall mangelt, Beziehung, le délié ist nur der Dicke (grosseur) entgegengesetzt, und setzt immer eine Länge voraus. Le mince bedeutet blos das Gegentheil von der Dicke (epaisseur), indem dasselbe andere Ausdehnungen haben kann. Also sagt man: Une jambe, oder une écriture menue; une fil délié; une planche und une étoffe mince.

DÉLIVRER, S. AFFRANCHIR,

DEMANDER, INTERROGER, QUESTIONNER, fragen.

Demander ist ein höfliches und ehrerbietiges Fragen; interroger setzt eine Macht, und questionner eine Art Neugierig-

(*) Siehe Epais und gros, um diese Erklärung recht verstehen zu können.

gierigkeit voraus. Ein Spion fragt die Leute (questione); der Richter den Verbrecher (interroge); der Soldat holet die Parole bey seinem General (demande l'ordre à)

DEMÊMEQUE S. AINSIQUE.

DEMEURER, LOGER, wohnen.

Demeurer zeigt den topographischen Ort, und Loger das Gebäude, worinn man wohnet. an. Man sage also: er wohnt in Berlin, in Paris, in der Provinz, auf dem Lande (il demeure à Berlin, à Paris, en Province, à la campagne); und er wohnt (il loge) au louvre, à l'hôtel des halles, oder chez lui.

DÉMON, DIABLE, Teufel.

Diable wird immer in einem bösen, und Démon kann auch in einem guten Sinne verstanden werden. Jenes enthält in seiner Bedeutung etwas häßliches und abscheuliches, dieses aber nicht. Diese Erklärung beziehet sich blos auf dem eigentlichen Sinn des Worts Teufel, denn eben dasselbe wird sehr oft in der gemeinen Rede im Französischen sowohl als im Deutschen auch metaphorisch gebraucht und Kerl, Schelm u. d. gl. darunter verstanden; bald im guten, bald im bösen Sinne. Z. B. c'est un bon Diable er ist ein guter Kerl; un méchant Diable ein böser Kerl; le pauvre Diable! der arme Schelm! Ce petit bon-homme est un vrai Démon; dieser Junge ist wie ein kleiner Teufel, u. s. w.

DÉNONCIATEUR, S. ACCUSATEUR.

DEPLUS S. D'AILLEURS,

DESSEIN, S. BUT.

DÉTESTABLE S. ABOMINABLE.

DETESTER, S. ABHORRER.

DEVANT, S. AVANT,

DEVOIR, OBLIGATION, Pflicht.

Le Devoir bezeichnet eine Handlung, wozu uns das Gewissen verpflichtet; sie kommt von einem Gesetze und die Tu-

gend

gend treibt uns zur Erfüllung derselben an. L'obligation drücket etwas allgemeineres aus, in Rücksicht auf die Art zu handeln und zu verfahren. L'obligation hangt von dem Gebrauche ab; die Welt und Wohlanständigkeit erfordern, daß wir uns darnach richten. Also die Pflicht eines Hofraths (il est du devoir d'un conseiller) ist nach dem Gerichtshofe zu gehen und daselbst sein Amt zu verrichten; er ist verbunden (il est dans l'obligation) allda in einem langen Gewande zu erscheinen. On manque à un devoir; on se dispense d'un obligation.

DEXTÉRITÉ, S. ADDRESSE.

DICTION, STYLE, Schreibart.

Le Style hat mehr Beziehung auf den Schriftsteller. La Diction auf das Werk. Man muß also bloß die Richtigkeit und Deutlichkeit des Werks in Erwägung ziehen, wenn man von der Schreibart (la diciton) spricht, indem die Schreibart (le style) die Zierlichkeit, Leichtigkeit, Kürze, Wohllaut des Ausdrucks, und Schicklichkeit desselben zu der abgehandelten Materie bedeutet.

DISCOURS, HARANGUE, ORAISON, Rede.

La Harangue hat zur besondern Absicht das Herz zu rühren; durch eine solche Rede will man überreden und rühren. Ist dieselbe fließend, nachdrücklich und rührend, so ist sie auch schön. Le Discours ist meistentheils für den Verstand eingerichtet, und dienet zum Erklären und Unterrichten, und je klärer, genauer und angenehmer er ist, desto vollkommener ist er. L'Oraison suchet auf die Einbildungskraft zu wirken; ihre Absicht ist entweder zu loben oder zu tadeln. Sie erhält ihre Schönheit durch erhabene, feine und scharfsinnige Gedanken. Der General hält an seine Soldaten eine Rede (harangue), denselben Muth einzuflößen. Die Mitglied einer Academie hält vor seiner Gesellschaft eine Rede (fait un discours) entweder ein System zu vertheidigen oder zu entwickeln. Der Redner hält eine Lobrede (fait une oraison funebre), seinen Zuhörern einen hohen Begriff von seinem Helden zu machen.

DIURNE, QUOTIDIEN, JOURNALIER, täglich.

Was diurne ist, kommt alle Tage wieder, und dauert ununterbrochener Weise so lange als der Tag selbst; dieser mag aus

24 Stunden oder aus der Zeit, wo die Sonne oder andre Planeten über unsrer Halbkugel sind, bestehen. Was quotidien ist, geschieht alle Tage, allein niemals in einem fort, sondern kommt nur jeden Tag regelmäßig wieder. Was journalier ist, kehrt auch täglich wieder, allein es ist eben so veränderlich, wie die Tage selbst. Also sagt man richtig: die tägliche Umwälzung der Erde (la révolution diurne da la terre) unser tägliches Brod (notre pain quotidien.) Wir haben aus der täglichen Erfahrung (l'expérience journaliere nous démontre)

DIVISER, PARTAGER, theilen.

Diviser, zeigt die bloße Trennung der Theile eines Ganzen von einander an; und partager heißt ausser dieser Bedeutung noch: das Ganze in Theile theilen, woraus andere Ganze entstehen. Man theilet (on divise) einen Cirkel; man theilet (on partage) eine Erbschaft.

DON, PRÉSENT, Geschenk.

Le Présent, ist viel geringer am Werth, als le Don und man bedient sich dessen nicht bey Leuten von vornehmen Stande. Man sagt also les dons de Cérès, die Geschenke der Ceres, und les présents de Flore, die von der Flora.

DURANT, PENDANT, (s. die Sprachl. S. 336.)

E.

ÉCHANGE, S. CHANGE.

ÉCOUTER, OUIR, ENTENDRE, hören.

Entendre heißt die Töne wahrnehmen: Écouter aufmerken, um zu vernehmen: bisweilen versteht man nicht (on n'entend pas) ob man gleich höret (on écoute) und umgekehrt: ouir zeigt ein undeutliches Hören an. Bisweilen hat man sprechen hören (oui) ohne das Gesagte verstanden zu haben (entendu) Sehr oft muß man thun, als wenn man nichts gehört hätte (entendu). Es ist unhöflich zu lauren (d'écouter aux portes). Wer richtig antworten will, der muß deutlich gehört haben (oui).

ECUME,

ECUME, MOUSSE; Schaum.

L'Ecume scheint eine Substanz zu seyn, welche von der worauf sie stehet, unterschieden ist. Also sagt man den Topf abschäumen (écumer le pot). Dieses Pferd ist weiß vom Schaume (écume); der Schaum (l'écume) über den Wasser. (* La Mousse ist mit der Flüßigkeit, worauf er sich befindet, von gleicher Substanz, verwandelt sich auch wieder in seinen gleichartigen flüßigen Körper nach dem Entweichen der Lufttheile; woraus er bestand. Also, das Bier schäumet (mousse); der Seifenschaum (la mousse de Savon).

(*) Bemerkung. Wenn von den aus herabfallendem oder bewegtem Wasser entstehenden Blasen die Rede ist, so wird das Wort Bouillon und nicht Ecume gebraucht.

EFFIGIE, FIGURE, IMAGE, PORTRAIT, Bildniß.

L'Effigie tritt an die Stelle der Person selbst; L'image stellet blos die Idee derselben vor; la Figure zeichnet die Stellung und Form ab; le Portrait geht blos auf die Aehnlichkeit des Gegenstandes. Also sagt man: Einen im Bildniß (en effigie) aufhenken. Man stellet die Geheimnisse unserer Religion unter Bildern vor (images). Man macht Bildnisse, die reitende Könige u. d. gl. vorstellen. (des figures équestres). Man sticht die Bildnisse (les portraits) der berühmten Männer in Kupfer. Im eigentlichen Sinne sagt man Effigie und Portrait nur von Personen; Image und Figure werden von Sachen gesagt.

ÉGLISE TEMPLE, Kirche.

Temple wird in dem erhabenen Ausdruck, und Église in dem gemeinen gebraucht, wenigstens wenn von den katholischen Kirchen die Rede ist; denn spricht man von den protestantischen und andern, die nicht katholisch sind, so ist das Wort Temple sogar in der gemeinen Rede gebräuchlich. Also sagt man le Temple de Janus u. d. gl.; le Temple de Leipzig u. d. gl. l'Église de St. Pierre à Rome.

ÉLOGE, LOUANGE, Lob.

L'Eloge scheint ein ehrenvolles Zeugniß zu seyn, das in gewisser Rücksicht einem Gegenstande gegeben wird; la Louange ist eben dasselbe Zeugniß, allein ohne Einschränkung auf einen gewissen besondern Gesichtspunkt. Deswegen singen wir das Lob (les louanges) Gottes, weil in Gott sich nichts tadelhaftes oder unvollkommenes befindet; und loben (nous donnons des éloges mit dem Dat.) die Menschen. Das Lob (la Louange) wird ihnen bisweilen gefährlich.

ÉMOLUMENT, S. BÉNÉFICE.

EMPIRE, S. AUTORITÉ.

EMPLETTE, S. ACHAT.

EN, S. DANS.

ENCOURAGER, S. ANIMER.

ENDROIT, LIEU, PLACE, Ort oder Stelle.

Lieu zeigt einen Raum im Ganzen und überhaupt betrachtet an. Endroit bezeichnet nur einen Theil eines weitläuftigeren Raums. Place führet eine Idee der Ordnung mit sich: es heißt eigentlich auf Deutsch: Stelle. Also sagt man: der Ort, wo man wohnt (le Lieu), die Stelle eines angeführten Buchs (l'Endroit) die Stelle der Gäste am Tische, oder diejenige, auf welcher man in einer Versammlung sitzen soll (la place). On est dans le lieu; on cherche l'endroit; on occupe la place.

ENFANTER, S. ACCOUCHER.

ENGENDRER S. ibid.

ENGLOUTIR, S. ABSORBER.

ENNEMI, S. ANTAGONISTE.

EN OUTRE, S. D'AILLEURS.

ENTENDRE, S. ÉCOUTER.

EN VAIN, INUTILEMENT, VAINEMENT, umsonst.

Man hat umsonst (vainement) gearbeitet, wenn man für seine Mühe nicht belohnt oder die Arbeit nicht angenommen wird. Umsonst (inutilement) wenn die verfertigte Arbeit zu nichts nützen kann; umsonst (en vain), wenn man das gewünschte Ziel nicht erreicht hat. Ich werde also umsonst (vainement) gearbeitet haben, wenn dieses Werk mir die Hochachtung des Publikums nicht erwirbt. Umsonst (inutilement), wenn man sich solches, um unsre Sprache gründlich zu lernen, nicht zu Nutze macht: und umsonst

(en

(en vain) werde ich mir so viele Mühe gegeben haben, wenn ich die Grundsätze der Sprachlehre nicht deutlich und genau vorgestellt habe.

ENVIER, PORTER ENVIE, beneiden.

On envie die Sachen; on porte envie mit dem Dat. die Personen. Man sage also: Ohngeachtet ich euch um euren Verstand, eure Wissenschaft und euren Ruf nicht beneide (envie pas); so beneide ich euch doch (je vous porte envie) darum, daß ihr bey dem Herrn Gellert eine Woche zugebracht habt.

ÉPAIS, GROS, dick.

Eine Sache ist dick, grosse) wenn sie einen großen Umfang hat; dieselbe ist dick (epaisse durch eine von ihren Abmessungen. Also ein Baum ist dick, (gros), ein Brett dick (épaisse). Man kann das Dicke (ce qui est gros) nicht gut umfassen; und das Dicke (ce qui est épais) nicht gut durchbohren.

ÉPITRE, LETTRE, Brief.

Lettre wird insgemein von denjenigen Briefen gesagt, welche in dem gemeinen Leben, und in Prose (épitre dédicatoire ausgenommen) oder die von neuen Schriftstellern, oder in einer noch lebendigen Sprache geschrieben werden, oder worden sind; Epitre hingegen zeigt einen Brief eines alten Schriftstellers oder einen solchen an, welcher in einer jetzt nicht mehr lebenden Sprache, oder in Versen geschrieben wird oder worden ist, z. B. die Briefe der Aposteln. Also sagt man: Gellerts oder der Frau de Sévigné Briefe (les lettres de Gellert ou de Madame de Sévigné), die Briefe des Cicero oder Seneca (les Epitres de Cicéron ou de Sénéque), die Briefe des heiligen Paulus u. d. gl. (les Epitres de St. Paul etc.)

ÉQUIVOQUE, S. AMPHIBOLOGIQUE.

ESCALIER, S. DÉGRÉ,

ESCORTER, S. ACCOMPAGNER.

EXCITER, S. ANIMER.

EXÉCRABLE, S. ABOMINABLE.

EXTRÉMITÉ, S. BOUT.

F.

FACILE, S. AISÉ.

FAIRE, S. AGIR.

FAIRE, LAISSER, lassen.

Das deutsche Wort lassen geben wir im Französischen mit laisser, wenn man damit etwas anzeigen will, wobey man sich gleichgültig und gar nicht thätig betragen will oder soll. Z. B. laissez les s'amuser lasset dieselben spielen; laissez le faire, laßt ihn machen. Will man aber etwas ausdrücken, wobey das Subject thätig ist, alsdann heißt lassen faire. Z. B. il a fait bâtir cette maison er hat dieses Haus bauen lassen; j'ai fait dire à mon pere ich habe meinem Vater sagen lassen. Aus den folgenden Beyspielen wird der Unterschied noch deutlicher. Je l'ai laissé tomber, je l'ai fait tomber. Das erste bedeutet entweder Ungeschicklichkeit oder Zufall; das andere eine eigentliche Absicht. Il a laissé faire mon habit, il a fait faire mon habit. Das erste heißt, daß er verhindern konnte, daß mein Kleid gemacht wurde, und daß er es doch nicht verhindert hat; das zweyte daß er entweder mir ein Kleid geschenkt oder dem Schneider befohlen hat, mir eins zu machen.

FAIX, S. CHARGE.

FAMEUX, S. CÉLEBRE.

FANÉ, FLÉTRI, verwelket.

Flétri drücket etwas mehr als fané aus. Eine verwelkte Blume (une fleur fanée) kann bisweilen ihre Frischheit wieder erhalten, ist solche aber flétrie so ist es nicht möglich. Die Schönheit gleicht einer Blume, die mit dem Alter verwelket (se fane) und auch leicht (se flétrir) durch einen Zufall.

FARDEAU, S. CHARGE.

FAROUCHE, SAUVAGE, wild.

Unsere Gemüthsart macht uns farouches; der Mangel an Erziehung sauvages. Die wilden Völkerschaften (les peuples sauvages) sind nicht alle farouches; und es giebt wilde Völker fa-

(farouches) unter den policirten Nationen. Der wilde Mensch (l'homme sauvage) ist, in der Gesellschaft, wie ein Vogel in seinem Bauer: er läßt sich zähmen, l'homme farouche beträgt sich in dem gesellschaftlichen Leben, wie die wütenden Thiere in Ketten: er ergrimmt.

FÉCOND, FERTILE, fruchtbar.

La Fécondité ist mehr eine Wirkung der Natur, la Fertilité mehr eine Wirkung der Kunst. Die Sonnenhitze, der Regen u. d. gl. machen die Erde fruchtbar (fécondent la terre); die Bearbeitung und Düngung u. d. gl. machen dieselbe fruchtbar (la fertilisent) Dies ist der Unterschied im Allgemeinen: es giebt aber noch verschiedene andere Schattirungen, die sich nicht alle angeben lassen.

FÉLICITÉ, S. BÉATITUDE.

FERTILE, S. FÉCOND.

FIGURE, S. EFFIGIE.

FIN, S. BOUT.

FLATTEUR, S. ADULATEUR.

FLÉTRI, S. FANÉ.

FOI, S. CROYANCE.

FORT, S. BIEN.

FORT, ROBUSTE, stark.

L'homme fort hat seine Stärke dem Bau seiner Muskeln, l'homme robuste der Natur seines Temperaments zu verdanken. Man ist fort, wenn man das trägt, was andere schwerlich tragen können; robuste beziehet sich auf die Gesundheit und Anstrengung im Arbeiten.

FRAPPER, S. BATTRE.

FRÉQUEMMENT, SOUVENT, oft.

Souvent drücket die Wiederholung der Handlungen; Fréquemment die Mannichfaltigkeit und Häufigkeit der Gegenstände aus. Man verbirgt oft (souvent) seine Denkungsart; man trifft oft (fréquemment) Verräther an.

FUTUR, S. AVENIR.

GA-

G.

GAGES, S. APPOINTEMENTS.

GAGNER, MERITER, verdienen.

Gagner zeigt eigentlich den Verdienst, welchen man sich durch Arbeit erwirbt, und welcher der hauptsächlichste Zweck der Arbeit ist, an. On mérite ist als eine Folge unserer Handlungen anzusehen, diese ist aber nie die Hauptabsicht des Handelnden. Also on gagne sa vie, on mérite l'estime du public; on gagne au jeu, on mérite d'être puni u. d. g.

GAIN, S. BÉNÉFICE.

GÉNÉRAL, UNIVERSEL, allgemein.

Was die größte Zahl der Theile eines Ganzen oder alle insgemein betrifft, ist général; dasjenige aber ist universel, das alle Theile oder einen jeden insbesondere angeht. Also die Regierung eines Fürsten hat nur das allgemeine Wohl zur Absicht (le bien général). Die Vorsehung Gottes ist aber allgemein (universelle).

GLOSSE, S. COMMENTAIRE.

GRACES, S. AGREMENTS.

GRELOT, SONNETTE, SONNAILLE, Schelle.

Grelot heißt eine hohle rund gestaltete metallene Maschine, worinn etwas eingeschlossen ist, das einen Schall machet. Sonnette ist eine kleine Glokke, die auf den Tisch gesetzt oder an die Thüre befestiget wird. Sonnaille ist das Glöckchen, welches die Kühe u. d. gl. am Halse tragen.

GROS, S. ÉPAIS.

GROTTE, S. ANTRE.

GUÉRISON, S. CURE.

H.

HABILLEMENT, VÊTEMENT, Kleidung.

Vêtement bezeichnet blos was zur Bedeckung des Leibes dienet, sogar den Kopfputz und was man an die Füße zieht. Habillelement geht auf die Gestalt des Kleides und die Art, wie man gekleidet ist. Es zeiget alles, was zur Bedeckung des Leibes, und auch zum Schmuck desselben gehört, an. Also sagt man: das Bedürfniß der Natur bestehet in der Nahrung, Wohnung und Kleidung (vêtement). Man macht die Beschreibung einer theatralischen Kleidung (habillement); das Hemd, das Halstuch u. d. gl. sind Kleidungen (vètement), der Degen ist kein Vêtement, und gehört doch zum Anzuge (l'habillement) einer Militärperson.

HABILLER, METTRE, anziehen.

On habille wenn man alle zum Anziehen nöthigen Stücke dem Leibe anlegt. On met, ein bestimmtes zum Anziehen dienendes Stück. Also sagt man: habillez cet enfant ziehet dieses Kind an: Je vais m'habiller, ich will mich anziehen; mettez vos bas, zieht eure Strümpfe an; quelles bottes mettrez vous? was für Stiefeln ziehen Sie an?

HABITUDE, S. COUTUME.

HARANGUE, S. DISCOURS.

HEURE, LIEUE, Stunde.

Une Heure ist die binnen 60 Minuten verfließende Zeit, oder ein bestimmter Theil des Tags. Une Lieue ist der Raum von einem Orte nach einem andern, welcher gemeiniglich eine Reise von einer Stunde erfordert. Z. B. wir gehen um vier Uhr weg und kommen doch zu N. in zwo Stunden (heures) an, weil es nur von hier dahin zwo Stunden (lieues) sind.

HONNÊTE, S. CIVIL.

HONORAIRES, S. APPOINTEMENTS.

HONTE, PUDEUR, Scham.

Die Gewissensbisse verursachen die Scham (la Honte), die Bescheidenheit aber (la Pudeur). Bisweilen erröthet man aus beyden Empfindungen, allein man sagt im Französischen rouger de honte, und devenir rouge par pudeur. Es geziemet sich nicht, sich wegen seiner Geburt zu schämen (d'avoir honte). Obgleich die Scham (la pudeur) eine Tugend ist, so giebt es doch Gelegenheiten, wo solche als Schwachheit und Blödigkeit betrachtet wird.

HOTELLERIE, S. AUBERGE.

IDIOT.

I.

IDIOT, S. BETE.

IL FAUT, IL EST NÉCESSAIRE, ON DOIT, man muß, oder man soll.

Il faut zeiget mehr eine Nothwendigkeit, die Gefälligkeit, Gebrauch und Eigennutz veranlasset, an. Z. B. Il faut hurler avec les loups man muß alles mit machen. Il faut suivre la mode, man muß sich nach der Mode richten; Il faut connoître avant que d'aimer, man muß erst kennen lernen, ehe man liebet. Il est nécessaire bezeichnet eine in der Sache selber gegründete und unvermeidliche Nothwendigkeit. Z. B. man muß (il est nécessaire) Gott lieben, wenn man selig werden will; on doit drücket eine aus der Vernunft oder Wohlanständigkeit herrührende Nothwendigkeit aus. Z. B. man muß (on doit) in einer Sache dem Meister in der Kunst, zu welcher dieselbe gehört, Recht geben. Man muß (on doit) bisweilen das vor dem Publicum sorgfältig verbergen, was in einer kleinen Gesellschaft sich recht gut schicken würde.

ILLUSTRE, S. C LEBRE.

IMAGE, S. EFFIGIE.

INCLINATION, PENCHANT, Zuneigung.

L'Inclination drücket nicht eine so starke Zuneigung als Penchant aus. L'inclination treibt uns zu einem Gegenstande hin; dieses reisset uns unwiderstehlich zu demselben hin. Deswegen hat l'inclination einen anständigen, und le penchant einen grobsinnlichen und bisweilen schämenswerthen Gegenstand. Man kann also zu den Künsten und Wissenschaften Neigung (de l'inclination); zu der Schwelgerey und Ruchlosigkeit (du penchant) haben. Die jungen Leute nehmen leicht die Neigungen (les inclinations) derjenigen, mit welchen sie umgehen, an. Die Natur hat dem Menschen eine Neigung (penchant) zum Vergnügen eingepflanzet.

INJONCTION, S. COMMANDEMENT.

INSTANT, MOMENT, Augenblick.

Un Moment dauert nicht lange; un Instant hat eine noch kürzere Dauer; Moment hat eine weitere Bedeutung als Instant.

Jenes

Jenes heißt bisweilen die Zeit überhaupt: Instant aber bezeichnet die kürzeste Dauer der Zeit, und wird immer im eigentlichen Sinne gebraucht. Alle Augenblicke (tous les moments) sind demjenigen kostbar, der den Werth der Zeit kennet. Ein jeder Augenblick (chaque instant) ist ein Schritt zum Tode.

INSULTE, S. AFFRONT.

INTERROGER, S. DEMANDER.

INUTILEMENT, S. EN VAIN.

J.

JADIS, S. ANCIENNEMENT.

JOUR, JOURNÉE, Tag.

Jour verhält sich zu Journée wie an zu année. Jour bezeichnet den Begriff einer aus 24 Stunden bestehenden Zeit, aber im Ganzen, ohne Rücksicht auf ihre Theile. Journée hingegen zeigt eine bestimmte und in mehreren Theilen gedachte Dauer an, welcher man die dabey sich zugetragenen Begebenheiten beylegen kann. Also: Wir haben in unsern Tagen (de nos jours) wunderbare Dinge gesehen. Man hat den ganzen Tag (toute la journée) gefochten.

JOURNALIER, S. DIURNE.

JUSSION, S. COMMANDEMENT.

L.

LAISSER, S. FAIRE.

LAMENTATION, PLAINTE, Klage.

La Lamentation ist eine wehmüthige und anhaltende Klage (plainte). La Plainte drücket sich blos mit Worten aus. La Lamentation auch in Minen und Gebärden. Der klagende Mensch (l'homme qui se plaint) fordert Gerechtigkeit; der klagende Mensch (l'homme qui se lamente) bedarf Mitleiden.

LAN-

LANGAGE, LANGUE, Sprache.

Le Langage ist ein allgemeines Wort, und bedeutet die Art seine Gedanken mitzutheilen. Langue ist die Gattung dieses Geschlechts, und hat auf das Aussprechen der Wörter Beziehung. Also sagt man: Le Langage des yeux, des gestes u. s. w. La Langue allemande, françoise u. d. gl.

LETTRE, S. ÉPITRE.

LIEU, S. ENDROIT.

LIGUE, S. ALLIANCE.

LIMITES, S. BORNES,

LOGER, S. DEMEURER.

LOUANGE, S. ELOGE.

LOURD, PÉSANT, schwer.

Lourd beziehet sich mehr auf eine Last für den Körper; pésant auf eine für den Verstand schwere Last. Der schwache Mensch hält das für schwer (lourd), was der Starke leicht trägt. Die Regierung eines großen Staats ist für einen einzigen Menschen eine schwere Last, (un pésant fardeau).

LUCRE, S. BÉNEFICE.

M.

MAÎTRE, MONSIEUR, SEIGNEUR, SIEUR, PATRON, Herr.

Weil diese, im Französischen, gar nicht gleich bedeutende Wörter, mit dem Worte Herr im Deutschen gegeben werden; so wollen wir den Unterschied bemerken, der sich unter ihnen findet. Also le Maitre ist der Besitzer einer Person oder einer Sache; diese Besitzung mag dauerhaft oder nicht seyn. Le maître d'un domestique, le maître de la maison. Eben dasselbe Wort gebrauchen auch die Advokaten in dem Gerichtshofe, in ihrer gerichtlichen Schreibart, wenn solche mit einander, oder von einem Procurator oder Notarius sprechen. La raison qu'allegue maître Mathieu n'est pas valable, der vom Herrn Mathieu angeführte Grund gilt nicht.

Mon-

Monsieur ist die allgemeine Benennung eines jeden, wenn man höflich reden will. Dites à Monsieur votre pere, que Monsieur N. lui ecrira bientôt. Sagen Sie Ihrem Herrn Vater, daß der Herr N. bald an ihn schreiben wird; Sieur vertrat ehemals die Stelle des heutigen Monsieur, Seigneur zeigt eine wirkliche Herrschaft, die Unterthanen hat, an. Le Seigneur du village a sa justice, der Herr des Dorfs hat sein Gericht. Le Patron bezeichnet den Herrn eines Schiffs, der Sclaven, Clienten. Man nennet auch denjenigen Patron, der jemanden zu einer Pfründe ernennen kann.

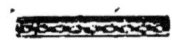

MALIN, MÉCHANT, MAUVAIS, MALICIEUX, böse oder boshaft.

Le Malin ist kaltblütig bös, er ist listig; le Mauvais ist aus Zorn bös, er läßt seine Absicht merken; le Méchant ist von Gemüthsart bös, er ist gefährlich; le Malicieux ist aus Eigensinn bös, er ist hartnäckig und rachgierig. Trauet nicht dem Bösen (malin), beleidiget nicht den Mauvais, flieht den Méchant, wenn ihr von demselben nicht wollt etwas zu befürchten haben. Um den Malicieux zu besänftigen, muß man demselben Recht geben. Der Gott Amor ist ein boshaftes Kind (malin), er spottet über seine Anbeter. Der Feige giebt sich, so lange keine Feinde da sind, ein böses Ansehn (mauvais). Die Männer sind bisweilen böser, (plus méchants) als die Weiber; ein böses Weib aber ist boshafter (plus malicieuse) als ein Mann.

MANCHE, QUEUE, Stiel.

Le Manche ist von dem Dinge selbst, woran es sich befindet, verschieden; es ist angesetzt, damit man sich des Werkzeuges bedienen kann, als der Stiel (le manche) eines Besens, Hammers, Messers, einer Geige u. d. g. La Queue besteht mit dem Ding, woran es ist, aus einem Stücke, wie an einer Gabel, Pfanne (*); oder wächst mit dem Dinge selbst, (wenn vom Obste, Blät-

(*) Wenn ein hölzerner Stiel, mit dem eisernen Stiele einer Pfanne, in der Absicht denselben länger zu machen, vereiniget wird, so sollte man, um richtig zu sprechen, sagen: On a agrandi la queue de la poêle en y mettant un manche.

Blättern, Blumen die Rede ist, als von einer Kirsche, einer Birne, einer Rose u. d. gl.

MAUVAIS, S. MALIN.

MENU, S. DÉLIÉ.

MÉRITER, S. GAGNER.

METTRE, POSER, PLACER, setzen.

Mettre giebt einen allgemeinen Begriff des Setzens. Poser heißt die Sachen setzen, wie sie gesetzt werden sollen; Placer bedeutet, daß man die Dinge, der Ordnung und dem gebührenden Orte nach, hinsetzet; man setzt Säulen (on met), um ein Gebäude zu stützen, man setzt (on pose) dieselben auf einem Fuß; man setzet (on place) solche mit Geschmack.

METTRE, S. HABILLER.

MINCE, S. DÉLIÉ.

MINE, S. AIR.

MOMENT, S. INSTANT.

MONCEAU, TAS, Haufe.

Tas bezeichnet einen mit Absicht gesammelten Haufen von etwas; und Monceau einen Haufen, der ohne Ordnung durch Zufall da stehet. Man sagt von einem Haufen Steine, die an einen Ort gebracht worden, um solche zu etwas zu gebrauchen: un Tas de pierres; und un Monceau de pierres, wenn derselbe aus dem Schutte eines verfallenen Gebäudes entstanden ist.

MONSIEUR, S. MAÎTRE,

MONT, MONTAGNE, Berg.

Mont ist ein von andern abgesonderter, oder ganz allein betrachteter Berg. Montagne ist das allgemeine Wort, dessen man sich bedienet, um solche Anhöhen anzuzeigen. Nach Mont wird das eigenthümliche Hauptwort als ein Beywort, das diesen Berg qualificirt, betrachtet, und alsdann hat solches keinen Artikel. Montagne hingegen regieret das darauf folgende Hauptwort im Genitif. Man sage also les montagnes *des* Alpes, und les monts Pyré-

nés,

nés, la montagne *du* Thabor, le mont Thabor; la montagne *du* Parnasse und le mont Parnasse. Von dieser Erklärung müssen folgende Redensarten ausgenommen werden. Promettre monts et merveilles; oder Promettre des monts d'or goldene Berge versprechen; courir par monts et par vaux, über Berg und Thal laufen.

MONTÉE, S. ESCALIER.

MORCEAU, PIECE, Stück.

Piece stellet ein Ganzes, Morceau einen Theil von einem Ganzen vor; une Piece d'étoffe; une Piece de vers. Une Piece de Théatre. Un morceau de pain. Un morceau de Viande. Lisez nous un morceau de cette comedie.

MOUSSE, S. ÉCUME.

N.

NÉAMMOINS, S. CEPENDANT.

NÉGOCE, S. COMMERCE.

NEUF, NOUVEAU, RÉCENT, neu.

Was zum gewöhnlichen Gebrauche dienet, und noch nicht gebraucht worden ist, ist neuf. Was noch nicht erschienen war, und erscheint, ist nouveau: was kurz geschehen ist, ist récent. Man sagt von einem neuen Kleide (il est neuf) von neuem Weine, von einer neuen Mode (il est nouvean, elle est nouvelle) von einer neuen Begebenheit (elle est récente).

NOUVEAU, S. NEUF.

O.

OBLIGATION, S. DEVOIR.

OBTENIR, S. CONSERVER.

OEUVRE, OUVRAGE, Werk.

Oeuvre bedeutet eigentlich eine ausgeübte That und Ouvrage

ein

ein durch Arbeit und Kunst hervorgebrachtes Werk. Die guten Christen üben gute Werke aus (de bonnes oeuvres): ein guter Handwerker macht gute Arbeit (de bons ouvrages). Oeuvre drücket besser als Ouvrage aus, was das Herz oder die Leidenschaften zu thun antreiben; Ouvrage hingegen besser als Oeuvre, die Wirkungen des Verstandes oder der Wissenschaft. Also sagt man: ein Werk der Barmherzigkeit (une Oeuvre de miséricorde). Eine Sünde (une oeuvre d'iniquité) ein geschmackvolles Werk (un ouvrage de bon gout), ein beurtheilendes Werk (un ouvrage de critique).

ON DOIT, S. IL FAUT.

ONGLE, S. CHEVILLE.

ON NE SAUROIT, ON NE PEUT, man kann nicht.

On ne sauroit setzt eine große Schwierigkeit voraus; on ne peut eine eigentliche Unmöglichkeit der Sache. On ne sauroit hat nie pas; on ne peut hat bisweilen solches nach sich. Man kann nicht wohl (on ne sauroit bien; on ne peut pas) zwey Herren zugleich dienen; man kann nicht zwey entgegengesetzten Befehlen gehorchen.

OPINION. S. AVIS.

OPTER, S. CHOISIR.

ORAISON, S. DISCOURS.

ORDRE, S. COMMANDEMENT.

OUIR, S. ÉCOUTER.

OUTRAGE, S. AFFRONT.

OUTRE CELA, S. D'AILLEURS.

OUVRAGE, S. OEUVRE.

P.

PAIRE, S. COUPLE.

PARCEQUE, PUISQUE, (s. die Sprachlehre, S. 348.)

PART, PARTIE, PORTION, Theil.

La Partie ist der von dem Ganzen abgetrennte Theil; la Part

Part ist der Theil, welcher einem, aus dem Ganzen zukommt; la Portion ist der Theil, welchen man bekommt. Partie hat auf die Vereinigung; Part auf das Recht zum Eigenthume und Portion auf die Vielheit Beziehung. Man sagt ein Theil (une partie) eines Buches, oder des menschlichen Körpers. Ein Theil (une part) einer Erbschaft, und ein Theil eines Erbgutes (une portion d'héritage.)

PARTIE, S. PART.

PATRON, S. MAITRE.

PENCHANT, S. INCLINATION.

PENDANT. S. DURANT.

PERES, S. ANCÈTRES.

PERIL, S. DANGER.

PESANT, S. LOURD.

PHYSIONOMIE, S. AIR.

PIECE, S. MORCEAU.

PLACE, S. ENDROIT.

PLAINDRE, REGRETTER, bedauren.

Man bedauert (on plaint) die Elenden; man bedaueret (on regrette) die Abwesenden; das erste entspringt aus Mitleiden; das andere aus Verbindlichkeit. Die Schmerzen arrachent nos Plaintes; die Reue excite nos regrets. Ein hartes Herz bedauert (ne plaint) keinen Menschen; ein Gleichgültiger bedauert nichts (ne regrette rien).

PLAINTE. S. LAMENTATION.

PLATINE, S. CADENAS.

POIL, S. CHEVEUX.

POISON, VENIN, Gift.

Poison wird eigentlich von denen Pflanzen oder Zubereitungen gesagt, deren Gebrauch unserm Leben gefährlich ist: Venin aber von dem giftigen Safte gewisser Pflanzen, und demjenigen, welcher aus dem Leibe einiger Thiere kommt. Der Schierling ist

ein

ein Gift (poison); der Saft desselben ist giftig (un venin). Le Poison wirket durch seinen giftigen Saft (son venin).

POLI, S. CIVIL.

PORTER ENVIE, S. ENVIER.

PORTION, S. PART.

PORTRAIT. S. EFFIGIE.

POSER, S. METTRE.

POSSÉDER, S. AVOIR.

POURTANT, S. CEPENDANT.

POUVOIR, S. AUTORITÉ.

POUVOIR, SAVOIR, können.

On sait was man gelernet hat; on peut was unsre Fähigkeit uns zu thun erlaubt. Je sais ma leçon et je peus la réciter, ich kann meine Lection, und kann sie auch hersagen. Je peus vous rendre ce service, parce que je sais le calcul ich kann Ihnen diesen Dienst leisten, weil ich die Rechenkunst kann.

PRESENT, S. DON.

PRIVÉ, S. APPRIVOISÉ.

PROFIT, S. BÉNÉFICE.

PROMPTEMENT, VITE, geschwind.

Vite drücket die mit der Handlung vergesellschaftete Bewegung; Promptement die Dauer, die man zum Verrichten der That anwendet, aus. Das Gegentheil von Vite ist langsam (lentement) und das von Promptement ist lang, (longtemps.) Man gehet sicherer langsam als geschwind, (vite) laßt uns lange bedenken, und geschwind (promptement) verrichten.

PUDEUR, S. HONTE.

PUISSANCE, S. PARCE QUE.

PUNIR, S. CHATIER.

QUAND.

Q.

QUAND, SI, (S. die Sprachlehre S. 347.)

QUESTIONNER, S. DEMANDER.

QUEUE. S. MANCHE.

QUOTIDIEN, S. DIURNE.

R.

RACCOMMODER, RECONCILIER, versöhnen.

On raccommode diejenigen, welche mit einander aus persönlichem Eigennutze zanken. On reconcilie diejenigen, welche durch böse Händel Feinde geworden sind. Die gegen einander Aufgebrachten soll man erst alsdann wieder zu versöhnen suchen, (raccommoder) wenn sie zu sich selbst gekommen sind. Es ist sehr schwer Anverwandte, die unter einander Feinde sind, zu versöhnen (reconcilier).

RÉCENT, S. NEUF.

RECEVOIR, S. AVOIR.

RECONCILIER, S. RACCOMMODER.

REDOUTER, S. APPRÉHENDER.

REGRETTER, S. PLAINDRE.

RENOMMÉ, S. CÉLEBRE.

RIGUEUR, SÉVÉRITÉ, Strenge.

La Rigueur findet bey der Art und Weise, womit man straft; la Sévérité bey der Art und Weise, wie man denket und beurtheilet, statt. Diese verurtheilt leicht und entschuldiget nichts; jene vermindert die Strafe nicht, und vergiebt nichts. Die Scheinheiligen sind blos gegen die andern streng (séveres). Man soll nur alsdann streng (rigoureux) seyn, wenn das Beyspiel ganz nothwendig ist; denn man soll nie vergessen, daß wir alle Menschen sind.

ROBUSTE, S. FORT.

ROUTE, S. CHEMIN.

S.

SAUVAGE, S. FAROUCHE.

SAVOIR, S. POUVOIR.

SE DÉMETTRE, S. ABDIQUER

SEIGNEUR, S. MAÎTRE.

SELON, SUIVANT, (s. die Sprachlehre S. 336.)

SENTIMENT, S. AVIS.

SERRURE, S. CADENAS.

SÉVÉRITÉ, S. RIGUEUR.

SI, S. QUAND.

SIEUR, S. MAÎTRE.

SIGNAL, SIGNE, Zeichen.

Le Signe macht etwas kenntlich, es ist bisweilen natürlich. Le Signal benachrichtiget, es ist immer willkürlich. Man braucht Zeichen (Signes), wenn man von einem Stummen verstanden werden will. Man redet unter sich Zeichen (un Signal) ab, um sich von weitem etwas melden zu können.

SONNAILLE, S. GRELOT.

SONNETTE, S. GRELOT.

SOUTIEN, S. APPUI.

SOUVENT, S. FRÉQUEMMENT.

STUPIDE, S. BÊTE.

STYLE, S. DICTION.

SUCCINCT, S. BREF.

SUIVANT, S. SELON.

SUPPORT, S. APPUI.

SURMONTER, VAINCRE, überwinden.

Vaincre setzt ein Treffen gegen einander streitender und sich wehrender Feinde, Surmonter blos ein Bestreben einen Widerstandes zu heben, voraus. Man hat seine Feinde überwunden (vain-

(vaincu), wenn dieselben so geschlagen worden sind, daß sie nicht mehr schaden können. Man hat seine Gegner überwunden (surmonté) wenn man seinen Zweck, ihres Widerstandes ohngeachtet, erreicht hat. Man sagt vaincre ses passions, und surmonter une difficulté.

T.

TAS, S. MONCEAU.

TAVERNE, S. CABARET.

TEMPLE, S. ÉGLISE.

TERME, S. BORNES.

TOME, VOLUME, Band.

Le Volume kann mehrere Tomes enthalten, und le Tome mehrere Volumes ausmachen. Le Volume ist also das Buch, wie es gebunden ist. Le Tome ist der Theil eines Werks. Man sagt richtig: dieses Werk hat mehrere Theile (Tomes), da aber der dritte zu dick ist, so will ich denselben in zwey Bände (Volumes) binden lassen.

TOUT, S. CHAQUE.

TOUT, TOUT LE, TOUS LES, TOUTES LES, ein jeder oder der, die, das Ganze.

Tout in der einfachen Zahl, vor einem Gattungs-Worte hat keinen Artikel nach sich, wenn man alle Personen oder Dinge in der nemlichen Eigenschaft und ohne den geringsten Unterschied betrachten will. Tout in der einfachen Zahl vor einem Gattungs-Worte hat den bestimmten Artikel nach sich, wenn dasselbe ein physisches Beywort vorstellt, das heißt, wenn Tout nicht nur die ganze Anzahl der Theile, woraus die Gattung bestehet; sondern auch die ergänzenden Theile, woraus das Individuum bestehet, bezeichnet. Daher der erstaunende Unterschied zwischen: Tout homme est sujet à la mort, und Tout l'homme est sujet à la mort. Der erste Satz heißt: Ein jeder Mensch; und der andere, der ganze Mensch, ist dem Tode unterworfen.

Tout in der vielfachen Zahl hat immer sein von dem bestimmten Artikel begleitetes Hauptwort nach sich. Also sagt man nicht: *tous hommes* ein jeder, sondern tous les hommes, nicht *tou-*

tes femmes, sondern toutes les femmes. Kurz! der oder das Ganze heißt im Französischen tout le; die ganze toute la und ein jeder tout, oder tous les, oder toutes les.

TOUTEFOIS S. CEPENDANT.

TRACES, VESTIGES, Spur oder Merkmale.

Les Vestiges sind die Merkmale von etwas, das auf einem bestimmten Platze gewesen ist. Les Traces sind Spuren von einem, der wodurch gegangen ist. On connoit les vestiges, on suit les traces. Man sieht noch einige Merkmale (vestiges) von einem verfallenen Schlosse. Man folget der Spur (les traces) eines Hirsches oder wilden Schweines nach.

TRAFIC. S. COMMERCE.

TRÉPAS, S. DÉCÈS.

TROC, S. CHANGE.

U.

UNIVERSEL, S. GÉNÉRAL.

USAGE, S. COUTUME.

V.

VAINCRE, S. SURMONTER.

VAINEMENT, S. EN VAIN.

VALEUR, S. BRAVOURE.

VARIATION, S. CHANGEMENT.

VENÉNEUX, VENIMEUX, giftig.

Venimeux, (nach der Erklärung der französischen Academie) wird nur von Thieren, oder Dingen, welche vom Gifte der Thiere vergiftet sind, venéneux von den Giftstoffen und giftigen Kräutern gesagt. Also der Skorpion und die Otter sind giftige Thiere (des animaux venimeux) der Saft des Schierlings ist giftig (venéneux)

VERS, S. COUPLET.

VERSET, S. COUPLET.

VESSIE, S. AMPOULE.

VÊTEMENT, S. HABILLEMENT.

VEU-

VEUVAGE, VIDUITÉ, Wittwenstand.

La Viduité ist der Stand eines Ehegatten nach dem Tode des andern, so lange derselbe nicht wieder verheirathet ist. Le Veuvage ist die Zeit, welche man in diesem Stande verlebt. Wie viele Weiber giebt es, die nach einem kurzen Wittwenstande (veuvage) so gern denselben verändern möchten (voudroient quitter la viduité.)

VIANDE, S. CHAIR.

VIEUX, S. ANTIQUE.

VISION, S. APPARITION.

VITE, S. PROMTEMENT.

VOIE S. CHEMIN.

VOLUME, S. TOME,

VUE, VISAGE, Gesicht.

La Vue ist der Sinn, wodurch wir sehen können. Le Visage ist der Vordertheil unsers Hauptes. J'ai une bonne vue; ich habe ein gutes Gesicht, (ich kann recht gut sehen); voilà un bon visage, das ist ein schönes Gesicht.

VUES. S. BUT.

Nachricht des Verfassers.

Seit geraumer Zeit arbeite ich an einem Werke, welches sich an meine Sprachlehre anschliessen und die Regeln der französischen Sprache erleichtern wird. Es führt den Titel:

Vollständiger Französischer Cursus
in
drey Abtheilungen,

welcher in der Kürze lehrreiche Sachkenntnisse von der Erdkunde, von der Geschichte Deutschlands, von der Mythologie, desgleichen eine Sammlung von ausgewählten Stücken aus der deutschen Litteratur darstellt, mit nöthigen Erklärungen für die Anfänger, mit einer Uebersetzung aus dem Deutschen ins Französische und endlich mit einem Wörterbuch, welches ganz für dieses Werk eingerichtet ist, versehen.

Zum Behuf der französischen Sprachlehre von J. B. Daulnoy und zur Anwendung der darin enthaltenen Regeln.

In diesem Werke habe ich das Angenehme mit dem Nützlichen zu verbinden und von den ersten Anfangsgründen stufenweise bis zu der Vollkommenheit zu führen gesucht, welche ein Fremder in dem Studium einer Sprache, die nicht die seinige ist, erreichen kann.

Die erste Abtheilung wird leichte Uebersetzungen enthalten, unter denen die ersten nicht nur aus ganz kurzen Sätzen bestehen, sondern auch noch sorgfältiger erklärt seyn werden, als die erste Ausgabe dieser Sprachlehre.

Die

Die zwote Abtheilung, welche Schüler voraussetzt, welche schon mit den Regeln unserer Mundart vertraut sind, wird Uebersetzungen darstellen, die nach und nach weniger buchstäblich und Erklärungen, die weniger ausführlich sind, wobey mein Zweck ist, allzuhäufige Wiederholungen zu vermeiden und dem jungen Uebersetzer Gelegenheit zu geben, selbst einen kleinen Flug zu wagen.

Die dritte Abtheilung endlich wird eine interessante Sammlung von Stücken enthalten, welche aus guten deutschen Schriften ausgewählt sind, und dieser Theil wird den Uebersetzer, vermittelst der Uebersetzung, welche sich am Ende finden wird, in Stand setzen, den Unterschied der beyden Sprachen in seinem ganzen Lichte zu bemerken.

Ich habe alle Sorgfalt angewendet, die Uebersetzung des Deutschen so genau und das Wörterbuch so vollständig als möglich zu machen.

Ich wünschte, daß mir mein gegenwärtiger Beruf mehr freye Stunden ließe, um sie diesem Werke widmen zu können, dann hoffte ich es in kurzer Zeit den Deutschen in die Hände zu liefern, die auf eine angenehme, methodische und nützliche Weise arbeiten und sich in der Kenntniß der Regeln und in dem richtigen Ausdruck unserer Sprache zu vervollkommnen wünschen.

Daulnoy.

Verbesserungen,

die am Ende der Sprachlehre nicht eingerückt worden sind.

Anstatt Seite 43, Zeile 9 von unten: ausgesprochen werden müssen, und auf lies: ausgesprochen werden müssen, sowohl als auf die zwo ersten vielfachen Personen des *Perfair défine*, und auf die dritte.

Ebendaselbst, Zeile 6 von unten: Geschmack qu'il fût, daß er wäre; que nous fûmes, que vous fûtes; qu'ils fûrent u. s. w. lies Geschmack, *nous aimâmes, vous aimâtes*, wir liebten, ihr liebtet; qu'il fût, daß er wäre, que nous fûssions, que vous fûssiez, qu'ils fussent u. s. w.

Anstatt S. 130 und 131 Z. 12 und 14 que j'aie, que tu aies, lies: *que j'aye; que tu ayes.*

Ebend. Zeile 22 qu'ils ayent, lies *qu'ils aient.*

Anstatt S. 260. Zeil. 13. voila de l'excellent bouilli, lies *voilà d'excellent bouilli.*

Anstatt S. 333, Z. 15. merke man, daß autant lies: merke man daß, wenn diese Nebenwörter zum Vergleichen zweyer Sachen dienen, *autant.*

Ebend. Z. 17. Sätzen gebraucht werden, lies: Sätzen gewöhnlich gebraucht werden.

Anstatt S. 434, im Anfang der XXIX Aufgabe 18 Millionen lies: 24 Milionen. Und in der Uebersetzung S. 468. anstatt dix-huit millions lies: *vingt-quatre millions.*

In dem Anhange.

Anstatt S. 3. Z. 7. von unten (abdiqua) mit dem Acc. lies (*abdiqua*, mit dem *Acc.*) ebend. Z. 5. v. u. genit) lies: *génit.*)

Anstatt S. 4, Z. 4. (déte-ste) lies: *dètes-te.*

Ebend. Z. 13. v. u. (absorbe) lies (*absorbée*). S. 5. Z. 13 (est accouche d'un) lies: *est accouché d'un*) Z. 14. (engend) lies: *engendre*: Z. 15. n'engend pas la melancolie lies: *n'engendre pas la mélancolie.*

S. 7. Z. 8. v. u. (ètre lies: *Etre.*

S. 9. Z. 1. AINSIQUE, DEMÊMEQUE, lies: AINSI QUE DE MÊME QUE,

S. 10. Z. 4. (l'aimeroit on plus) lies: (*l'aimeroit-on plus?*

Ebend. Z. 4. v. u. (on allégue) lies: on allegue).

S. 13. Z. 15 u. 16 coutoient coutent lies; *coûtoient coûtent.*

Anstatt S. 21. Z. 6. v. u. CELERITÉ lies CELÉRITÉ

Anstatt S. 33. Z. 4. v. u. LOGE lies ÉLOGE.

Anstatt S. 39. Z. 9 v. u. rouger lies rougir.